人才计划四期结业典礼

晒柿饼的老房子

走访农户

擀面的手

黄河边的娃娃

养蜂人

乡村戏台

温铁军团队乡村建设实践篇

乡建笔记

新青年与乡村的生命对话

温铁军 梁少雄 刘良 ◎ 主编

人民东方出版传媒
People's Oriental Publishing & Media
东方出版社
The Oriental Press

图书在版编目（CIP）数据

乡建笔记：新青年与乡村的生命对话／温铁军，梁少雄，刘良 主编. —北京：东方出版社，2020.2

ISBN 978-7-5207-1254-5

Ⅰ.①乡… Ⅱ.①温… ②梁… ③刘… Ⅲ.①农村—社会主义建设—研究—中国 Ⅳ.①F320.3

中国版本图书馆 CIP 数据核字（2019）第 246672 号

乡建笔记：新青年与乡村的生命对话

（XIANGJIAN BIJI：XINQINGNIAN YU XIANGCUN DE SHENGMING DUIHUA）

主　　编：温铁军　梁少雄　刘　良

责任编辑：李　烨

出　　版：东方出版社

发　　行：人民东方出版传媒有限公司

地　　址：北京市西城区北三环中路 6 号

邮　　编：100120

印　　刷：北京明恒达印务有限公司

版　　次：2020 年 2 月第 1 版

印　　次：2022 年 5 月第 15 次印刷

开　　本：660 毫米×960 毫米　1/16

印　　张：27

字　　数：379 千字

书　　号：ISBN 978-7-5207-1254-5

定　　价：49.00 元

发行电话：（010）85924663　85924644　85924641

献给老石及所有一路同行的朋友！

"国仁文丛"(*Green Thesis*) 总序

温铁军

因为有话要说，而且要说在我们团队近期系列出版物的前面，[①]所以写总序。

我自 20 世纪 60 年代以来，从被动实践中的主动反思到 80 年代以来主动实践中的主动反思，经两个 11 年在不同试验区的历练，[②] 加之后来广泛开展国内外调查和区域比较研究，且已经过了知天命之年……自忖有从经验层次向理性高度升华的条件，便先要求自己努力做到自觉地"告别百年激进"，[③] 遂有 21 世纪以来从发起社会大众参与改良、对"百年乡建"(Rural Reconstruction) 之言行一致地接续，而渐趋达至"国仁"思想境界，亦即一般学人必须"削足"才能跟从制度"适履"，但只要纳入主流就碍难达到的"实践出真知"。

因此，我在 2016 年暑假从中国人民大学退休之际，要求为今后

---

① 这几年我们会有十几本书分别以不同作者、不同课题成果的名义问世。这些出版物都被要求做单独的"成果标识"。但我们实际上要做的仍然是这几十年的经验归纳总结和理论提升，"实事求是"地形成"去意识形态化"的话语体系。由此，就需要为这个分别标识的系列出版物做个总序。

② 参见即将出版的《温铁军自述——难得 5 个 11 年》(暂定名)，其中对 20 世纪 80—90 年代在官方政策部门开展农村改革试验区及新世纪启动民间为主的新乡村建设试验区，两个 11 年的经历分别予以归纳。

③ 参见温铁军:《告别百年激进》，东方出版社 2016 年版。这是我 2004—2014 年这 10 年演讲录的上卷，主要是与全球化有关的宏大叙事和对宏观经济形势的分析，甫一出版即被书评人排在当月优选 10 本财经类著作的第一位。

几年的一系列出版物担纲作序，也主要是想明了指出"国仁文丛"何词何意，亦即：这个丛书是什么思路和内涵。

一、释义之意

"国"者，生民聚落之域也。"上下五千年"是中国人开口就露出来的文化自豪！就在于，人类四大文明古国除了中华文明得以历经无数朝代仍在延续之外，其他都在奴隶制时代以其与西方空间距离远近而次第败亡。由此看中国，唯其远在千山万水之隔的亚洲之东，尤与扩张奴隶制而强盛千年的西方相去甚远，且有万代众生勉力维护生于斯而逝于斯之域，"恭惟鞠养，岂敢毁伤"，兹有国有民，相得益彰。遂有国民文化悠久于国家存续之理，更有国家历史传承于国民行动之中。

"仁"者"爱人"，本源于"仁者二人也"。先民们既受惠于光风水土滋养哺育的东亚万年农业，又受制于资源环境只能聚落而居，久之则族群杂处，而需邻里守望、礼义相习，遂有乡土中国仁学礼教上下一致维系大一统的家国文化之说，于是天下道德文章唯大同书是尊。历史上每有"礼崩乐坏"，随之社会失序，必有"国之不国，无以为家"。是以，"克己复礼为仁"本为数千年立国之本，何以今人竟至于"纵己毁礼为恶"……致使梁漱溟痛感"自毁甚于他毁"的现代性为表、横贪纵欲为里之巨大制度成本肆无忌惮地向资源环境转嫁而至人类自身不可持续！

据此可知我们提出"国仁"思想之于文丛的内涵：

中国人历史性地身处三大气候带覆盖、差异显著的复杂资源地理环境下，只有以多元文化为基础的各类社会群体兼收并蓄、包容共生，才能实现并绵延中华文明数千年的历史性可持续。

这个我们每个人都身处其中的、在亚洲原住民大陆的万年农业文明中居于核心地位的"群体文化"内核，也被老子论述为"阴阳之为道也"，进而在漫长的文化演进中逐渐形成了极具包容性的、儒释道合一的体系。①

由是，在21世纪初重启中国乡村建设运动之后，我们团队试图把近代史上逐步从实践中清晰起来的乡建思想，寻源上溯地与先贤往圣之绝学做跨时空结合，归纳为人类在21世纪转向"生态文明"要承前启后的社会改良思想。②

是以，"道生万物，大德中庸。上善若水，大润民生。有道而立，大象无形。从之者众，大音希声"。③ 此乃百年改良思想指导下的乡村建设运动之真实写照。

基于这些长期实践中的批判性思考，我们团队认同的"国仁文丛"的图形标志，是出土的汉代画像砖上那个可与西方文明对照的、扭合在一起的蛇身双人——创造了饮食男女人之大欲的女娲，只有和用阴阳八卦作为思想工具"格物致知"了人类与自然界的伏羲有机地合为一体，才有人类社会自觉与大自然和谐共生的繁衍。蛇身双人的扭结表明在中国人传统思想中物质与精神的自然融合，既得益于多样性内在于群体文化规范而不必指人欲为

---

① 最近10年一直有海内外学者在研究乡建。国外有学者试图把中国乡建学者的思想上溯归元到孔子或老子，国内也有人问到底偏重晏阳初还是梁漱溟，还有很多人不理解梁漱溟晚年由儒家而佛家的思想演变。其实，我们从来就是兼收并蓄。在儒释道合一的顶天立地和五洲四海的融会贯通之中形成乡建思想。因此，这些海外研究者的关注点对我们来说本来不是问题。

② 本文丛并非团队的全部思想成果，但在"国仁文丛"设计之前的成果没法再纳入进来，只好如此。

③ 这些年，我一直试图对承上启下的中国乡村建设运动中形成的国仁思想做归纳，遂借作序之机凝练成这段文言，意味着国仁追求的是一种"大道、大润、大象、大音"的思想境界。

"原罪"而出伊甸园；也不必非要构建某一个派别的绝对真理而人为地分裂成唯物与唯心这两个体系，制造出"二元对立结构"的对抗性矛盾。

此乃思想理论意义上的"国仁"之意。

行动纲领意义上的"国仁"，十多年前来源于英文的"green ground"。

我们搞乡村建设的人，是一批"不分左右翼、但分老中青"的海内外志愿者。① 大家潜移默化地受到"三生万物"道家哲学思想影响，而或多或少地关注我自20世纪90年代以来坚持的"三农"问题——农业社会万年传承之内因，也在于"三位一体"：在于农民的生产与家庭生计合为一体，在于农村的多元化经济与自然界的多样性合为一体，在于农业的经济过程与动植物的自然过程合为一体。

据此，我们长期强调的"三农"的三位一体，在万年农业之乡土社会中，本来一直如是。告别蒙昧进入文明以来的数千年中，乡村建设在这个以农业为基础繁衍生息的大国，历来是不言而喻之立国之本。

据此，我们长期强调的三位一体的"三农"，本是人类社会转向生态文明必须依赖的"正外部性"最大的领域，也是国家综合安全的最后载体。

中国近代史上最不堪的麻烦，就在于激进者们罔顾"三农"的正外部性，把城市资本追求现代化所积累的巨大"负外部性"代价向乡土中国倾倒！于是，我虽然清楚"三农"本属于三位一体，也曾经在20世纪90年代末期和21世纪第一个10年特别强调"三农

———————————
① 中国乡建运动之所以能够延续百年而生生不息，乃在于参与者大抵做到了思想和行动上都"去激进"，不照搬西方的左右翼搞的党同伐异。

问题农民为首"，主要是因为那个时期的形势严重地不利于农民这个世界上最大的弱势群体。实际上，也就是在做这种特别强调而遭遇各种利益集团排斥的困境中，我才渐行渐知地明白了前辈的牺牲精神。大凡关注底层民生的人，无论何种政治诉求、宗教情怀和文化旨趣，总难免因慈而悲、因悲而悯，在中国百年激进近现代史中，也就难免"悲剧意义"地、历史性地与晏阳初的悲天悯人①、梁漱溟的"妇人之仁"等，形成客观的承继关系。据此看，20 世纪初期的"乡建派学者"也许应该被归为中国最早的女性主义。② 我们作为继往开来的当代乡村建设参与者，有条件站在前辈肩上高屋建瓴、推陈出新，不仅要认清 20 世纪延续而来的中国"三农"困境，而且要了解 21 世纪被单极金融资本霸权强化了的全球化，及其向发展中国家转嫁巨大制度成本的制度体系。这个今人高于前人的全球视野，要求我们建立超越西方中心主义意识形态的世界观和宏大叙事的历史观，否则，难以引领当代乡村建设运动，遑论提升本土问题的分析能力。

从 2001 年中央主要领导人接受我们提出的"三农"问题这个难以纳入全球化的概念以来，即有一批志愿者着手复兴百年传承的"乡村建设"。部分年轻的乡建志愿者于 2003 年在距北京大约 300 公里之遥的河北翟城村开始了新时期乡建，一开始根本就没有外部资金投入和内部管理能力。因为这种以民间力量为主的社会运动无权

---

① 参阅温铁军：《三农问题与制度变迁》，中国经济出版社 2009 年版。记得一位学者型领导曾经语重心长地告诫我：农民在现代化的大潮中挣扎着下沉，就剩下两只手在水面乱抓。你的思想无所谓对错，只不过是被溺水者最后抓住的那根稻草，再怎么努力，也不过是落得跟着沉下去的结局……

② 乡建前辈学者梁漱溟因在 1953 年与毛泽东激辩合作化问题而被后者批为"妇人之仁"。据此，梁漱溟可以被认为是中国 20 世纪 50 年代的早期女性主义者。尽管在实事求是的态度面前，打上何种类别的标签并不重要，但如果这是当代学者们的本能偏好，也只好任由其是。

无钱，很大程度要靠热血青年们艰苦奋斗。那，年轻人激情四射地创了业，也激情四射地生了孩子，老辈们就得跟上支持和维护。十多年来，有一句低层次的话多次被我在低潮的时候重复：存在就是一切。只要我们在随处可见的排斥下仍然以另类的方式存活下去，就证明了方式的可持续。我们在最开始心里就觉着，应该给这个社会广泛参与的乡建运动将来可能形成的可持续生存系统，提出一个可以做国际交流的概念，一个符合 21 世纪生态文明需要的、大家可以共享的名号。于是就跟海外志愿者们商量，提出了这个英文概念"Green Ground"。若直译，就是"绿色大地"；若意译，则是"可持续基础"。如果把音译与意译结合起来考量，那就是"国仁"。有国有仁，方有国人国祚久长不衰。

从十多年来的乡建工作看，这三个意思都对路。

二、文丛之众

俗话说，三人为众。子曰："三人行，必有我师焉。择其善者而从之，其不善者而改之。"如此看文丛，乃众人为师是也。何况，我们在推进乡村建设之初就强调"去精英化"的大众民主。[①]

前几年，一直希望整个团队愿意理解我试图"让当代乡建成为历史"的愿望。尤其希望大家能够结合对近代史中任何主流都激进推行现代化的反思，主动地接续前辈学者上一个世纪之交开始的乡村建设改良运动，在实际工作中不断梳理经验教训。或可说，我"野心勃勃"地企图把我们在新的世纪之交启动的新乡建运动，纳入

---

① 关于精英专政与大众民主的分析，请参阅《人间思想第四辑：亚洲思想运动报告》，人间出版社 2016 年版，第 2—19 页。

百年乡建和社会改良史的脉络。诚然，能够理解这番苦心的人确实不多。①

这几年，我也确实算是把自己有限的资源最大化地发挥出来，"处心积虑"地安排乡建志愿者中有理论建设能力的人在获取学位之后分布到设有乡建中心或乡建学院的不同高校，尽可能在多个学科体系中形成跨领域的思想共同体。目前，我们在海内外十几个高校设有机构或合作单位，有数十个乡村基层的试点单位，能够自主地、有组织有配合地开展理论研究和教学培训工作，立足本土乡村建设的"话语体系"构建，已经有了丰硕成果。②

总之，我们不仅有条件对新世纪已经坚持了 15 年的"当代新乡建"做个总结，而且有能力形成对 20 世纪前辈乡村建设运动的继承发扬。

我们团队迄今所建构的主要理论创新可以表述为以下五点。

一是人类文明差异派生论：气候周期性变化与随之而来的资源环境条件改变对人类文明差异及演化客观上起决定作用。据此，人类文明在各个大陆演化的客观进程，至少在殖民化滥觞全球之前应

---

① 近年来，我不断在乡建团队中强调对乡建经验的归纳总结要尽可能提升到理性认识高度，并且要努力接续百年乡建历史，并带领团队申报了一批科研项目。那么，要完成科研任务，就要花费很多精力。对此，就有一些长期从事乡村基层工作，必须拿到项目经费才能维持单位生存，为此来不及形成理论偏好的同人难以接受，甚至有些意见相左之人表达了误解、批评。这本来不足为怪，对批评意见也不必辩解。总体上看，大乡建网络的各个单位还是积极配合的。但，考虑到这些批评说法将来可能会被人拿去当某些标题党的报道和粗俗研究者的资料，因此，我才不得不以总序的方式让相对客观些的解释在各个著述上都有起码的文字依据——尽管这些话只是简单地写在脚注中。

② 中国有中国人民大学、中国农业大学、国家行政学院、清华大学、重庆大学、华中科技大学、北京理工大学、上海大学、西南大学、福建农林大学、香港岭南大学。海外有英国舒马赫学院、美国康奈尔大学，近期正在形成合作的还有国际慢食协会的美食科技大学（意大利）等。

是多元化的，不是遵循在产业资本时代西方经典理论家提出的生产方式升级理论而展开的。这个理论有助于我们构建不同于主流的生态化历史观。

二是制度派生及其路径依赖理论：不同地理条件下的资源禀赋和要素条件，决定了近代全球化之前人类文明及制度的内生性与多元性，也决定了近代史上不同现代化的原始积累（东西方差异）途径，由此形成了不同的制度安排和体系结构，并构成其后制度变迁的路径依赖。这也成为我们开展国别比较和区域比较研究的重要理论工具。

三是成本递次转嫁论：自近代以来，在全球化所形成的世界体系中，核心国家和居于主导地位的群体不断通过向外转嫁制度成本而获取收益，得以完成资本原始积累、实现产业资本扩张和向金融资本跃升，广大发展中国家及底层民众则因不断被迫承受成本转嫁而深陷"低水平陷阱"难以自拔。当代全球化本质上是一个因不同利益取向而相互竞争的金融资本为主导、递次向外转嫁成本以维持金融资本寄生性生存的体系。在人类无节制的贪欲面前，最终承担代价转嫁的是"谈判缺位"的资源和生态环境，致有人类社会的不可持续之虞。

四是发展中国家外部性理论：第二次世界大战后绝大多数发展中国家都是通过与宗主国谈判形成主权，这可以看作一个"交易"。任何类型的交易都有信息不对称带来的风险，因转交交易范围之外的经济和社会承载而为外部性问题，任何信息单方垄断都在占有收益的同时对交易另一方做成本转嫁，由此发展中国家谈判形成主权必有负外部性，导致难以摆脱"依附"地位。但，越是一次性博弈则风险爆发造成谈判双方双输的可能性越大，发达国家在巧取豪夺巨大收益的同时，其风险也在同步深化和加剧。

五是乡土社会应对外部性的内部化理论：中国作为原住民人口大国中唯一完成工业化的国家，其比较经验恰恰在于有着几千年"内部化处理负外部性"的村社基础，其中的村社理性和政府理性构成中国的两大比较制度优势。但政府同样是人类制造出来但反过来统治人类自身的成本高昂的产物。遂有政府与资本相结合激进推进现代化之后的经济、社会、文化、资源、环境等负外向性问题，成为中国通往可持续的障碍，才有如此广泛的民众愿意参与进来，以期通过乡村建设使"三农"仍然作为中国危机"软着陆"的载体。

以上五点核心思想，主要体现于我们基于"本土化"和"国际化"两翼而展开的以下五个领域的研究工作中。

一是应对全球化的挑战。在资本主义三阶段——原始积累阶段、产业资本扩张阶段和金融资本阶段，核心国家/发达国家总是不断以新的方式向外转嫁制度成本，乃是全球化给广大发展中国家、给资源环境可持续带来的最大挑战。这个思想，在我们的主要课题研究中，作为全球宏观背景，都有所体现，也发表在我们关于全球资本化与制度致贫等一系列文章中。

二是发展中国家比较研究。团队与联合国开发计划署合作，构建了"南方国家知识分享网络"，开展了"新兴七国比较研究"和"南方陷阱"等发展中国家的深入研究。目前正在进行比较研究的新兴七国包括中国、土耳其、印度、印度尼西亚、巴西、委内瑞拉、南非。已经发表了有关文章和演讲，两部专著也在起草和修改之中。

三是国内区域比较研究。中国是个超大型国家，各区域的地理条件和人文环境差异极大，对各区域的发展经验进行研究、总结和归纳，是形成整体性的"中国经验"并建立"中国话语"的基础。

团队已经完成了苏南、岭南、重庆、杭州、广西左右江、苏州工业园区等不同地区的发展经验的分析。已经发表了多篇文章，形成的专著也获得多项国家级、省部级出版奖和科研奖。

四是国家安全研究。国家综合安全是当前面临"以国家为基本竞争单位的全球化"的最大挑战。基于国际比较和历史比较，团队研究表明了新中国通过土地革命建立政权与其利用"三农"内部化应对经济危机之间的相关关系——从历史经验看，新中国在其追求"工业化+城市化＝现代化"的道路上，已经发生了九次经济危机，凡是能动员广大农村分担危机成本的，就能实现危机"软着陆"，否则就只能在城市"硬着陆"。团队正在开展的研究是以国家社科基金重大项目为依托，探讨如何从结构和机制上改善乡村治理以维护国家综合安全。

五是"三农"与"三治"研究。我们自提出"三农"问题并被中央领导人接受之后，用了十多年的时间来研究乡村"三治"问题（指县治/乡治/村治）。自20世纪80年代农村去组织化改革以来，作为经济基础的"三农"日益衰败，而作为上层建筑的"三治"成本不断上升，二者之间的错配乃至哲学意义上的冲突日益深化！其结果，不仅是农村爆发对抗性冲突，陷入严重的不可持续困境，还在生态环境、食品、文化等方面成为国家综合"不安全"的重要"贡献者"。比形成对问题的完整逻辑解释更难的，是我们如何打破这个"囚徒困境"。也因此，任何层面上的实践探索都难能可贵，即使最终被打上"失败"的标签，也不意味着这个堂吉诃德式的努力过程并不重要，更不意味着这个过程作为一种社会试验没有记录和研究价值。

综上，"大乡建"体系之中从事研究的团队成员众多，且来去自由，但混沌中自然有序，我认为团队在这五个领域的思想创新，在五个方面所做的去西方中心主义、去意识形态的理论探索，已经形成了"研究上顶天立地，交流上中西贯通"的蔚然大观。仅"国仁文丛"的写作者就有数十人，参与调研和在地实践者更无以计数，收入的文字从内容到形式都有创新性，且不拘一格。如果从我20世纪80年代就职于中央农研室做"农村改革试验区"的政策调研和国内外合作的理论研究算起，我们脚踏实地开展理论联系实际的科研实践活动已经数十年了。其间，团队获得了十多项国家级"纵向课题"和数十项"横向课题"，获得了十几项省部级以上国内奖及一项海外奖。在高校这个尚可用为"公器"的平台上，我们团队通过这些体现人民大学"实事求是"校训的研究和高校间的联合课题调研，已经带出来数百名学生，锻炼了一批能够深入基层调研，并且有过硬发表成果能力的人才，也推进了分散在各地城乡的试验区的工作水平。

由此看，当代大乡建由各自独立小单位组成，虽然看上去是各自为政的"四无"体系——"无总部、无领导、无纪律、无固定资金来源"，却能"聚是一团火、散是满天星"，做出了一般海外背景或企业出资的非政府组织"做不到、做不好、做起来也不长久"的事业。诚然，这谈不上是赞誉我们团队的治理结构，因为各单位难免时不时发生各种内部乱象。但，乡建参与者无论转型为NGO（非政府组织）还是NPO（非营利组织），都仍愿意留在大乡建之中，否则再怎么干得风生水起也难有靠自己的思想水平形成"带队伍"的能力！若然，则乡建改良事业得以百年传承的核心竞争力，恰在于"有思想创新，才能有人才培养，才有群体的骨干来带动事业"。君不见：20世纪乡村建设大师辈出、试验点竟以千数，21世纪新乡建则学者咸从、各界群众参与者更有数十万！

这就是大众广泛参与其中的另一种（alternative）社会历史……

11

由此看到：发展中国家为主的"世界社会论坛"（World Social Forum）打出的口号是"另一个世界是可能的"（another world is possible）；而在中国，我们不习惯提口号，而是用乡建人的负重前行，在大地上写下"另一个世界就在这里"（another world is here）。

人们说，20 年就是一代人。从 2001 年算起，我们发扬"启迪民智，开发民力"的前辈精神，在新世纪海内外资本纵情饕餮大快朵颐中勉力传承的"大乡建"，作为大众广泛参与的社会改良事业已经延续 15 年了！再坚持 5 年，就是一代人用热血书写的历史了。

作为长期志愿者，大家都辛苦，但也乐在其中！吾辈不求回报，但求国仁永续。唯愿百年来无数志士仁人投身其中的乡建事业，在中华文明的生生不息中一代代地传承下去。

以此为序，上慰先贤；立此存照，正本清源。

黄河傍晚

"一懂两爱"与"去精英化"的教育创新

温铁军[①]

习近平总书记在中共十九大报告中提出"乡村振兴"战略的同时，要求培养"一懂两爱"(懂农业、爱农民、爱农村)人才。这很让人感慨！一方面，这项为国家贯彻乡村振兴战略所必需的与农民群众密切结合的人才培养工作我们已经做了十几年！我们这些年培养的深入"三农"工作的优秀人才恰逢其时地应该成为深化生态文明体制改革的生力军！另一方面，尽管我们认真地培养"一懂两爱"人才，但是难免在颠顸腐朽的旧教育体制中遭遇"合规"困境，也势必受制于愈益西化的学科教条和学阀排异。那些被伪科学甚至真科学(田松：生态文明不光要反伪科学，还要反真科学)的形式主义维持着的制式教育体系，因内含复杂的利益机制而依然冠冕堂皇地横亘着！如此，乡村振兴的前路仍然会荆棘丛生……

青年志愿者支农下乡的时代背景

2001年，新世纪的第一年，我得到直接通知参加了由总书记召开的"三农"问题座谈会，会上我向总书记当面汇报"三农"问题，希望中央把"农业"政策导向改为"三农"政策导向。当时在参加那场中央"三农"工作座谈会的人中，我算是最人微言轻的，也是说话最直白、最没有任何顾忌的。当我把农村形势之所以很严峻，"三农"问题之所以越来越恶化，是涉及方针路线的重大问题的

---

① 温铁军，1951年生于北京，中国人民大学学术委员会副主任，中国人民大学乡村建设中心主任；北京大学乡村振兴中心主任；西南大学中国乡村建设学院执行院长；福建农林大学海峡乡村建设学院、新农村发展研究院执行院长。

思考和盘托出时，中央领导表态是非常积极的，当时总书记说，我会负责任地把你反映的问题提交到政治局讨论。后来，中央全面接受了我们自 20 世纪 90 年代以来一向强调的"三农问题"的概念，这是"三农问题"作为国家战略"重中之重"的背景。

此前，从 20 世纪 90 年代初开始，中国有差不多十年的时间，一直是按照西方的农业政策思想去强调"农业"问题的。因此，我们强调"三农"问题，和有关部门强调"农业"问题，显然是不同的方向，或者说是不同的方针。我们对 90 年代农业政策的批评，主要是"眼中有数，心中无人"。新世纪初，有关部门即使很被动地接受"三农"问题这个说法，但还是坚持把农业排在第一位，农民排在最后。

从道理上，第一位的应该是农民，中国长期以来能够真正体现社会进步的，主要在农民组织化发展上。因为农民是中国的原住民，是中国人民的大多数。农民的生产生活和自然生态结合得非常紧密，农民的文化体现的是一种多样性的原则。因此，强调农民在"三农"中是第一位，不仅是因为要"心中有人"，要"以人为本"，而且更重要的是要发扬靠农民传承的这种农业文明。这是一个非常重要的不同，和过去只讲农业生产、孤立地讲农业政策，有很大的不同。

第二位才是农村，其实我们是讲农村的可持续，反对那种"消灭农村"的极端化主张。如果没有农村作为载体，我们今天所说的一切，无论是农业经济、农业生产，还是农民作为文化传承的主体，恐怕客观上都不能存在。

所以农民、农村、农业这三者本来是一体的，我们应该知道三点支撑是最稳定的，只有强调"三位一体"的"三农"可持续，才有农业的可持续。

从 2001 年开始，中央接受了"三农"问题，并且在 2005 年将新农村建设作为中共十六大以后的重要国家战略提出。这是一个重大的历史性转折，我们抓住了这个重大的历史性转折，就开始恢复中国 19 世纪末 20 世纪初起步的乡村建设运动，或者说乡村复兴运动。

最早强调乡村的是"村落主义"，它是 1894 年甲午国耻之后张謇下乡搞南通试验区的时候提出的，而"乡村建设"的概念，则是 20 世纪二三十年代由延安的革命者和国统区的知识分子分别独立提出的。这个概念广泛的国际传播交流中被翻译成 Rural Reconstruction，意思就是乡村或农村"重建"。后来国民党退出大陆到了台湾，在台湾用的是"农村复兴"这个概念，并且成立了农村复兴委员会这个官方机构。

我们在 2001 年重启乡村建设运动的时候，考虑过不叫"乡村重建""乡村复兴""乡村建设"这些老的概念，应该叫作"乡村文明的复兴"，但是为了维持百年的传承，我们想还是延续着叫"乡村建设"吧。为了和民国时期的"乡村建设"有所区别，又叫作"新乡村建设"。

当代的大学生青年志愿者下乡支农之所以兴起于 2001 年，正是因为当时中央已经接受了"三农问题"这个概念，这虽然一时间反响很大，但各地和各部门仍跟不上。由于农民问题、农村问题和农业问题开始引起社会的重视，我们借此发动年轻人到农村去和农民直接结合，来了解"三农"、服务"三农"，这就变成了一个被社会大众广泛认可的趋势。如果只是少数几个知识分子发出批判，得到少数有一定觉悟的青年人响应，那是少数人做的，显然是个小众的事情；一旦和 21 世纪之初，全国认同"三农"问题这个新形势结合起来，就变成一个比较大的、有持续性的社会运动。

这是乡建运动在 21 世纪初得以复兴的大的背景。

从 2001 年重启乡村建设开始，到 2019 年已经有十八年了，在这个过程中有一个重要的脉络，或者说一个很主要的内容，就是有很多青年志愿者下乡到农村去，参与农村的支农调研活动，被社会上称为"新上山下乡运动"。在这个过程中培养出的骨干，还慢慢形成了鼓励年轻人下乡到农村去锻炼成才的"农村优秀人才培养计划",其实就是想把那些不仅有心,而且还想在农村有为的年轻人培养成才。一般按照西方模式做的那些高校是不可能开展这种人才培养工作的。

青年知识分子下乡的使命

我们的新乡村建设中,与20世纪前辈们类似的一项重要的工作是发动农民。因为只有让农民组织起来,才能集合谈判,才有谈判地位、有谈判能力,才有形成社会契约的条件。反过来讲,如果农民不能组织起来,那么高度分散的农民就不可能集中地表达自己的利益;如果农民不能集中地表达自己的利益,那么社会上的任何主体下乡与分散农民所签的合同,几乎不能得到有效执行,这个社会契约关系就建立不起来。人们都说,市场经济是以契约关系为基础的,是信用经济,市场经济下的社会是个信用社会,但所有这些说法,只要农民分散,就都不可能成立。

在这种情况下,新乡村建设的一个很重要的工作内容,就是去农村基层帮助农民形成组织,当时以合作社作为农民形成组织的主要形式。这个工作大大早于国家的合作社立法,其目的无外乎是给市场经济要求的契约关系建立基本的组织基础。因此,即使从这个主流的角度入手,我们也要去发动农民。

接着,问题就来了,谁去发动?

似乎无人可用。好在20世纪80年代以来,我们就一直在组织大学生下乡。

我当时在中央的农村政策部门——中央书记处农村政策研究室工作,我所在的联络组的一个重要工作任务,就是发动成千上万的知识分子,特别是青年学生,到农村去跟农民结合,一方面开展农村调查,了解情况;另一方面把青年人的热心和能力,用于帮助农民，多多少少地促进农村的发展。

其实，20世纪80年代以来，中央在农村政策领域中的一个重要工作，就是组织千千万万的知识分子下到农村去支农。当时我的领导后来也是我的博士论文导师的杜老杜润生，是中央财经工作领导小组的成员，也是中央农村政策研究室的主任，作为一位70多岁的老人，一位革命老前辈，他就对我们说："你们的重要任务，就是要发动成千上万的知识分子到农村去，如果这件事情做成了，真的有成千上万的知识分子、青年学生下到农村去了，这就是最大的成绩。"在杜老心中，这是一个非常重要的工作，他是一直鼓励我们去做这项工作的。所以，80年代的农村政策相对比较有效，"一号文件"显得更受农民欢迎，原因之一，就在于当时组织了成千上万的青年学生下乡调研，体察民情。

但20世纪90年代就不同了，自按照西方的模式只讲农业问题以来，对农民权益、对农村发展问题似乎都忽略了。由此，鼓励青年学生下乡的中央精神，这个时候似乎也就淡化了。

直到21世纪中央重新强调"三农问题"，我们才再度发起青年学生下乡支农活动；随之也有国务院领导以批示或写信的形式，鼓励青年学生下乡。

这就解决了我们这个时候再想发动农民形成组织来建立合作社、来提高农民谈判地位、来稳定社会契约关系、来为社会主义市场经济奠定经济社会基础等等所派生的谁来帮助农民形成组织的问题。我们当然继续20世纪80年代农村政策部门的优良传统，培训大学生下乡，动员成千上万的青年学生到农村去，就变成了解决"三农问题"的题中之义。

可见，要配合着发动农民组织，必然要发动青年学生下乡。

被主流挤压的支农下乡

早些时候，高校内部的两极分化还不是那么严重，确实有相当多的农村来的孩子，知道自己的父老乡亲是弱势群体，农业是弱势产业，农村正在衰败，出于不甘心，就自发组织支农社团。正好也有了中央接受"三农问题"作为重大战略的历史性转变，同时我们的新乡村建设又是以发动农民为主，自然就会产生动员力，成千上万的青年学生，在高校组织支农社团，然后开展下乡支农的活动。

这是新乡村建设的两个重要抓手，一个是农民组织建设，一个是学生社团支农下乡。这两者的紧密结合，就是在时代背景下所形成的"两手抓、两手都要硬"的新乡村建设的工作。

客观地说，我们的工作与当时主流所推进的市场化改革是相悖的。所谓经济体制改革，市场化本身规律性地造成贫富差别拉大，市场化改革也就带有一种因主张市场经济而必然发生市场失灵的现象。市场经济在什么上失灵呢？在扶助弱势群体上失灵，市场只制造贫富分化，却不可能缓解贫富分化。市场失灵在什么问题上最严重呢？恰恰就是在贫富两极分化上最严重。那么贫富分化在中国客观的改革过程中，主要表现为城乡对立的二元结构，贫富分化也就主要是城乡的两极分化。当时我借托尔斯泰的话说，"幸福的城市都是一样的，不幸的农村各有各的不幸"。把托尔斯泰的话搬过来描述城乡二元结构，很恰当。

大量的资本集中在城市，因资本集中在城市产生资本溢出效应，从而使得城市收入相对比较高。而农村是三要素流出，无论是资金、土地还是劳动力，这三个基本要素都长期大规模流出农村，导致农村是一个似乎被历史遗忘的角落。任何领域，只要三要素长期流出，一定是衰败的。所以，忽视三农而只强调农业问题当然会出现农民的贫困化，农村严重衰败，农业也就成为弱势产业了。

因此，按照市场化条件我们几乎没有做事的可能。正好2000年，我从农业部调到国务院体改办，担任中国经济体制改革杂志社的社长兼总编，我利用单位法人代表的身份和《中国改革》这个媒体的平台，来复兴历史上的乡村建设。我们当时关注三农问题，主要是农民组织和青年下乡这两块工作，就在杂志社建立了一个支农调研的小组织，吸引了很多各地有志于乡村建设事业的中青年知识分子。其中，天津科技大学来了一位教师，叫刘相波，他比较多地在从事大学生支农社团的建设，帮助学生下乡开展支农调研活动；另一个跟他配合比较紧密的叫邱建生，主要是在农村发动农民参加社区大学、组织合作社。他们俩就成了杂志社这两方面的实际负责人。因为要强调对民国年间梁漱溟、晏阳初、卢作孚等前辈们的继承性，后来刘相波就发展出了梁漱溟乡村建设中心，邱建生就发展出了晏阳初平民教育发展中心。

我在杂志社大概就做了三年，从 2001 年到 2004 年，正是在这段时间，乡建算是初步恢复起来了。此后，我们自己也感觉到作为弱势群体的困难重重。到 2004 年前后，乡建团队和杂志社追求利润的理念渐行渐远，那就只好离开。

离开以后，各单位就没有依托了。当年毕竟还有这么一个办公场所，还有这个中央单位的名义，还能利用一点媒体资源，而一旦离开之后，就不能再使用官方资源了。怎么办？

幸好在这三年间，我们已经在各地培育出来一大片学生社团，形成了几十个农民合作社，大学生作为青年志愿者下乡去跟农民结合，也已经蔚然成风，还得到了不同来源的项目。所以刘相波的梁漱溟乡村建设中心虽然被甩到了社会上，但无外乎是调整了一种生存方式。2003 年我们在河北定县的翟城村成立了晏阳初乡村建设学院，后来邱建生的晏阳初平民教育发展中心也扎根在那里了，主要是在村里工作。

梁漱溟乡村建设中心主要的工作是发动大学生参加培训和下乡支农，这块的影响相对就比较大，但由于那个时候没有经费租办公室，有半年到一年时间，连放个办公桌的地方都没有，几经周折，在北京郊区找到了一个可以待下来的地方，可见这件事情能坚持下来实属不易。再后来，有了一些资助单位，得到项目经费，可以支持青年人长期扎到农村实践，也就是现在的农村发展人才培养计划，简称"人才计划"。这样，就把动员青年志愿者下乡的工作维持了下来。

这在当时都是难能可贵的。我和刘相波都没想到后来演变成"新时代上山下乡运动"，还有了这么大的社会影响……

对制式教育的颠覆

动员青年知识分子下乡做志愿者，还得考虑这些青年小知识分子的知识结构本身是否适合去跟农民紧密结合。这不怪青年人，也不怪教师，而是要归因于这一百多年来的历史是一个追求工业化的历史，而在工业化的历史之中的教育，就得符合工业化的要求。

工业化的要求是什么呢？我老给大家讲这个故事。大家都看过卓别林演的《摩登时代》，电影里就把卓别林这个活生生的人，生硬地按照机器流水线的要求，标准化地改变他作为人的动作。这个喜剧批评对人的扭曲，跟工业化时代配套的现代教育的内涵是一样的。

现代教育中有一个重要的理论，说教育是个工具，是把人力资源转变成人力资本的工具。接着人们要问：变成人力资本要干什么？那就是配合产业资本，为产业资本服务。所以，现代教育体系的真实内涵，就是把人的其他属性，如社会属性、自然属性等，尽可能地弱化，只要加强符合产业资本的属性，这个属性就是人力资本属性。

由此形成的教育就是制式教育。

制式化教育的客观结果就使得大学也好、中学也好，从小所学的都是一个标准的制式教材，甚至要全国统一教材。这种现代教育所训练出来的青年学生的知识结构，就根本不适合农村本身的多元化的社会存在，因为农村是"十里不同风"，农业是跟当地的自然、资源、气候、地理等方方面面的条件紧密结合的，所以农业知识也主要是在地化的，这是高山区的，这是黑土地的，这是红土地的，这是黄土地的，这是石灰岩地区的，那是海边的，那是林区的，那是草原的，那是湿地的……千差万别的农业是很难被集中统一形成标准化知识体系的，它需要分散的适合在地化的知识生产。可现在的教育体系当然不可能包括在地化知识。所以，参照美国学科搞农业类的制式化高等教育现在非常困难，青年人很不愿意上农业类学校，学的知识越标准化，就越无法把所学的知识拿到多样化的农村去用。

由此不难理解，当我们把青年知识分子组织起来下乡的时候，他们就会发现自己的知识很难在乡土社会的实践中得到应用。这是一个重大问题。

在这种情况下，学生带着这种制式化教育体系灌输给他的标准化知识体系，能下乡吗？下乡能跟农民结合吗？所以，为什么梁漱溟乡建中心相对稳定了以后，就要搞农村发展人才培养计划？就是因为越来越多地感觉到，这些高学历的青年人其实既不适合农民，也不适合农村和农业。也就是说，"三农"的客观需求跟高等教育培养出来的人才体系之间，存在严重的矛盾。

这件事搞起来很有意思，很多企业家跟我说："温老师，通过这种方式培养出来的人才，有多少我们要多少。"这些年来，梁漱溟乡建中心培养出来近两百名人才计划的学员，几乎供不应求。为什么？其中有一个很重要的道理，它对现在的主流教育是颠覆性的，即我们要求这些人下乡的时候，先把在高等学校所学的知识放一边。我们强调说，乡村这块热土所需要的是对大自然心存谦卑的人，大多数依靠教科书知识的学生并不是这种乡土人才，未必适应"三农"需求。而青年人一旦适应了"三农"需求，今后干什么都行！只要没有任何"身份""标签"地下乡，在农民群里磨砺着待够一年，今后干什么还干不成呢？

从这个角度看，梁漱溟乡村建设中心这个农村发展人才培养计划，实质上针对的是现在这个形式主义的制式教育叠加了教育产业化所形成的反社会的诸多弊病，恰恰是一个突破性的创新；相对现在这套完全西化的，以标准化知识、制式化灌输来服务于人力资本化的教育体制，是一种颠覆性的创新。今天的所谓万众创新，真正具有重大意义的就是颠覆性的创新。而人才计划这些年培养出来的人才之所以被社会广泛需求，就在于这才是真正的教育创新。

总之，人才计划这种方式，是一种跟实践结合、跟国情结合、跟农民结合的，培养"一懂两爱"人才的教育方式。

去精英化的乡村建设

人在两手空空的时候，出于事业需要往往得四方杂处、八面太极，但我也深知"人怕出名猪怕壮"的道理。我从小是个安安静静的读书人，本来没打算做这么多事情，更不愿意突出个人。如果一个事业的成败只系于某个人，那么这是很危险的趋势，从治理理论的角度说，这个人必须开除，否则这个事业很难可持续。所以从一开始我就有非常明确的群体意识，几十年来我们动员这么多青年学生下乡做"三农"工作，背后有一个很重要的考虑：这不是哪个人的事情，而是大众的事情！

最近，我在一次演讲中说过，乡村建设最大的特点就是"去精英化"。我跟身边很多人讲，我们这一辈人经历了很多波折甚至苦难，只有不到5%的人奋斗出来了，有的人考上大学、出国，有的人成为企业家，还有的人成为社会的精英……但是，我们千万不要忘了身边95%的人。大多数我同辈的知青，经历过一起上山下乡，一起搞群众运动，后来一起回城成为待业青年，最后一起下岗，现在成为低收入人群，这些人是95%。不能因为我们这代人中有5%奋斗出来了，就把周围的95%忘了！

宽泛地说，95%的人也包括大量没有从农村出来的人。

所以，从我个人来说，要实现一个"去精英化"的社会实践，就是"没工夫叹息"，甚至没工夫琢磨，因为永远觉得跟不上身边的人，永远觉得学习不够，那就永远在奋斗着。

在这个过程中，我自己有这么一种自觉地"去精英化"的思维，就是不能忘记当年我身边95%的人，它使我一直不愿意跟着占5%的精英的主流思想走。因为在精英的主流思想中，很容易产生这样的认同，即这个世界所产生的财富，主要是精英群体带着社会向前奋进所形成的收益，当然应该由精英占有，并且由精英来分配，所以精英认为，一次分配应该体现精英贡献，再通过二次分配来扶助弱势群体，由此形成一套完整的制度安排。

这个观点在主流中确实很有市场，但我不这么看。虽然我是奋斗出来了，但难道只有这种方式吗？难道没有其他相对来讲更为公正的方式吗？难道一定要把95%的人应该享受的那部分先由精英来独占，然后再做二次分配吗？我不觉得那是一个必须认同的思路，所以我们主张大众民主，主张多元共生的社会，主张可持续发展，主张人类的生活、生计与生态"三生合一"的生态文明。这样的声音就变成了不同于现在主流的另类主张。

因此，我也把乡村建设认同为一种"去激进化"，其中包括很多对于古老文明的继承，比如我认为必须"三省吾身"，也必须相信"阴阳之为道也"，相信"上善若水"。当人一旦自觉地要"去精英化"的时候，就会把古人的传统智慧继承过来，自然而然地也就变成相对比较认同生态环境可持续包容性发展的思想。

因之，我经常总结说我最大的特点，就是不信邪！如果信邪，那么善就会大打折扣；不信邪才能做到上善若水，才能做到勿以善小而不为、勿以恶小而为之。这些就会在一点一滴中体现。

也因此，对于青年人的下乡，我们向来不主张用精英化的思维来做成王败寇的判断。如果有人当面批评，我也笑眯眯地照单全收，不做任何解释。

至此，如果要用一句话结束，无外乎是当年讲的"世界是我们的，做事靠大家来"。

乡村建设是人的建设

——从自身经历来看人才培养

张兰英[①]

引 言

时间荏苒，老刘[②]离开我们已经7年了，也是我到梁漱溟乡村建设中心的七年。梁漱溟乡村建设中心的农村青年人才培养计划也走过了十三年。在这十三年中，人才培养计划在实践中不断反思总结，不断完善培养模式，并在社会大背景的变化中勇于创新，不仅逐渐构建起多样形式的在校理论思想培养模式，还进一步地深入社会最基层的乡村的体验、乡村工作的学习和实践模式，同时培养专业技能、改造自我，探索一种扎根乡村、构建可持续生活的创业模式。这种锲而不舍、脚踏实地地对理想的追求，让我看到了希望，看到了这些年轻人的责任担当，也不禁让我回想起自己年轻时所走过的路对个人成长的帮助，从而反观人才培养、能力建设的方式和方法。

在乡村振兴的国家战略推进的形势下，我感受到培养当代年轻人的重要性和紧迫性，经历了过去三十年发展的我对于年轻人的成

---

① 张兰英，女，梁漱溟乡村建设中心主任，行动源研究中心主任（筹），西南大学中国乡村建设学院特邀研究员，主要研究领域为可持续发展、乡村建设、行动研究、环境治理。

② 老刘，即刘相波，又名刘老石。出生于黑龙江黑河，中国人民大学农业与农村发展学院博士，师从著名三农问题专家温铁军教授。2000年，刘相波任教于天津科技大学基础科学部。世纪之交，"三农"问题凸显，刘相波开始组织大学生下乡支农调研，带领并影响了成千上万的青年从城市回到农村，帮助农民成立专业合作社、文艺队、农民协会。2004年年底组织成立北京梁漱溟乡村建设中心，2010年7月辞职专事乡村建设工作。2011年3月24日因车祸不幸去世。

长责无旁贷。因此，我愿意以此文来总结一下我的成长经历，看看过去走过的路与个人成长和人才培养的关系，思考当下的变化和趋势与人才培养和社会需求的关系，以及未来在乡村振兴中对"一懂两爱"人才的培养重点。

转轨：从个人成长看人才培养

我参加乡村建设的工作比较早，但并不是在国内，而是晏阳初先生在菲律宾创办的国际乡村改造学院①。1989 年，我从北京大学小语种（印度尼西亚语和菲律宾语）专业毕业，留校开设菲律宾语专业课。为了更好地开展教学工作和学术研究，我被派到菲律宾大学进修一年。在进修期间，偶然的一次翻译机会，改变了我的人生。

那是 1990 年 10 月，晏阳初创办的国际乡村改造学院（IIRR）招募中英文翻译，为参加一个月的农村可持续发展培训班的三位中国朋友做同声翻译。一位曾经到过 IIRR 的泰国同学推荐了我，告诉我那位创办人非常伟大，与世界十大革新家齐名。那是我第一次听到晏阳初的名字。虽然那时还不是很自信自己的同声翻译水平，但是出于好奇，我还是报名申请了这个临时翻译的工作。由于我会讲中文又会讲菲律宾语和英语，非常符合他们的要求，经过面试后，我被选中了。正是这次经历，让我走上了乡村建设的道路。

晏阳初先生于 20 世纪 20 年代在河北省定县开展了十年的乡村建设工作，积累了丰富的乡村工作经验。在推动乡村建设的经历中，他充分认识到"财与才"的重要性。40 年代出国后，他辗转于各

---

①　国际乡村改造学院（International Institute of Rural Reconstruction，IIRR）中的"乡村改造"是从英文翻译过来的，而英文则是基于 20 世纪初在中国兴起的乡村建设运动翻译成英文 Rural Reconstruction。该学院的名称是基于晏阳初先生所说的"在原有的社会基础上改造成一个新社会"而使用"改造"二字的。

国。50年代应邀在菲律宾开展了乡村建设的试验工作。他在1985年和1987年先后两次回访中国，恢复了与国内的联系，和国家教委建立了合作关系，从此开启了乡村建设的回国之路。第一项合作内容就是邀请国内的同行参加国际乡村改造学院组织的为期一个月的农村发展管理培训。

这个培训是为全球从事乡村发展工作的项目管理者准备的为期一个月的培训课程，也是在多年实践、研究的基础上，总结提炼成的精品培训课程。每年只举办两期，每期最多30人。该培训内容，包括从乡村建设理论学习到乡村问题分析，从宏观趋势了解到发展理论方法的学习，从实地参访学习到方法工具的运用，是比较全面的理论到实践的培训课程。1990年10月的这期培训，有3位来自国内的同行，其中一位是曾经与晏阳初先生在定县开展卫生教育工作的陈志潜先生的女儿，还有两位来自南通市环保局。因为他们的参与，才有了我为他们做同声翻译的机会。

在这一个月的翻译过程中，我有机会更多地了解了晏阳初先生所从事的乡村建设的历史，还加深了我对乡村建设的理念、方法和路径的了解。晏阳初说，"我们要建设一个新社会，就必须基于改造一个旧社会。不能抛弃所有的传统"。从20世纪20年代开展平民教育运动到十年河北定县试验，从菲律宾 Nueva Ecija 五年乡村建设试验到60年代在菲律宾成立国际乡村改造学院，从试验点的实践出发，不断研究总结实践中形成的经验和教训，形成从实践到理论、再从理论到实践的不断循环螺旋上升的学习模式，并结合当时的国际发展理论和参与式方法，形成了一套完整的乡村建设理论和方法论，并在此基础上，按照成人教育理论，系统地开发了乡村建设理论和方法的培训课程。

这个经典的培训课程培养了众多从事乡村建设的人才。截至1990年1月晏阳初先生去世，他已经通过自己建立的国际乡村改造学院，培训了上万名乡村建设的管理人才和乡村综合发展的协作人才，推动了亚洲、非洲和拉丁美洲各国开展相应的乡村建设工作。作为一个中国人，远在异国他乡，在不同的社会体制下，晏阳初先生仍然能够不忘农民的"苦"与农民的"力"，致力于培养推动乡村生计、教育、健康和自治的综合发展人才。他的一生，不求回报。为了"天下一家"的和平理想，他全身心地奉献平民教育和乡村建设。他的经历深深地打动了我，让我看到了这项工作的非凡意义。

这次经历改变了我的人生。当我即将从菲律宾大学菲律宾语言学专业（我是第二个获得菲律宾语言学硕士的外国人）硕士毕业时，国际乡村改造学院的校长找到我说："能不能来这里工作，负责中国项目？"那时国际乡村改造学院和国家教委有一个3年的合作项目，正好需要一个懂中文又懂本地语言的人。IIRR的校长已经和国内的合作单位——国家教委"星火燎原"计划的负责同志沟通过，他们一致认为我是最合适的人选，会中文、英文和菲律宾语。我欣然地答应了，因为我喜欢这样的工作。

这个决定成为我成年以来第一次做出的最重大的选择，而这个选择也就此改变了我的人生轨迹。20世纪80年代末90年代初，每个人的人生选择相对比较单一，按照当时的社会状况，一个人会按部就班地从小学读完进中学，高考到大学，大学后分配一个稳定的工作，然后是政治生涯和学术研究不断提升和深入的人生轨迹。直到我出国之前，我的人生也是这样四平八稳。我如愿地考上了北京大学，并在毕业后留校任教，成为众人羡慕的大学老师。我的老师希望我像老母鸡一样，全身心地投入"孵化更多的小鸡"的人才培养上。如果按照当下的选择，进入大学可以很安稳地做学术研究，努力尽快地从一名讲师成为令人尊敬的大学教授。但那时，我想的是：要是回北京大学教书，可能只有七八个菲律宾语的学生，而且不是每年招生，虽然还可以做一些菲律宾的国别研究，但领域和视野都聚焦在一个国家（因为那时候还没有全球化），而我更喜欢国际乡村改造学院的农村工作，与农民打交道，开展农村教育，推动可持续农业发展、社区健康、乡村自治和环境保护等多个领域的工作，可以不断地增长学识，开阔视野。因此，面对这样一个"广阔天地，大有作为"的机会，尽管我是在异国他乡，尽管面对未来存在的诸多不确定性和不稳定性，因为我还很年轻，一切的一切都无法阻挡我践行自己理想的冲动，实现人生价值的决心。

菲律宾国际乡村改造学院是一所以实践经验为基础的培训机构，也是最早基于中国乡村建设经验、结合国际发展理论构建的一所培养乡村发展人才的培训学校。晏阳初认为，做乡村建设工作，人才和资金是不可或缺的两个重要条件。对于人才培养，晏阳初有一句名言："知识是可以传授的，但精神只能是捕获的。"精神的原动力来自你内心对人生价值的追求，而人生价值的体现则在于你对社会的贡献。

晏阳初乡村改造学院的人才培养，希望每个乡村建设的工作者，都具备基督徒的爱心、科学家的头脑和军人的行动力。在具体的培训课程设计和落实过程中，非常注重从学习者的学习需求出发，以成人学习特点为原则、经验交流为基础，来提升心、手、脑的综合能力以达到培养人才的目的。这一套以认知理论为教育法来规范培训课程设计的专业性，包括培训前的需求评估和课程设计、执行培训中的不断反馈和调整，到培训后的总结评估一套完整的流程，让我在后来的乡村建设和人才培养工作中受益匪浅。

国际乡村改造学院在1993年与国家教委、广西壮族自治区教育厅、横县人民政府共同建立了综合教育示范区，这是自晏阳初先生1985年回国后开展的首个乡村建设试验点。

20世纪90年代初，应试教育成为教育的核心目标，农村孩子学习的知识大多是以服务城市为目标，他们的祖先世代从事农耕所积累的传统智慧和经验成为落后的标志。对于农村孩子来讲，唯一的目标是好好学习，脱离农村。但对于农村的孩子，由于教育质量的差异，他们中大多数还是要回到乡村，而在学校学到的知识在他们回到农村后全无帮助。发展得红红火火的乡镇企业，以及现代化农业推进而导致大量化肥、农药、除草剂的使用，不仅对土壤、水和大气造成污染，同时还带来众多的职业健康问题。就是在这样的条件下，在国家教委的星火燎原农村教育计划下得以开启这个农村综合教育合作项目。

我有幸全程参与了这个合作项目，包括与各级政府沟通交流达成合作共识的合作伙伴关系的建立，从调查研究到项目开发，从策划到参与式计划，从执行到监测评估的项目管理，从运用参与式工作坊编写环保教材到开展系列的交流学习和可持续环境教育培训等，从而得到了全方位学习和锻炼的机会。

想起那段经历，经常是没日没夜地工作，也经常碰到困难和阻碍，虽然感觉很艰难但也是成长最快的阶段。由于农村综合教育合作项目将生态学、环境与健康、公共卫生与职业健康等多个领域融合在成人教育的框架下，而环境教育与职业健康，尤其是生态理论，在那时还是比较超前的，我们也需要边做边学习。

我仍然记得编写教材的经历：由于我们运用参与式编写工作坊编写的教材修改变动比较大，不仅要翻阅大量的环保书籍，翻译补充相关文章的内容，同时由于有大量的插图排版不是很规整，就需要每行都有一些变动，而这个工作都是需要一行一行地用刀片切割各行字数，然后逐行粘贴完成的。我做了三次编辑修订和粘贴排版的工作，经常是为了赶时间工作到半夜。但值得欣慰的是，我对整本书的内容也记得滚瓜烂熟，让我对环境保护工作更加关注和投入。

我仍然记得三个月的农民田间学习培训学校辅导员培训班（TOT）的经历：三个月，每周三天的培训，我需要先把课程从英文翻译成中文，自己先学习消化，再通过邮件和远在菲律宾的同事沟通，然后准备三天的培训课程。我们每周下田观察水稻生长情况，观察、认知田中各种昆虫的生活习性和相关数量与水稻的关系，我们开展使用和不使用化肥和农药田地的对比试验，还请当地的技术人员分享水肥管理的经验、交流治理害虫的技术、农户的交叉参观学习等。当我们在收获后，计算颗粒数与重量时①，各种益虫一起出现在我工作与居住的房间里，我想这是它们来"道谢"的吧，由于没有使用农药，它们才得以生存。我心中油然感到非常兴奋和充实，那时的情景，今天想起来仍然历历在目。

我仍然记得在横县面临垃圾无地填埋的困境时，我们迎难而上，在中国还没有在县城成功进行分类先例的条件下，开启了县域垃圾综合治理的试验。在借鉴了少之又少可能经验的基础上，组建了政府指导小组，形成了政府、社会组织和技术部门三方共同参与的执行小组，分别从社区发动、技术策划和政府部门的统筹协调上分工协作配合。在长期环境教育的基础上，实现了家庭干湿分类，收集过程中干垃圾分类回收、湿垃圾堆肥还田，废弃垃圾填埋和有害垃圾贮存的有效分类管理体系，并建立了分类后垃圾处理系统有效衔接的生活垃圾综合处理系统。

在工作期间，我还获得了亚洲发展银行的奖学金，有幸到亚洲管理学院攻读为期一年的发展管理硕士学位。亚洲管理学院是按照哈佛大学的管理学院系统，针对有一定工作经验但需要提升的社会发展工作者，通过案例教学法，协助学生系统学习战略规划、资金筹措和财务管理、机构发展和人力资源管理、项目管理和推广宣传，以及农业产业链发展、社会性别、小额信贷等专业领域的内容，从而能够将自己在实践中积累的经验教训进行梳理，进一步充实相关知识和经验，并通过论文做出未来希望开展的工作计划。我当时的设想是进一步深化国际乡村改造学院和国内扶贫领域的合作，将自上而下政府主导的扶贫工作与自下而上的社区自主发展动力相结合，更好地推动可持续的乡村建设工作。

---

① 由于需要将选择的稻子进行数量和质量的检测，我们收集的数十捆水稻放在我的房间里，也就将很多的益虫带到了房间。特此说明。

从在国际乡村改造学院这样的非营利组织中工作学习的经历来看自我成长，这段经历非同寻常。首先，该学院是最早的一流的从事农村工作培训的机构。该学院提供的培训是基于中国和其他国家的试验经验和最前沿的发展理论和行动方法，培训既专业系统，又具备思想和可操作性，培训的人员都是具有一定实践经验和研究能力的资深社会发展工作者。所以到这里学习起点高，犹如民国时期的黄埔军校。其次，多元文化的工作环境和国际机构的发展脉络及其变化，增强了个人的社会阅历，拓宽了国际视野，认识到战略定位的重要性与机构发展和人才培养的关系。同时，在国际乡村改造学院多元文化环境中工作，培养了不同语言由于语气和语法的不同而可能造成的理解上的差异的敏感性。再次，社会组织的共同特点是一人承担多个功能，能者多劳，这很锻炼人。社会组织的共同特点是资金有限和不稳定，所以需要每个人可以承担多功能和任务，这就让青年人得到了各种锻炼。我的岗位是中国项目协调员，只要与中国相关的，都需要参与和协助，从翻译到联络，从协作者到培训者，从项目管理到监测评估，从规划到执行，很多时候都是超负荷工作，但对于一个人的成长来讲，尤其早期成长阶段，能够得到一个全面锻炼能力的机会有助于形成综合性思维和组织协调统筹能力。最后，在工作一段时间后，又有一个机会去学习，重新补充知识和能量，同时也是一个总结过去、计划未来的过程。

我认为，我的成长正是因为有国际乡村改造学院这样的学习平台，就是中国人常说的"天时、地利、人和"的机遇，让我可以通过个人的努力，在这样多元文化的环境里学习乡村建设的理论和方法，全身心地投入这项事业，在乡村建设这项工作中得以成长和成熟。这段经历不仅引导我走上了乡村建设的道路，让我内心一直追求的理想获得了一个可以践行的平台，同时还在各种专业培养和技能提升方面提供了边做边学习的机会，尤其是与世界接轨的项目管理、专业协作等方面，让我成为一名乡村建设的实践者、项目管理者和培训协作者。及时的深造也为未来的发展工作打下了坚实的管理和计划的专业基础。

接轨：从机构需求看人才培养

20世纪90年代是一个急速变化的年代，在改革开放的环境下，各个领域都在积极地与国际接轨，而在吸纳多种思潮的影响下，整个社会呈现出一种前所未有的多元化景象。我突然发现，在国外开展国内工作无法跟上社会变化的步伐，尤其作为一名乡村建设工作者，无法了解乡村的巨变是致命的。而中国扶贫工作和乡村也在蓬勃发展，中国的扶贫攻坚工作和国际合作项目需要更多的人才来承接，人才培养也非常迫切。于是，自认为在国际乡村改造学院学到并具备了项目管理和培训开发与管理的能力，希望与国内发展领域的工作更加密切结合，接轨国内发展工作，我便在2001年5月回到了国内。

我先加入在西南成立比较早、在国内做得比较好的民间组织之一——云南生物多样性和传统知识研究会，做能力建设的工作。我参与的第一个项目就是作为培训协作者，与合作的国际机构中的培训团队一起，在西南三省共同开展妇女领导力的培训。这次培训为后来在行动援助组织开启的青年发展项目奠定了基础，尤其在领导力的培养上。我们认为领导力是内心力量的表现，具体体现在自身追求生命意义过程中建立的自强、自信和自尊，落实在社会上的"有所作为"。虽然每个人都与众不同，但人生来是平等的，生命赋予每个人所具有的潜能是均等的。领导力是人与生俱有的潜能之一，是发自内心地追求人生价值的一种动力，是力量的源泉。这种动力引导每个人在实现自我成长、自我赋权和实现自身价值的过程中实现最大的社会价值和社会影响。知识和技能等只是领导力发挥的辅助工具。

　　2002 年，我应聘担任了以扶贫为核心工作的国际组织——国际行动援助（Action Aid International）的国别主任。作为女性，能够获得在 60 个国家开展工作的国际机构的首席代表和负责人职位，足以体现这家机构践行本地化和女性平等发展的理念。

　　也就是在开展行动援助工作的过程中才有了青年发展计划这个项目。

　　行动援助在中国开展工作碰到的第一个问题就是人才短缺。虽然行动援助有稳定的筹资渠道和资金捐助，有依据本国实际情况开展扶贫工作的政策环境，也和政府部门签有扶贫发展的合作协议，但是缺乏执行力，缺乏具有领导力、能够扎根乡村的青年人才去落实相关的工作。这样，不仅不能很好地利用这些资源和政策，由于不懂农村，还有可能造成不必要的负面影响。行动援助一直强调社区主导的自我发展模式，工作人员必须长期扎根乡村，与村民同吃同住同劳动，在工作中了解乡村、向农民学习，发现乡村带头人，并与他们共建社区，这样的工作需要工作人员具备社区工作经验、整合各种资源，发挥政府、乡村和行动援助各自优势的协调组织能力；不仅如此，由于整个世界在进入全球化的发展阶段，我们还要求工作人员要具备国际视野，了解全球化，尤其是 WTO 对农民、农业和农村的影响，在这种微观与宏观的互动比较中，注重发现给乡村社会带来的变化和影响，并积极地开展相关的政策研究和实践探索，以期保证农民的利益，保障农民的基本权益。

　　作为机构的负责人，为了更好地履行机构的使命，解决机构缺乏农村发展工作的人力问题，我在 2003 年邀请了在菲律宾国际乡村改造学院工作的同事 Vicky 来到中国，一起着手开发青年发展项目。在 2004 年一年准备的基础上，2005 年我们招募了第一批志愿做乡村工作的大学毕业生，将他们派驻到行动援助开展贫困工作的河北省和贵州省，开始了他们为期一年的实习学习，同时协助开展机构的相关工作。这一年，也是梁漱溟乡村建设中心开启农村人才培养计划的第一年。

行动援助的青年发展项目自 2005 年启动，目的是通过一年的实践，培养一批对人类发展和社区发展具有深刻认识，增强社会责任感，成为具有自我学习能力、反思精神、行动技能和领导力的年轻人。该项目面向来自大学的青年人和农村社区骨干，根据两个群体不同的文化背景、个人需求、未来期许提供针对性的支持和陪伴；鼓励大学生与社区骨干的交流分享，在社区层面协同工作，在个人层面体验个体相互影响的力量。行动援助的青年发展项目通过一年试验、两年成形、五年推广的工作，确立了一年的学习培养框架，按照学习的内容，在不同时间段安排三次培训，以认知—分析—实践相互交织的学习过程，来提升青年人的发展视野和理论思想知识、调查和分析能力、沟通和协作能力、组织和执行能力等。

该培训框架是在一年内围绕四个方面的培训内容来推进的，即自我认知和领导力潜能，全球视野和发展议题，发展工作的基本技能和技巧，参与式工作方法的社区实践。在这四个模块的框架下，第一次培训在 7 月下旬开始，共计 15 天，依据成人学习的特点参与培训学习和社区实践。培训结束后实践者奔赴各实践点，开展三个月社区调研分析来识别问题所在，即 8—10 月的社区融合、社区认知和社区现状的描述和分析，这部分主要通过调研报告体现三个月的学习成果。11 月上旬作为中期交流，实践者对过去三个月的实践活动，围绕自我认知、社区现状的认知及现状分析和实践经验进行分享与反思，并确定未来 12 月到来年 2 月三个月将想法转化到行动的准备和确定的工作，即通过开发小额项目来锻炼自己各方面的技能和项目开发能力。2—6 月集中为小额项目的实施，并通过参与式的项目监测和评估来总结项目开发到解决问题的实际行动的学习过程，同时培养项目管理能力。这个过程奠定了 7 月中旬总结反思这一年实践给个人、组织和社区带来的变化和影响，由此完成一年的实践学习活动。

自 2005—2011 年，青年发展项目在总结反思中不断地修改和完善，逐渐形成了一套以成人学习特点为基础，以挖掘培养领导力为核心内容，以集中培训学习、小额项目实践、自行组织学习和实践工作相结合的学习模式，开展为期一年的扎根社区的培养模式。2006 年，这种培养模式也从最初满足机构对人才的需要扩延到服务社会发展机构对人才的需求上。行动援助与聚贤社基金会合作，与35 家民间组织一起，为有志青年骨干学习农业、教育、环境、生计和艾滋病等领域的知识和开展工作的方法及技能，提供学习、实践和交流的平台。截至 2011 年 7 月，青年发展项目共培养了大学青年115 名，来自农村社区和流动人口社区的骨干 138 名。目前，他们中的 80% 依然活跃在乡村建设和社区发展的一线工作中。

梁漱溟乡村建设中心（以下简称"梁中心"）的农村人才培养计划与青年发展项目犹如姊妹关系，其宗旨是一致的，都是希望培养青年人成为乡村建设的栋梁。这两个青年培养计划在同一年启动，在实践过程中，一直保持着相互间的交流和互动。由于工作人员上的重叠，在培训课程设计上、培养结构上、培训老师选择上都是共享的。两个组织互派青年到各自的实习地点交流学习。温老师也给予了很大的支持。

但这两个青年培养计划也存在各自的特点。

第一，人才培养的思想基础各有不同。梁中心的人才培养计划的思想来源以温铁军教授为主，经过他的研究团队近 20 年的努力，借鉴了上下五千年中国历史文化政治环境的思想智慧，结合了具有批判性的国际思想和理论，研发创新逐步形成了乡村建设的系统理论学说；而青年发展项目的理论则更多的是依据国际发展的理论和话语，以批判性的视角来看待全球化带来的一系列经济、社会和环境危机，以人类共同追求的美好社会——没有贫困和不平等的社会为终极目标，期望通过每个人的努力，实现每个人的权利，尤其是农民的权利，得到保障。每个人都可以获得所需的资源，过上体面而有尊严的生活，接受教育，获取各种信息。每个人都可以平等地得到法律的保护并享受到应有的公共服务。每个人都可以拥有一个富有创造力、安定的生活，并得以不断完善。

第二，思想和理论的学习有所不同。由于指导思想和理论基础上的差异，梁中心的青年人培养在思想教育方面有突出的效果，不仅通过学生社团，动员大学生支农支教来"引入门"，认识三农问题，同时还通过校内人才培养计划，通过一年半的时间在思想理论上将青年人"带入境"，让他们具有一定的、扎根本土社会的理论思想，为他们进行一年"融入乡土"的学习生活打下了坚实的理论思想基础；而青年发展项目更多的是从实际问题出发，以国际发展理论为基础来分析现实存在的不公平和不平等问题。在对现实问题认知的基础上，激发个人"有所作为"的内心动力，积极地参与到解决社会问题的行动中，这些行动多是回应社区的需求。

第三，实践工作中的不同成长。两种模式在自身变化和促进社区改变两个层面上，方式和方法也各有侧重。梁中心遵循乡村建设"生态农业、环保农村、合作农民"的目标，侧重于支农支教、文化建设、农民合作等方面的实践学习，倡导劳动文化，积极推动青年人参与村庄的农事劳动，自食其力；通过新青年绿色公社，探索新的生活方式，推动新的文化生活；同时推动大学生农村创业，探索大学生支农与生态农业发展模式，凸显梁中心青年人"为农民服务，为理想奋斗"的伟大情怀；而青年发展项目，由于选择的都是有社会组织介入的地点，更多的是通过小额项目来协助村民解决他们眼前的问题。同时，比较注重在工作理念、方法和工具等能力和技能方面的提升，强调通过和乡村带头人一起解决微观问题，不仅使自己能够在这个过程中得到锻炼，也回应了乡村的现实需求。

第四，在辅导机制上，梁中心采取了老学员帮助新学员的传帮带机制，更好地支持了梁中心对青年人的培养工作，成本低，但效果好，还建立了各界青年人之间的联系。青年发展项目则建立了支持青年在乡村工作和生活的三级辅导机制，即实践的辅导员机制，大部分是乡村中的骨干或者相关机构的在地负责人，这样能够及时地给予日常工作的指导和支持；核心辅导员机制，邀请的多是在食物权益、减灾备灾、社会性别、艾滋病防治等发展领域有一定经验和专业的实践者，负责给予专业发展和事业选择上的辅导和指引；同伴支持模式，促进青年人之间生活上的相互关心和事业选择上的意见交流。

　　总之，两个培养模式在思想理论学习、实践技能提升、生活技能增强等青年的综合能力培养方面，各有所侧重。但对于一个外部呈现独特的整体特征而内部又充满丰富多样性的现代青年人来说，他们最看重的是有这样的平台，且越多越好，因为这样的平台可以让他们的个性化在集体生活环境中得到一种独特的表现，同时也能体验集体意识下的合作与配合，从而使这样的平台，乃至乡村建设的网络平台，都能成为他们发扬团队互助协作精神的舞台，成为"聚是一团火，散是满天星"的那粒火种，那颗闪亮的星星！

回归：乡村建设是人的建设

　　进入 21 世纪的第二个十年，中国的乡村发生了前所未有的变化，农村空心化，老人、妇女和儿童留守，谁来种地成了问题，而留守老人的医疗保健和养老问题、留守儿童的教育和关爱问题等都成为这个时代快速经济发展的共生现象。农村缺少年轻人，就缺乏活力。乡村的可持续发展是中华五千年可持续发展的根基，乡村振兴急需年轻人的参与，而吸引"90 后"和"00 后"的年轻人参与到乡村建设中来，无疑需要不断地调整思路，来回应新时代的需求。十年风雨征程的农村人才计划，如何在这个不断变化的社会进程中助力新时代的年轻人，为他们提供多样的体验基地和学习平台，扎根乡村，开展新农村建设，成为梁漱溟乡村建设中心面临的挑战。

梁中心一直被视为乡村建设网络中的黄埔军校，培养出了众多在各地生根、开花、结果的乡村创业人、乡村公益人和乡村建设的研究人员。不管在任何地方举办活动，都有梁中心人才计划学员的身影，也能看到十几年来和梁中心一起发展起来的"农民领袖"。但梁中心面临的新时代的调整，告诉我们不能停留在已经取得的成绩上，要总结过去的经验，不能"狗熊掰棒子"；要不断地拓展人才培养的瞄准机制，不能局限在自己熟悉的范围里；要不断地调整机构的发展定位，服务乡村建设对人才的需求。

加入梁漱溟乡村建设中心，对我来说是一种回归。回归乡土，从一个多元文化的国际机构，回归到一个真实的、扎根乡土的乡村建设运作中。参与梁漱溟乡村建设中心的工作，也是一种身份的转变，从一个国际发展机构的管理者，转化为一个协作者、辅导员和导师。也许很多人不这么想，但对于我来说，从加入的那一刻起，我就把自己定位在协助这批有理想、有抱负的青年人的发展上。

我仍然还清楚地记得在 2012 年 9 月，梁中心的志愿者们①相聚在凤凰岭下的农家大院，我协助大家一起探讨梁中心存在的问题和面对的挑战。经过一天的回顾总结和沟通交流，大家基本上达成了共识：只要加强有效沟通，梁中心扎根基层的独特的工作方法和基于中国传统文化的管理风格，在乡村建设思想和理论的指导下，具有不可比拟的发展优势。但需要做的工作也很多，尤其是将过去十几年积累的工作经验转化成集体记忆和组织经验，并构建合理的管理架构，让经验得以传承和发扬，让年轻人的领导力潜能得到发挥。

针对人才计划，我特别希望梁中心的农村人才培养计划和行动援助的青年发展项目能够取长补短，不仅能够更好地体现中国的"道、理、法、术"四个层面的能力培养，同时能够遵循新农村建设

---

① 当时的梁漱溟乡村建设中心并没有正式的员工编制，大家都是以志愿者、老学员和新学员的身份在中心工作。特此说明。

的 20 字方针来推动基层的参与，青年人的返乡。经过这几年大家的努力，我认为人才计划已经发展出多元、多层次的培养模式。

其一，开启了在地化、集中学习的人才培养模式。青年团队在蒲韩乡村，与村中的合作社联合，通过理论反思、文化建构和技能提升，不仅进行思想建设，同时也强调社区工作能力的提升。既要有理想和情怀，也要有专业性，是理想主义人才与专业人才培养的结合，是工作与生活并重的新生活的探索。

其二，启动了培养乡村带头人的"头雁计划"，这个计划拓展了梁中心人才培养的对象，拓展了合作社发展的工作内容，从合作社本身的发展和基层组织建设，从生态农业的推动到三产融合六次产业的创新发展，从文化建设到乡村治理，从污水垃圾的环境治理到美丽乡村建设，2014 年与晏阳初乡村建设中心开启的"头雁计划"积极回应了乡村振兴中对"一懂两爱"乡土人才的培养。

其三，启动了人才培养国际化的"鸿鹄计划"，让从事乡村建设的青年人走出去，交流中国的乡村建设经验，学习其他国家的经验，探索了通过国际交流来培养人才的可行路径和方法。

正如人的成长一样，机构的发展对人才培养也发挥着不可磨灭的作用。在机构中，承担不同的责任得到的锻炼也是不同的。在过去的几年中，梁中心延续了以往执行委员会的决策机制，同时还尝试采纳了机构负责人的轮流制度，及各个团队之间相对独立运作的平行管理模式，这些努力都是在为青年人的成长创造不同的发展空间，为青年人施展才华搭建更大的舞台。

从事乡村建设工作，得到了在其他许多工作中得不到的学习和锻炼机会，最重要的是培养了每个乡建人胸怀天下、脚踏实地的做人道理和做事能力。乡村建设就是人的建设。加入乡村建设这项事业中的每个人，都会深深地感激乡村建设这个平台为我们大家创造了学习的机会，创造了践行理想的平台，同时还有思想理论引领的导师，相互支持的同伴，默默支持的大学老师志愿者们。

随着乡村建设事业的不断扩大和发展，梁漱溟乡村建设中心也在不断地拓展其培养青年人的空间和力度。大家分别走出大院，奔赴全国各地，承担起不同的职责，扎根蒲韩乡村，创新人才培养在地化模式，构建昆山基地，开启城乡融合的试验，打造顺义培训基地，拓展乡村带头人的培养工作，开启合作社南北对话，走向国际交流。但不管是纵向深入，扎根社区，还是横向发展，构建不同领域的专业团队，建设不同领域的网络支持系统，大家仍然秉承着那份对理想的信念，那份"聚是一团火，散是满天星"的乡建人的认同！

回想起在梁中心的七年，很多场景历历在目，尤其是大家一起劳动、一起唱歌、一起工作的情景。这些年磕磕碰碰地一路走来，虽然每个人的成长与发展各有不同，草根组织生存压力与发展空间有限，但走在一起，就是为了能够一起成就乡村建设的事业。伴随着过去的青年越来越成熟，我们对乡村建设事业的未来更加有信心。在此，特别感谢大家给我这样一个机会，与大家一起走过这些年。

理想寓于行动中
——实践式教育与梁漱溟乡村建设中心的农村发展人才计划[①]

刘老石[②]

中华人民共和国成立以来，一方面我国政治、经济、社会环境迅速变迁，综合实力有了很大的提高，全国大部分人民的物质生活水平也普遍得到了改善；另一方面，我国的农村、农业、农民却遇到了不小的麻烦，自20世纪末就一直被人们称为"三农问题"。无论是农村的衰败凋敝，农业耕地面积的逐步减少、粮食产量几年来的持续下降，还是农民精神文化生活的没落、村社组织的松散，都日趋严重。振兴中国乡村，需要一批热情向上扎根基层的乡村建设人才。在过去十年的新乡村建设运动中，一支重要的力量是大学里的青年学生，而梁漱溟乡村建设中心是发动和组织大学生参与乡村建设活动的一个重要组织机构。

从2005年开始，梁漱溟乡村建设中心同中国人民大学乡村建设中心合作，开始了农村发展人才培养计划（简称"人才计划"）。梁漱溟乡建中心就设立在中国人民大学乡村建设中心里。为了工作方便，我们以中国人民大学乡建中心的名义招生，具体事务由梁漱溟乡建中心操作。

在人才计划之前，我们做大学生支农近十年，但做的都是短期支农。大学生到村里实习一个星期，做点项目，一个星期之后事就没人做了。为了弥补一星期之后做事不足的问题，我们开始琢磨要

---

① 本文原载于《立场——教育对话》2010年第3/4期，文章有修改。

② 刘老石，即刘相波。

做长期人才培训，让人在中心培训一年。项目计划写出来以后，我们就到处去找钱，最后找到社区伙伴（NGO）。他们看完之后跟我聊了很久，我才知道，在我们考虑这个事之前，他们也在考虑做"青年实习生计划"，主要就是绿色农业和环保的。听到我们的计划，他们（社区伙伴）给了我们第一年的经费。我们筛选了36个人，中途流失了2个，共34个。

学员招募程序

学员筛选有一套程序，而且随着时间变化，这套程序越来越严。招人情况各不相同，最开始招人就是把招募公函发到各个学校招生办就业办公室。起初第一期，筛选比较简单，学员愿意做乡村建设就行，但是后来发现光是愿意做还不行，还得强调态度，有理想，就是基本态度合格，然后才可以往下谈。我们叫作"两高两低"原则。"两高"就是要么理论要高，要么实践能力要高；"两低"就是这两个能力不能低于平均水平。后来我们发现这样也有问题，问题是有的人能力也行，理论也行，但是到了最后这能力都是为他自己，这样的人特别多。后来我们吸取教训，又再往前推一步，让现实去试验他，看他愿不愿意做事。现在选人的时候就非常在意这个人能不能踏踏实实去做，得有理想，而且要为理想踏踏实实去做事才行。

我们的培训和现行大学教育唯一的不同就是培养的场所不同，现在的大学教育培养人是在学校里培养，我们是在农村培养。农村锻炼虽然对增进能力是非常有帮助的，但是对于改变学员的态度却不明显。所以从第四期（2008年）开始，学员要通过一个月的试用期。一开始试用的方法是把他放到我们临近的厂里去待一个月，他能坚持下来就等于录用了，坚持不下来我们就不要了，他也就走了。现在，招人这个环节我们已经很成熟了，一般是五步：

第一步是审核报名表。一般在校学生,我们倾向不招,因为在校学生在这里培养完了,回到学校再待一年,我们教的那点东西又被学校给瓦解了,所以现在我们不招在校生,而是选已毕业的。毕业的人中要是有点工作经历和实践经验则最好。

第二步是打电话。中心工作人员先开始打电话,跟申请人聊,一般都是聊几十分钟,聊完之后确定这个人到底行不行,聊的过程中看这个人的基本态度,看这个人的理想,看这个人有没有理论,看这个人的能力。打完电话之后就能筛选出来,70个人能筛选出十多个。

然后我再给筛选出来的人打电话,也是打几十分钟,这是第三步。一般招生是劝人来,而我们是劝他走,打电话一般都是把我们这里的困难讲清楚,告诉我们这里不好的地方。有的人听了以后说,让我想想,明天我再给你答复。明天忽然不答复了,或者答复说"我觉得还是有一些差距"。这个环节很重要,对最困难的东西他没有思想准备,来了以后一定坚持不下去。

第四步就是面试。面试就跟他们仔细谈,谈了之后再加上之前的感觉就可以进入下一关,就是试用期。

第五步是试用期。一般是跟着大学生一起下乡。下乡以后跟着大学生一起帮着村里做事,既可以看出基本态度,也可以看出团队协作精神,还可以看出个人能力。比如,有这样一个例子:一个北京工业大学社会学的学生,跟着9个学生一起到一个村里做事,到了村里以后,学生说我们需要艰苦的环境,要到小学里去住,大家就往小学里搬,这个人不同意,说村里条件好,为什么要到差的地方,就和其他学生起了冲突,经常是他们队里9个人反对他一个。另外,他到村里以后,见到村里的人就问,你们村里有什么好吃的。后来大家忍受不下去了,就把他开除了。下乡期间他做什么事都要经过人家9双眼睛的考核,回来后我们基本上就有数了。也有新人做得很好的,有一个从云南来的女孩,她也没经过很多培训就投身到下乡的队伍里，到村里以后天气非常热，她很不适应。但是她态度很积极，她没学过的歌就从歌本上抄下来，然后让大家教歌，而且非常愿意帮助别人，不计较一些琐事；同时也很愿意思考问题，能吃苦。所以她能经过这样的筛选，未来可能都会一直坚持下去。

参加项目的学员大部分来自农村，因为对农村有感情，才能到农村去做事。同时他们也不怕吃苦，城市里的孩子一般都做不到，所以城市里的孩子能到这个队伍里来的都是凤毛麟角。名牌高校出路比较好的也很少到这里来，像北大、清华的，以前也来面试过，但他们有一个特点，就是理论能力都比较强，但实践能力常常很弱，尤其在试用期的艰苦环境里，精英意识比较强的人也待不下去。

培训过程

培训过程大致有以下五个阶段。

第一个阶段是理论培训，将近20天的基本理论培训，主要梳理三农问题。我们请三农研究方向的学者来做讲座，相关方向的代表人物差不多请遍了。培训内容包含三农问题和解决问题的思路，主要是一些比较贴近我们操作的基本理论，如从养老问题、社保问题、农村教育问题，然后谈及国际经济、农村经济和合作组织、土地问题、村民自治的相关知识，之后再讲三农问题的历史、三农问题背后的整个发展观和发展体系等，系统性地对三农问题进行梳理和解剖。现在，我们在理论培训之后又加了一个环节，就是一个星期的专业技能培训，包括到农村如何做合作社、如何做绿色农业等内容；除此之外，还有一半培训内容就是生活技能，包括做饭、用常用电器，还有摄影、照相、做视频这些技能，这个对现在我们的学生来说也是欠缺的。

第二个阶段就是派驻村里工作。在村里待三个月，这三个月就完全独立工作，一般是把学员编到一个团队中去，成为团队的一分子，让他配合整个团队的一些工作。这样是锻炼他的团队精神和协作能力。这个团队中有主导的，也有策应的，我们叫作"坦克部队"，学员是其中一分子，一定要保证每个学员在工作期间是可以调动并且配合别人做事的，不能让他一个人孤零零地工作。刚放到农村的学员没有对于他的特别安排，如果对他有工作安排，一般不会把他放在关键性的岗位上；如果他发生一些工作上的失误，一般从轻处理，或者根本就不会怎么处理，因为他处于学习阶段。第一次驻村工作从9月到12月中旬有3个月时间，这段时间最困难，因为他们没这么长时间在基层待过，在村里待一个月以后就没有新鲜感了，所以非常困难。在工作团队之外，同时我们有专门的人照顾学员方方面面的要求，帮他们处理一些眼前的问题，从吃、住的实际生活问题到一些理论上、思想上的东西，我们都有专门的人为他们服务。我们有三个人负责人才培养的后勤，分别负责日常工作和理论方面，现在还有人负责村里的巡查和指导。

第三个阶段是春节之后回到北京的第二次理论培训，内容涉及一些文化问题、发展观的问题，在原来的基础上有所加深。除此之外也可安排一些具体工作内容的培训，一般10—15天。同时，我们会对学员三四个月的工作情况和学习情况做一个内部考评，我们和学员做单独访谈，进行批评和自我批评，这是中期筛选工作。

第四个阶段是第二次驻村，第二次理论培训结束后，学员回到村里再待大约两个月，工作方式跟以前是一样的。其间我们要安排一次到其他项目点上考察的机会。考察主要是学习别人的经验，与此同时也会有一次区域性的小团队的交流、活动性的交流，这是预定的内容。

第五个阶段是答辩考评，第二次驻村培训结束后，再回到北京就是6、7月份，进行最后总结式的培训和考评了。一般最后考评答辩都是两个星期左右，学员要通过成长答辩，才能结业获得结业证书。答辩是一个综合考评，要求对整个一年的成长经历进行陈述，如学习到什么宝贵的东西，或者有哪些需要反省的地方，等等。我们邀请几位答辩老师，一般是有理论和实践经验的人，对学员的成长经历提问题，其中包括实践的内容，也包括理论的内容，然后进行综合考评。答辩通过以后，学员就可以到各个 NGO 机构找工作了。

培训成果

学员经过一年的培训后，在理论和实践能力上都会有改变，但最大的改变是价值观上的。我们招募的时候苗子选得好，学员们自己有要求，自己要往前走，我们起着推动和辅助的作用。但他们刚来的时候，价值观没有完全形成，只有一些初步的理念，在有些问题的认识上是很模糊的，来了以后要通过整个培训过程慢慢梳理。我们有几次理论培训，通过疏导的方式，慢慢地让他们把价值观形成系统。培训的目标不仅是改变价值观的问题，更是要求把价值观能落实到行动中去。这当中有人可以不谈理想，可以不要这个东西，但是要踏踏实实地去做事，这才是最好的状态。我写过这样一句话："胜利了不感到高兴，失败了不感到痛苦，就是做理想的机器。"不用太在意成败，用平常的心做平常之事，该干什么干什么，这就是最好的状态。我们有个胖胖的小伙子，第一年培训结束，他第二年就到深圳去了，进入工厂工作。到了工厂以后，他本人很胖，工作环境又非常热，满身都长痱子，大汗淋漓，经常都是这样。原来他也是谈理想的，但是他在工厂里待了几个月之后，后来写文章说，"理想需要实现，要把所有理想放到现实中去操作，变成行动，这个才行"。新的学员谈起理想很激动，而老队员一般不会，因为他们已经把理想放到现实操作当中去了。

我们的理想就是为平民服务。现在谈的不是是否应该为平民服务的问题，而是怎么为他们服务的问题。这是平常大家考虑的问题，它已经不再是是否有理想的问题，而是操作的问题。

现在各个 NGO 组织都需要人手，而大学并不为它们培养人才。我们这个项目等于在给各个组织培养人，差不多有一半学员结业后在各种非政府组织里工作。去了以后大家都很喜欢他们，因为这些学员很容易到位，很愿意在最基层工作。相反，正规大学教育出来的社工和农村发展人员，都不往农村去，都往上面跑。而我们培养的人都往下面去，往基层扎，所以很多组织都认同我们的培训。

人才培养计划与大学教育

我们目前使用的培养方式，是一种另类方法，在实践中教育，我们的目标是平民的，但方法却是精英的。我们招募一小拨人来培养一年，平均每位学员一年的培养费用是 2.5 万元左右，比正规大学教育的成本还高。这个方法的缺点是规模太小，所以，我们现在想方设法把培养的面积扩大，用一种很平民的方式去教育学生。一种现在我们叫作"校内班"的实践，从 2009 年开始，我们在各地大学招募学生组成校内班，每个城市都有十来人。就在本地学习，在本地有实践机会，不必脱离学校，我们有工作团队在当地给他们做培训。时间同样是一年，最后我们给他们考评、发证。等于他们边上大学，边到农村去做工作。这可能既是对人才计划的一种修正，也是对现行大学的一种修正，一种中间结合方式。

现在世界格局发生了深刻的转变，尤其在这一轮金融危机之后，美国模式受到严重质疑，资本主义已经不再是我们的理想了。中国国内也在进行对于发展观的讨论。年轻人普遍要求接触新的东西，要求对社会有真实的认识，把社会和自己的发展结合在一起。他们也希望了解真实的社会，但遗憾的是，大的环境没有转化到对年轻人的教育中去。

所以我们梁漱溟乡建中心的骨干人才培训，是在正规教育体制之外的试验，试图通过实践教育的方式，把理论和实践的训练结合在一起，让理想和行动能力的培养同时进行。我们希望能与某所大学进行合作试点，把这种实践形式的教育方式有机地结合到本科教育的课程中，把青年的教育和人生发展同现实世界的政治、经济、文化变迁密切地联系起来。

种子的信仰

社区伙伴　薛启婵[①]

又是一年春风起，看到大家纷纷留言怀念老石，我才恍然意识到，老石离开我们已经七年了。七年，有多少树木茁壮成长？又有多少新芽破土而出？

老石和他的伙伴们一手创立的人才计划，很快就将走过十三个春秋，在这十三年里，我们有幸看到一批又一批的青年行经此地，慢慢成长，然后四散各方，相互守望，最重要的是他们中的大多数人，都还坚守在乡村建设的道路上，砥砺前行，初心不改。读这本文集里记录的故事，脑海里立马浮现出那些年轻鲜活的面庞。这本书里，写满了洋溢着理想与热情的生命实践，记述了饱含痛苦与喜悦的成长。一期又一期学员，透过文字，穿越而来，在这里呈现出群体精神的聚合。当我们把时间拉开，以十年来回望这个计划和参与其中的伙伴时，我们就会发现那种薪火相传、生生不息的力量。面对资本主义的滚滚大潮，在这个强调自我、极度物化的社会里，人才计划的组织者和参与者们，用真实的生命实践，书写着他们在这个时代安身立命的姿态，路径不同，选择各一，却也自成一幅多彩的画卷。

社区伙伴从 2005 年至今，一直是梁中心在人才计划上的合作伙伴，这是一段颇为持久的合作关系。最初的一拍即合，是源于彼此对支持青年人在农村实践和成长的认同。人才计划从概念、想法落地到具有可操作性的支持框架，经历了几年"摸着石头过河"的历程，学员有过在扑面而来的各种主义和思辨下无从实践的茫然，有过对放羊式管理的抱怨，也有团队在磨合里的种种张力，然而，这

[①] 薛启婵，社区伙伴综合能力建设项目经理。

不是一个谁在管理或谁被管理的项目，而是组织者与参与者一起成长的共同体，正是大家不断的参与和反馈，让计划有了调适的机会。第四期时，一个将青年的教育与社会进步的推动相结合的大教育观逐渐清晰，培养模式已具雏形。到 2010 年，在人才培养之外，也将青年人作为主体的网络构建纳入思考，这是人才计划的一大跨越，也在这之后，慢慢形成四位一体的人才培养模式。

还记得在老石离去后的那几年，年轻的团队走进了痛苦的纷争过程，人才计划也在这个阶段变得有些消沉，许多工作都随着团队的纠结陷入循环。我想，对那时在梁中心的许多伙伴来说，这都是一段颇为煎熬的时光。于我们而言，虽在局外，也何尝不担忧心焦。但有些坎终归需要自己慢慢去迈。

2015 年的春天，我到永济，少雄用电瓶车载我看永济正在发生的种种变化，讲述自己在这里的各种学习与领会。他那时已举家驻扎永济，团队开始勾画着将学员集中安顿在成熟的合作社，探索扎根乡村社区培养人的新模式。从当年胸怀天下的青年一步步走来，慢慢回归到乡土，俯身于土地，人才计划不只是提供一年期的农村实践，更是教大家开始把自己的生活安放于此，让农村重新成为安身立命的选择。两年多过去，我们已然看到这个探索的成效，一种从土地里长出的生命正在蓬勃生长。

这十余年来，社区伙伴与梁中心不断在差异里磨合，在共识里求进步，时间见证了这份历久弥新的伙伴情谊。七年前，老石在春天里告别；七年后，我们在春天里透过这本文集，看见过去也看见未来，这既是对逝者的告慰，也是对承继者的祝福。而人才计划的故事远远还没完，现在只是逗号，未来还在路上。

最后，以梭罗的话送给大家，愿我们一起静候生命的奇迹。

　　我不相信
　　没有种子

植物也能发芽
我心中有对种子的信仰
让我相信你有一颗种子
我等待着奇迹

薛启婵
社区伙伴
2018 年 3 月 23 日

第一部分

守 望

黄河边的青年

引言　两个历程的相互嵌入

人才计划一期　吕程平[①]

所见文集的这一部分，青年们在完整参与了作为乡建体系骨干型项目的"农村发展人才计划"后，继续选择留在乡建实践的各个领域并逐渐成为其骨干。一个项目目标的提出是与中国社会的多元化发展和现代化建设的深入推进的背景相结合的，也是与项目执行机构的整体目标体系自我定位话语相一致的。这里展现的其实是作为一种教育过程的社会实践与个体生命历程的相互嵌入。而"相互嵌入"的实现，是基于人才计划项目目标体系的两个基本面有机构成的。

第一个层面，推动农村的进步及对更值得期待社会构建的贡献，这包含若干层次：推动农民合作组织的建设，即以普惠性合作为手段对农村发展过程中多方面困境的解决尝试；倡导健康农业，及在此基础上构建城乡间更大范围的合作和互动（早在项目执行的最初一两年，早期项目组就清晰地认识和提出了这层目标）；推动包括合作文化和健康生产文化及对传统优秀文化继承与发扬在内的乡村文化的重建，并与此一道，在对现代发展观及资本统摄性等概念反思的基础上，推动新文化概念及实践体系的建设。对于前者我们尝试借此计划推动包括农村社区学校及综合性合作组织在内的载体建设，并以之动员本土资源和社会资本网络，修复、重建社区自我教育、自我规范、自我动力功能。

第二个层面，在对主流青年教育方式反思的基础上，以特定的

---

① 吕程平，男，北京人。清华大学社会学系博士后，农村可持续发展青年人才培养计划第一期学员，人才计划第三期、第五期项目执行人员。

价值观为基点，强调在以共同理念为核心的实践集体中的个人与团队和事业的共同成长的教育创新。在这里，我们所珍视的立场是以"人"为最终关怀的，而非以"物"或物的积累为最终体现。进一步说，我们不认为教育是以商品的交换能力和商品化价值程度为衡量标准的。在这样抽象的根本立场上，我们将其具体化为一个价值立场和一个成长观，事实上两者是一体的，并只有在一体中才能相互实现，即我们以最广泛人民的幸福及实现幸福能力的构建过程作为最珍贵的财富，并把在此过程中人的全方面成长作为成长观。

这种价值认定在项目理念的设计中必然表现为对国家、民族的生存和进步及在整个经济进程中处于不利境地的人民利益的关注，即农村人才发展计划的落脚点不仅仅是农村，学员的成长视界也绝不应仅仅拘泥于一村一社的农村发展本身，我们在人才项目内成长的学员，能对何为在经济、社会、文化、生态上更可持续地发展有更深刻的理解，并能将自身的成长服务于、结合于整个社会的进步，这种社会责任感的赋予和内化的过程，正是整个项目的教育创新所在。

在既往机构资源和项目资源的约束下，人才计划期待学员在对以上价值观（基于一定程度）认同的基础上，在前一个目标体系的行动框架内，实现自身思考力、行动力、团队协作能力等多方面的成长。

从这个意义上讲，以上两个目标是在互动中得以成长和实现。一方面，各种具体事业的实现需要识别能推动处于不利境地群体处境改善的、在社会和生态层面上更可持续（出脱以人与人的关系、人与自然的商品化为表征）的行动方案；另一方面，这种社会实验的进行又有赖于具有一定实践能力和对农村发展有相当思考与热情的青年的推动。将对理念的热忱和青春的热情转换为行动的能力，把对理想的追求凝聚成行动的步伐，让各样想法和立场的话语接受现实的考验等都有必要最终落实在各项创新性事业的成就中。

　　人才计划是一个项目，而我们真正想赋予它的当是对项目的超越。我们把人才计划作为一个人的成长过程或是一个教育过程——这取决于我们所取的主体。这种成长或教育是在学习和对社会进步的推动中实现的。一个项目需要量化各种指标，需要明确的效果评估，而人的成长、价值观的成长、对人的意义及更广大幸福的追求却难以量化。正如我们将在本文集一个个故事中看到的，其影响在个体成长时间维度上必将远远超过项目周期，在价值求索维度上将远远超过项目所赋予的框架，在社会实践的样态上将远远超出项目设计者的想象。这样的超越最有意思的基点是，我们将一粒种子植于那些敏感着和反思着的个体的生命历程中，并施予一定的机会、自主性和资源，这粒种子于是慢慢长大并和生命历程融为一体。

1.1　一场悄悄的新时代乡村
"乌托邦"实验[1]

人才计划试验期　白亚丽[2]

世纪之交的大学生"上山下乡"

2000 年前后，正是城乡矛盾比较激烈、三农问题凸显的时期。在这个大背景下，许许多多来自乡村的大学生也面临着个人生活的两难选择。一方面，农村大学生到城市学习，也想摆脱"泥腿子"的命运，适应以城市为中心的价值体系；另一方面，从 20 世纪 90 年代开启的高校产业化改革，既加大了农村学生的学费负担，也使得未来的道路更加充满了不确定性。在这有些残酷的现实面前，我们这些来自农村的大学生，被迫开始了对自己的生活与未来的反省，与此同时，我们也转变了观察城乡关系的视角，重新思考我们生长于斯的乡村。大学生支农调研运动的兴起，可以说就是在这样的压力下展开的。

具体到我们个体，参与其中似乎都有些偶然，甚至可以说有些随意。2000 年，刘老石老师来到我所在的天津科技大学（原天津轻工业学院）任教。在这个以工科专业主导的学校里，他做的第一件事就是利用他在食工系做辅导员的一年，放松社团审批政策，鼓励学生自发成立各种社团。20 多个社团如雨后春笋般成立起来，我也

---

①　原文发表于《文化纵横》2011 年 03 期，文章有修改。

②　白亚丽，女，河南漯河人。中国人民大学硕士，梁漱溟乡村建设中心创办人之一，北京共仁公益基金会秘书长。2001 年参与中国当代乡村建设工作，2004 年 1 月，休学一年，到湖北省十堰市房县窑淮乡驻村开展乡村建设工作，被《大学生》杂志评为"2004 年度最有魄力的大学生"，被誉为"我国休学支农大学生第一人"。

参与了"新希望农村发展促进会"。

在 2000 年冬天，关心农村的学生并不是很多。为了组织大学生乡村调研，我们几个"新希望农村发展促进会"的创始人在学校食堂、宿舍到处张贴海报，打着"文化旅游"的口号。或许正是因为"文化旅游"的吸引力，才招来六个同学组成一个小队。当时，对于下乡调研，我们都不确切清楚去哪里、如何去。后来在一位朋友的介绍下，我们去了山西左权县麻田镇。

就在我们下乡前后，北京师范大学"农民之子"在 1999 年暑假以"京楚大学生村民自治宣讲队"的旗号，组队去了湖北随州柳林镇——这也是一位队员的家乡。2000 年后，北京大学"乡土中国"、中国农业大学"农村发展促进会"等社团都相继成立，也开始了组队下乡。2001 年 5 月 1 日，我们几个学校的"老骨干"碰到一起，决定组成一支跨校联队，随后这支跨校联队就辗转在苏北丰县、沛县等地。

我们最早的下乡点，绝大部分是队伍成员的老家，要不就是其他来自农村的朋友的家乡。而我们下乡的费用，也是自己平常省吃俭用节省出来的。当时我们能做的，无非就是带上文具教教孩子读书，带上衣物看看孤寡老人，等等。再多一点的，也就是带上影碟在老乡家里组织大家学习科技种田和法律信息。支农调研变得有组织、有目的，是在我们接触了《中国改革》（农村版）杂志社之后。

我们中最早接触到《中国改革》的是刘老石。2000 年的一天，他挤在南开大学的走廊里听了时任《中国改革》杂志社社长兼总编温铁军的讲座。在听到温铁军说"我们的教育出了问题，它教人吃饭不种粮、穿衣不纺棉。它教大家都拼命挤向金字塔的塔尖，离中国最根本的现实越来越远"后，刘老石决定"投奔"《中国改革》。从那之后，刘老石一方面在天津科技大学教授政治经济学课程，另一方面把所有业余的精力都用在推动农村发展和青年学生下乡的工作上。那时，温铁军也在用自己的课酬费资助一些学生返乡调查，他说他的想法很简单，一是想延续老一辈农村工作者杜润生老先生"动员大批青年知识分子深入农村调查研究"的夙愿，二就是要给予长期脱离乡村、漠视乡土的孩子们再次了解家乡的机会。2001 年 10 月，杂志社来了"我向总理说实话"的李昌平、执着于平民教育事业的邱建生等人。以《中国改革》（农村版）为核心，也凭着"中改"等单位的支持，大学生支农活动得到了 5 万美元的资助。在刘老石等人的推动下，"中改"专门成立推动大学生下乡的支农队项目组，由京津高校的老支农骨干兼职组成。零散的支农活动在此时变得有组织起来了。

虽然参与支农调研的大多数学生都来自农村，但通过支农调研，农村呈现出打开大门后的另一个世界。2000 年正值乡村矛盾的尖锐期，我们组织的很多下乡队伍都遭遇到不同程度的刁难。盘查、扣押证件是经常发生的事，有时候支农队因为没有和地方干部打招呼直接进村，还会被地方干部驱赶出去。北京大学"乡土中国"的一支队伍到内蒙古的赤峰调研，刚进村就被村民团团围住。村民围住他们是希望这支外来的队伍能帮着解决问题，而村干部却一再催赶他们离开。在村民们渴望的眼神中，这支队伍坚持留下来做完调查。在赤峰的七天调查中，这支队伍是由村民轮流彻夜站岗保护的，调研后也是村民们护送到火车站的。中国政法大学的一队学生在江苏调研时，遭遇到冒充派出所人员的地方恶霸盘查。带队人机灵应变，反问对方是否有合法证件，因而才躲过危险。类似这样的事情比比皆是。这些刁难与危险，极大地锻炼了这群在学校温室里长大的学生的应变能力和毅力。

调研工作想要真正得到农民的信任，获得第一手材料，和农民打成一片是必然的。支农的学生必须和农民同吃同住同劳动，不许接受任何礼品馈赠，不随便接受任何吃饭邀请。北京某大学的一支队伍在河北顺平的一个村因为被村干部接到城里吃饭，结果这里的村民拒绝他们再返回。后来这支队伍所在的社团也被支农队开除三年。为了使得下乡学生更快融入乡村，在下乡之前，每支队伍都会就安全问题应对、调研方法等接受培训，老队员也会传授一些经验，帮助新队员熟悉相关的资料。类似这样一些队伍陆续积累的经验逐渐形成了规定，被奉为所有支农队学生的纪律。

后来，钱理群老师在《我们需要农村，农村需要我们》一文中，指出新时代的大学生支农调研是承接了"知识分子到民间去"的历史精神中"第六次上山下乡运动"。

"知识分子到乡村去"的现实困境
——以文化活动推动农村组织化

在项目组的推动下，仅 2003 年下半年全国就有 80 多所高校组建农村社团。支农队项目组指导各社团将下乡的村庄资料汇集在一起，建立了农村信息站。但是，在 21 世纪初三农问题仍然很严重的时候，在这 100 多家站点的带头人中有一半以上都是上访者。这种结构给支农调研也带来了很多问题。许多学生社团遭到学校的施压，要求不再组织下乡活动。我们的"新希望农村发展促进会"社团甚至被要求改名，也不让我们再下乡了。在这样的压力下，大部分学生都坚持了下来。一方面，我们相信，我们对农村问题的关注出于对社会良性发展的推动；另一方面，到了 21 世纪第一个十年的中期，随着新政调整了农村政策，农村的基层矛盾与群体性事件大幅度减少，我们也在思考支农调研在新形势下如何发展。扎根在基层的我们很快就发现，在基层矛盾减少的同时，以城市区域发展为核心的发展主义，也通过既有的制度设计源源不断地吸取农村的发展资源。农村的发展危机呈现的是人才、资金、基础设施等资源的多重"瓶颈"和困境。小农的高度原子化状态，造成小农既无力抵抗带有剥夺性质的强势市场，也很难与政府对农村的支持政策对接。如何组织起来，成为新时期农村发展面临的挑战。

在这样的形势下，无论是关注社会民生的青年知识分子，抑或是《中国改革》（农村版）所凝聚的农民精英，都在探索着新的实践方向和内容。新乡村建设运动从历史中吸取经验，选择了以青年学生动员村民重建农村文化为切入口，开始了通过恢复合作文化进而推动农民组织化的探索。

2003年春节，在河北定州历史名村翟城村，邱建生重启了70年前晏阳初的乡村建设。当邱建生和大学生们在村委会门上贴出对联"平民教育诚可贵，乡村建设慨而慷"后，他也搬到了翟城村破旧的村庄小学。在此后近四年的时间里，他把全部精力投入乡村建设学院和翟城村的建设上。

2003年暑假，因农民维权而寻求外界帮助的安徽阜阳南塘村迎来了来自北京、天津、上海、武汉等地十几所高校的近30名学生。这个村庄也因为这些学生的到来出现了新的变化。开始的时候，这个村子里村民和基层干部的矛盾剑拔弩张，每次乡里干部在村子里出现，都会被一群"讨个说法"的村民团团围住。学生的到来，无疑加剧了这种紧张。地方政府不愿意学生在村里待着，以"安排参观旅游"的名义，要把学生带走。学生们在乡政府和有关人员展开了长达3个小时的谈判，最后双方达成了妥协，学生可以在村里调查，政府则以"保护学生人身安全"为由，安排相关人员陪同学生调查。本来一触即发的官民矛盾没有被激化。因为在接下来几天的调查中，这支队伍又不得不去思考远比他们想象的更为复杂的现实问题。学生们发现，维权的确让村民热情高涨，但村民的生活并未改善：老人病死家中无人知晓的事情，让人触目惊心；年轻人的不孝顺也完全颠覆了尊老爱幼的传统；村庄的道路损坏无人问津，而村民们却只知成群结队地打麻将；夜晚，宁静的村庄却因为治安问题频发令人非常不安。谁愿意生活在这样的村庄里？

面对这些比维权要复杂得多的现实问题，学生们开始思索如何将矛盾和冲突进行建设性的转化。这么做的前提是需要村民带头人的认同。起初，杨云标等一群维权的"硬骨头"对这种思路是持有怀疑态度的。或许是不愿意浇灭学生们的热情，他们也同意尝试看看。学生们找来了村子里的老文艺骨干，这些老人从床底下搜罗出三十年没怎么用过的二胡、边鼓，村庄里的"老瞎子"扯着嘹亮的嗓子吼起了老革命歌曲。住在隔壁邻县20公里远的王殿敏阿姨，本来是个默默无闻的农村妇人，也在学生的带动下扭起了秧歌。这个平凡的农村寡妇，在随后的两年中成功地组织起了村里的老年协会和妇女文艺队，还被大家推选为村委副主任。2005年在由戴锦华等人发起的"全球千名妇女争评2005年诺贝尔和平奖"活动中，王殿敏也名列其中。

村庄的不孝顺是个普遍现象。有些老年人求助派出所，但常常会使矛盾更激化。于是，学生们想到了"褒奖好的而使不好的害羞"的操作办法。学生们把老年人组织起来，让他们评出村庄的"十佳儿媳"。然后学生们自己凑了几百元钱，买了大红花和奖状、脸盆，敲锣打鼓地送到好儿媳手里。让学生们没有想到的是，这些妇女都是放着鞭炮迎接奖状的，她们还把这些奖状贴在堂屋正中央。"因为这样的活动，村子里的风气扭转了，以后每年我们都要评选一次。"杨云标说。这位年轻睿智的村庄带头人后来这样总结学生们的行动，称这是"从哭着维权到笑着乡建"。

在这样的带动下，随后的这些年中，南塘村陆续成立了图书室、经济合作社、生态农业实验田和农村互助金融等。至今，这个远近闻名的村庄不仅实现了以组织为依托多位一体的村庄建设，同时带动了周边十几个村庄共同发展合作组织。最重要的是，村庄里村民和政府的关系由原来的恶性对立到如今的良性合作，承接了政府上百万的村庄基础设施建设项目。类似的故事也在湖北房县的三岔村、山东微山湖畔的姜庄村、河北顺平地区跨县乡的联合社等地进行着。这些鲜活的村庄故事让我们看到青年学生在协助乡村建设过程中，以本地群众为主体，在基层转化矛盾、建设和谐农村的推动作用。

一本杂志带起一场试验

2003年年底，《中国改革》杂志社乡村建设中心成立，开展了村民骨干能力培训项目，目的是通过对村庄带头人的培训，将力量凝聚起来，通过走合作组织的道路来发展村庄。但2004年年底，随着《中国改革》杂志社（农村版）停刊，乡建一度陷入了无组织的状态。但很快，以刘老石为核心的支农学生注册成立了梁漱溟乡村建设中心，邱建生等人也坚守在翟城，成立了河北晏阳初乡村建设学院。这些组织随后挂靠在温铁军任教的中国人民大学农业与农村发展学院。2005年暑假，乡建中心在全国100多所高校选拔了35名学生，他们中有的刚刚毕业，有的是特意休学的，"乡村发展人才培养计划"正式启动。

"人才计划"的培养理念是靠实践和理论两个主题方式为农村培养人，在此过程中，也要完成对年轻人的再教育。"人才计划"包含每年四次的集中培训和学习，其余的时间学员们都驻扎在乡建中心的项目点，协助村庄推动合作组织的发展。多年的乡村调研让我们很清楚，乡村治理并非如其表面所显现的仅仅是技术缺乏、资金匮乏的问题，也不仅仅是企业介不介入农业领域的问题，深入的探讨下，乡村发展面临的是一个复杂的系统工程，能否培养一批能够长期推动中国农村发展的青年人是乡村建设可持续性的关键。"人才培养计划"针对的核心问题是年轻人去农村做什么？初到农村的大学生常会被村民、基层政府期待带来扶持资金、市场渠道、企业项目。事实上，一无资源二无背景三无经验的大学生，在这些方面是难有作为的。他们特定的优势是在农村的客观调研、村庄的组织和动员工作、教育和文化推广等软件能力上。人才计划的学员不是去满足村民短期的致富欲望，不是去处理村中各种日积月累的矛盾，不是去跑市场、跑信息，不是单一地提供科技咨询，不是越俎代庖替村民能做的各项村庄事务——他们在村中能做好的，是以公益文化活动切入，发动村中"能人"，推动乡村的组织创新和制度改变。事实证明，这样的撬点既发挥了个人的价值，同时也推进了农村基层制度的改良。

参加"人才计划"的学员们，整整一年、两年甚至三年的时间，直接住在农户家中。这些"青年知识分子"，在这里不带任何笔本纸墨，就在炕头和农民一起生活聊天，农忙的时候也挽起裤管和农民一起播种、收割。他们每个月要向村民缴纳不低于生活成本的费用，他们还会从自己微薄的生活补贴中挤出一些钱去探望鳏寡老弱。村民们很快会认识到他们无法直接依赖穷学生发展村庄，但村民们渐渐地会被他们的行为带动，逐渐认识到自己是家乡建设的根本。

从2005年至今，"人才计划"已培养出了5期共百余名优秀的农村发展人才，他们中的2/3仍在农村建设、社会发展的第一线忙碌着。

黄瓜藤畔谈金融危机

2009年12月5日，乡建迎来了十周年庆典。12月6日，北京西山已是一片萧瑟景象，可山脚下一个大院子从早上开始就很热闹。在菜园的边上，搭起了两口硕大的灶台，许多学生在这里忙碌着，有的添火、有的切菜，还有人在房间里牵起彩纸，在门上都贴上"囍"字……这里，是在布置着一场集体婚礼。

这个院子就是梁漱溟乡村建设中心目前所在地。常来常往的青年学生称它为"家"，农民朋友称其为"大后方"，我们则诗意地称这里为"新青年绿色公社"。说是"公社"，首先是有共同的工作目标，然后就是在生活和成长上互助和协力。在这里，社员自愿"入股"成立了公社互助保险。互助金首要用处是为生活困难或生病的同学提供帮助，互助金的另一个用处是通过"美好生活促进会"组织活动。作为对"美好和幸福"的一次重新定义，同时也是美促会

2009 年度最出色的工作，就是"新幸福主义集体婚礼"了。

如今，当全国千万"蚁族"大军奔波在蜗居地和工作地之间的时候，我们这些人在探索着属于这个时代的新生活方式。每天 6 点半，学员们准时集合，进行一个小时的晨练；8 点半，是"朝话"的环节，组织者站在队伍前面指挥大家喊口号、唱歌，大家一起分享近期自己对某个问题的思考或心得，之后所有人都要陈述当天的工作计划。公社生活简单而有序。尽管不乏生活上的小摩擦和小插曲，但这里整体氛围是积极向上的。在这里，大家亲自参加劳动。院子里有几分菜地，生态农业部门把这一小块地小心翼翼地划分为责任田，每个人认领一块，自己耕种，每个微型菜农也都施展着自己的有机农耕法。在公社的食堂，每月仅缴纳百元就可解决一个月的吃饭问题。工作之余，每周会有定期的学习讨论以及其他以团队建设为核心内容的娱乐活动。很多来授课的老师称这里才是真正的大学。夕阳下看着同学们一边撅着屁股拾掇着黄瓜藤一边谈论着金融危机的影响，真是一件很有趣的事。

公社的生活，虽非奢华但很安逸，因而，我们也得时刻提醒自己不要让公社成为脱离社会现实的小圈子。公社被定位为青年人长期参与乡建的大后方，而前方则是广阔的农村基层。大家的大部分时间是和农民或者工友在一起，他们在这里只做短暂的休憩和知识的补充，随后就会奔赴全国各地。

也许在很多人看来这是新时期欧文式的乌托邦，其实，在我们眼里再没有比这里更能反映和接近社会真实的地方了。比起大多数为生活奔波而困于高房价的同龄人，我们在创造着一种把个人成长、社会理想和促进社会发展有机结合的生活方式。

在《我们需要农村，农村需要我们》一文中，钱理群老师认为"第六次上山下乡运动"最大的不同是这次行动是在全球化背景下青年知识分子的自觉自发行动，并内含对当今教育体系的挑战和创新。当然，这与五四时代欲用"民主与科学"、平民教育等试图改变

"愚昧的农民"与"黑暗的乡村"的情形有所不同，这一代人其实是在为自己寻找、建立价值观的过程中，促进着农村的变革。因此，这或者可以称为一场"双向精神扶贫"运动。

对这个论断我们是深有体会的。一方面，我们所来自、面对并进入的农村已经不是费孝通先生笔下的"乡土社会"，甚至可以说这是一个在解体中的乡土社会。在通常说的资本、劳动力和土地外流的基础上，在更深层的意义上，乡土中国的价值体系在解体、崩塌，而现代化的媒介手段无疑加速着这一过程。我们看到，以城市为中心的价值导向和生活方式渐渐为人们所接受，这个时代还没来得及对源于17世纪西欧工业化时代兴起的城市文明在今天出现的问题进行深入检讨，就已经抛弃了东方农业文明中的某些优良品质。在这个意义上，乡村精神再造有着更深远的意涵。

另一方面，精神的危机同时发生在青年学生群体中。在这个开始对人生意义思考的年龄，有多少青年在选择中迷茫？几十年前的民族危亡赋予过去时代的青年深沉的价值坐标，而生于"盛世"的我们，却在意义之网上迷遁。十年前，当"到农村去"的口号将第一批支农队员聚集的时候，谁也不曾预料，这竟是一场以行动来进行的对时代精神和青年价值的探求——当然，我们也知道，这个探求才刚刚开始而已。

1.2　一位大学生的十年"下乡记"

人才计划二期　刘良[1]

曾经有个朋友问我：是什么样的动力让你坚持做了十年的乡建工作？我当时一愣，以前从没想过，会用十年的时间去做一件事情。当时我略带自黑地回答她："好像除了做乡建之外，其他的我也不专业呢。"是啊，这也许可以解释成带引号的"专业"。但十年来自己做的事也不太专业，从北方的农村，到南方的农村；从西部大石山区，到苏南鱼米之乡；从做项目，到财务、行政、人事、传播……只要有需要都去，只要有需要都做。

十年，或许因为情怀，或许因为习惯，或许已成为生活方式。以乡村为坐标，是十余年来的守望，为乡村、为农人，也为自己，心安于此，成长于斯。

向左公务员，向右乡村

将时钟拨回到 2006 年，那时我正好大学毕业，处在一个人生选择的十字路口，既有对未来无限的憧憬，也因前路漫漫而感到迷茫，但更多的是随着大流走一步看一步。那时候考公务员进体制绝对是热门，父母和家人也是这样期望的，于是连续报考了国考、家乡所在的江西省考、学校所在的贵州省考，笔试成绩都还可以，但最后

---

① 刘良，男，1985 年生于江西瑞金。中国人民大学农业与农村发展学院农业推广硕士，农村可持续发展青年人才培养计划第二期学员，师从著名"三农问题"专家温铁军教授，先后在山东、江西、广西、江苏、北京等地，开展合作社推广、农民培训、农村扶贫、生态农业试验、返乡青年陪伴等乡村建设工作，至今已有十余年的农村工作经历。现供职于香港社区伙伴。

还是没有结果。于是我只得做次优选择，报考了贵州的"特岗教师计划"，需要到农村地区的乡镇中小学做三年的老师，但至少算是一个稳定的，而且是有编制的、体制内的工作。

我的祖父和外公是老师，父母也是老师，就在我感慨要继承"家业"的时候，大学同学推荐我报名参加中国人民大学组织的"农村人才培养计划"（简称"人才计划"），有去北京学习的机会，需要在农村实习一到两年，还可以见到很多著名的学者，如"三农问题"专家温铁军老师，最早提出"农民真苦、农村真穷、农业真危险"的李昌平老师，他们曾经来我们大学做过演讲，那时给我留下了深深的震撼。因为自己学的是农村区域发展专业，总觉得大学四年学得不够，于是报名参加了这个实习生计划，正好可以去学习和进修。最后，在当乡村教师和乡村志愿者之间，我选择了后者，带着些许浪漫的想象，做了一个暂时性的选择。

2007年1月，在我参加人才计划的半年之后，我又选择考江西省公务员，还是希望能如家人所愿，找一个稳定的工作。这次考试笔试成绩还不错，而且招的人多，但要去面试的时候，我正好参与了中心在江西兴国为期一年半的扶贫项目的前期调研，中心也有意让我接着参与后面的执行，于是，我又一次面临选择。这次选择算是天意吧，我借了同事一个乾隆通宝，以抛硬币的方式决定：汉字朝上就留在中心不去面试；满文朝上就回去面试，可能成为公务员。结果汉字朝上，我留下了，做着乡村建设这份事业，一干就是十年。

这就是我选择的初心：有理想，但不坚定；有学习的愿望，也有些许浮躁；有慕名而去的虚荣，也有脚踏实地的坚持。或许是冥冥之中的天意，也或许是适合自己的道路，所以一直走到今天。

一个贫困乡村的项目分配模板

2006年下半年，也就是实习期的前半年，我被安排在山东微山湖畔一个叫姜庄的村子里，和一起下乡的伙伴支持当地合作社的发展。半年之后，也就是2007年1月，在我参加完一次公务员考试之后，中心的负责人老刘告诉我，我们刚中标了一个NGO组织与政府合作扶贫实施村级规划的项目，在江西兴国，离我家很近。于是，接下来的一年半，我就来到了离我家很近的一个叫"忠田"的小山村，为当地留下了一些痕迹，也在我心中留下了最深刻的印迹。

这个村级扶贫规划项目在当时来说意义很大，是政府第一次拿出财政的扶贫资金，来采购NGO的服务，用现在比较流行的说法就叫"政府采购社会服务"。在这宏大叙事中，我们团队的作用，可能仅仅是其中一个微小的统计数字；更大意义可能是偶尔会被当作某个里程碑事件中的一分子而被提及。而真正影响我的是，我与村干部和地方精英的两次冲突，以及冲突过后两次心情和境遇不同的哭泣。

也许是因为我顶着中国人民大学的头衔，也许因为项目得到国字号基金会的支持，尽管我的老家离这里只有百里之遥，但因为我被当地人认为是"中央"派来的钦差，以至最初的两三个月里，村里办低保的找我，计划生育的也找我，甚至有一次我打摩的从镇里回到村里的时候，摩的师傅非要多收我1元钱，说我从"中央"来的不差钱，直到我用当地土话反问了他一句："你见过哪个中央下来的干部还会坐摩的？"摩的师傅才松口，按照原价带我回村里。

因为项目的设计，我所代表的机构对投入这个村子的50万元扶贫资金有一定的决策权，开始时大家对我的工作都很配合，入户调研、选村民代表、按村民小组申报项目计划、管委会代表核实项目等，根据项目手册规定的工作流程按部就班地进行，一切事情进展都很顺利。于是，在我们正式驻村工作两个月后，在村干部的配合、老干部的支持和村民的拥护下，一个完美的村庄扶贫规划即将出炉，似乎只要与村民选出来的代表开会一通过，这个偏远贫困的小山村，即将改天换地。

会议在我 22 周岁生日的前 5 天举行，地点在村委会，和往常不一样的是，这次会议所有的 9 个参会代表到得都很准时，除了 3 个村干部稍微年轻一点，其他 6 个村民代表都是 60 岁以上的退休老干部、老教师。就在我认为一切都将很顺利的时候，会场开始一点点地失控了，看到这个"完美"规划的项目表的时候，代表们都拿着这张纸重重地翻过来翻过去，相互之间借着老花镜，在看这张纸上有没有自己村民组的项目，有多少项目资金。

他们都有自己的标准：组里的人口多少？组里到公路的距离多远？项目资金该是平均到组还是平均到户？就在这样的你来我往中，争相翻看仅有的两张项目列表；不一会儿开始拍桌子吵架，接着便是一些很难听的话，甚至连四五十年前的事都扯出来了，不一会儿拍桌子又变成了面红耳赤的骂架。

这时我着急了，想制止他们，也开始拍桌子跟他们叫板，试图让他们停下争吵。但没想到适得其反，大家吵得更厉害，有人开始指责我偏心，也有人指责我一个外人在这里大呼小叫的，指责我一个小毛孩凭什么对着一群老人指手画脚。于是，吵着吵着，变成了我一个人和他们之间的骂仗，会也开不下去了，有的代表开始离场。最后，会场里只剩下几个村干部，我一生气也离开了会议室，把自己关在了宿舍里。刚回到房间里，我就觉得委屈，明明是为他们村里做好事，没想到他们还不理解，想着想着眼泪就掉下来了。坐了几分钟之后，觉得这事没完成总不是个事，喝了一口水之后用毛巾把眼泪擦去，打开房门看到几个村干部都还在，于是跟他们说还是把代表们召集回来把会开完。他们看到我一脸委屈的样子，也觉得自己刚才说得有点过头了，只是说刚才我不应该拍桌子跟他们吵，毕竟他们也是老人，等他们吵完之后就好商量了。我点了点头，就和几个村干部分别去找他们。

接着开会时，在会场上我又委屈地抹了一把眼泪，觉得自己主持不下去了，就让村干部来主持，我来记录。可能刚才这一举动影响到大家了，之后大家还是争吵，但是没再拍桌子了，经过一番讨论之后，每个小组都有至少一个基础设施项目，要不就是修条路，或者修个水渠，或者改建学校；项目资金也按照组里的人口相对平均，如果项目资金不够就组里自己筹资。最后，我的"完美计划"被改得面目全非，但是他们得到了一个相对满意的结果。

在大家都离开之后，我把自己关在宿舍里，回想刚才发生的事情，越想越觉得委屈，越委屈就越想哭，终于忍不住大哭了一场。这一次，他们原谅了我的毛躁，我接受了他们的"自私"；这一次，我吞下了委屈，他们获得了现实的利益。这是我进入社会后第一次哭、委屈的哭，在很现实的世界里不得不做出妥协和退让的委屈。或许，这也是一次迟到的成人礼，让我明白在现实的利益中，不能再抱有浪漫的幻想。在这之后，因为大部分项目都改成了基础设施建设，修路、修水渠、修水坝等，作为对项目具有一定话语权的我，不得不去学习一些基本的工程知识，向当地的老师傅请教不同土方石方的配比与造价，一年半下来，竟还能对农村的小型基础设施建设看出个门道来，也算是没白哭一场。

被利益碾压的理想

如果说第一次哭，还多多少少是因为年轻的毛躁所引起的，那么第二次哭，则真正体会到了理想在利益面前被碾压的绝望和说不出委屈的伤心。

2008年3月，距我第一次哭有9个月的时间，此时项目已经进展得差不多了，该做完的工程也基本完成，没完成的也基本上开不了工，因为在上次开会时争吵的结果，这种撒胡椒面式的项目分配方案，有些人口较少、相对贫困或者组织较弱的村民小组，注定是做不下去了。于是，我又得召集大家重新讨论剩余的项目资金的分配方案。

我照例联系所有的村干部和村民代表，其中一个村干部因为之前有一个项目没满足他的资金要求，总是推三阻四地爽约，没办法，只好一次次地电话联系。再一次爽约之后，我终于压制不住自己了，因为前一天在县、镇两级政府领导面前答应得很好，说要一起开会讨论工作，可我再打电话给他时他还是说有这事那事，等到天黑都没来，我只好说："如果你来不了的话，那么我就和其他几个代表商量，你到时候就别再有什么意见了。"他说："就你们说了算，你们一直都是老大。"我一听他这么说，更压制不住自己的火气，就说："找你来开会商量你又不来，这次这个老大我还当定了。"于是，我们就这样吵起来了。最后，他说要我小心点，并说看我怎么从这个村滚出去。

晚上，我又哭了，是在兴国的第二次哭，饭也没吃，就喝了一碗米酒，想尽快地睡去，却在不停地抽泣。这次的哭，是委屈，但更多的是绝望，是理想崩塌的绝望，在利益面前，我所追求的理想，我要追求的公平，并不是他们所需要的；我所付出的努力，收到的却是恶语相向，甚至威胁或滚蛋。我在这里所能留下的，无非是他们想要的一座桥、几条路、几个水渠、几间房子，以及我和村干部、村民代表吵架甚至打架的故事。

第二天，他来到我们宿舍，还想动手，幸好当时我们有3个人在场，只是相互拉扯了几下。后来，县扶贫办一副主任到了村里，把我们两个单独地叫去谈话，一场风波算是平息了。最后的项目调整，他没再参与，我和其他村民代表则在磕磕碰碰中完成了新的资金分配方案，为了平息争执，绝大部分剩余的扶贫资金，几乎都用到当地的小学，维修小学校舍、翻建小学厕所，而这本该纳入教育部门计划投入的项目中。

新的资金分配方案确定之后，离项目结束已不足两个月，剩下的事情就是拨钱、花钱，简单、畅快，越快越好。但往往简单的事情最容易出问题，在需要钱的时候钱总是迟迟下不来。项目一开工钱就得到位，钱不到位各个项目的负责人就都来找我，于是我在村里就成了一个欠债的人，不得不时而去另一个村，时而回家，时而装着出差，表现出一副很忙的样子，其实心里比谁都着急向中心申请钱，但钱却总是因为各种原因迟迟下不来。在一次原定时间要拨款，但因为中心的原因钱没到账，以至我和中心当时的负责人刘老石大吵了一架，他问我："你知不知道中心账上也没钱？你的承诺就那么重要吗？"当时我就反驳："是的，我的承诺就是很重要，当时是你说的能拨钱我才跟村里做的承诺，我也是有尊严的。"说完后我就挂了老刘的电话，挂完电话之后我们又互发短信，他说："不管怎样，你都要把剩下的事做完，这是最基本的职业道德！"我一听"道德"两个字就反感，马上就反驳他："我就要讲道德？他们就可以什么都不讲？这些事本来就不是我该承担的事情，到现在却要我背着道德的担子去做！"

后来老刘没再说什么，接下来的事情大多都是由着我自己的性子在做，在我认为做得差不多了该离开的时候，我才知道，资金迟迟拨不下来，是因为被负责这个项目的另一个同事"借用"了。借用？！多轻巧的一个词啊！让我们在村里像杨白劳一样躲债，也让我们努力工作的人在无端地相互指责。于是我下定决心要离开，离开兴国，离开农村，离开这个让我无尽遗憾和伤感的村子，带着满身伤痛和疲惫，也带走了青涩和不懂世故的少年时光。

天等人民不等天

在离开江西兴国之后，自己也一度想离开乡村建设领域的工作，于是我就到了改革开放的前沿阵地深圳，但是我去的时候正好遇上2008年的金融危机，像我这样没有任何城市工作经验的人自然不是很好找工作。最后几经辗转，经朋友的推荐，加入了国际扶贫机构行动援助（Action Aid，AA），在广西中越边境的小县城里工作，一待就是三年。

从 2008 年 12 月到 2010 年 5 月的一年半里，是在一个叫宁明的县城工作，从助理开始做起，行政、财务、筹资、后勤、项目等，几乎什么都做。那时候下乡做得最多的事情，就是白天找村里的孩子画画、写信，然后寄给欧洲的资助者用于筹资；晚上与妇女和村民开会，讨论如何将筹来的资金用于社区的发展。因为 AA 是个国际机构，工作流程比较规范，工作领域也比较广泛，接触了很多与扶贫相关的新鲜词，诸如妇女权益、人居安全、善治、可持续生计、能力建设、政策倡导、HIV/AIDS 等，开阔了自己的视野，也积累了一定的工作经验。

2010 年 6 月，因为工作的调动，我到了另一个边境小城天等县，属于桂西南大石山区中的一个国家级贫困县。"天等"，在壮语中意思是石头立起来的地方，放眼望去天等县到处都是大大小小且荒凉的石头山。这里属于典型的喀斯特地貌，山上的植被因 20 世纪六七十年代被破坏以后，形成了石漠化，遇雨则涝，无雨则旱，作物难以生长，连人畜饮水都很困难，所以贫困。但当地人也有一种战天斗地的气概，很喜欢把天等称作"天等人民不等天"，其中有一个叫立屯的村子用三代人打通出山的隧道，就是这种精神的最好体现。

因为经验的增长和资历的积累，到了天等之后我成为当地项目的负责人，带着三四个人的团队，在机构的框架下按照自己的理想和愿望在奋斗，得益于当地淳朴的民风和干劲，在天等做出了一些让当地农民、政府各方都满意的事情。同时，自己在生活上也有了很大的改变，不仅仅把这里当作工作的地方，更多的是和当地人交朋友，周末和他们一起去骑行、爬山、踢球，晚上还会与他们一起烤红薯、搞烧烤，努力融入当地的生活圈，而不仅仅是一个过客。最幸福的事情莫过于在天等工作期间，一次志愿者活动上，我遇到了一个美丽的广西姑娘，从相识相知到相爱相恋，最后走入婚姻殿堂，这个边境小城成为我们爱情开始的地方。

工作上的进展，生活上的圆满，让自己踌躇满志要在这个边境小城做出一些改变。然而事不遂人愿，2008年北京奥运会之后，因为看到中国国力的上升，国际上对中国的援助日渐减少，通过儿童画向欧洲中产居民筹资的方式也日渐困难；同时当地政府更愿意看到的是修路、修桥等硬件投入，而我们的工作手法主要是通过小项目以及软性项目的投入，重在提升当地农民的组织和能力，思路上有很大的差距。所以在我到天等的一年之后，机构已经明确转变合作思路，我们在当地的团队年底都将撤出。三年的合同到期后，我离开了天等，也离开了广西，因为和当地人有了关系，也有了连接，总忘不了那里的山山水水和淳朴的农人，对广西的人和事总是多一些关注，也盼着有回来的时候。

公益化 vs 市场化

离开广西后，计划休息一段时间，骑行到处去看看。在刚刚开始骑行的第一个星期，当时中心的负责人白亚丽就给我打电话，说中心在常州的一个小镇跟当地政府合作，做合作社、社区文化、青年人培养等乡村建设的工作，问我有没有回去工作的意向。当时自己想了想，正好也闲着，先过去看看吧。

2010年前后，因为食品安全问题越来越受到关注，以小毛驴市民农园为代表的CSA社区支持农业农场开始火遍全国，除了可以解决食品安全问题之外，更多人把它当成一个商机，当地政府也因此投入巨资，建立了大水牛农场，主要是小毛驴团队执行。同时对试验区的社区工作的投入也很大，每年200万元，主要由中心的团队在执行，加上自认为有先进的工作方法和完美的思路，还有一批志同道合的伙伴，想想都激动！

2012年3月，我到了嘉泽的试验区，可是到了之后，因为前期大家对财务、行政等细节问题的忽视，导致前三个月我几乎都在梳理以前的账目，理顺工作流程。等到整理得差不多的时候，第一笔拨款花完了，又得向政府申请拨款了，这时候我便开始了无奈的催款之路，一次次地把皮鞋擦得锃亮，穿着笔挺的衬衫，在政府各个部门间来回穿梭，只求领导们能高抬贵手，在拨款书上审批签字。当地政府的一个书记似乎看到了我这方面的"才能"，专门找我谈话，让我安安心心地做好后勤保障工作，保证三四十人的吃喝拉撒就是大功劳，其他工作就不用过多地参与了。于是，我便成了专职的行政人员，在情愿与不情愿的失落中，重复着找领导审批签字拨款，然后报账、写报告、交报告、申请拨款……

在我想离开的时候，当地领导又与我沟通，因为大水牛农场的负责人离开，需要有人去协助，要把我调到农场工作。当时为了想证明自己，我就答应过去工作了，约定的试用期是 1 个月。到了农场之后，当时的经营压力巨大，更多的是以商业逻辑去运作，而我的思路是社会化的公益运营思路，自然很难合到一块，和农场主要负责人也冲突不断。尽管我当时很努力也很用心，但最后还是以我的退出而告终。在 1 个月试用期快到的时候，当地领导通过一个同事告诉我，明天不用再去上班了，于是我当天就完成了工作交接，很挫败地离开了大水牛农场，离开了嘉泽，此时距我来时正好一年。

变革者的变革之痛

2013 年 5 月，我回到了中心的北京本部工作，此时的中心已发生了巨大的变化：原创始人刘老石在 2011 年 3 月因车祸去世，中心的几个老骨干因为工作思路上的差异，大致分成了两派，纷争不断，温老师不得不协调前 AA 的负责人张兰英老师参与中心的工作。因为我有过在规范化管理机构的工作经历，正好也是张老师所在的机构，加之自己在外地工作没被卷入中心原有的派系之中，而且也算是中心早期的参与者之一，从经历和资历上都符合"变革者"的要求，因此被寄予厚望，希望我返回后能通过建立规范化的工作机制和流程，期望以工作的推进来化解矛盾。

回到中心的第一年里，女友也来到了北京，在小毛驴工作。但在刚回到中心的那年里，自己带着改变中心现状的强烈使命，几乎全身心地都投入在工作上，建立工作规范，监督制度遵守，稍有不合规矩，自己都会站出来毫不留情地与人争执一番。那时的自己是线性思维，只要大家都遵守工作制度，工作就能推进；只要工作能够推进，就能化解之前的矛盾。自己就在这"只要……就……"的直线因果关系中，规划着中心一步步的改革方案。

然而依然事与愿违，因为大家思路上差异的形成非一日之寒，在社区伙伴（PCD）① 对中心一份评估报告中提道："每个团队都有各自的方向和侧重，团队认为分歧缘于中心宏观视野的缺失造成理念上的不认同。具体体现在同一表述的不同理解上，而团队之间缺乏沟通，不了解相互行动的动因，也是各自为政的原因。"于是，我的努力一次又一次变成徒劳，自己也被卷入这场无休止的派系斗争的旋涡，甚至是旋涡的中心，急躁、抱怨、愤懑、非黑即白……直到现在仍有余波。在这没有尽头的争执中，我慢慢发现自己除了脾气变大之外，其他没有什么长进。在一次又一次的挫败感中，我渐渐收敛了自己的脾气，转而捡起自己曾经做过的或者还算擅长的事情：行政、财务、活动、项目计划、农民培训、返乡青年等。总之，不让自己太闲，不论事情大小，都去做一做，希望能在平静和细微中，慢慢磨炼自己的心性，毕竟任何宏大理想，都必须建于细小的一砖一瓦之中。

---

① 社区伙伴（Partnerships for Community Development, PCD），2001 年 5 月创立于香港，是一个在境内服务的社区发展机构，主要工作包括：保护生态环境、推动生态农业、传承和创新乡土文化、反思不可持续的发展模式、学习和实践可持续的生活。

新的征程

2016 年 5 月，我和相恋五年半的女友终于领证了，用我们这几年来的积蓄象征性地交了彩礼，没办婚礼，没办酒席，也没拍婚纱照，然后剩下来的钱就拿来蜜月旅行。还好双方的父母都很理解，让我们这样简简单单地走到了一起，让我们按照自己的意愿规划自己的生活，此时我们已经萌发了回到广西的想法。

而后，我们一个团队搬到了北京顺义东北郊区的一个村子里，而妻子还在北京西北郊区的村子里，每一个来回就要花上一天的时间，就这样度过了半年同城异地的生活。半年后，妻子所在的小毛驴因为业务调整，面临工作上的选择，于是她先离开北京回到了广西，而我在完成一次泰国参访的交流活动后，也离开北京回到了广西，准备开启一段新的征程。

1.3　问道乡间

人才计划五期　车海生①

现在是晚上 8 点多，我坐在窗前的书桌旁边，微风吹进来，凉凉的，很舒服。外边只有不多的几户人家亮着灯。夜很安静，乡村里的人休息得早，不像城市，有的到了午夜还很热闹。这里是福建省永春县岵山镇茂霞村，我们生态文明研究院的宿舍就在这里。

安静的夜里，最适合回忆往事，总结人生。我于 2008 年下半年参加人才计划学习乡村建设，到现在（2018 年）整十年了，先是在北京梁漱溟乡村建设中心五年，后来在灵宝弘农书院五年，如今到了永春生态文明研究院。这十年基本上是按照自己大学毕业时根据《易经》规划的人生轨迹走过来的——2002—2007 年"见道起信"、2008—2013 年"悟道解义"、2013—2018 年"依道修行"、2019—2024 年"印证道果"。

如果把自己为什么参加乡建，以及乡建 10 年的"求道"过程讲出来，对后来参加乡建的年轻人可能有些借鉴作用。

经典启蒙

我的故事要从小学、中学讲起。小学六年、中学六年，总的来说，我是个听老师和家长话的好学生、好孩子，成绩也很好。但是，

---

① 车海生，男，1983 年 3 月出生于河北省景县。2006 年毕业于河北师范大学，大学时候学习《易经》等传统经典，离经辨志。农村可持续发展青年人才培养计划第五期学员，人才计划结业后在梁漱溟乡村建设中心工作。2014 年到 2018 年 5 月，在灵宝弘农书院工作，尝试大学生传统文化教育和农民组织化，论学取友；2018 年 5 月到福建永春生态文明研究院工作，追求知类通达、强立不反的境界，为将来致力于中国文化变革做准备。

心里有一种东西压抑着，就是对课本、学校不大满意。这种不满意随着年龄的增长而增长，到高中后已经很严重了。例如，课本，"语数外物化生政史地"9门，够多吧，可是讲怎么才能让你身体健康、精神通达，怎么处理跟父母、老师的关系这样的课程却很少。而在同学中，恰恰是生病、抑郁，跟老师、父母闹别扭等问题很多。我就经常生病，有一回输完液去厕所时晕倒了，额头磕了老大个包；一个同学经常失眠，半夜坐着；还有一个同学成绩不稳定，害怕父母责备，高考前几个月失踪了。还有排座位，成绩好的靠前，成绩不好的靠后，这些事情总感觉不对、不公道，追求那样的"成功"、高分，有意义吗？有道德吗？

心中有疑惑，课本、老师又不能解惑，于是去书店找课外书来读，寻找答案。慢慢课桌上就有了《论语》《孟子》《尚书》《礼记》《易经》《老子》《毛泽东传》等书，觉得这些书上说的是正理，是公道话。这种书越来越多，课本、习题集越来越少，算是用这些书为自己筑起了一座孤独的精神堡垒，用来抵抗课本、老师等周围环境的压力。你自我边缘了，老师也就把你边缘了，我一度因为成绩下滑，被老师安排在了最后边。可是抵抗终究不能彻底，没办法，高考对每个高中生来说都是悬于头顶的"达摩克利斯之剑"，关乎今后人生的命运，不是闹着玩的。高考前几个月，我把那些书都封起来了，课本、习题集又回到了课桌上。

理科生的大学文化求道之路

到了大学，对学校教育的不满进一步发展。不过，第一年，说实话，对大学充满期待，甚至对老师们很崇拜，那可是教授啊，有学问，以前只有在电视里能看到。我努力做一个好学生，然而，慢慢地，不满意还是冒出来了。课本还是那些内容，比高中深一点而已；老师倒是不逼着你做习题了，可是你要选班委、拿奖学金、入党、保研，就要分散精力；学习压力是小了，可是也疯狂了，玩游戏、谈恋爱、混日子。

这样的大学不是我想要的，大学就应该像我们校训说的，"怀天下、求真知"，老师应该带着学生探讨历史社会问题、研究真学问，可是整天在校训下走来走去，却没见有老师和同学那样做。第二年开始，我就不怎么去上课了，对周围环境有一种很强的抵触——无力改变环境，又不想被环境同化，就这么矛盾着。每天去图书馆，看文学、历史、哲学、时政类图书及报刊。学校图书馆有藏书300万册，这对一个从农村来的、小学中学里看课外书还要挨批评的又对历史社会充满好奇的学生来说，吸引力可想而知。一年的自学，让我改变很大，感觉到自己的兴趣不在物理而在历史。大三一开始，就向学院提出转专业的请求。历史系的分数线比物理系的低，再补考几个科目过关就可以转专业的，可是不知道为什么院里老师说不容易转，但说帮我争取。就这样，一边跟院里沟通，一边自学历史和传统经典，到了大三快结束的时候，院里通知说，学校决定了，不能转专业。

恰好，那几年，学术界有一场关于改革的争论，在《读书》《中国改革》等杂志和乌有之乡网站上，我经常看到一些争论文章，虽然自己的理论素养不高，但直觉上比较赞同温铁军、汪晖、崔之元、甘阳等学者的观点，而且在《大学生》杂志上，我看到了白亚丽休学支农的报道，当时眼睛一亮，觉得这些人、这些事，是冲破世俗遮蔽的契机，感觉支农是追求道德的方式。同时，在对传统经典尤其是《易经》的学习上，我迈出了关键性的一步——我理解了《易经》中"时"的含义，把我们国家的历史和自己的人生经历同六十四卦对应了起来，国家的历史和自己的人生，忽然显现出了美妙的秩序，不再是杂乱无章的了。我清晰地认识到，1900年以来我国进入了变革时期，我则在大四面临着从世俗中挣扎出来反身向道的抉择。总之，温老师发起的大学生支农和乡村建设是社会外部条件，自己心智的成长、对《易经》理解的深入是内部条件，两方面条件综合，我决定摆脱世俗，走追求道德的路。

这是大学四年最重要的收获，虽然没有得到学位证（学分没修够），但是对历史和人生有了自己的见解，并下决心走追求道德的路，这是最好的学位证。怎么联系这些老师和同学呢？毕业后，我在学校就业网站上看到北京一家公司来招聘，查了公司资料，就去应聘，打算到了北京，就能接触到这些老师、同学，与支农结缘。

在乡村中求道

没想到，到了那个公司后，我经常出差，河北、河南、云南都去过，在北京的时间很少，难有机会接触那些老师和支农同学。我就跟在大学里一样，看他们的书，看报刊、网站，关注思想学术界动态。2007年4月，我还写了一篇文章《中国改革正站在新的历史起点上——对此次"改革争论"的总结和评价》，以"车易"的笔名，发在网上。文中说，"2013年到2041年是中国变革的攻坚阶段，社会矛盾的特点是'大人虎变，未占有孚'，意思是，国家干部为人民服务意识显著增强，贪污腐败现象迅速减少，虽然仍有些微不足之处，但深受人民爱戴"（果不其然，习近平主席上任后，猛药去疴，铁腕反腐，政治生态迅速好转，人民群众衷心拥护）。

2008年，公司新来了一个叫梁翔宇的同事，聊天中他说，有个叫吴丰恒的，参加了支农，他们在北京温泉村有个机构，叫作梁漱溟乡村建设中心。说这话的时候，我还在河南。但我当年年底就辞职到了北京，找到了温泉村的梁漱溟乡村建设中心。

在中心，接待我的是何志雄和王盼，他们问了我的情况，我也了解了中心的情况，知道温铁军老师是精神引导者，知道每年都有人才计划，现在是第四期，下一期第五期，我可以参加。过了几天，刘老师又找我谈了话，算是面试吧。他问了我一个问题："你觉得农村好还是城市好？"我说："各有好处，农村环境好，但是挣钱、上学、看病不方便，城市相反。"他说："也对也不对。现在是这个样子，那是因为人才都从农村跑到城市去了，如果大学生、青年人才，能回到乡村、建设乡村，农村就没有你说的那些坏处了。"我心里想，这可能就是刘老师做"农村发展人才培养计划"项目的原因吧。这一次谈话，我有种"找到了组织"的感觉，从此开始了我的乡建生活。

大四的时候我虽然下决心要走追求道德的路，但是路在哪里、怎么走，我还不知道。具体疑问是：对历史社会内部的力量构成和相互关系，如王道和霸道的关系，道统的传承谱系等，还不明白；更重要的是，对当代社会非常懵懂，我要追求道德，在当今社会谁是老师和朋友我都不知道。我是带着这些疑问加入人才计划的。

在顺平试验区的一年里，李翰昭、刘秋菊、张志伟、葛玉桃和我五个五期学员，跟着德斌、张可两个三期、四期学员，协助四个村子的农民做合作社——柴各庄的于阿姨等人、小水村的葛叔等人、史家沟的杨阿姨等人、康关的赵叔等人。于阿姨、杨阿姨、葛叔他们年纪大了，曾经因看不惯村干部贪污上访过，刘老师劝他们不要上访，转回来建设自己的家乡，我们帮他们搞了农资店、养了一些羊，还有资金互助等，挣钱不多，他们倒也安心，遗憾的是始终没有做大。康关的赵叔不是上访出身，40多岁，正当壮年，原来做一点小生意，有经济头脑，我们协助他承包了几百亩山地，种了树、养了鸡，一个小农场，现在还在经营，效益还不错。

前半年，我们主要在柴各庄和小水村花了不少精力，但是感觉工作很难推进，上访团队转型成的合作社，没有做经济建设的能力，内部还有一些矛盾，所以，下半年开始我就去康关住了。农忙的时候，我也帮助于阿姨、杨阿姨等收玉米、割谷子，但平时主要协助赵叔做农场，虽然也很难，但一点一点地在前进。为了这个事情，我跟德斌、张可等还有过争论，到底重点放在哪个村？放在什么工作上？当时我就觉得农村有自身的纹理，农村工作有自身的规律，建设一个村庄必须顺应这个纹理和规律，就像"庖丁解牛"，不然劳而无功。这个规律是什么呢？就是依靠冒尖的青壮年发展当地特色经济。同时我也感觉到，农村好复杂呀！农民解决问题的能力很低，他们没有足够的胸怀和智慧去化解矛盾；相反，一件小事都可能闹得很大。我们的工作必须小心谨慎，一不小心就会弄巧成拙甚至引火上身。所以，乡村建设还真不是什么人随随便便就可以做得了的。我也明白了为什么温老师说，"支农活动，主要是为了大学生自身的成长，了解脚下这片热土，并不指望你们真正能为农村做出多少事情来"。

除了合作社的事情，我还是我们五期学员选的学习委员，引导大家的理论学习，主要学习那一本《参考资料》，因为要做表率所以看得很仔细，每篇都写读后感。参考资料里有很多学者的文章，左中右各种观点，如徐友渔、秦晖、黄宗智等，可能刘老师的意思是让我们自己辨别。这些学者不管观点如何，都是学术界头面人物。在刘老师的引导下，不知不觉我对学术界的状况慢慢了解了。

学习《参考资料》之外，还有两次理论培训，请的也是这些老师，徐友渔、卢周来、钱理群、党国英等，当然更有温老师。大部分老师讲的理论知识我记不太清楚了，温老师讲的他的人生故事倒是印在了我的心里。他讲到，"文革"时候怎么坚持读书学习，后来到人民大学读新闻专业怎么恶补英语，在军委总政研究室的时候为了圆毛主席的未了心愿，和几个朋友骑摩托车千辛万苦走黄河……温老师这些在逆境中追求理想的话，给我留下很深的印象。

总之，人才计划一年，我对农民和学者的状态了解了很多，加入人才计划时带着的疑问初步获得了解答，进步很大。在结业论文中我说，"比大学四年进步总和还大"。同时，基于自己的感受，我对人才计划也提出了一个建议，"选一个合适的农村，学员集中驻点，一定五年。因为农村的问题很复杂，学员集中起来容易做事，农村的问题又需要长时间地磨，一年时间根本不够，最好能长期扎根"。（现在看来，这个理想方向对，但是那个时候时机不成熟。"三农"问题不是三农自己的问题，是城乡矛盾、中西矛盾等外部大环境决定的，是宏观政策造成的。2003—2013年，大环境还没有改变，宏观政策没有改变，年轻人在农村很难做出成绩，很难扎根。）

后来，在枣强大营镇芍药村、天津、嘉泽也一直是这样的学习状态：一边参与农民、工友的事情，了解底层社会，一边读书，从温老师、汪晖教授到鲁迅、梁漱溟、费孝通、李泽厚、黄宗智等——就是20世纪以来学术界代表人物的著作，还有《尚书》《易经》等传统经典。这样一直学习，差不多到2013年，加入人才计划的时候带着的疑惑——"历史社会内部的力量构成和相互关系是什么样的；我要追求道德，在当今社会谁是老师和朋友"基本弄明白了。

可以说，人才计划五年的学习给了我答案，为此我写了一篇文章《清末以来百年历史图景重构》，发表在嘉泽姬山书院内部刊物《乡建与自觉》上，编辑了一本文集《百年经世文编》。而且特意请教了温老师、黄宗智老师和汪晖老师。黄宗智老师说，"去其形式，保其深髓"，温老师说，"甚合吾意"。老师们的鼓励给了我信心。以这篇文章为标志，五年前加入人才计划的时候带着的理论疑惑基本上解决了。

这几年里，温老师、汪晖老师等的著作我仔细研读，向他们请教疑难，让我具备了宽阔的历史视野；人才计划的同学，乡建青年人都是益友，还有传统文化圈子里曾维术老师等，亦师亦友。自己的老师就是温老师、汪晖教授等学者，朋友是人才计划的同行，以及其他具有"家国情怀"和"底层关怀"的优秀青年人。

我这五年（2009—2013年）的学习成长，跟梁漱溟乡村建设中心老师们和同学们的引导分不开，尤其是刘老师，他一直为我的理论学习提供帮助，给我介绍文章、介绍书、介绍老师，学术上允许甚至鼓励我跟他辩论，他是一位好老师，现在他不在了，我很怀念他。

在2013年，以理论探索为主的学习阶段基本结束了，今后理论探索会继续，但到了转入实践探索的人生阶段。我要沿着尧、舜、禹、汤、文王、孔子、孟子以及慧能、百丈等古圣先贤走过的路，自觉觉人，响应习主席的号召，跟着温老师等乡建老师和人才计划的朋友们，做农民的组织工作、合作社的工作，化解"三农"问题，助力乡村振兴。

打开新窗口的合作社资金互助模式

农民工作具体应该怎么做呢？怎么组织他们成立合作社、发展经济增加收入呢？这是新的疑惑，是未来五年里要探索的。2014年3月，我来到了位于河南灵宝市焦村镇罗家村的弘农书院，跟随何慧丽老师在灵宝做乡村建设探索。

刚到灵宝，第一年，先了解情况，熟悉环境。第二年，2015年，我基本了解了罗家村，罗家村的干部、村民也了解我了，在何老师的指导下，我开始探索建设罗家村。这有三大内容：一是在砥石峪，利用旧山神庙和旧林场场所，改建一个作为生态种养殖技术培训基地和村庄公共文化空间的小秦岭弘农园；二是依靠罗家村干部和优秀青年人，引导罗家村走上"（三位一体综合合作＋生态休闲农业）·青年返乡创业"的路；三是举办以教育优秀大学生成长为有"道统自觉"的君子为目标的"大学生耕读研修班"。

2015年，通向砥石峪的路开始硬化，通了电、水，简单收拾了原林场旧房屋。在何老师的帮助下，我们联系到中国滋根乡村教育与发展促进会，并获得支持，尝试举办了一期"大学生研修班"。2016年，何老师邀请来谢英俊先生，对砥石峪山神庙和旧林场进行了整体设计，弘农堂等建筑开始修建。跟浙江敦和慈善基金会合作，正式举办"大学生耕读研修班"。我也赢得了村民的认可和信任，被选为合作社副理事长，负责生态农业技术服务这一块工作。2017 年，弘农堂、明德楼、院墙等都建起来了，发酵床猪舍、鸡舍、生态厕所也建起来了，给村民做生态农业示范，市民朋友也喜欢带着孩子来这里玩。在大学生传统文化教育上，一方面通过学习四书五经等传统经典，形成道统自觉；另一方面体验农耕生活，了解农村实际，形成底层关怀。各方面工作都慢慢展开了。这一年，温老师也来弘农书院考察指导，表扬、鼓励了我们的工作。

在弘农书院，何老师指导我们怎么引导罗家村干部群众成立合作社，开展资金互助、统购统销和生态农业试验，虽然步履艰难，但确实做出了一定的成绩。例如，资金互助部，四年里累计借款的社员有 400 多人，借出资金 480 多万元，用于香菇种植，猪、羊、鸡养殖，孩子上学等，大大方便了社员的生产、生活；统购统销部为社员统一购买优质小麦，加工成面粉，保证吃得安全；生态种养殖技术服务部在探索新苹果树生态种植和老果树的生态化改造，还引进了东北李云凤老师的发酵床养殖技术。

这个成绩的获得，是罗家村干部、群众共同努力的结果，同时也应看到，有"三农"外部环境改善的原因。党中央、习主席推进脱贫攻坚、全面小康，"小康不小康，关键看老乡"，"三农"的发展空间慢慢拓展开来了。例如，允许符合条件的农民合作社开展资金互助业务，这对发展农村经济有大帮助，之前农村的银行、邮政储蓄、信用社都是把资金抽走，农民存款容易贷款难，现在允许农民搞资金互助，贷款不难了，经济就搞活了，还有农业供给侧结构性改革，在政策、资金、项目上为农民探索农业生态化转型提供了很大支持。农民是勤劳、智慧的，只要宏观政策对头、外部环境有利，乡村振兴是可以实现的。

在这个社会背景下，我们的人才计划培养也实现了转型，真的开始集中在一处，尝试长期扎根了。我 2014 年到的灵宝弘农书院，第二年，少雄就带着人才计划的学员们到了永济蒲韩乡村，灵宝和永济隔着黄河遥遥相望。少雄他们在永济的工作开展得更好，老石农场、电商、儿童私塾等做得有声有色，社区发展了，自己也成长了。四年时间，他们已经站稳了脚跟。灵宝和永济的乡建青年人的做法很有当年知识青年上山下乡的味道，也有一个共同的前提，农村有集体经济——以前是人民公社，现在是合作社或者农民协会，否则没有承接知识青年的载体。

到了2018年，去弘农书院的时候带着的疑惑（怎么组织农民成立合作社、发展经济增加收入）基本获得了解答：农村工作的一般方式是，引导村庄走"（三位一体综合合作＋生态休闲农业）·青年返乡创业"的路；工作节奏是随曲就伸，外部环境和宏观政策允许做多少事就做多少事，允许做到什么程度就做到什么程度。同时，因为中美贸易战爆发，我国面对的国际压力增大，而深受西方现代性影响的思想学术界不能有力应对新的国际斗争，形成不了我们的话语权，于是我逐渐有了一种冲动，想在温老师的指导下慢慢参与思想学术界的革新。我就写了一篇文章《传承优秀传统 重构历史图景 实现民族复兴》请温老师指导，温老师基本肯定。我已经知道温老师、邱建生老师在福建永春建立了生态文明研究院，是一个可以把思想理论研究和乡村建设实践结合起来的很好的平台，就请求到生态文明研究院工作。5月到了研究院，直到现在。

回首走过的路，中小学十二年、大学四年、乡建十年，一步一步走上乡村建设的路。我感觉，梁漱溟、费孝通、温老师的乡村建设是20世纪以来的道统传承，跟历史上尧、舜、禹、汤、文王、老子、孔子、慧能等的道统一脉相承，学乡建就是学道。如果大家读过儒释道经典，就会明白学道要经过四个阶段：见道起信、悟道解义、依道修行、印证道果，学乡建也是：回望乡建、看清乡建、接近乡建、进入乡建。

我大学4年是回望乡建：2002—2006年，正是教育产业化方兴未艾的时候，西方化、城市化、名利化的利害，我想追求道德却没有条件，正在苦闷的时候，看到了《大学生》杂志介绍白亚丽休学支农，看到了《中国改革》，觉得支农是一条道德之路，于是毕业后加入人才计划，学习乡建，学道。后来我慢慢明白，温老师发起的乡建确实有针对教育产业化进行教育改革探索的含义，我就把人民大学乡建中心当作一个书院了，历史上朱熹等很多大儒都曾在教育体制外创办书院授徒讲学，这样的师徒关系才是传道学道的关系，不会是"教师抱一个金钱主义、学生抱一个文凭主义，交易而退，各得其所"，传统的科举和新世纪初的大学都是这个样子。所以我大学时期算是从世俗中挣扎出来的，回望乡建。梁中心5年是看清乡建：在中心刘老师的指导下，除了传统经典，我读了温老师、汪晖、甘阳、黄平、崔之元、王绍光、韩毓海等老师的书，温老师、汪晖老师的书我读了两遍，还有梁漱溟、费孝通、李泽厚、黄宗智等，同时到乡建试验区驻点和农民生活在一起，慢慢地弄清楚了乡村建设是怎么一回事，实际上是在1840年鸦片战争后为了应对西方的挑战重建中国文化主体性的过程，主题是回归中国、回归乡村、回归道德，用梁漱溟先生的一句话说，"以乡村为根、以老道理为根，另开创一个新文化"，老道理可以上溯到老子、孔子、慧能大师等。弘农书院5年是接近乡建：在何慧丽老师的指导下，引导村民组建三位一体综合合作社，做发酵床养殖和苹果园养鹅等生态农业试验，寒、暑假开办大学生传统经典学习班，同时继续研读中西古今经典，知行合一，加深了对乡建的理解，但还没有通透，"只到门外，未入门内"。

现在到永春生态文明研究院是打算在福建这边5年，跟随邱老师、温老师继续学习，一边在温老师的指导下从事课题研究、写书，慢慢参加思想学术革新工作；一边在邱老师的指导下从事乡村振兴实践，慢慢地入乡建之门、印证道果。这个入门证道的阶段才刚刚开始，思想学术界对"《易经》视野下的历史图景"的需求还不是太大，自己的学术功底也不到家，未来 5 年是成器待时，到 2024 年内外条件才能成熟。所以，我要抓紧学习。

温老师说，"人皆有不忍人之心"，三农问题太严重了，所以有新乡村建设。他还说，乡村建设"负重潜行"，这和曾子的"士不可以不弘毅，任重而道远"不是一样的吗？乡村建设就是 20 世纪的道统传承，学乡建就是学道。乡村的山水田园、耕读一体的生活很有意义，希望越来越多的优秀青年参加到乡村建设、乡村振兴中来。

以一首小诗结束此文：

> 从前不知道，为道日颠迁，
> 而今才知道，道在山水间；
> 田园勤耕作，勤中又有闲，
> 回看天上月，游在白云边。

1.4 乡村衰败下的合作社

人才计划六期 汪维行[1]

参加乡建的工作已经有七年多的时间了，但在内心深知，参加乡建绝对不仅仅是一份工作，它不仅承载着短短几年中数不清的酸甜苦辣和悲欢离合，而且更是自己内心对乡村生活记忆的延续，让自己在这个乡村快速衰败的时代，还能够感觉到自己是没有离开生我养我的乡村和土地，还在与乡村发生着丝丝缕缕的联系。"乡村建设"有时候会被人表述为一份社会事业，一份对乡村进行重新改造和建设的社会事业；有时候也被表述为一个机构或者一种派系，大意是指他们这一类人都有某种共同的特点，拥有某种特定的观点，并做着这一类的事情。

但是对于这些年一直参与其中的我来说，参与工作的年限越来越长、经历过的人与事越来越多，也越来越渴望去回顾自己在这样的乡建脉络中发生了哪些事，又是怎样发生的等一系列的问题。但是，探讨的问题似乎更倾向于我在其中发生了什么事情以及自己的成长，那这些与乡建的关系呢？与社会的关系呢？所以我总想把自己参加乡建的前后梳理清楚，尝试将自己的成长、乡建的发展以及社会的变化融合在一起，共同来展现一个青年人在当下的成长生活路径。

---

① 汪维行，男，安徽黄山歙县人。中国人民大学农业与农村发展学院在职硕士，农村可持续发展青年人才培养计划第六期学员。人才计划结业后入职梁漱溟乡村建设中心，开始负责全国农民合作社网络推广培训计划，曾在安徽、河南、陕西、甘肃等全国十几个省份开展农民合作社的培训，连续五年负责乡村建设农民合作社培训。

躁动与启蒙

生命中总有些东西似乎就在前面等着你，就比如乡建，当然她会为你遇见她做一系列的铺垫，只为你遇见她的时候能够百般投入和倾心。

大学时期的我是班上最不"安分守己"的学生之一。在大学的校园里，拥有大把大把的时间，可就是不知道把这时间花在哪儿；拥有着无限的潜能和活力，可就是找不到该去努力的方向。面对枯燥乏味的专业和课本，听着老师在讲台上"喋喋不休"地讲着陌生的化学公式，还要应对毫无意义的考试，那时候的我开始在想：我想要的生活是什么？我要去哪里？我觉得非常的迷茫和困惑，但内心总有声音告诉自己：一定有很精彩的世界在等着我。

于是我开始选择逃课，让自己走出课堂、走出校园。我参加各种活动，去寻找自己想做的事情，包括利用假期去食堂、饭店当临时工；在学校广场上大声练英语、练习演讲；学习成功学，梦想自己要成为成功人士；骑自行车横跨太行山，游览黄土高坡的宏伟壮丽景色……尽管这么使劲地折腾，可是内心深处却总觉得没有真正找到自己想要做的事，做这些事似乎只是纯粹用来打发校园里大把的时间和用不完的精力，在闲下来的时候也会问自己：我到底想要什么？我喜欢什么？我们做这些事情的意义在哪里？什么才算成功呢？

一次偶然的机会，一位共同疯狂过的伙伴介绍我去参加学校社团组织的支农下乡活动。当然报名参加这类活动的人不是很多，在学校里对农村的一些议题感兴趣的同学本来也不多。当时我是抱着体验的感觉去的，很荣幸被当时的支农队录取了。

接下来我就是开始参与支农队的一系列准备活动：早起拉练学习、朝话、晚上讨论学习，学习什么是三农问题，它是怎么来的。同时还要结合自己家乡的变化来讨论农村和农业；一起学习农村调研、访谈技巧，最为重要的是在这里也讨论人生价值如何实现。紧接着就是组成队伍下乡，按照计划我们要在村里开展文艺、调研和支教三项活动，除了这些工作，七天的下乡活动期间还发生了很多令人印象深刻的事情。团队之间的互帮互助，集体做饭，集体讨论学习，共同分享在活动开展期间所遇到的困难和思考；同时大家开诚布公地做批评与自我批评，也有表扬与自我表扬；有时候也会吵架，可就是觉得怎么吵都不会影响伙伴之间的感情。村民们也非常热情，总是给我们送一些自家种的蔬菜和面粉，有些人还送来烙饼。在我们的下乡纪律中有一条：不拿群众一针一线。但是有时候因为村民们太热情，有些村民还悄悄地把菜和食物放在我们门口，我们也不好意思拒绝。就因为这个事情，伙伴们还专门开会讨论，互相辩论，到底该不该拿村民送来的东西。最后，我们集体想出办法，村民送东西来的时候，不能拒绝的可以收下，第二天派出两位代表给人家干半天活。什么活都可以，扫地、挑水、锄地、给孩子补课……总之要付出相应的劳动来换取，这叫"劳动换食宿"。

短短七天的下乡活动很快就结束了，在心里埋下了种子或者说是让原本埋的种子开始发芽。首先是在情感和心灵上找到了归属。我们在中学时代就被老师和父母教育，要走出农村，不要务农，所以一直向前走，走得越来越远，到了大学的时候开始追求更广阔的世界。可是却从没有回头再看看生我养我的乡村和土地，那种脱离了土地和乡村的感觉让人有些不知所措。所以当第一天到村子里的时候，自己感觉有一种莫名的轻松和愉快。脚踏着土地那才叫踏实，一眼望去是田间的各种苗木、花卉和蔬菜那才叫醒目，呼吸一口村里的新鲜空气那才叫气爽。所有在孩提时期熟悉的场景一下被我感受到，让我全身都放松下来。我想这也许就是自己参与乡村建设工作至今最为核心的部分，乡村是一个可以净化心灵的地方，让你找到踏实的感觉。

其次这次下乡活动也影响了自己内在的价值和视野，所有的活动时刻都是在强调集体与互帮互助，学习的内容也以关注社会和弱势群体为主。它打破了我原来那种狭隘的关注自我成长的空间，让我通过关注和参与社会议题来提升自己的思考和能力；在人际关系上，我体会到一种人回归集体的温暖；同样在理想上不仅仅肤浅地追求经济上的腰缠万贯与身价百万，而是对于社会美好愿望的一种寄托。

在第一期下乡之后，在往后大学的生活中我便开始更加关注三农与乡建，经常和支农社团的前辈开始在村里"走街串巷"，只要碰到地里干活的农民就去聊天，聊生活、生产、教育……尽管那个时候我对于系统的调研方法以及访谈技巧都很缺乏，也没有做一些详细的记录，但是很享受那个过程，我不仅能够欣赏和感受到农村的田园风光，而且可以和在土地里劳动的人聊天，才是一种真正的学习。

最后，对于大学期间的下乡活动用一位让人尊敬的老师——刘老石的话语来结束："**我决心把青年人更多地带到农村去，让他们在对农村的关注中学习和体会自己的责任，让青年人在对社会的关注中超越狭隘的自我关注，从而把自己的命运和农民的命运结合在一起，以此达到升华。**"

失败的联合购销试验

因为参加支农调研结缘乡村建设，或者说大学时代的支农调研本身就是乡建体系的一部分，个人在其中深受影响。毕业之后，参加乡建工作也成为可以选择的一个去向。对于自己一直都参与的下乡工作总是放不下，也总想看看往下走到底会是怎么样？经过矛盾、犹豫和比较之后，我决定还是继续往前走走看会发生什么。2010年毕业季通过学校支农社团的推荐我参加了北京梁漱溟乡村建设中心（梁中心）的全国大学生培训：这是一件令人兴奋的事，终于可以到"延安"来学习了（当时梁中心在很多支农同学的心里就是这个分量）。在这里的每一天信息量都非常大，不断有新的知识需要去理解和吸收。和100多位来自全国各地的同学同吃、同住、同学习，几乎每时每刻都处于学习和交流之中。当然最兴奋的就是平时在书中看到的老师终于见到真人了：钱理群、温铁军、李昌平、何慧丽等，在大学时代就是看着他们的文字、听着他们的故事成长的，现在能够见到这些真人能不激动嘛！另外梁中心也介绍了在全国各地建立的红红火火的乡村建设试验区，在村里组建的文艺队、老年协会、合作社……这些试验区原先就是由大学生支农作为第一支力量去动员，现在也急需青年人投入，共同参与建设。

在参加该培训的过程中，我了解到梁中心正在招募农村方面的实习生：农村可持续发展人才计划（简称"人才计划"），到2010年8月已经开展五期了，准备招募第六期的学员。我毅然决定参加第六期人才计划。尽管当时的学员补贴非常低，只提供500元/月的生活补贴。当时我的脑海中就只有一个想法：到这些新农村建设事业红红火火的地方去体验和学习，去看看这些开展乡村建设的地方到底和普通的农村有什么不同。

人才计划的一年是需要全年待在农村试验点的。我被分配到了苏北地区盐城市阜宁县的一个乡镇：硕集镇。接待我的是一个当地的合作社和普法协会的成员。这是一个陌生的地区，好在年轻气盛，也确实想去重新认识乡村，认识不同地区的风土人情。到了之后被当地的合作社安排住在了一位张姓大叔的家里，在这里和他们同吃、同住、同劳动，几乎快成为他们家的一员了。那时候在农村的实习没有什么太多繁杂的任务，有大把的空余时间去体验农村各种活动：赶大集、观摩村庄选举、参加婚礼、葬礼、孩子百日等。这些大型的村庄活动让我切身感受到，即使是没落的乡村，依旧是一个非常丰富多彩的社会。在大集上你可以看见大叔、大妈们为了我们平时看不起的五毛钱差价而进行激烈的讨价还价，我想，他们讨价还价的过程应该远比最后的结果"享受";参加隆重的"封建"葬礼,你可以联想和追溯到千百年农业社会遗留下来的那种对"孝道"的重视。当然和他们一起劳动也是家常便饭了:冒着雨抢收、顶着太阳喷洒农药、早起锄地……只有下地劳动,才能明白以前课本和文章中提到的中国人多地少到底是怎么个人多地少,农业的内卷化到底能够承受多少农业劳动力,更重要的是让我感受到农民身上那种耐劳和韧性。

因为接待的机构是一个信访的协会,这里会涌现出很多上访的农民精英。他们不断地向上级政府反映乡镇上各种"苛捐杂税",县里不行就去市里,去省政府甚至跑到北京来上访。在和他们接触的日子里,我明白农村的上访维权不仅仅是维护权益这么简单,很有可能会涉及农村的基层选举、村庄灰色势力以及历史遗留问题。

因为矛盾激烈的原因,在人才计划的下半年我就被调离了苏北,来到河北保定市顺平县的一个小山村——柴各庄村。刚去柴各庄村的时候是1月份,天寒地冻,这里靠山,风又特别大。寒冷的天气就给了我们这些没有生活经验的人一个教训,如何度过这个寒冬成了我们必须解决的问题。我们在村里租了一栋村民不住的房子,位置还不是很好,是西厢房(坐西朝东),晚上能够降到零下15—20摄氏度。这里没有煤气,做饭、烧炕都用烧煤的地灶,关键是烧炕。刚开始的时候,一夜要起来好几次添煤,天太冷也不愿起来,头一天晚上添的煤第二天基本都灭了,又得重新烧,弄得整个房间都是烟。在几次尝试之后终于学会了如何添煤、添多少煤才能够烧一个晚上,第二天刚好早上用;特别是学会了如何封炕,不能封得太严实,要留一个口子可以通气,这绝对是个技术活。有时候想想,如果我们连这些生活的基本技能都丧失了,我们还能做什么?

在顺平柴各庄村的半年有各种的酸甜苦辣,有被人关怀的感动,也有工作的失落和挫败。印象特别深的是送桃子那件事。柴各庄村因为靠近山区,昼夜温差比较大,这里种出来的水果特别甜,尤其是桃子。夏季是桃子成熟的季节，村民们天不亮就到地里去摘桃子了，一直到晚上天黑得看不见了才回来。在这期间，我们就会经常收到惊喜，一筐鲜红的桃子会神不知鬼不觉地摆在家门口，关键是桃子还特别大、特别熟。顿时我们心里充满感动，是谁送过来的桃子呢？是昨天遇到的大婶还是前天给帮忙摘桃的贾大哥……在乡村最好的、熟透的桃子反而卖不出去，因为不利于运输，老板都是选用一些有点儿红，但不是全红的那种桃子去卖。所以一般熟透的桃子都是自己吃或者是送给熟人、朋友吃。除了桃子，还有苹果、蔬菜、腊肉等，现在想想其实在乡村工作的人比一般人更有条件接触到最好的农产品，还有人间那份最真挚的感动。

类似这样的事情还有很多，合作社发起人于大娘和大爷会在寒冬的大早上架上牛车送我们到村里的路口来坐车；康关的赵叔和婶儿会做好一大桌子非常可口的菜为我们改善伙食……至今，我和他们还保持着联系，有时候还能吃上于大娘送来的小米、赵叔和婶儿在山上散养的鸡生的柴鸡蛋。

农民有可爱的一面，也有让人揪心的时候。2009年在顺平建立试验区，联合五家合作社成立联合社，开展一些合作联合的业务，特别是在农资统购上。梁中心作为发起人参与协调甚至投入钱和合作社一起来创办。我们作为实习生也参与了其中的很多工作。第一年尝试的时候都不错，每个合作社都有一些剩余，也能给社员一些分红。第二年就出现状况了：合作社与合作社之间因为农资货物协调的问题（运输的远近、提前付款还是后来付款）开始出现一些矛盾。

事情总有变故，联合起来取得的收益总是抵不住相应的风险，无论是合作社本身还是外界参与的青年志愿者都不愿意看到联合购销解散的局面，但最终还是不得不面临解散的局面。一方面着实已经没有办法再继续投入资金维持运行。另外，其联合购销产生的收益并不大，但是仍要花费大量的成本、精力来协调各合作社之间经营的复杂关系。另一方面还需要面对其他农资经销商的竞争、打压。为数不多的1万元利润因为某个合作社领导家庭变故而挪用了这部分钱。内忧外患，合作社联合社因此开始解散。解散过程是痛苦的，因为涉及挪用的账目。因为自己当时不理解这些复杂的事情，总觉得真理在自己这边，所以理直气壮地去要账，甚至还和他争吵，然而事情并没有顺利地解决，至今也没有很好地解决。

在处理完这件事之后自己特别失望，原本好好的试验区为什么就做不下去了呢？这些合作社都说要联合起来一起发展，但是碰到实际问题的时候却又互相猜疑、斤斤计较。难怪都说农民宜分不宜合，心里也曾怪过他们是一群扶不上墙的烂泥。我心里对农民合作这件事开始打退堂鼓，农民真正的合作社之路在哪里？这些只有小农组织成的合作社真的很难发展起来吗？

就是在那个时候，我开始对农村合作社感兴趣，农民到底该如何合作起来——农户在面对强大的市场环境时，是迫切需要合作和联合起来发展的，合作的需求也很强烈。但是在现实中，不管是合作社的内部社员发展还是外部市场开拓依旧是困难重重。在面对农民需要合作而又难合作的时候，农民寄希望于通过组建合作社来解决农业、农村发展过程中所面临的资金、人才的短缺及避免市场的风险，但是农民组建的合作社在发展的过程中同样也面临着资金、人才的短缺及市场的风险。那么组建合作社还有什么意义？需要突破的关键点在于合作社把农民的哪一方面合作和组织起来了，谁有这个能力来协调和做这些事？在这个市场竞争很激烈的社会中，有哪一块利润空间可以放开让农民来做，又有谁会在这个低收益的农业领域在乎农村的发展？这些很实际的问题都摆在农民合作社的面前。在后来四五年的工作过程中，作为一位协助者，我也一直在思考这个问题，从这个过程中逐渐找到了自己工作的定位。

当然，发生在这个村庄里的故事非常多，也非常复杂，至今有些还在延续：有合作社骨干与骨干之间的"拉帮结派"和互助合作，有农民和学生志愿者之间的相互支持和各种碰撞，也有年轻志愿者之间的各种恩恩怨怨……在乡村工作，即使很多知识和道理、方法能够通过前辈和老师分享给你，但是在农村生活和工作的那种复杂与巅峰的体验却是无法言说的，甚至有时候只能独自享受。

从合作社培训与分享入手

在人才计划的下半年，梁中心也正在全面推广农民合作社的培训，当时由于我在顺平离北京近的原因，几乎每两个月就会回北京参加一次培训，而且前辈在培训过程中，也有意地培养我在组织培训方面的能力，有意让我来带领参加培训的农民做一些活动及主持等，这些为我在人才计划结业之后从事合作社的推广培训工作提前做了一些准备。同样，随着工作的不断深入与推进，我们发现农村社会越来越复杂，自己对于乡建工作者自身思考的定位和能力，也需要不断地加深与提升。

做一名合格的培训协作者不是一件简单的事情，更不要说做到优秀和专业了，首先要克服协作现场的紧张感，能够外出来参加培训的农民都是不简单的，我这样一个毛头小伙子怎么才能满足他们的需要呢？依然还记得有一次是在西安杨凌培训的组织现场，自己紧张得连话都说不出来，当时真的想找个地缝钻进去，幸好当时一位老师出来救场，给我们做了很多的解释和介绍，才让这个培训班继续下去。后面靠着前辈和同事们的不断鼓励和支持，每一次培训也算是能依葫芦画瓢地安排下来，但是对于其中很多课程的协调以及参与式的把握还做得很不到位。

随着工作的深入，我慢慢学会一些参与式的方法，也让培训的农民参与其中，在课间安排一些小的互动来增加课堂的活跃性，有很多方法都是在实践过程中摸索的。后来我开始接触参与式的培训，更加系统地了解如何协助，如何开展一次培训。对于我们每一次培训的定位也逐渐有了自己的理解。

在开始的时候，只是认为通过培训能让来参与的农民学到更多的经验和知识，能够对他们在实践过程中解决困难提供一些帮助。所以在培训课程中总会邀请很多著名的老师来分享自己的研究，分享当前的政策趋势，现场农民听得很带劲，可是回去之后呢，如何转化为行动？说实话，很难有哪个方面的政策或是理论能够给农民在实践中提供过多的帮助。很多农民在反馈的时候也提到这些政策或理论只能提供一些发展方向，对于当下的行动并没有起多大的作用。农民的问题还需要他们自己来解决，同伴之间的经验分享才是最重要的，也是更有效的。所以在往后的培训中我们更多地加入了实践者或是培训学员的交流与互动，让他们通过培训建立联系，即使培训结束之后还能互相联系和贡献经验。越到后面越发现，培训不仅仅是简单的知识和经验的传递，一个好的培训或是协助者更应该传递一种力量、一种新的生活方式。

要想别人能够获得力量，首先自己得有力量；要想别人从中感受到爱，自己得有爱的源泉，同样新的生活方式也要让人能看见。在乡村实践中，很多问题我们都没有办法给出直接的答案，但是我们通过各种方式将大家会聚在一起，共同学习培训，努力创造一种新的生活模式和理念，虽然时间短，仍然希望能够提供一种新的视角来看待我们在乡村中所面临的困难，也许出路不止一条。我想，这是自己未来要去寻找的，也是自己作为一位协助者要去做的：让大家能够在这纷繁复杂的世界中扩展更多的可能，出路不只是发展主义或是现代化，其实还有更多的可能。这些可能性其实就隐藏在我们广阔的乡土上，隐藏在勤劳、朴实的农民同伴之间。

1.5　从农中追求自主生活方式

人才计划七期　唐义国[①]

传统农村大学生成长模式的反逆

2008 年大学毕业后，因为我学的是物流专业，就在家乡安徽芜湖的一家国有物流集团做物流工作。因为那时候《劳动合同法》出来之后，国内有一些企业为降低用工成本互相派员工，上海的员工比较贵，于是就把我们从安徽的公司调过去，相比上海的人力资本就便宜一点，一个月五六千元。毕竟是国企，待遇各方面还可以，加上加班工资，一年也有十多万元的收入。刚开始做一线，干两年可以升为主管，因此对自己的未来充满了干劲。那时候觉得自己的人生还有点希望，按照原来讲的成长路径就是这样：一个农村的孩子通过读书，在城市找个工作，买个房子，然后把父母从老家接出来。这个成长路径不仅仅是某个人的成长经验，而是整个社会告诉农村孩子的一个出路。

我上班的厂区很大，面积有几十万平方米，每天要工作 16 个小时，虽然给算加班工资，但只剩下的 8 个小时还要吃饭、睡觉，还要从仓库走回自己的住所，压力很大。我们的仓库也很大，占地十万多平方米，很久才能走出来，那就是暗无天日的感觉。后来连续

---

① 唐义国，男，安徽枞阳人。2008 年开始参加环境保护工作，农村可持续发展青年人才培养计划第七期学员，现任梁漱溟乡村建设中心昆山项目经理，芜湖生态保护志愿者协会项目顾问等职。2015 年起负责中国人民大学可持续发展高等研究院昆山产学研基地工作，主要工作内容是青澄米水稻 PGS 项目（生态种植）、青澄夏季学校（青年人在田野调研学习项目）、青澄实习生项目、青澄中心基地运营等。现主要工作领域：城乡互助、农业生态化、农村社区可持续发展。

工作一段时间之后，身体就不行了，整个身体就很虚弱，后来我就休假了。我觉得休假也不行，很焦虑，不工作就没有钱，继续工作自己的身体又吃不消，怎么办呢？

2009年的时候，一个偶然的机遇，芜湖当地一个环保机构的朋友找到我说有一个基金会，愿意投一笔钱推动皖南地区的环境保护、生态保护。我大学时做过环保社团，从整个安徽来讲，皖南是生物多样性最丰富的地方。皖南山地比较多，有很多小的河流，水环境各个方面都比较好，正好也有这样的机会，就问他能不能让我也参与一些事情。但是因为当时的身体状况不太好，我不能全职工作，所以我就兼职加入这个环保机构做一点事情。

那时候钱不多，做的都是一些小的活动，如骑自行车绿色出行，减少使用塑料袋、倡导使用环保袋，还有"熄灯一小时"活动，等等。那时候联系了当地高校的环保社团，推动环保社团进校园，让大学生到中小学上环保教育课，也做了很多环境教育活动。

一年之后，基金会资助的那笔钱用完了，没有更多的资金支持我去做全职的工作，当时我的开销挺大，自己没多少积蓄，所以得出来找工作。正好有个朋友在长江中间的一个小岛上，有一片1000多亩的荒地，在这些荒地上他已经种了一些树，他说想发展循环农业，做林下养殖，可以养羊、养鸡，然后再种一点地，就问我愿不愿意和他一块做。我觉得这个事情挺有意思，虽然自己是农村出来的，却没有干过太多农活，但是因为长江的关系，做好了对长江的环境有益处，我当时所在的环保机构很关注这个提议，同时可以满足我对于工作和生活的规划，于是我就答应可以先做一做。

试水从农的失利

从2009年开始，我们在长江中间的这个小岛上养了两年的鸡，当时自己带着保护环境的理念，不能用有添加剂的饲料、不能用激素。那时候我们还不知道"有机农业"的概念，就知道"土"的概念，如土鸡、土鸭、土猪、土鹅，当时认为土的东西就是好东西，所以，那时候我们注册的品牌叫"土鸡蛋"。

因为以前没养过鸡，加上我们这样的养法，所以就碰到了好多问题。比如，不用激素怎么提高鸡的产蛋率？我们养的鸡产蛋率比较低；不喂有添加剂的饲料，用玉米、谷子的成本就比较高。因为不用激素、不用饲料，我们的鸡蛋不像别的养殖场里的那么大，那时候虽然卖得不贵，1.3—1.5元一个，但消费者很难接受。而且鸡的产蛋率比较低，100只鸡每天才产三十几个鸡蛋，一只鸡一般三天左右下一个蛋，产出也不高。还有一个问题就是防疫，因为我们在长江中间的岛上，候鸟很多，不好防疫，候鸟带来的禽流感传染给鸡，有一次死了五六千只鸡，损失惨重。

那时候我们的鸡不好卖，鸡蛋也不好卖，于是想着开一个餐厅，卖不出去的鸡和鸡蛋就可以自产自销。当时开了一个200多平方米的餐厅，我和我的合伙人理念很一致，那时候就不用地沟油，不用味精、鸡精，不用色素，不用食品添加剂，我们还用好的食材，所以餐厅的成本也比较高。那时候"三公"消费还没有现在限制得这么严格，我的合伙人有一些政府资源，一顿饭三五千元还能消费得起，餐厅也红火了一阵子。后来因为政府对"三公"消费的限制，餐厅也日渐萧条下来。

2010年的时候，长江发了一场大水，把我们的整个基地都冲掉了，鸡棚里所有的东西都没了，再加上开餐厅投了很多钱，我们一下子就欠了好多钱。那时候我和合伙人说："怎么办？我们得赚钱还钱啊！"正好他手头上有一个卖墓地的项目，他就开玩笑说，"这个在家里不用动，别人会找上门的，因为这个是刚需，因为每个城市就那么几家陵园"。于是我们就去卖墓地，利润确实很高，100%—200%的利润，我们要卖多少个鸡蛋才能顶得上这样一块墓地。我们卖了一年的墓地，才把以前欠的钱还清。这是我初次试水从农的经历，做得很累，还亏了钱；做的是生态农业，但那时还没有"生态农业"的概念。

大计划与小事情

在合伙开餐厅的时候，我主要是去村里找好的食材，开着车往村里到处跑。跑了才发现，原来很多村庄都没人，要不就是老年人，要不就是还在家里读书的小孩，村里已经没有什么年轻人了。后来想想，这个问题也发生在自己身上，其实我们也是被裹挟着离开了乡村。那时候我对乡村的感觉，已经不是小时候对传统乡村田园牧歌式的描述了，于是也在思考，为什么乡村是现在这样的？2011 年的时候，一个环保圈的朋友说北京有一个做乡村建设的机构，他们有一个一年期的实习生计划，有一年的时间在农村里学习、做一些事情，所以我就报名参加了人才计划。于是我就来到北京，走进了梁中心的大家庭，成为人才计划第七期学员。

我们七期班一共有 13 个人，8 个男生，5 个女生。第一次培训结束后，我们就被分配到各个项目点上，我和另外两个七期学员一起被分配到了江苏常州的嘉泽镇。嘉泽是乡建与东部地区政府合作的第一个在地项目，以前乡建的点大部分都在偏远地区或比较穷的地方，但嘉泽不一样，当地主要做苗木产业，老百姓普遍都很有钱，所以与以前乡建的项目点很不一样。

当时在嘉泽分了两个团队，一个是从小毛驴市民农园过去的团队，主要运营大水牛农场；另一个是我们梁中心这边过去的，主要做姬山书院。我们刚过去的时候，三期的张斌、魏丰收他们已经在嘉泽待了一段时间了，那时候他们想得很大，要做合作联社、要做资金互助、要做苗木产权等，但那时团队的执行能力很弱，这些事情很难推动下去，所以一开始特别纠结。后来我驻点到跃进村，我说干脆先做点小事情，给村里做类似于便民服务的工作，帮村民搞晚会、做活动，然后帮村委会做些文字工作。因为即便是在嘉泽这样比较富有的农村地区，也基本上是中老年人在家，他们不会用电脑，所以我们去了正好可以发挥我们的优势。

当时跃进村给我住的房子旁边正好有个小广场，有很多人在跳广场舞，我就天天跟着他们一起跳，后来村里说想搞一个晚会。但村里的思路是请专业演员、专业的团队来做，我就跟村里说其实我们完全可以自己来搞，自编自导自演，于是村里就花了几十万元买舞台搭建、买音响灯光这些设备。第一次晚会由我们来组织策划。那场晚会很受欢迎，那时候广场那边全是人，路边停满了三轮车，他们把自己的生活故事编成小品，还有其他一些自编自演的节目，后来有两三个节目到镇里演出还获了奖。

那时候和村里的小孩子互动特别多，我会给村里的小孩子做课外辅导，但做了一年之后，感觉没有成就感，这些都是锦上添花的事情。于是，在嘉泽待了一年，我觉得自己还是想做生态农业，到2012年7月，人才计划结业之后，我就回到芜湖，继续做生态农业。

轻资本农业、再探索的失败

回到芜湖之后，我没有立马投入农业，因为以前的经历告诉我，投入农业需要很多资源，而我在中心做学员的时候，一个月才800元钱，只能保证基本的生活，根本就存不下钱，于是最开始在那里帮我一个朋友做一些咨询、写一写方案，干了有半年多。

到了2013年，有一个地产公司想搞旅游开发，配套地也想搞生态农业、景观农业，那时候和我的想法一致，我就拉几个七期的同伴与地产公司合作一起创业，做生态农业。刚开始我们觉得找到了一个和资本合作的路径，觉得地产公司财大气粗、想法好，但后来合作的过程中慢慢发现他们铺得太大，那时候地产环境比较低迷，对这边农场的事情推动很慢，我在地产公司干了半年没做起来，觉得有点儿不靠谱，就和伙伴们都退出来了。

从芜湖出来后，我们三个人又去了福州，当时正荣基金会在福州闽侯和乡建合作建了一个农场，叫故乡农园，他们说可以给一块地让我们做生态农业。我们在福州待了半年，因为人生地不熟，卖生态农产品很难，没办法做营销活动，待得很是艰难。后来厦门有几个朋友想开生态餐厅，因为我以前开过餐厅，有一点开餐厅的经验，就和他们一起在厦门做了一段时间，也没做起来。

这几个事情做得蛮可惜，在福建晃悠了一年，除了做农场和餐厅之外，还做了一些小尝试，包括卖猪肉等。2014 年，我们还花了一年的时间来筹备福州的农夫市集，当时我找了一个小项目，拉着福建的生态农场和当地的乡建机构，终于在年底把福州市集办起来了，而且福州市集一直持续到现在。

现在让我回想在福建的这段经历，是最痛苦的一段，我非要把自己置身在城市的资本洪流中，想走一条轻资本的、半农半 X 的创业道路，却发现自己走不通。后来想想，我的事业和生活的可持续性在哪里呢？我决定还是老老实实地扎根乡村吧。

阳澄湖畔耕与读

昆山这边是 2013 年中心和昆山城投①签的协议，2014 年中心开始派三期的管奇过来负责，并在当地招了几个实习生一起来运作。第一年的时候压力比较大，最重要的是人手不足，当时管奇就找到了我，希望我去昆山。当时我在福建没有找到适合自己的方向，特别困惑。想想去昆山挺好，因为我的老家在安徽芜湖，从昆山坐高

---

① 昆山城投，全称昆山城市建设投资发展集团有限公司，是昆山市政府管理的一家国有企业，主要以公司化方式进行城市运作，在城市公共空间营造、城市功能完善、老城区更新改造等领域进行投资、建设和管理，为市民创造更好的居住环境。

铁 3 个小时就可以到家；我姐在江苏那边工作，离我姐姐也近一点。那时候父母给的压力很大，觉得我好像没有事业，也没有结婚，要不然就离父母近一点，离家人近一点，能不能赚到钱再说，至少对家人来说能让他们安心一点。所以 2014 年年底，我就来到了昆山。

"青澄计划"这个名字是管奇起的，意思就是一群有返乡从农意愿的青年在阳澄湖畔耕读，这正好满足了我对事业的向往，以及对生活的想象。其实最早我们来到昆山，是因为政府为了保护当地饮用水源地阳澄湖和傀儡湖，在两湖中间的地块建了一个悦丰岛农场，采取生态农业的耕作方式，希望不再污染当地的水源。悦丰岛农场做了几年之后，有了一定的社会影响力，也积累了一些品牌和渠道资源，但是总公司在评估的时候，觉得投了这么多钱，还是没达到期望的效果：一是从经济方面来看，农场一直处于亏损状态；二是从社会价值方面来看，农场没有影响到当地的村民采取生态农业的耕作方式，改善当地的水质。所以城投公司就跟我们乡建合作，希望我们去影响村民，我们的具体工作主要是和悦丰岛农场对接。

我们的主要工作是协助悦丰岛农场，建立与村民沟通和对话的渠道，去影响当地更多的村民做生态农业。对于悦丰岛来讲，他们做农场的目的，其实是让更多的人去做生态农业，因为这里是传统意义上的江南鱼米之乡，我们所在的绰墩山村有 5000 多年种稻子的历史。说起阳澄湖，大家的第一反应是大闸蟹，再加上昆山是全国的百强县之首，本来就有很多其他赚钱的计划，当地农民开始不太愿意去种水稻，因为利润太低了，所以 2014 年的时候我们就拿 80 亩地试种，生产上采取生态农业的耕作方式，销售是由悦丰岛农场负责，第一年下来我们的产量达到 900 多斤/亩，而且我们还打出了"青澄米"的品牌，一斤能卖到 15 元，效益还不错，当地农民看到之后，第二年村里才开始跟我们合作种植水稻。

2015 年的时候，我们只种了 20 多亩水稻做老品种的保护实验，大部分的水稻主要由当地的农民在种，我们做的事情就是 PGS（参与式保障体系）。一方面帮助村里动员农民，去给农民做一些培训，包括让招来的实习生和农民一起学习，然后帮助农民做田间记录，用农民看得懂的语言推广生态农业技术，我们把这个工作叫作"望田头"；另一方面我们也做消费者活动，我们招募当地的市民来农场做农耕体验活动，每年水稻收获之后还会做"丰收节"，让消费者来参与和感知农耕与食物、农耕与环境的关系，我们把这个活动叫作"青团子"。我们也将农事生产和田间知识转换为消费者能看得懂、能感受到的书本知识，因此我们出版了很多宣传物。

同时，我们做了一个类似于人才计划的实习生计划，每年招募六七个实习生到这边来，和农民一起学习，但时间比较短，只有半年的时间，主要是跟着水稻的生产周期学习。我们还面向公众、面向政府做一些公开的讲座，请温老师、《汉声》杂志的黄永松老师、复旦的王建革老师等，讲乡村建设、讲传统文化、讲转型城镇、讲生态农业等，做公众倡导工作，去影响政策以及让更多的人来关注和支持昆山农业的生态转型。

到2016年第一期项目结束的时候，村里有390多亩水稻是按照我们提倡的生态农业耕作方式种植的，每年给当地农户带来20多万元的收益，未来大家还是比较愿意持续做下去的。这两年周边过来学习交流的人越来越多，其他乡镇都知道这个事情很好，都在开始做农业的生态转型了。同时我觉得现在政府的思路有一些转变，包括一些在农业口工作的人，他们认为应该重视当地的传统农耕知识，以及对当地老品种的保护，应该做自己的文化。所以这两三年来，从项目层面讲，我觉得还是上升的状态，无论是社会效益还是经济效益；从我个人层面来讲，现在很多工作我们都没有再参与了，我们没有参与生产，也没有参与销售，这些都是由绰墩山村的村民和悦丰岛农场在做。我感觉即使我们现在就撤出去，这个事情还能持续做下去，所以对于我们青澄计划项目的执行者来说，还是蛮有成就感的。

金钱无法带来安全感，但种地可以

近年来，我们一直围着农业转，因为做的事情特别具体，很多事情具体化之后就发现自己大的框架和想法越来越少，其实反过来说，我们做生态农业本身也不完全是一份工作，而是一种可持续的生活方式。我个人的力量，始终不能解决这个社会中所有关于食品安全和农业污染的问题，我们能做的工作，无非是让外界或者社会能够看到，每个个体都有改变的可能，这些事情能否做到，取决于还有多少个个体愿意参与。

人如果离开了土地，就失去了直接养活自己的能力，无论劳力或脑力都只能换成现金。城市里什么都得用买的，很难脱离消费主义的束缚。就我个人来说，金钱不一定能给我带来安全感和满足感，但种地可以。我每天一眼望去就是菜地，那是我中午要吃的菜，那边的稻田，是我的米饭。我现在活得很踏实，从农不仅是生计，更是一种自主的生活方式。

（口述：唐义国；访谈：周其义；撰稿：刘良）

1.6 "大时代"和"小时代"的缩影

人才计划八期　王茜[①]

成长是一个凄美的故事

当要回忆所谓的"大学生活"并且写下来和大家一起分享时，我突然发现生活是理不清的，生活的经验和感悟就像脚下的路，走过才能知道路上的风景，才能知道踏过荆棘的坚韧是如何练就的。

当大荧屏上闪烁着种种关于青春的影视作品时，这勾起了所有人对于青春的回忆和思考，尤其是将青春定格在了宝贵的"大学生活"中，不同时代背景下的青年人以不同的方式祭奠着已然逝去的青春岁月，不管是沉寂的默哀还是狂野的嘶吼，抑或是柔情的落泪，似乎都不足以表达满心的落寞和留恋，于是乎创作出了大量的伤痕文学，还塑造了一批批具有鲜明特点的青年人。如果说我们是在告诉自己和世人这是个什么样的时代和社会，那最好的呈现元素便是流金岁月中一步步留下的生活印迹，因为它是"大时代"和"小时代"的缩影。

当繁华逝去、静守孤寂时，才能回味真实生命历程的意义，并含着泪花告诉大家："成长是一个凄美的故事。"它凄美不仅是因为喧闹的青春太过短暂，也不是因为付出的汗水和流下的泪水，而是黑暗中透视的光亮刺痛了我们的心脏。

---

① 王茜，女，1990年生，山西省孝义市人，西南大学硕士研究生。农村可持续发展青年人才培养计划第八期学员，现为西南大学中国乡村建设学院咨询服务中心副主任，主要推动西南地区乡村建设实践工作和经验总结。2009年自大学起，参与当代乡村建设的实践活动，至2015年，参与北京梁漱溟乡村建设中心青年人才培养工作，其间，多次组织高校大学生支农调研活动，在吉林、河南、陕西、甘肃、福建、广东、四川等地开展乡村发展经验调查研究和实践行动。

"90后"的精神逃避

不知道有多少人想过我们为什么要从小在那么封闭的学习环境中刻苦学习，每天需要死记硬背地啃那些书本和试卷上的东西，这无疑已经形成了一个固定的学习模式，因为只要那样做就会拿到好成绩。此刻的我思绪万千，短暂的大学生活牵动着的是走过的所有求学之路。越是小时候发生的事情越是浮现在眼前，凡事总有前因后果，指引我们前进的不是浅层次的行动，而是早已潜伏的思想。

7岁时，调皮的我总是带领着伙伴们穿行在村庄的每个角落，对于村里那些红火、热闹的场景好奇极了，即使有威严的老师在，即使有学校的时刻表管束着，仍战胜不了强大的好奇心，所以，第一次被老师惩罚（校门口罚站一上午）是为了看丧礼把小伙伴都带走了，老师上课找不到人气得火冒三丈。

12岁时，叛逆的我总是能找到反抗的理由去维护受伤的幼小心灵，所以对于小小年纪的我们，对早晨6点起床，下午1点半放学，下午2点半上课，晚上8点放学，周末只有一个下午休息时间的孩子来说，那是酷刑，所以会选择在黑板上公开写大字辱骂老师，以示反抗，直至班主任无奈地哭泣，引起校长注意而结束。那时的我是班长，于是成了双方沟通和谈判的代表，但绝对不能妥协于教条和体罚式的教育环境，毕竟我们更加需要孩童般的自由和玩耍，而这样的思考和行为影响着之后的每个阶段。

13岁时，中国城市化进程加速，乡村愈加成为人们口中说的落后代表，包括教育，所以教育资源越加向城市集中。在一股入城大潮中，我挤进了很多人想去的城市中学，面对无限的自由和绝对的竞争，我们有了人生的第一个目标，那就是考入重点高中，但天知道那是谁的目标，起码不是我的。

16岁时，并未如大家的愿望进入"富裕和高傲""贫穷和自卑"那么明显的重点学校，它开启了我所谓的"失败"历程，但自己总是能活跃在各大场合和人群中去找寻价值，继续当班干部，拿各种能拿的荣誉，去入党，去过各种自己想要的生活，只是忘记了我们人生的第二大目标，那就是考大学。

19岁时，我糊里糊涂地踏入了高等学府，只是因为报考时不知去向何方而抄写了同桌的志愿表，所以，我没有期待过大学那个"神圣"的地方，我至今能说的是感谢山西农业大学这所收留了我的学校，但我从来没有属于过这里！

当看到身边的同学不停地追逐着社团、学生会、班干部、入党等各种新奇的东西时，我迷惑了，一路走来，自己的学习是为了求得知识，当班长是为了提升能力，获取荣誉是因为表现优异，这些事情不是应该顺其自然的吗？为什么此刻的大家像脱缰的野马，以至于为了那一点缥缈的东西浪费时间、放下尊严，陷于吃喝玩乐、趋炎附势、暗藏心机的地步？我意识到很多人并不是在自己的轨道上行走，或许大家7岁、12岁、16岁、20岁的每个过程和转折都在错位着，我们用20年的宝贵时光建筑起的城墙在踏出象牙塔的那一刻全部坍塌了，以至于用更多的思想剔除大脑中原有的垃圾。

看着这些纷繁复杂的现象，自己却没有办法那么狂热，没有办法在人群中欢笑，以至于一度远离那喧闹之地和是非之人。独自行走于静谧的校园领略自然的美丽，独自蜷缩在图书馆的角落与哲人对话，独自在教室里认真地学习，独自晚自习后在操场上散步，独自看着形形色色的人……而自己只不过是想找到一个安静的地方去思考过往的岁月和未来的人生，这是自己第一次开始真正探求生活和存在的理由，如果问为什么会从以前那么狂热、活跃的人变成冷静、低调的过客，我只能说是对于"青春的意义"有了较为理性的思考，这个意义中没有世俗的名、权、利，甚至没有意识形态化的"成功"和"成长"，而以后种种行事也是在此方向和目标引领下行进的。但对于我们大多数人来讲，这个过程是不容易跨越的，随即产生的现象用所谓的"迷茫""困惑"掩饰，是啊，在这样一个繁华和没有精神归属感的现实世界中，怎么能逃脱那样的状态？

单纯的我们似乎还没有完全妥协，还在找寻自我存在的意义和这个大学赋予的生活，天真地以为自己是独特的，外放、骄傲、孤僻、脆弱是"90后"青年人的群体性特征，但是什么造就了现在的我们，我们越来越沉迷于个人狭小的社会空间和精神空间，我们的伙伴是不会说话的网络、手机，是哼哼唧唧的调子，是只能看到个人情感宣泄的QQ空间，是无聊苍白的影视剧……不管我们选择以社团为单位的集体，还是以个人为主体的行动，都显得那么单薄，都无法磨灭身上的那些时代印记；无论是静默还是宣泄，都难以掩盖对生活和现实世界的淡淡忧伤。是啊，我们怎么了？这个我们一直憧憬的世界怎么了？不管借用多少人的话或看尽世间百态，依旧找不到答案，依旧还在狭隘的世界里沉睡着或是纠结着。

睁眼看世界　俯仰天地间

显然，纠结的人于沉闷的宿舍和校园而言是一种进步，比在沉睡中的人更能展现出一些青年的特质。但我们的纠结是为了什么呢？其实就是复杂和简单的矛盾。

简单对于我们青年人来说亦如煎熬，在繁华和浮躁的大世界中能做一些有意义的事情和过有意义的生活显然是了不得的，那就要细细问问什么是"有意义"，这似乎又是一个哲学式的问题，但意义通常都是在个人思想认识不断提升和实践过后才能总结出来的，它基于客观环境下形成的价值观念。每个青年人价值观念的塑造路径不同，但大体来自两个方面：一是实践于现实世界形成的经验归纳；二是理论学习获取的一般观念以及形成的知识结构体系。对于青年人来讲，我们并不能清晰地知道这些过程在塑造个人价值观时形成的影响，以至于每个时代的青年人在时代大潮中多数是迷茫、困惑的。即使用不同的方法来找寻"物质"或"精神"的意义，我们仍免不了陷于狭隘的个人主义、经验主义、教条主义，以至于被各种意识形态所异化，没有多少人能跳过这样的陷阱而实现所谓的"成长"。

反观走过的几年大学岁月，自己如同大多数青年人一样选择以团体的方式回应成长话题，这个团体除了班级就是社团了。社团对于每个初入大学的青年人来说都是十分具有吸引力的，它代表着我们将要在这个平台上得到一些社会性技能，它代表着我们人生第三个目标的一个衡量标准，它代表着自由奔放的青春岁月即将拉开帷幕。是啊，如此繁杂的代表怎能不使我们这些一无所知的青年人盲从，怎么能不去满足一下好奇的内心！但似乎又开始了"本末倒置"的"选择"，又进入了复杂的程序化思维，常常会用"非此即彼"的思维方式将自己框住。其实我们并没有什么选择，因为这个主流社会能提供的价值观念和现实生存发展空间不是那么多元，一路走过来无非就是在实现标准化生产，而这就是主流世界推崇的"制式教育"，只允许你我有一样的思维和选择，不一样的只是行业的种类。常常和伙伴们开玩笑说我们就是那"放牛娃"，重复着那个让人们嘲笑的故事，殊不知我们是在嘲笑自己。放牛娃放牛是为了赚钱，赚钱是为了娶媳妇，娶媳妇是为了生娃，生娃是为了继续放牛；我们很多人则是上学，上学为了考好学校，考好学校是为了找工作，找工作是为了更好的收入，好收入是为了好生活，好生活意味着房子、汽车、老公或老婆，好生活下有个好孩子，好孩子再继续走我们的路径。这本质上没有什么区别，只是不同资源和环境下的问题升级。如果我们哀叹人生正是如此，那只能说我们文化的缺失和精神的沦落，是全民的沦落。

基于这样的反思或者说是对于"机械化、工具化"人生的恐惧，我开始走出来寻找有血有肉有生命力的青春，它不是出走，而是回归，回归人称为人的本性。正是这样的想法激起了我对人生、民族和社会的无限好奇，所以，我希望能走出狭小的世界去外面广阔的真实世界探求自我的追求，这个外在的世界绝对不是很多人意识到的宿舍外的主流社团，也不是仍旧在工业化市场经济体系内的狭义社会，那还是没有逃离"放牛娃"的成长路径。

我一直相信天助自助者，只要是自己想走出来，就一定能找到未知的世界。大学之幸是能结识那个陪伴我成长的"山西农业大学大学生支农队"，能和一批好孩子做点有意思的事情。与其说社团是个平台，不如说社团实现了本质上的含义，那就是青年人因志趣相投而共同去做有意义的事情。志趣相投必是"志"为本，"趣"相辅。所谓"志"更多的是基于对国家发展和民生问题的关怀而探求青年人的成长与责任，这期间滋生出无穷的向上的力量来使大家相扶而行。这有别于一般意义上讲的积极向上，大学校园里不乏刻苦和积极的青年，但多数停留在器物层面的学习和技术层面的积累，甚至一切社会体验和交流都是以"个人能力和知识提升"为目标，但这就是个伪命题和极其短视的想法，也无法从根本上开拓有意义的人生。我们从来不是单独的个人，而是拥有雄厚历史背景和复杂发展过程的民族的一分子，是密切相关的整体与个体的关系，不探求这个背景，我们根本看不清甚至反思不到如今或未来青年人的成长，我们身上里里外外都透着这个时代的气息，我们这些渺小的个体无时无刻不被这个看不清的复杂世界裹挟着，我们的纠结、迷茫、痛苦无不源于外在社会和国家的发展，当我们纠结自己的食品安全、工作、住房、教育、医疗等一切服务的时候，当看到频繁流动的农民工、看到日益破败的农村、看到浑浑噩噩的大学生活时，是否能跳出来去看看？我与伙伴们的志不在大，也不在试图改变，而是先睁眼看世界、俯仰天地间不断反思，是在叩问大历史和社会间的思想认识的重塑。我们坚信青年人的成长必是要与同呼吸共命运的国家相联系的，它不是激进的愤青，不是忧虑的小资，而是试图建设的改良。所谓"趣"更多的是我们采取的行动和策略，它不一定就是每个人的生活方式，却是改变普遍生活方式的一种选择。我们不再理所当然地去消费、去享受，而是开始寻求积极健康的生活。有人说"大学不仅不是学习的地方，甚至不是长身体的地方"，当大学毕业时很多人不仅精神状态不好，就连身体也变差了，体能一年不如一年，真的是很令人担忧。记得大学期间我们社团这群小伙伴经常去徒步拉练、去登山、去跑步和打球，而这些集体性的活动经常让我们能在一个瞬间忘记那些疼痛和疲惫，因为有相互之间的陪伴。印象深刻的就是从中心（北京梁漱溟乡村建设中心）回到学校后，我们校内班的几个同学相约每天早晨锻炼和朝话，分享彼此的生活学习。那是在冬天，偶尔几次下雪了，寒风凛冽，但大家都没有迟到，依旧相约在操场正常进行活动，这样的场景一直让我难以忘怀。或许在常人眼中我们是疯狂的，但那种傲立寒风的勇气和内生的力量形成了凝聚的文化。所以无论我们选择怎样的生活方式，无论内心如何苦闷挣扎，首先身体和意志不能垮，不能滑向堕落和低迷的边缘。哪怕我们仅是一群人相约骑车去乡野走走，去领略四季的颜色，去呼吸泥土的芳香，去触摸清凉的河水，都不要留在宿舍里沉睡，不要坐在电脑前傻笑，不要对着窗台发呆，不要穿梭于热闹的街市。

所以，我们存在的意义从大世界来、从生活中来，更从心底无限的关怀中来。

用宝贵的青春实践

其实我们多数时候是脆弱的，是经不起现实考验的，无论年少轻狂的我们曾经夸下多少海口，都会随着变幻的现实而烟消云散；无论我们给自身的行为赋予了怎样的意义，都会在下一个十字路口寻找新的方向。我们会不断拷问自己什么是真正想要的，而会有这样的想法是因为自己还未被完全禁锢，是欲望也好，是憧憬也好，是追求也好，都冲击着原有的思想和现实的框架。

记得在大三这一年发生了很多事情，这些事情足以改变我，从现今来看甚至成为人生的转折。我出生在一个商人家庭，见惯了尔虞我诈，见惯了人生的起起伏伏，见惯了各种丑恶的嘴脸。在家人的眼中，只要学好一门技艺可以糊口就好，女孩子最有保障的就是当会计。所以在大学这一年除了一直在自学会计，考下证件，准备考注册会计师，每天拿着厚厚的教材和练习册学习外，唯一能得以休息的时候就是带领社团的那些后辈学习理论，学习那些我们认为的理论知识，去和他们讨论一些活动的策划，直到9月底结束注册会计师的一门考试后才正式解放。考试结束后，当一个人站在十字路口等待着回校的班车时，看着街道上来来往往的人，我沉默了，沉默了一路——从未有过的那种低落。正是在这个时候，中心新开辟的试验区嘉泽镇开始招募志愿者，我看到这个信息后跟学校请了一个月的假，立刻就买票过去了，在这个南方小镇看着支农前辈们如何开辟这块新的阵地，如何在新型城镇化建设上摸索经验。当时我被震撼了，一个新的试验区在未打开局面时，只有几个年轻人在那里坚持和周旋，在那里做着生态农场和社区建设的工作。由于地域文化差异和政府的强势，他们一直面临着非常大的压力。在开辟的这条道上，没有现成的经验，没有专业的团队，甚至没有优越的生活条件，但他们依旧憨厚地坚守着那块即将展开的阵地。周围有太多的不理解，内部有太多的不稳定，但大家依旧默默地承担着。我不知道该用什么言语去表达内心的波动，只是知道他们在用自己的青春耕耘脚下的沃土，在真正践行着这个时代赋予年轻人的责任，在用坚强的意志对抗着现实带来的苦难。而回想坐在静谧校园中的自己是多么脆弱，一如那温室中的花朵，没有经过任何的锤炼。一个月中，我几乎每天跟着镇文化站的演员奔走于嘉泽镇的大小村落间，和不同的人交谈着，介绍我们是谁，在这里做一些什么工作，同时在迈开双脚行走的过程中忘却了出发时曾经面临的困惑和纠结。在这期间，父母来看我，和我的那些伙伴交流，来看看我的另一个世界，这也让我备受鼓舞。直到 11 月末我才重新回到学校，不期而来的是队友和同学们异样的眼光，因为在他们的印象中我一直在支农队，当别人早已告别社团许久后，我还在里面，而且支农的行动不仅停留在学校，更走向了祖国的各个地方。他们好奇我哪里有那么大的力气去奔波，甚至好奇我到底在坚持什么。面对这样的疑惑，我只能淡然一笑。只有我明白自己的坚持一直未变，只是一步步填充它的内容，因为社团本身就不只是简单的团体活动的平台，而是开眼看世界的窗口，更是用宝贵青春走向实践的阶梯，更是人称为人的一种历练。我的坚持没有理由，只是基于生命本体属性的一种自然行为。

在这一年，家里迎来了一个小生命，我不得不承认这个小家伙的到来改变了我们很多人的心情和生活。在幼小的个体面前，我开始重新认识孕育自己的父母，开始重新反思自己，开始忏悔曾经做过的种种，开始回忆经历的简短人生旅程，开始寻找作为生命个体应有的本真状态……这些开始或许不是突然的变化，更多的是内在潜意识的一种唤醒，只是我们的思想和行动迟缓于内在意识的形成，而只有当内外的机体保持一致时，自身才不会是纠结或矛盾的，起码是不为外在环境和外物的强行进入而苦恼的，所幸自己是一个愚笨之人，只懂依照内心的指示匍匐前行。所以即使很疲惫，仍旧在正月就请假和人才计划七期的学员到陕西富平去做生态项目的调研了。正是这个实践促使我萌生了在社团带领大家做深入调研的想法，因为这个过程是自己全面认识现有问题的一个途径，直至新一年的 5 月和 7 月，我们一直在针对农村的生产结构和生产关系做一些基础性的调研。其实平台是既定的，做事情和个人的成长绝对是主动性起决定作用，凡事都应该反求诸己。我很感谢的是曾经一同进入社团的那几个伙伴依旧还在，依旧能和我一起带领新的成员去做一些深化的事情，而我们的坚持没有太多的纠结和限制，更多的是自然的一种升华，一种基于个体和团队的成长。也许我们是幸运的，因为有彼此的存在和坚持。

走向田野　从梦中醒来

　　也许我们谁都不知道人生的下一步将会面临什么事情，会遇到什么样的人，会创造自己怎样的人生。还记得大学期间一直非常喜欢的两本书，一本是高尔基的《我的大学》，另一本是卢梭的《忏悔录》，曾经因为这两本书有太多次的出走，曾经因为他们对于现实和生命的真挚而沉思过许久，在这样的世界中，不同的时代背景下，我们到底该如何坦诚地面对自己？无论如何，自己都希望内心是清明的，干净的，不希望那些肮脏的东西停留在大脑中太久，是忏悔也好，是忘怀、放下也好，只是希望还有一个空间可以汲取生命的养分，只是希望自己不要那么早腐烂。所以，迷茫过后对于意义的坚持，便是在开创新的世界和人生。

　　回过头来想想，踏上未来的路途似乎就是去年的夏日，而今已是又一年的年末，这一年好久，但转眼即逝，我不知道是该放下它，还是该封存在记忆当中。无疑这样的一年早已刻在了青春岁月的书卷中，渗透到了自己的血液中，无论如何也挥不去。即使是这样的一年，自己仍旧能在平静中度过，是何等的幸福。在大四即将离开大学的这一年，我做了一个决定，参加了中心的人才计划项目，做大学生的培养计划工作，但其实自己是想跳出高校既有的"学习陷阱"，去真正找寻未来能深入做实践和研究的方向。为此曾经和价值观极不一致的父亲发生过激烈的争吵，甚至久久不能平息，我明白不是因为我的选择，而是他的固执和不信任，甚至是隐约的担忧。在很长一段时间内我都是忙碌在个人的世界中，去看书、去交流、去工作，行走于祖国大好河山的各个角落，去看各种现实社会的实践经验，我不得不承认，在这短短的时间内，自身的视野和思维开阔了很多，积累了相应的工作经验，这些是在封闭的校园内所看不到也学不到的。个人原有的支农社团的认识升华到了乡村建设，这个过程是十分令人兴奋的。但不是因为历史的厚重而兴奋，也不是因为初入工作领域而激动，就是被那些真正创造历史的人所感染，那历史不是普遍记录的黑白两大历史，而是蕴藏无限生机的民间历史。如果说它是一种生命力，那一定是基于这个危机重重的现实世界而言，于这个世界而言，它犹如一股清流，犹如新鲜的血液。面对这样的人，我会时刻想到是什么造就了这个面对苦难仍旧能创造辉煌的民族和国家，是那些真正能将苦难化作力量的人，而这些绝对不是我们小资群体能做到的，我们应该看到甚至记录这段历史。

面对无数沉沦在大学校园中的学生，我不知道在交流时该和他们讲述什么，因为我们小资群体真正该做的是走向田野，走进真实的世界，只有这样才能从睡梦中醒来，才能有机会去创造未来。所以，我希望能在这个阶段不遗余力地做这样一件事情，去和同伴在实践中不断学习和创造。在这样的成长中，大家更多的是坚守下的坦然，没有所谓的光环，没有所谓的牺牲，更没有所谓的悲苦，是生活方式的选择也好，是理想的坚持也好，都应该给予更多的理解和包容，而自己更应该明白坚守背后的价值。

对于我们而言，对于这个时代的青年人而言，唯一要蔑视的就是现实带来的恐惧，打破千百年来人类所建立的枷锁，面对社会危机转嫁带来的苦难，敢于创造新的世界，团结真正有力量的人创造共生的世界。当自己忙碌于大大小小的培训和繁杂的日常工作，从母亲那里得知在金融危机下因相关人员卷款潜逃而使父亲深陷囹圄时，我明白这个世界正在走向疯狂，而我们这群即将被裹挟或是已经被裹挟的人要如何去承担这样的危机，如何开创自己的未来呢？是啊，曾经自私地以为自己是自由的，可以肆意地不用理会狭隘的小家而去追寻人生的意义，但事实上该有的是困境下的共担，是危机下探索新的家园，不只是因为小家，还有大家。在大学毕业的这个夏季，在炎炎烈日下，我继续坚持着自己的坚持，也领悟了老子的那句话——"福兮祸之所伏，祸兮福之所倚"，未来，要打倒的还是恐惧，要拥有的还是面对苦难的坚持。我依旧庆幸社团的那群队友——在这个陌生的城市胜过亲人的伙伴陪伴在身旁，庆幸那些亦师亦友的朋友能将生命的正能量传递下来，庆幸自己对于生命的坚守，庆幸在短暂的青春岁月中能行走在广阔的世界中。

没有盛大典礼地告别了大学生活，甚至没有一张毕业照，没有一张穿戴学士服帽的照片，没有同窗好友的合影留念，就诚如开篇讲到的那样，我从来不曾属于过那里，匆匆而来，匆匆而去。唯一留下的身影即是我们那群人开会时的 308 教室，因为后辈依旧在那里，而在他们的印象中我已然成为支农前辈，已然成为社团中联系的纽带，一切就顺其自然地结束了，没有丝毫的留恋和遗憾。

告别那已然逝去的大学生活，意味着开启了人生的另一个转折，但似乎自己的每个转折都没有经过选择，回头观看大学走过的这些日子，在当下很难用言语就做出总结，那样显得很是单薄，而很多经历和收获也不是我们现在能体会到真谛的，只是希望在追忆过往的流金岁月时，能多一些感恩和平和。在此也将自己最为喜欢的一句泰戈尔的诗与大家分享："生如夏花般绚烂，死如秋叶般静美。"

1.7 潮流下的返乡青年模式

人才计划九期 闫利霞①

不知不觉来中心已近四年，记忆的一幕一幕仍然清晰地萦绕在脑子里。回首这几年的学习、工作和生活，不分彼此地忙忙碌碌，感觉越是向前，脚下的路越是不平。三年如此，十三年、三十年也是如此，成为更好的自己大概便是这一路的功课。参与乡建的时间短了些，我一直那么幸运地在那些有故事的前辈的呵护下无忧无虑地长大，那些有故事的人是我崇拜的偶像，是我尊敬的老师，是并肩作战的战友，是思想共鸣的知己。无论是精神世界还是生活世界，我都很容易地满足了，心存感恩于我所经历的岁月。而我却似乎一直都在迷茫中转悠，现实远不是自己所想象的那样。记得在隆化驻点时我总是抱怨，总是抱怨中心没人管我，把我抛在村里野生成长。想想那时的自己多么幼稚，如果那时明白，便不会有蹉跎岁月的耗损和浪费了。只是成长便是如此，痛苦并快乐着，苦的是"只缘身在此山中"的迷茫和纠结，乐的是"柳暗花明又一村"的坚守和前进。

顶着压力做傻事

2013 年 8 月，我正式成为梁漱溟乡村建设中心（以下简称"梁

---

① 闫丽霞，女，内蒙古察哈尔右翼中旗人。2014 年毕业于沈阳理工大学特种能源工程与烟火技术专业。大学期间一直参与校内支农社团的活动，农村可持续发展青年人才培养计划第九期学员。人才计划结业后一直留在梁漱溟乡村建设中心工作，曾在雅安、河南执行合作社和返乡青年项目，目前主要负责慢食相关的工作。一个内心崇尚自由、渴望活出真实自我的内蒙古女孩！

中心")"农村可持续发展青年人培养计划"第九期的学员，那一期共有 15 个小伙伴。回想那时的自己是多么理想化，天真地将人才计划的历练当成自己进入乡建的"加油站"，我们都曾将此幻想成乡建青年人的"黄埔军校"。所以当时毫不犹豫并且决绝地在大四时选择离开大学校园。

一个偶然的机会，我在大一时加入了学校的"大学生支农队"（学校的一个学生社团），其实当时对支农并没有多大兴趣，只是因为社团的氛围很好，他们给我的感觉是安全和亲近的。大二时也是偶然被选为支农队队长，只为了老队长"无论谁退了，你们三个队长都不能退"的期望。渐渐地支农队几乎成了我大学生活的全部，大一到大三便是这样过来的，每个寒暑假都跑去下乡，每个周末都在学校里组织活动，长期在学校附近的小学支教，读与"三农"相关的书籍，跟队员一起探讨问题，打闹玩笑，忙忙碌碌。就这样，我渐渐地远离了我挚爱的军工专业。

因为在社团的原因，我便自然地接触到了乡建和梁中心。初识乡建，内心是那么简单而向往。记忆深刻的是"刘老石老师追悼会"和 2011 年"东北区的交流会"，在这两次经历中，我所了解的农村、农民跟我以前所知道的不一样，这对于土生土长的农家子弟来说确实是震撼。正是那个时候对乡建感性的认知，激起了我一探究竟的好奇，我那么迫切地希望自己成为其中的一员，也能在那广阔的天地里一闯青春。或许是因为起初内心深处的那份向往，一颗种子便已经悄悄种在我的心灵深处。大二和大三两年我一边在社团活动，一边在校内班学习和实践，对乡建有了粗浅和系统的认知，内心那颗不安分的种子开始萌发。随着越来越多的参与和深入，我发现支农不仅仅下乡支教这么简单，原来还有更多事情可以做，外面还有很大的世界。大学校园似乎有些局限了，尽管折腾了许多事儿，但是心始终不安定。于是在第七届东北区交流会后，我决定大四离开校园去参加梁中心的农村青年人才培养计划。

这个选择对当时的我来说其实是逃离。在学生阶段对于大学教育的认知极端了些也粗浅了些，自己不满于大学生的急功近利和世故，不满于学校体制的潜规则和死板，不满于老师念 PPT，不满于专业课的枯燥无味，这些让我讨厌的现象促使我下定了逃离的决心，当时的我并没有能力看清其本质。现在却很怀念大学生活的自由，那里原本是一个可以好好读书学习、修学储能的地方，却因为种种束缚而牺牲了好些青年的意气风发。但是又有什么样的体制可以替代呢？

大学社团的经历，为我与乡建的结缘开了一扇窗。很多人问我为什么，我讲不清楚，就是那么简单地向往，一步一步走，踏实了青春的时光。我的人生轨迹因此而改变，渐渐地将自己从过去的压抑中解放出来。其实现在再看那段学生时期的"上山下乡"，别有一番意味。那个时候我们顶着各种各样的压力坚持去做别人眼中傻气和不可思议的事情，富有挑战和刺激中更有一种对主流时代的反思，我们因此有了原本不可能却可行的另类人生选择。正是这样的经历积淀了我们对"乡建"的情有独钟。

广场舞与融入乡村熟人社会

2013 年 8 月 16 日，我和同期的伙伴固隆到了隆化县的一个村子——二道窝铺村，开始我们人才计划学员一年的驻村实习。这个村子是梁中心的一个项目点，一个以生态水稻种植为切入点，组织培养生态农业的协作者以及有生态理念的新农夫的项目，项目名称叫"新农夫项目"。我和固隆在村里的主要任务是协助三个返乡青年胡新杰、王晓平、许丙举[1]开展工作，我主要负责协作当地合作社组

---

[1] 他们都是人才计划的二期学员，胡新杰是隆化本地人，王晓平是甘肃武威人，许丙举是安徽六安人。

建二道窝铺村的妇女文艺队、乡村图书馆以及协助新农夫记录生态水稻的种植过程，固隆协助合作社做一些资料整理和销售联络等。

在隆化驻点的前三个月，融入村庄的战线比预想的时间长了很多，有点儿拉锯战的感觉。三个月时间里我只认识了村里的几个骨干，收拾整理了村委会闲置的图书室，去了流芳村学习生态农业。刚开始与许丙举、王晓平和固隆聊的话还很多，后来渐渐没了话题，他们似乎都很忙，而我也回了一次学校处理离校的事情。在第二次集中培训与小伙伴交流时，我突然发现自己仍然没有融入村庄，内心很是困惑和彷徨，而我所憧憬的是一进村便热火朝天地投入行动，忙碌而且充实的状态。

真正让更多的村民知道我们，是在第二次集中培训后的一次新型农民职业培训上，当时我参与做些会务。后来我搬到二道窝铺五组的民宅住，与他们成了低头不见抬头见的邻居，更加混了个脸熟。在农村勤快一点，说话嘴甜一点，主动一点，很容易赢得村民的认可，尤其是一些老奶奶。记得有一天我送一个老奶奶回家，还帮她收拾房间、洗衣服，第二天我走在村里时就有左邻右舍的阿姨主动跟我搭话。这可是经验，在村里做工作"脸皮厚"绝对不是坏事。

因为学校的事情，我在村里的日子总是断断续续。合作社的一个女骨干经常跟我开玩笑："小闫啊，你这三天打鱼两天晒网的，这文艺队什么时候才能建起来啊？"文艺队的事情不能再拖时正是学生快要放寒假的时候。根据大学时期下乡积累的经验：农民欢迎大学生，支教和文艺是最容易切入的点。我跟许丙举沟通获得同意后，联系了我们学校社团的负责人，硬是劝服他答应带一支队伍到隆化下乡，他们也不好不给"大姐"面子。在准备接待学生下乡的时间，我在村里一边收拾图书室，一边给村里的几个孩子补课。

1月中旬，借着学生下乡的机会，我和合作社的骨干动员村里的妇女来跳舞，我们走街串巷，登门入户宣传文艺队。在动员的过程中，她发挥了很大的作用，不需要浪费太多口舌，几句玩笑话就管用了，而我和学生更多的是赔笑和寒暄，混个脸熟。这便是农村熟人社会的优势。

　　下乡十天时间文艺队基本上成形了，大家的热情超乎想象。于我而言具有挑战的是在大庭广众之下带大家跳舞，有点儿赶鸭子上架的感觉，忐忑地害怕自己无法克服这个心理障碍。可能是任务所迫，可能是多次下乡的积累，也有可能是有团队在，同时多亏第一次培训时在燕山学堂学了几支简单广场舞，临时派上了用场。到现在我也忘不了她们学习第一支广场舞的情景，僵硬的动作、近乎疯狂的坚持以及学习的认真劲。刚开始围观的人有些风言风语，积极参与的都是村里比较爱玩的一些妇女，年轻的小媳妇也不少。每天音响一响，有些人来不及洗碗就往外跑，有些骑着摩托车赶路，也有很多人早已等待在路口。村庄因为文艺队变得有了生机，不像之前不可思议地冷清，每天平均两个小时，音乐响彻全村。最后一天我们在村委会办了小年联欢会，请了村干部，大院里站满了人，老人、小孩和妇女，还有较少的男性观众。文艺的行动是最好的宣传，从那以后我成了村里的焦点之一，备受关注和喜爱。

　　组建文艺队的过程中有几件事情让我很难忘。下乡结束后我就回家过年了，当我年后返回时正赶上他们元宵节的活动，看着整齐的队伍跳着我们年前教的十六步广场舞，内心很震撼，原来他们还在跳这支舞。他们见到我时除了真诚的问候和祝福，光是那份激动就让人感动，因为他们终于可以学新的广场舞了。还有一次应该是4月春种农忙时期，下了点小雨，本来以为可以休息，没成想被几个热心的阿姨叫去淋着雨跳了两个小时。自从有了文艺队，我的驻村生活变得丰富有趣多了，学舞、跳舞、串门、唠嗑、蹭饭，一天不跳舞心痒痒。

　　二道窝铺村文艺队的成功其实是必然的。文艺队是大众参与，不可或缺的是在地的文艺骨干和带头人，如村里的一名张姓老师（村里的小学老师），其角色不可替换，他本人会些健康体操，很能

117

调动氛围，重要的是他的主动和积极。二道窝铺村文艺队能坚持两年时间自发组织与他有着关键的联系。第一次见他就是在大家跳舞的十字路口，他开着小电动三轮车路过，听说大学生搞文艺队，就放开自己的小音箱，教在场的几个人做五行健康操，不一会儿便有一些人循着声音过去了，他清楚地知道怎么吸引人来参加，我在时的几次文艺活动都是他在张罗和组织，因为他人民教师的形象，更多了一份权威，这是其成功的原因之一。另外也在于村委的支持，当时隆化地方在贯彻实施"农村精神文明建设"，文艺建设就在其中。当时各个镇都在争相立功，对于各个村子的文艺队不仅鼓励，还有经费的支持，我在的时候张老师就争取到过音响、衣服和扇子等，也有派代表去学习广场舞的机会。外界力量的介入对于文艺建设的推动有重要意义，合作社提供音响，梁中心派实习生，这些都是其中的重要因素。

组建文艺队的过程让我很有成就感，不仅仅因为文艺队一直持续地发展着，其实这样的行为渐渐地在改变着那个村庄，村里很多人反映妇女打麻将的时间少了，这是可以说明问题的。广场舞让乡村妇女从烦琐的家庭事务中得到暂时的解放，在参与中其内心是愉悦的，或许对家庭关系、邻里关系都是有好处的。如果做这样的调查和研究，应该会很有意思。

文艺队同时让我驻村的工作和生活颇受益。通过在跳广场舞的过程中跟她们的接触，我渐渐地熟悉了村里复杂的人际关系网，还有某些姓氏之间的矛盾纠纷，从他们那里也会迅速地知道村里发生的事情。这对于我深入地融入村庄有着重要的作用。那个时候我总是喜欢到处蹭饭，跟大爷叔叔们瞎侃，跟阿姨大姐们唠家常，跟小孩们戏耍玩笑，拉着几个老奶奶锻炼身体，练就了非常厚的脸皮，而这也是乡村工作的关键，自由自在地就把工作做了。

文艺队也为我后来做生态水稻种植记录的工作积累了一些关系基础。从2014年4月开始，另外一件让我忙碌的事情便是生态水稻种植。从选种开始，记录育秧、插秧直到收获的整个生产过程，以及生产资料的投入和使用记录。2014 年是新农夫项目的最后一年，也是生态水稻试验的第二年，试验也从 2013 年的 7 户 4 亩生态试验田扩大到 16 户 14 亩。在这个过程中，因为关系很熟络，我的气场和自信自然是有的，而在处理问题的过程中我渐渐地体会到农民在利益面前的自私自利，体会到利益之前是非多的道理，内心很矛盾。在整个水稻种植过程中，个别农户偷偷用农药，偷偷施化肥，甚至中途退出，这些现象开始时让我不能理解。记得 2014 年 5 月，我从永济学习回到村里时正赶上气温下降，使得秧苗遭遇冻害问题。我召集大家开会商量应对的办法，没人能说得出不用农药的法子，但都不愿意承担绝产的风险，甚至有一个农户因此退出。我坚持不让用农药让大家很不满。开完会后我很沮丧，为什么大家不是努力找寻不用农药化肥的法子去补救，而是等我去解决？但我更担心结果，万一苗都冻坏了大家没有收成怎么办？我每天都要去大家育苗的地方看秧苗的情况，看着叶尖发黄几乎不生长的苗，内心很是纠结。所以对于冻害期间有农户偷偷用过营养液之类的问题我没有过多干预，只是默默记录下来。那段时间我咨询了一些专家，也查了很多资料，去村里走访老一辈的种庄稼能手，寻找不用农药营养液的解决办法。当时的条件可用的解决办法就是追加一道生物菌肥，而菌肥只有合作社有，免费提供不属于合同里合作社应该承担的义务。大家让我去找合作社要，最后我跟牛场的一个负责人理论一番才拿到一斤多生物菌肥，好在也拯救了大部分秧苗。六七个月的努力换来了生态水稻的丰收，减产问题并不严重。在打谷子的会议上，本来商量的是打谷子的时间、地点以及打谷子的办法，而他们关注的问题却是什么时间拿到钱？这些新农夫明确表示必须拿到现金，不会像去年一样等到年底才催着拿到钱。最后没办法我只能挺着厚脸皮用自己在他们心中那一点好印象做了承诺。

　　这些事情其实反映出合作社和村庄老百姓之间的关系，在利益面前人性终究是软弱的，而触发我神经的还有另一件事情。人才计划结业后因为新农夫项目的关系我继续留在二道窝铺，而当时合作社的负责人也很希望我能留下来。所以 2014 年下半年我一边继续做乡村图书室的小额项目，一边更多地参与合作社的一些事情。11 月我一直都在忙贷款的事情。当时有一个机构愿意给合作社社员提供 200 万元的低息贷款，以合作社的信用担保，两个家庭联保，每个家庭最高 2 万元，目的在于帮助农民解决资金问题和改变生计。合作社需要协助贷款的社员做相关的合同等手续资料。当时的负责人却用 100 个农户家庭的户口和身份证，将 200 万元资金集中使用，而他承诺给参与的每个社员 800 元分红。当时我的工作便是找愿意提供户口和身份证的 100 个社员和 100 份贷款手续资料。记得有两个合作社的骨干带着我在村里转了两天，很多人都觉得这是天上掉馅饼的事情，都不愿意提供，有些开始愿意的人后来听了风言风语也有反悔的。最后还是另外几个村的村委会帮忙搞定的。那段时间我每天做着在我看来很假的资料，感觉无力也很无奈。甚至在这个过程中我更多地了解了合作社与村民之间的不和谐，如他们之间的租地纠纷问题……

当时我在情感上是倾向于农民的，思考问题也是从农民的权益角度出发，或许是因为他们的弱小而让我同情。我不能理解像合作社负责人所代表的"农村精英"的思维，甚至没有耐心去听农民说，而我也没办法帮助农民得到他们想要的结果。在这个过程中，我可能还会激发他们与农民之间的相互不信任。当时我的角色更像是合作社和农户之间的纽带。一直觉得合作社做的事情不是简单的种大米，而是农民组织的代言人。这当中的利害关系没办法用暂时的利益衡量。或许承载了太多的期望，所以当遭遇具体不如意的事情时失落是必然的，思考问题难免失去理智，这样也就不难理解，其实我的痛苦与最后离开的选择是必然的。没办法正视几方的利益关系，也就没办法真正融入和扎根当地。现在来想可能并没有那么糟糕，换一个角度去看那个事情的结果，合作社还是承担了社员的很多成本，那 100 个农户都拿到了 800 元钱，他们种植的水稻以高于市场的价格由合作社包销，租地给合作社的农户抗争后拿到了高于本已签署的合同租金的地价，合作社给文艺队提供音响、扇子等设备以及活动经费……如果当时能看到这些，结果又会怎样？

"返乡青年"的理想与现实

在人才计划学员河北隆化驻村时期，我比较幸运地认识了二期的三个师兄，他们都可称为"返乡青年"，这是 2012 年开始一度被炒得很火的一个名词，现在似乎已成潮流。我与"返乡青年"的结缘也是在那个时候。

他们三人曾经是让我敬佩的"铁三角"，都有着很强的社会责任感、情怀和理想。其中两人义无反顾地选择返到异乡，也就是另一个搭档的家乡。他们三人走到一起的渊源很深，几次分分合合最后还是都选择回到同一地方去实现他们的理想。

我去的时候正是他们三人合作的高峰期，因此带给他们很多资源。像梁中心，连续两年派三个实习生驻点，并且将三年的项目放在那里，支持他们做生态水稻试验和综合社区服务，同时培养他们需要的生态农业协作者和新农夫，也给了他们很多外出学习的机会。2014 年，小毛驴花了很大的精力为他们设计牛肉包装，并帮助宣传销售，甚至将其放进自己的超市销售。以梁中心和小毛驴为代表的乡建网络资源对在地农民合作社和城市消费者的关系网络搭建起到一定的作用，此外也有来自政府和外部机构的资金资源，为什么会有这么多资源落地那里？其实现在也不得解，唯一能解释通的便是，因为他们这样的人可以为社区的改变带来希望，这正是现在的乡村所需要的。

没想到的是，2014 年其中两个异乡青年相继离开。一个是因为家中独子要照顾年老的父母；一个是因为新生儿的压力，其工资难以维系四口之家的生活而遭受的家庭关系和经济压力。这样的结果让我苦恼了很长一段时间，不敢相信像他们这样信念坚定的人也会如此，曾经看起来坚固的"铁三角"也会散架。这不仅使我产生了巨大的精神压力，同时增加了我驻村工作的挑战性，没有了他们在背后的支持，我做什么事情都感觉心里没底、战战兢兢。其实他们分道扬镳本质上还是因为他们之间的理念产生了分歧，结果很遗憾！他们的结局让我对"返乡"产生了怀疑。

从来没想过自己会在返乡青年的议题上深入，2016年却又稀里糊涂地接了一个返乡青年的项目，全职协助一个河南当地的返乡青年小组做了一年市集平台建设的工作。在之前四年返乡青年工作的基础上，梁中心尝试探索推动青年群体的返乡，建立地方的互助网络支持体系，通过市集平台帮助返乡青年在销售端突破，跟城市消费者建立良性的信任关系。

其实我们并不是专门做市集的，市集只是返乡青年的需求之一。我们一直关注的侧重点是返乡青年群体，从历史渊源来看，梁中心对这个返乡青年互助小组的陪伴是长久的，2012年就有两个同事开始在河南地区活动，拉着返乡小组的成员开会讨论、相互拜访等，终于在2013年促成了这个小组的成立。我很荣幸地成为梁中心第二波陪伴和协助这个返乡小组的成员之一，并参与了其网络建设和市集平台建设的全过程，尤其在市集工作中的参与，甚至分不清自己的角色。有些时候我基本上是市集的常务工作人员，参与讨论决策、发微信公众号、联系生产者、探访生产者、与消费者沟通、市集现场布置、拍照、搬帐篷以及组织小组开会等。估计这一辈子都忘不了每次面临城管、物业等围追堵截的场面和"无家可归"的奔波经历，而即使这样也不放弃的他们，很让人感动。

我第一次参与市集是2016年4月，我提前一周到了项目地，协助他们做准备。当时讨论后说是要买帐篷和桌子，我自己就在网上找，根据大家对颜色、款式、质量以及尺寸的建议，真是货比三家，一块钱都要计较，花钱从来没这样吝啬过。结果花了很长时间跟卖家沟通，下了订单退，退了又下，反反复复，结果4月的市集有10个摊位还是裸在了绚烂的阳光和轻舞的微风里。而在最后的生产者会议上却听到了备受鼓舞的声音，写公众号分享的时候内心涌起一股强大的力量。后来我们定做了帐篷、桌布、围裙、布包和条幅等，从布置上改变市集的形象；在问题总结的基础上制定市集管理的规章制度；梳理市集的常务工作和分工；根据其他市集和PGS的经验做出产品准入的标准和各种表格；去组织拜访入集的生产者；组织有创意的市集活动……每次市集都会有一些小小的变化和成长。

更重要的一点其实是在市集平台建设中理念的坚持。返乡小组坚持维护本土生产者的权益，抵制第三方平台产品的冲击，坚持建立以生产者为参与主体的市集平台。即使遭受场地的阻碍、不景气的销售、团队的分歧也不曾动摇过这个宗旨。所以对生产者和产品的准入把关是相对严格的，对认真生产的生产者是包容和支持的。记得有一次一个摊位突然多出比平时多几倍的蔬菜，而他的农场正被逼迁，这么大的量很难解释清楚其来源。几个负责人便连夜赶去农场看。正是这个农场，刚开始允许进入市集销售的原因是这个农场的主人对待土地的态度虔诚，在种植过程中很认真，他辞掉高薪工作只是因为对土地的热爱，坚持8个月不用农药化肥。另一个比较极端的例子是，一个摊位没有打任何招呼的情况下就在市集上销售来路不明的加工产品，当被问到时才解释说是外省的小农帮忙加工的，有些黄豆用了复合肥，她选择卖的原因是农户认真做生产而她也愿意陪伴。或许是沟通上的问题，最后的结果是那个摊位退集。对于一个生态苹果种植的返乡青年，市集的态度是包容和理解的。2016年10月，我们曾组织十多个人去拜访过那个返乡青年，在他的苹果树上只能看到零零星星的苹果，而其他的苹果树上却是果实累累。他们夫妇开始时组织村里的几个农户不用农药化肥种苹果，结果最后一起走下来的只有两户人家，因为不挣钱。他坚持四年种植生态苹果的经历足可以写成一部血泪史。如果这样的返乡青年还要作假的话，那这个世界上我们还能相信谁？

经历了这些事情之后我对返乡的理解也渐渐不同。我不断地接触后发现在乡建这个圈子里无论做什么都绕不开返乡青年，返乡青年这个群体在乡村自建中已经成为主要力量。现在很多机构都在推动返乡青年，虽然从不同的切口进入，工作侧重点不同，对象也有一些区分，但是返乡青年群体返乡后面对生计、家庭以及周围环境的压力，其实是需要支持条件的。在这样的情况下，梁中心返乡青年工作何去何从需要不断探索。在这个"返乡"已成为潮流和时髦的时代，似乎青年的概念渐渐被混淆。很多人都自称返乡青年，同时重要的是要为返乡青年下个定义，什么样的返乡青年才是真正的返乡？2012年梁中心提出"返乡有种"，返乡的年轻人不仅要有勇气和魄力，做扎根乡土的有种青年，他们也需要真正的种子，寓意是乡村发展希望的种子。返乡追求的更应是一种生活方式，能耐得住寂寞和诱惑，而不是谋取欲望的满足。

乡建多元化下的青年

回头想想，如果没有大学时社团支农的经历，我或许是北漂中朝九晚五、住地下室、挤地铁、外表光鲜时髦的白领，或许是某个小县城捧着铁饭碗过着父母期待的光景的公务员，也或许是我热爱的军工专业的一名技术工程师。因为接受的教育是这样的，家人的期待也是这样的。而我现在的生活和工作却与原来的各种可能都是背离的，却也那么满足于"宁愿低工资也不愿挤地铁"的自由选择。身边有着友善纯净的朋友圈，充满正能量的良师益友，有着修学储能的良好机遇，有着可持续的生活环境，有着充满未知挑战的工作，重要的是有着可以释放理想、安置情怀的空间……我们虽然也会面临父母养老、家庭婚姻关系、柴米油盐酱醋茶的烦恼、孩子教育等压力，但是在选择解决的途径中会找到其他替代金钱或者情绪的方式和方法，我们对于生活的态度决定了我们的行为选择。而脱离金钱、利益和权力，我们也会有可能的选择！

现在的乡建越来越多元化，青年人在其中的机遇也越来越多。面对的压力和成长的机会是对等的。从去年开始参与了慢食的工作，在收集中国传统食材的过程中，我又多了一个新视角去看待我们现在做的事情，发现这个事情调动了各种资源的力量，如媒体、设计、餐饮企业、商业公司等，食物连接了与社会的关系。梁中心从开始便参与了国际慢食运动在中国的落地，并成为其主要的推动力量，这也是中国乡村建设国际化互动的一个良好契机。

1.8 一个案例：一位农村媳妇的蜕变

人才计划十期　樊少欢[1]

樊少欢，现在河南灵宝弘农书院工作。她说自己"游手好闲一妇女，摇身一变一凤凰"，是弘农书院和乡建改变了自己的生活轨迹，对于自己所经历的一切，她感觉很幸运。

从城市到农村

樊少欢是地道的河南灵宝市焦村镇罗家村媳妇，但并非一直是农村人。她是在城里长大的，回忆起自己童年的生活：虽然人在城市，却并不喜欢城市的生活，城市给自己留下的最深的印象是深深的陌生感，即便是邻居间也彼此不太熟识。再加上家人工作忙，经常一个人在家，有时候晚上也是自己在家，时常得不到关爱，内心感到害怕、孤独、无助，总想着长大后要离开这样的环境。当遇到罗金龙这样让人感到踏实、安全的农村人时，她就义无反顾地嫁到农村，成了罗家村的儿媳妇！

但那时樊少欢对城乡不同的生活方式并没有有意识的批判与选择，即使已经在农村结婚生子，依旧会对家庭有很多的不满，内心有很多的不甘与追求，在短暂的全职妈妈经历之后便出去打工了。樊少欢在宾馆、餐厅做过服务员，做事情习惯力争上游，总是想做得最优秀，大约也是年轻人习惯性的锋芒毕露，于是很受大堂经理

---

[1]　樊少欢，女，1983年生，河南省灵宝市焦村镇罗家村人，初中学历，农村可持续发展青年人才培养计划第十期学员。先后从事文员、酒店餐饮、务农等工作，2012年10月开始参与灵宝弘农书院的筹备工作，现为弘农书院总干事，负责书院的全面工作。

的喜爱。但直接领导人小班长就不喜欢了，因为被抢了风头，在这种情况下，她经常会被小班长有针对性地刁难。她就有些不明白了，只是把自己的工作做得很好，为什么会这样？那时也是一股傲气，为什么要受小班长的窝囊气！于是换了几次工作后，还是回到了罗家村。

广场舞、道德与书院

2012 年，樊少欢的公公生病，樊少欢就一直在家照顾。就在这个时候，何慧丽老师回家来了。作为中国农业大学人文与发展学院社会学系教授的何老师，是地地道道的罗家村的女儿，从小看着何老师长大的乡亲都是把她当成功人士来看的。而像樊少欢这样只是听说过，却没怎么见过何老师的年轻人看到她回到村子里做事情，最开始是感到十分好奇。做事情需要人，何老师让侄儿何盼阳帮忙找人，樊少欢和何盼阳的妻子刘巧珍是好朋友，就这样樊少欢便过去了。

何老师刚回到村子里时，从村庄文艺建设入手，也就是组织妇女跳广场舞。樊少欢也去了，正值青春，身材姣好，动作标准，很快就成了领舞的人了。事事争先，希望出人头地的樊少欢很喜欢那种站在人前的感觉，于是在广场舞的活动中表现得非常积极。

村里的那所小学荒弃了好久，简单收拾了一下，何老师在村子里办起了道德讲堂。请外部的老师从传统文化的视角给村民讲家庭伦理道德，樊少欢也非常积极地去听课了。那时讲堂讲丈夫道、妻子道、婆婆道、儿媳道，也做活动，如给老人洗脚。樊少欢回忆起那些日子，说道："自己是一个城里的姑娘嫁到了村子里，婆婆和老公都对自己特别好，非常宠爱自己，时常自己出去打牌，婆婆在家就把饭都做好了，但自己一直觉得理所当然没什么不妥。即使这样，对家庭还有很多不满，内心还有很多欲望。直到道德讲堂，才恍然大悟。在道德讲堂上，第一次给婆婆洗脚，一边洗脚一边哭，婆媳俩抱到了一起哭。想想自己几年来忽视了婆婆的爱，十分愧疚。"

那段时间何老师在村子里做的活动，效果非常好。村民参与非常积极广泛，形成了三支文艺队，有100多人参与，同时村庄内从家庭到邻里关系也改善了很多。这样的良好效果更是得到了外部的认可，企业家往这里捐床、捐被褥，小学收拾得越来越像样子，樊少欢也忙着跑前跑后。

到2013年，何老师计划要成立弘农书院，并于4月12日举行了揭牌仪式。揭牌后，何老师便去美国访学了。书院虽已成立，并未在相关机构正式注册，何老师就让樊少欢去注册。但书院没钱啊，何老师之前已经拿出了一部分钱，现在已经拿不出钱了。于是村里几位年长的大叔多拿了些钱，虽然年轻人钱不多也拿来了钱，樊少欢也拿来了钱，终于凑够了3万元。书院注册需要去市里各个部门跑，樊少欢那段时间每天早早起来就去市里，天天跑，真的是很累，还出了些小摩擦：樊少欢主外，刘巧珍主内，刘巧珍每日在村子里、书院里也是忙坏了，樊少欢却整日不着家。有一天，刘巧珍非常生气埋怨樊少欢天天往外跑，放着书院里一大堆事不管。樊少欢很委屈，忍不住就哭了。之后，刘巧珍想着办法向樊少欢道歉，逗樊少欢开心。樊少欢说："书院成立以来，团队间这样大大小小的摩擦很多，几个人就这样磕磕绊绊走到了今天，不容易，越不易也越珍惜。"

弘农书院成立后，没有稳定的经济来源，东西多靠大家捐赠，比如被子，都是长的长、短的短。于是就组织村里的妇女把被褥全部拆了重新缝，后续书院便做起了接待工作。从那时开始，假期内陆陆续续有大学生的参观学习活动。书院也做了三期、每期45天的学习班，学习传统文化，认识生态农业，推动村民做起了生态农业。樊少欢是最早拿出自家苹果园做土壤改良的农户之一。生态农业与道德讲堂结合，与外部互动做起了道义流通，那时苹果也卖得很好。

与大学生一起

某企业资助弘农书院的主要工作人员每月 1500 元的补贴，可到了 2014 年 8 月，就到期了。之后，书院的日常开支、全职工作人员的日常保障都成了问题。恰逢梁漱溟乡村建设中心的农村可持续发展青年人才培养计划（以下简称"人才计划"）第十期正在招募学员，如能被录取为学员，则在提供学习支持的同时每个月还有 800 元的生活补贴。何老师就动员樊少欢去参加人才计划，就冲着每个月 800 元的补贴，她就和刘巧珍一起报名了第十期人才计划，并被成功录取。但她们感觉压力非常大：一方面，人才计划的学员大部分是大学毕业生，而自己只是一个没有文化的农村妇女；另一方面，人才计划学习要求每月写总结，最后写结业论文，自己哪里会写那些东西呢？后来有老师鼓励说，你们把自己做的事情写清楚就好了，压力才算小了点。就这样，起初是为了 800 元的补贴，之后却是收获颇丰。

人才计划有系统的乡建知识学习，有一年三次的集中培训，每次都请很多老师来给同学们讲课，也会有很多同学相互交流。樊少欢学到了很多，以前文化衫上的六个人头（梁漱溟、晏阳初、黄炎培、卢作孚、张謇、陶行知）是谁都不知道，通过学习知道了他们所做的事情，同时对于弘农书院的定位、对于村庄的文化建设和经济合作也有了更深刻的认识。

三次集中培训之外，学员将会在村子里驻点工作和学习。樊少欢就在自己的家乡驻点。每人每个月要写月报（也就是月总结），相互交流大家在各个点上的学习与工作的情况。这可难为到了樊少欢，她觉得自己学历不高，文字能力较差，听到写东西就发愁。尤其是最后要写结业论文，就更为难了。樊少欢说："与珍珍两个人，一起去打扫书院的厕所，满满的一桶粪又重又臭，抬抬歇歇，蹲在地上大笑，也过去了，都没有像写东西这样为难。"但还是不得不去写，就在那样主动与被动同在的环境下，经过时间的磨炼，樊少欢写东西也越来越顺畅了。

参加人才计划前期，因为学历的问题，樊少欢的压力很大。但当一年的人才计划结束时，樊少欢的认知发生了变化。尤其是在答辩时，站在老师与同学面前讲发生在自己村子里的故事，讲自己一年做的事情，讲自己的思考与认识，那种感觉是非常有底气、非常自信的。再对比看其他人的答辩情况，发现自己虽然学历不高，但自己做的事情、自己的答辩都不比别人差！随着弘农书院一次次接待大学生的参观学习，下乡实践活动，樊少欢有了越来越多的反思，没有文凭的农村人不一定比大学生差，现代很多大学生的学习内容脱离社会、脱离生活，来到农村后生存本领极差，认知能力也很差，麦苗韭菜分不清，让村里的人笑话。

如今弘农书院还时常有学生来参观和实践，再与学生交流，樊少欢打心底有了自信。通过这么长时间的学习，樊少欢对乡村、对自己工作的认可度越来越高，作为一个真正想在村子里待下去的村里人，很自信！在对社会的认知，在做事处世的能力上都不比当代大学生差，很自信！即使大学生讲自己的大学校园生活，讲课堂，讲论文答辩，樊少欢也都是见识过和经历过的。

农村妇女也能行

2015 年人才计划结束后的下半年，樊少欢突然间有些空而无着落的感觉，现实逼迫她去寻出路。重新面对资金短缺的问题，她开始重构思路，便想到了生态苹果制作酵素的自主创业道路。为养活书院的人，给书院添置东西，维持弘农书院在村子里的公益活动，1000 多瓶酵素，樊少欢与刘巧珍两个好姐妹，纯手工一个个装瓶、拧盖子……质量优异的酵素得到了认可，深圳某公司订购了许多，暂时缓解了弘农书院的部分经济压力。

同年，何老师因事务繁多辞掉了书院理事长一职，作为与书院共同成长的"老人"，诸多责任落到了樊少欢身上，樊少欢压力剧增。

到了2016年，因为河南"爱故乡"项目，弘农书院与基金会有了合作的契机，开始操作爱故乡项目。2016年做"弘农故事会"，还出了一本书叫《弘农故事汇》，搜集本乡本土德高望重的老人的故事、老树的故事、乡土风俗文化等。做弘农故事会的过程，也很苦。樊少欢说："苦得要死啊！不会走访啊，不会记录啊，不会总结啊。真的是苦死了。"硬着头皮突破自己，一家家走访，一字字撰写，终于完成了《弘农故事汇》。基金会看到这样的成果大为赞赏，对几个农村妇女的作为是感到惊讶的。很多事情逼到一定程度就做出来了。

如今在走访与做故事会的过程中认识了很多附近村子里的人，又成立了五个合作社，再加上罗家村的合作社一共六个合作社，大家共同发起成立了联合社。联合社开展资金互助项目，虽然时间不长，但运行得非常好。现在再外出学习，终于可以和蒲韩乡村一样，一群人像队伍一样，很壮观，满满的成就感，非常开心。

在弘农书院申请下一年的项目时，基金会非常认可，一次过关。下一年的事情和资金都有了着落。樊少欢说，如果有十分的力气，那就要拿出十二分去努力做事情。任何一件事情如果不去认真做的话，今年之后便没有了明年。

一路成长

弘农书院团队很大的一个特点是变化。团队的变化来源于每个人的变化。关于自己的变化，樊少欢说，这一路走来成长了很多。相比之前自身不那么浮躁了，对事情有了很多耐心。之前任何事情都是想做到最好，为了做到那个最好，不撞南墙不回头，得罪了很多长辈，被别人认为自以为是。到今天，能够在尊重其他人想法与建议的同时来推进事情的发展。以前脾气特别大，稍有不顺心便大发雷霆。现在很少发脾气了，看待事物发展的态度也变化了很多。是好是坏，自有其规律。有些事情并不是努力与着急便可改变的。她时常也能安慰起何老师了："不要着急，事情会好起来的！"

除心态变化之外，更明显的是眼界的开阔与能力的提升。2012年参与活动之初，樊少欢性格活泼开朗，深受大家喜爱，但是何老师让她当众发言时她可紧张坏了。她拿着自己写的总结，站在台上，双腿发抖，声音颤抖，不敢看观众一眼。之后的日子，何老师会提供各种机会让她外出学习，学习地点大多在北京各个高校。樊少欢非常向往与珍惜这样的机会，但何老师说，让你参加这样的学习，而且可以报销路费，但是你必须讲15分钟。于是，很多次樊少欢都是为了报销路费的外出机会，硬着头皮去讲了。就是在这样的过程中，她的眼界开阔了，演讲能力也提升了许多。

樊少欢在坚持中感受到了自己的成长，也感受到了因为自己的坚持带给村庄的变化。因为自己的坚持，书院存活了下来。书院让老人手里的传统手工艺，如花馍、剪纸、编织等又活了起来。除传统手工艺之外，书院里也时常有老人聚在一起唠唠嗑、打打牌等。然后是孩子们，之前孩子们都没有地方可以去玩，家家院子小玩不开，道路上不安全，书院这里院子大，设备也齐全，孩子们经常来这里翻书看、荡秋千、去黑板上写字，孩子们玩得开心，大人也放心。书院在假期还做夏令营，带一群孩子走村串巷认识自己的村庄，村子里的氛围也被孩子们搞得活跃了。村民之前要么是不怎么认识，要么有人聚在门口说别人的坏话，书院会组织大家学习，如道德学习、育儿交流、养生学习等，邻里关系越来越友好，村子里现在很少见到讲别人坏话的情况了。

乡村的工作与生活

对樊少欢的访谈地点是在她家中。樊少欢的婆婆在旁边熟练地踩着缝纫机；既是同事又是好姐妹的刘巧珍，抱着刚满月的孩子坐在院子里的阳光中，和樊少欢的嫂子聊着天。聊到开心处大家也一起笑，聊到樊少欢忘了的地方，马上就会有人补充。在这浓重的生活气息中，问起了樊少欢生活与工作的关系。

樊少欢说，生活就是工作，工作就是生活。生活不好工作也不好，工作也会反过来促进生活。毕竟是做农村工作的，自己家中出现的问题很可能也会出现在别人家中，自己家中的事情难以处理好，那么村庄的事情更难以去理解、去处理。同样地，在与别人聊天时，别人处理事情的经验也促进了自己家庭问题的解决。

巧珍刚坐完月子，就开始接手工作了。而自己也会一样，现在怀着孕，将来也会坐月子，但并不会因此和工作完全断开。小孩子的出生又会促进大家对儿童乡村教育问题的关注与行动。

从一个点到一个省

自从当了妈妈后，樊少欢开始反思自己的童年生活，关注儿童教育问题。她一方面更加深刻地认识了自我，另一方面也促使自己成为更好的妈妈。如今怀了二孩，弘农书院与罗家村合作社的几位骨干也都要了二孩。当这几个孩子略微大一点，要给他们提供更好的教育，也就是我们自己办乡村幼儿私塾，让孩子读《道德经》《弟子规》《三字经》等，在古今圣贤的经典中长大；让孩子们在田地里、大山里玩耍，在天地自然中长大。

樊少欢的自身定位也要进一步提升，作为弘农书院的理事长，之前主抓弘农书院的在地事宜。如今她是河南爱故乡的负责人之一，自身也要从在地工作到全省工作进行转换。河南有七个试验区，接下来还会再做五个试验区，而这些试验区都不是特别成熟，弘农书院算是较为成熟的点，樊少欢要去做弘农书院经验对其他试验区的辐射工作。自己之前的更多工作将会由刘巧珍主要负责，弘农书院近来加入的新人也都要开始担事情了。樊少欢说自己有又要上一个台阶的感觉。上一个台阶也是一种挑战，虽然自己对弘农书院的经验非常熟悉，但新的几个试验区自己并非特别了解，如何因地制宜地输出经验、给予指导，还是让自己很有压力的。但是并不害怕，自己不是一个人在奋斗，河南爱故乡团队成员能够彼此配合、相互支持，带来的都是希望与力量！

（口述：樊少欢；整理者：李园春、杨瑞欢）

1.9 一个从"支农"到
"滋农"的成长历程

人才计划四期　张琪①

　　我叫张琪，一个从事了九年乡村建设的实践者。从汶川地震开始，就参与了不同乡村的文化保育、大学生下乡支教和农民合作组织培育等工作。2008 年的汶川地震让我重新去思考人的价值和活着的意义，三个月的灾区救援经历促使我下定决心在不确定的人生中多做点对社会有意义的事情，于是我投入公益领域，成为梁漱溟乡村建设中心举办的第四期人才培养计划的一名学员。六年的一线乡建工作后，我对乡村有了更深入的认知，也意识到乡村的发展是一个复杂的系统工程，需要多种力量的参与。2014 年，我和小伙伴成立滋农游学②，开始尝试引进商业力量，用社会企业的方式去探索乡村的可持续发展，我们做游学、开民宿，联合村民组建合作社开展农村金融等，正式从"支农"向"滋农"转型，探索乡村发展的另一种可能性，到目前为止已经在福建和浙江参与设计改造了 22 个村庄。

---

　　① 张琪，人才计划四期学员，福建农林大学海峡乡村建设学院研究员，福建省级传统村落保护大使，福州滋农网络科技有限公司创始人，福州汇贤公益服务中心创始人，有 10 年参与不同乡村改造和复兴的工作经验。在福建连城培田、晋江、泰宁、浙江德清等地，开展乡村振兴的示范区建设工作。
　　② 滋农游学是福州滋农网络科技有限公司旗下的游学品牌，是一家分享自然文化生活的平台，让旅行者可以深度体验不同地域的文化、美食和手工艺。滋农游学以乡村为主要目的地，通过深度挖掘村庄的文化、历史、手工艺和自然等资源，在此基础上开发成能够深度体验的游学项目，将旅游与教育结合在一起，满足周末亲子家庭寓教于乐的需求。

初识乡建

我 2006 年进入重庆邮电大学学习，大学的我是个十足的愤青，对社会有着激进的批判性思考。对官僚体制的蔑视，对弱势群体的同情，对"三农问题"的反思，加上青春期特有的躁动，让我不能安静地留在所谓的象牙塔里面考研、考公务员，而是走出校园，不断地参与各种社会实践，践行我所认为的社会理想。

我至今清晰地记得 2008 年 7 月 14 日，进入都江堰这座经历了大地震创伤后的城市，一座空城，高大的建筑上布满裂痕，居民全部迁居到帐篷里，地震的灾难让我对大自然充满了畏惧，人类真的太脆弱了，一场灾难下来，生命说没就没了，看到很多母亲在已经逝去的孩子尸体面前痛哭流涕，我只能呆呆地站在旁边看着，没办法给予任何帮助，甚至连安慰的话都显得苍白无力。

农历七月十五是鬼节，我驻点的村子是都江堰白沙村，满山遍野都是在祭奠的灯火，不远处传来的哭声让我无法入眠。除了反思人类社会的问题，我想得最多的是在这短暂而充满变数的生命当中，我要如何度过？我在临终前，回望自己一生的时候，会觉得有什么遗憾？

在三个月的灾区志愿者经历中，我第一次听说并有机会认识了很多 NGO 组织，尤其令我兴奋的是，结识了很多志同道合的人，顿时觉得自己不再孤单，其间被他们专业的社区工作方法所吸引。为了能够系统性地学习社区工作理念和方法，我报名参加了梁漱溟乡村建设中心组织的第四届农村可持续发展人才培养计划，开始了比较系统的乡村建设工作。这个过程就是在改造自我，改造社会。

在北京半个月的培训结束后，我被派往一家刚成立的以建筑工人为服务群体的公益机构实习，实习期半年。当时机构的服务内容包括宿舍探访、流动电影放映、工伤探访等。除了周一休息外，每天还要去探访一个不同的工地。2009 年下半年实习过后，为了更全面地了解建筑工人，我决定自己成为一名建筑工人，亲自去体验他们的生存状态，尤其是工作中所遭受的压迫和不公。我在工地干了八个月，到 2010 年的 4 月，因为长期居住在地下室，空气污浊并且饮食不太好，最终导致胃部疼痛难忍而草草结束了工地的劳动实践，加上北京医院收费甚高，无法承受，只能选择回老家养病。其间感触最深的是，看到了资本的强势和霸道，很多建筑工人因为工伤拿不到应有的赔偿或者被拖欠了工资，而不得不通过爬塔吊，以生命的代价来要挟以换回自己的血汗钱，当我们在享受城市发展所带来的各种便利的时候，为之付出极大心血的农民工，却生活在脏乱差的环境中，还面临拿不到工资的处境，让人觉得这个社会存在很多的不公平。

再识乡建

养病两个月后，身体恢复得差不多了，此时晏阳初平民教育中心刚刚拿到民政部的一个项目叫"新生代农民工融入社区"，选址在天津西青国家微电子工业区实践，服务的群体是 18—23 岁的女工，我也参与其中。由于对新工人状况不了解，担心项目预期与真实需求不能很好地匹配，我作为一名工人，先在一家电子厂待了三个月，对工厂和工人状况有了更加全面的了解后，才开始进行社区服务工作。2010 年秋到 2012 年 9 月的两年间我一直在西青工业区筹备天津工友之家的工作，包括工友之家的建立、工作内容的确定、志愿者的招募培训和对外宣传等。

2012 年 10 月，因为晏阳初平民教育中心筹备福州办公室，我从天津工友之家调到办公室任项目部主管，协调培田社区大学、莆田汀塘社区大学、福州工友之家各个项目点的工作，一直到 2014 年 5 月。其间我们在福建的不同村庄里，一起工作，一起生活，发动村民建立文艺队，跳广场舞，活跃村庄的文化娱乐生活，低成本地提升村民的幸福感；挖掘村庄的传说和乡土故事，整理成乡土教材，教给村庄的小孩子，让他们对自己的故乡有更多的认同感；和村庄的乡贤一起组建村庄可持续发展协会，对村庄的环境问题进行分析和治理，梳理村庄的村规民约，建设美丽的居住环境；成立老人公益食堂，给村里的孤寡老人送餐，解决基本的饮食照顾问题；我们还协助村民成立农民专业合作社，进行生态农业和互助合作经济的试验，这个部分是最难的，需要小心地处理村民的各种需要和彼此的矛盾，逐步推动村民自主化运营。

乡建反思

在乡村建设实践期间，有一个问题一直困扰着我，就是人与乡村的可持续发展问题。

先说人的可持续发展问题。为什么我们要那么辛苦地做乡建呢？低廉的工资，粗糙的生活，父母的反对不理解……如果乡村建设是有价值的事情，我们这些从业者是有价值的，为什么我们不可以过上体面的生活？刚从学校毕业的三年，这个问题还不会很突出，只要养活自己，就没有问题，但随着我们要谈恋爱、结婚、生孩子，承担起家庭的责任，这些问题越来越凸显，是坚持，还是离开去寻找一份公司的工作？这种纠结挣扎的心情，我想大部分乡建从业者都应该经历过。

再说乡村的可持续性问题。我们现在推动的乡村建设，大部分是用公益组织的名义在推动，组织经费也主要来自公益基金会、社会捐赠和政府购买服务，这就决定了资金的不稳定性。一般基金会支持一个项目顶多三年，所以对于很多小型的 NGO 来讲，天天要想的问题就是资金的筹措，一旦资金链断裂，整个乡村的事业都会受到不同程度的影响，但乡村的建设一定是一件长期的事情，不可能一蹴而就，需要花 10 年、20 年甚至一辈子去推动，而这种依附于外部公益资源的乡村发展模式是否合适？反之我们是否应该有一个稳定的经济来源，才有可能有效推动乡村的发展？另外就是，如果没有乡村经济做支撑，好不容易培养出来的乡村骨干，面对生活的压力，也很有可能外出打工，赚取现金收入，而乡村工作者不得不重新培育村民骨干。

我们乡建前十年的乡村发展，主要是通过文化建设、教育建设等手段，逐步完成村民组织化建设，乡村的经济建设领域因为各种原因，很少涉足。可是如果乡村的经济不培育起来，乡村的复兴就是一个伪命题，而公益组织的身份是不可能完成这样的使命的。

乡建转型

温铁军老师讲 21 世纪中国的一个重大变化，就是中产阶级的崛起极大地改变了乡村业态结构。和生态环境高度相关的休闲旅游、养生体验等消费需求都在快速增长。千差万别的、和自然紧密结合的乡村生活，最能吸引中产阶级对"三产化"农业的需求。这个新业态所要求的休闲农业，得体现"三慢"（慢城、慢食、慢生活）特点。这个业态要求的养生农业，也必须符合生态文明的多样化内涵才具有体验功能——在多样化的生态农业中就内生着这种体验功能。中产阶级下乡创业的浪潮已经兴起，他们把个性化特质与千差万别的乡土社会有机结合，特别是人文资源、旅游资源相对丰富的地方，最具有"后发优势"。

于是在 2014 年 5 月，我们几个成员组成团队成立滋农公司，开始转型做社会企业，希望用商业的模式去探索人与乡村共同可持续的可能性。我们首先选择做实验的项目点就是培田村，一个有八百多年历史的客家古村落，是一个远离城市、拥有浓厚传统文化气息的村庄。

乡建团队（晏阳初平民教育中心）早在 2009 年就介入村庄的发

展中，尝试了各种方式去激发村庄的活力。我们进入后，举办培田春耕节，挖掘和保存传统客家文化；进行生态水稻的种植，尝试让农民更有尊严；发动社会力量众筹资金为古村建造一座竹屿亭，继承和发扬古老的竹艺；与村民一起合办金融互助社，希望用经济的方式盘活村子；举办大学生支教夏令营和老人公益食堂，让公益重新融入村庄的血液……

培田是4A级景区，一年有30万至50万的游客量，村民经营了农家乐，增加了一部分收入。但是农家乐的整体状态比较粗糙，不够精致，没办法满足城市人的需求。如何开发和经营兼具高端品质、互动性强、消费力强的乡村旅游产品是每一个乡村旅游从业者必须考虑的问题。

我们希望改造一个民宿，作为一个标杆，引领培田民宿产业的改造升级，"乡语"是我们希望打造的民宿品牌。意指"诉说乡村的美好"，我们强调旅行中的文化体验，让客人在享受舒适的居住体验之时，也能从当地的建筑、民艺、语言中体会先贤的生活哲学。我们希望营造一种新的、健康自然的乡村生活方式，倡导尊重自然、简单生活、分享快乐的生活态度。我们更希望创造一个可供借鉴的乡村改造案例，让村民可以直接借鉴学习，参与到自有房屋的设计改造中，逐步盘活村庄的闲置资产，进而让居住的乡村更加美好。

民宿所选的建筑是原来的"培田社区大学"，这个庭院承载着诸多乡建工作者的回忆，村民培训、青年交流、乡建思想碰撞……总占地面积196平方米，改造后建筑面积为328平方米，共8间客房，与培田的地标性建筑"大夫第"相邻，背靠历经六百年沧桑的宗祠和戏台。如何在尊重建筑历史的前提下，让改造后的建筑与周围老宅和谐共存，我们思考了很久。我们邀请了对培田同样热爱不已的北京青年建筑师李国发担任培田别院改造设计师。希望能通过设计让空间变得小而美。在民宿选址之时，我们也考虑过承租老建筑进行改造，但再三权衡，还是放弃了。原因有二：一是老建筑都布满了明清时代的浮雕、楹联、名匾、石雕，再完美的改造也会带来破坏；二是八十年代的建筑生活功能更为完备，日后客人居住时，会有更加舒适的居住体验。

接下来在民宿的经营中，我们发现很多客户都有村庄深度旅游的需求，他们希望更加深入地认知和体验培田这个地方，于是我们根据客户需求改造了敦朴堂为体验工坊，提供造纸、雕版印刷、扎染三个手工艺体验项目，作为对他们需求的回应。

我们跟村民一起成立了连城汇通种养殖合作社，我们出6万元，6户村民每户2万元，老人协会2万元，共20万元，在这个基础上开展农村合作互助金融的实验。到年底发展到社员50多户，资金规模200多万元，有效解决了一部分村民贷款难的问题。

在年底的总结中，我们发现最赚钱的业务是游学，且游学是轻资本投入，可以在很多类似的乡村复制。而民宿是重资本投入的，对我们来讲，是一个不小的负担。农村金融需要取得村庄相互的信任之后，才能比较好地去落地，不然很容易被当作非法集资。

从2015年开始，我们把重点放在了乡土游学上，并经过2个月的梳理调整讨论，形成了乡土游学的商业计划书，经过朋友介绍认识了厦门拉隆基金，双方谈得很顺利，经过尽职调查之后，我们拿到了一笔120多万元的天使投资。接着我们开始在福建其他乡村复制我们的模式，截止到2016年12月31日，已经签约了22个乡村，同地方政府一起开发乡村旅游。

人生导师

在这八年的乡村建设实践中，我先后遇到了两个对我人生有重大影响的人。一位是温铁军老师，另一位是高晓明老师。

温铁军老师，是一位用脚行走、用心治学的三农问题专家，我跟着温老师边学习边实践，学习新农村建设的理论，反思现代化的制度成本转嫁，老老实实接触基层实际，扎扎实实在乡村搞合作实验，搭建全国合作组织网络，倡导爱故乡的社会理念。温铁军老师一直倡导市民下乡与农业进城，城乡统筹发展的理念。在城市，CSA（社区支持农业）是一种很好的尝试，小毛驴市民农园成为这个行业的标杆。生态多样、文化多元、食材健康的乡村，对生活在钢筋水泥中的城市居民而言，无疑是一个美好的去处。

高晓明老师，是一位有着丰富经验的酒店经营管理专家，曾参与中国第一家五星级酒店金陵饭店的筹建。在 32 年的从业时间里，他全程参与了 16 家五星级酒店的筹备与运营。与高老师相识是因为爱德公益基金会的"培田—东板古村落人才培养计划"，她当时是民宿发展课程的培训老师。她认为目前的乡村旅游，精品民宿无疑是一个非常好的旅居载体。一方面，对向往自然的城市居民而言，民宿让短暂转换生活方式变为了可能；另一方面，对于乡村本身而言，闲置资源得到利用，自然资源得到挖掘，带来了更多的可能性。

温铁军老师一生都在研究乡村问题，对于乡村传统文化及文化旅游的发展，有着旁人无法比拟的经验。高晓明女士从事五星级酒店管理经营 30 余年，对顾客的需求与民宿的管理经营有着独到的见解。有两位重量级的大咖作为指导老师，让我们在乡村旅游的开发实践中有了更加明确的指导方向。

发展目标：社会企业家

19 世纪末 20 世纪初起步的中国百年乡建，涌现出一批社会企业家。在清末和民初两个时代都有重大历史作用的张謇，堪称世上第一个社会企业家。"社会企业"这个概念是在西方遭遇到全球化大危机之后才逐渐作为一个新的概念提出来的。而张謇作为 1894 年参与实业救国的社会企业家，抱定"村落主义"辞官回乡，做的就是具有"在地化"性质的社会企业。他在南通创立大生公司，发起农会配合农田水利建设，形成农业增量来支持纺织业；他兴办交通运输、银行和保险业，再将一二三产业综合经营的收益投入本地教育、文化和社会福利。张謇之后，继往开来的是 1925 年在四川创办民生公司的卢作孚，他立足北碚镇开展了近 30 年在地化试验，产生的所有收益都用于本地教育、科技和社会民生事业。这些乡建前辈中的社会企业家，留下的是值得所有人借鉴的经验。

当代的乡村建设本身也形成了很多社会企业，如北京的小毛驴市民农园、分享收获农场等。滋农游学在福建生态环境丰富多元的背景下，提出"引导城市再识乡土，协助村民共建乡土"的理念，深度挖掘乡土社会的文化、历史、手工艺和自然等资源，据此开发成能够深度体验的游学项目，并将村庄的闲置房屋进行民宿改造，提出"民宿+在地文化体验"的设计，既要满足城市周末休闲度假的需要，也带领城市居民去重新发现生态乡村的美好，以此促进城乡融合发展。

我们这些年轻的乡建人，十年来跟着温老师下基层开展乡村建设，后续的演变本质上是把从志愿者干起形成的社会资源逐步向实业过渡，未来滋农也会把形成收益的股权大部分捐赠给乡建基金会，以便资助更多的年轻人更好地参与到乡村建设这个延续了百年的历史运动中来。

公益与乡建转型的问答

问：如何权衡公益组织平等文化同公司效率文化的冲突？

张：公益组织内部讲究的是平权、民主，适合小团队的做事方式。而公司一旦发展起来，就需要更加严格的绩效考核、制度束缚和科层制度，这个跟原来的公益组织体系就会有很大不同。公益讲的是社会利益最大化，如对村庄的发展来讲，引入更多的团队来建设乡村，是个好事情，我们在村里做游学，你跳过我们，直接跟村民对接，客观上也提升了村民的收入，作为公益组织，我觉得是挺好的事情。但从公司的立场上来讲，就有问题了，如果所有的人都要跳过你，直接跟村民合作，那公司的利益就没办法保证，你就没有了收入，也就无法生存。公益组织的收入来自外界的支持，公司的收入来自市场竞争，这两者的概念很不一样。

在实践中，培田的村民就有人说，社区大学现在变了，不再以社区服务为主了，把更多的精力花在了赚钱上。这样的议论很考验人。我觉得社会企业，首先是企业，一定要讲盈利，只有有了收入，有了盈利，社会责任才能够谈，不然一切都是假的，根本不可持续。再有，社会企业要通过商业的手段解决村民组织化建设问题，才能保证合作共赢，单个的小农只能不断分裂业已原子化的乡村。所以我们在地方的实践中，优先跟村庄的合作社等集体组织合作，以便能够不断推动乡村力量的整合工作。

问：从公益到企业的转型，是否意味着对理想的背叛？

张：我们通常在讲乡村的衰落和复兴的时候，往往隐藏的理念是排斥资本的，觉得资本是逐利的。资本进入乡村，只会排斥村民，独享收益。我们是否有可能更加合理地使用资本，把它视为工具，而不是异化物，用更加开放的心态去看待资本、政府和社会的关系，使大家能够更加合理地共赢。村民有收益、资本有收益，乡村也能可持续发展，生态更加多元化。如果我们的尝试失败了，那也是一种很有意义的探索，我希望能够把这个过程详细地记录下来，跟乡建的人士去分享，我们到底是如何被异化的，如何走向失败的。

八年来，经历了很多，以前是为了理想，背负着神圣的道德光环，一副解救人民于水火的姿态，希望通过乡村建设实践去解决这些问题，让地方政府对我们非常警惕。

而现在，坚守农村，进行乡村建设，内心更加平和和包容，更多地演变成了一种习惯，一种生活方式。我们这些人看到了乡村的衰败也看到了乡村的美好，原来我们在谈的是"三农问题"，但我更喜欢去谈"三农的优势"，尤其是在生态文明成为国家战略，开始出现大量中产阶级下乡的背景下，乡村的宁静、文化的沉淀和生态的多样性，都为我们提供了一个很好的休闲度假场所。我们应该重新去审视乡村，去重新发现乡村的美好，同社会各界一起参与美丽乡村的打造，让更多乡村的美好能够被发现、分享和共建。

　　在这个浮躁的时代，我们愿意缓慢地发展，缓慢地行走，用更多的时间去发现、去挖掘，去亲身体验，不断推出美丽乡村的故事。

第二部分

求　索

打核桃的农人

引言　从全球和历史角度看乡建

人才计划一期　陈晶晶[①]

　　人生的路或许真的有好几条。不过我们走着走着就变成这个样子了。这个样子是好还是不好？如果有一个再来一次的机会，生活会有什么不同？我们不知道。从"人才计划"毕业十多年后，还会有人问我："你怎么看这个项目啊？会鼓励别人申请吗？"当我在琢磨要怎么说的时候，他多半就会自己给出答案："我是不会的。"

　　确实，因为参加这个计划，我们的生活是有了改变的。用惯常的眼光来看，我们的生活或许是变得更为艰难了吧。要问其中的原因，有很大一部分是因为乡村建设的路本来就崎岖不平，并不是我们不够努力。当然，这一百多年来，同行的人也很多。乡建一直在路上，筚路蓝缕，经历了很多的艰难困苦。有时候走得早了却走不好，这不能不说是一件悲伤的事情。然而这条路值得托付，因为可以跟普通的人在一起（你看有中国的、印度的、南美的、非洲的、中亚的，有那么多的人和我们一样）。

　　乡土里有我们的生命。我们从村里出来，又到村里去，在城里、在乡村、在城乡之间寻找自己的生活和意义，为了能活出一个新的生活样式出来，让生活变得更美好。我们虽然走得早了些，但目标还是远远没有达到。然而这路和这走的过程，现在看看，也是这么美丽，特别是这当中有这么多年轻的生命。

---

　　① 陈晶晶，男，浙江兰溪人，2005年毕业于中国农业大学，农村可持续发展青年人才培养计划第一期学员，现为国仁乡建社企联盟秘书长。在农民合作社、生态农业、扶贫与乡村建设、农村合作金融领域有一定的实践经验。曾在福建、海南、四川、广东等省的多个村庄工作五年，为国内外多家机构提供过农户生计、农民组织、社区发展、外来人口公共服务、农户市场能力等方面的咨询。

倪永旺说他与乡建之间有着"生命中的偶然与必然"。他与乡建偶然相遇,其"必然"的种子在他听奶奶讲故事的时候就已经生根发芽了。

乡建和生意是一种什么样的关系?在广西,刘胡佳尝试在公益与商业之间探索生态农业的可能的道路。公益和商业的区分重要吗?它们的界限在哪里?他自己又是如何在其中跳跃、转化的呢?

王德斌是生态圈大家熟知的"店小二"。漂泊多年的他已经从北京一路向南,要回到彩云之南。小二开了个乡村土货栈,你想知道他这十多年是怎么过来的吗?他在大学毕业之后,去农村之前还给他父母写过一封信。

打了十多年工的徐文财是人才计划的学员,也是媒体上经常说的"农民工兄弟"。18岁的他学了点缝纫技术就背着行囊出了门。"振兴服装事业,美化人民生活"曾经是他的理想。现在他办起了草根网,要为工友服务,为理想奋斗。

魏川说乡建是他勇敢的另类生活的体验。一路走来,他曾多次想放弃,想着"就老老实实像别人一样生活",但终究抵不过内心的召唤。他要做现实的理想主义者。

赵武民是内退后参加第九期人才计划培养项目的。55岁,年纪比其他学员要大上一倍多,像他这样的是乡村建设的新生力量。乡村建设需要年轻人,更需要年长一些的同志参加。这正如中国的农业现代化事业离不了老人,老人大有可为。

吴昊说他以前最受不了南塘的跳蚤和厕所,曾被它们深深地折磨。但是回不去南塘的他会隔着800公里的距离在手机屏幕上回想撑着伞走过那片跳动的麦田,看雨水洗去鞋上泥土的痕迹的情景。

费孝通先生说:"生命和乡土在一起,就不怕时间的冲洗了。"我们年轻,我们就在乡土里面,我们在城乡之间奔跑,在"求索"中创造我们自己和乡村新的生命力。谁说中国的乡村就要衰败而不能振兴?

2.1 我与乡建：生命中的偶然与必然

人才计划一期 倪永旺[①]

你是最后一个被录取的

时间回到 2005 年，也就是十二年前，我参加了梁漱溟乡村建设中心的"人才计划"项目培训，其实我不知道为什么会参加，也不知道是怎么入选的，一切似乎都来得有些偶然。但是，到今天，我居然已经在这个行业里做了十年，"中心"和"人才计划"是一个起点，也是一种弥漫始终的背景色，十年间，这颗偶然的种子似乎已经扎根、展叶、开花。

时间再回到三十年前，也就是 20 世纪 80 年代。在云南的大山里，我小的时候，大字不识一个的奶奶经常给我和弟弟半彝半汉地讲故事。因此，她常常被村里人笑话，但她一直坚持着，直到我上小学五年级，她去世的那一年。故事里有仙女与凡人的爱情、妖魔鬼怪、上山捡蘑菇如何识别有毒与否等。奶奶不停地叮嘱我们要好好学文化、认字，不要像奶奶一样不识字，上街常会被欺负。我和弟弟就是听着这样的故事长大的，这些和家乡、乡土息息相关的故事，是奶奶对我们的美好期许，也是我生命中自带的必然基因。三十年里，它们一直在我身上蕴藏、发酵直到被点燃。

---

① 倪永旺，男，彝族，云南峨山县人，社会工作与管理本科毕业，农村可持续发展青年人才培养计划第一期学员。2006 年 6 月加入中国滋根乡村教育与发展促进会，参与设计和执行机构乡土文化保育、滋根"二代"创业、社区综合发展、社区教育、支持乡村绿色生态文明学校和中央财政支持社会组织参与社会服务示范等项目。现为中国滋根农村可持续发展教育中心乡村发展部负责人，主要推动"乡村振兴：可持续发展人才培训"的课程开发、培训及推广。

如奶奶所愿，我一直在学校里读书认字、学文化。但是，像没有被奶奶的故事滋养一般，我在学校里并没有享受到乡土教育的滋润和启迪。我从课本上学到的东西离生活越来越远，课本和老师大多都在讲城市里的好和先进、乡村的落后和贫困。老师常要我们抛弃一切，努力读书走出大山，走出贫困的乡村，才算出人头地，才有出息。慢慢地，我发现，我们的确通过努力读书，从乡村到了县城、市里、省会甚至省外，可到头来分不清小麦与韭菜，儿时的歌谣、故事离我们愈加遥远。

早在初中时，我就想过不读书了，去学车跑运输，最终被一位叔叔训斥后，回到学校继续念书。初中毕业，很幸运地和死党考上了市里排行第二的高中，不过在同一班，死党是前十名，我是倒数十名。在高中期间还数次与父母争执，想放弃读书回家做农民。但父母说，无论我读到哪里，他们都会勒紧裤腰带供我们上学，不让我们重走父母的老路。舅舅们也来劝说："你从小都很会'读书'的，这是十里八乡都晓得的。"高三毕业，全班72人，有8人落榜，我是其中之一。第二年，参加了普通高考和成人高考，双中。实地到两校"考察"，由于种种原因，最后选择了高职专科的社区服务与管理专业，希望通过在社区居委会工作，能"接触"到名人、领导、老总，而立足城市。

大学毕业后，穿梭在城里高楼大厦间，不知怎么的，我很压抑，失眠、头痛等一系列问题常常围绕在我身边，去医院检查，结果都是一切正常。怪了，这是怎么回事？我曾期望能成为一位心理咨询师，解决自己的问题，但没有阅历可行不？

2005年3月开始我就在为毕业做准备，从重庆一路到杭州、到南京，最后停留了古都西安，在一家做特殊儿童服务的机构做事；6月下旬，突然有一天接到学校班主任的电话说，"北京有一家发展机构在招类似实习生的学员，为期一年，有专家指导理论学习，又有驻点实践，这是非常好的一种学习方式，你去报名试试吧。再说，现在许多做发展领域的 NGO 很缺实践型的人才。"我觉得这可能是一次机会，因为一年前，我们年轻的班主任，也是我的老乡，刚从一家 NGO 辞职来到我们学校教书，他对 NGO 的判断应该可靠。而且，如果入选，这将是丰富我人生阅历的机会，也许我可以实现做心理咨询师的梦想。

就这样，我开始了填报名表、写文章等一系列申请程序。上网一查，梁漱溟、晏阳初、温铁军等，三农问题、中央 1 号文件、农业剪刀差……这些是什么？还要经过著名的专家学者评选。怎么填报名表？怎么写文章？我琢磨了整整一个星期，最后写出了发生在村里的两个小故事，截止日期就要到了，没办法，就这样上交吧，估计没戏。帮我打字的师弟也说："小牛哥，就你这文章，能入选？我服了你，哈哈！……"刺耳的话语还有一串串。的确，提交后我非常后悔，也觉得非常丢脸，心情十分忐忑。但是很意外，半个月后，接到班主任的电话，说我被"梁中心"录取了，一起被录取的还有和我同班的张欣。

报到的那天，我和张欣从石家庄过来，从北京西站坐特 6 路公交车来到中国人民大学，走进校门口，呃！怎么没人接呢？问了学校门卫，他说不知道，没听说过。问了数位该学校的学生，他们都说，没听说过。见这情形，旁边的张欣着急了，怎么办？怎么办？快给录取通知书上的联系人打电话，同时找个打印店将录取通知书复印了一份，以防不测。

电话打通后，梁中心的游丽君来校门口接我们，在中国人民大学待了两个小时左右，陆续来了几个，我记得其中两个是鄂小明和张存沛。在游丽君的带领下我们从中国人民大学的西门出来，转了两次车来到了一个叫西苑的地方，七拐八拐来到一处民房处，安排我们住下，晚上见到了说话容易激动的詹玉平。当时，我还悄悄地不停地给张欣使眼色，记好路，不对劲就原路跑，跑到大马路上。

就这样，我们心惊胆战地在西苑的梁中心大本营过了一夜。第二天，我们一早一行人来到中国人民大学，举行开班典礼，刘相波（老石）、温铁军、钱理群、汪晖等专家给我们讲课。这一学，就是近半个月，不过，在这半个月里，班上的同学马永红、张明涛、江耀、吴加进、休学的尚荣才等个个都在和专家老师们讨论甚至辩论。而我呢，一言不发，因为他们所讲的、所讨论的内容我都听不懂，唯一一次听懂的是一位老师说的互助换工。因为，这些从我儿时一直到高中毕业，我们家都有。我记得当时村里不是亲戚关系的几家人都公用一头牛、一台打谷机，村里十几头牛拼在一起轮流去山上放牛，一年一户也轮不到几天；我还记得，当时，每过一段时间，母亲都要扳着指头算一下，我家差村里哪一家几个工天，哪一家还差我家几个工天，并告诉我们，"你们在家里有人来喊工，遇上我们大人不在家的话，你们也要及时告诉我们。"这期间，我几次不停地追问詹玉平，你们选人的标准是怎样的？文章不是要经过专家评选的吗？"的确，你是这期人才计划中最后一个被录取的，当时我们也考虑了许久。"詹玉平如实说。

四川五亩村：从没吃没住开始

就这样，我们结束了第一次培训，我和尚荣才，所谓的"旺财"组合，来到了四川合江县虎头乡的五亩村。当然，我们对五亩村以及地方联络员谢正权、罗开俊以及本地一位四川农大支农大学生等人满怀憧憬，但是一进到村里就吃了闭门羹，村里人对我们的到来是不欢迎的，吃住的地方都没有，就连当时中国人民大学开出的介绍信都不管用，还是不停地遭到村委、派出所等的轮番盘查。

五亩村所在的合江县虎头乡，地处川南黔北门户，是典型的丘陵地形，当地普遍种植橄榄（俗称青果）、荔枝、柚子，农作物主要是水稻。与中国绝大部分农村一样，该乡大多数人外出打工，留下老人、小孩和妇女在家。后面我们通过慢慢地了解才知道，近几年的农村税费改革使村民与基层乡镇干部之间矛盾不断。而且因为当时村里的联络人，其实在村里算是"刺头"，他们还会为村民争取公平的权益而组织村民商议并推选代表经常越级上访。他们喜欢看书和新闻，以便了解外面的世界和国家、省市的涉农政策动态，是走在时代前列的人，并在村里尝试进行改革行动。

我和荣才后面借住在当地一位张大姐的家里，她家是开小卖部的，儿子和丈夫在外面做老板，家里有一个上高三的女儿；张大姐前两年也在外面，因为女儿上高中要高考才回来照顾女儿的，可能她看出我们真是大学生，想借机帮忙辅导她的女儿，也是让我们借住她家的原因之一吧。在和张大姐日常接触的过程中，我们就不断地跟她介绍我们，表明我们的身份，也说明我们是来村里推动新农村建设的，张大姐看到我们学生样子的装扮和日常有点学识的言谈就渐渐地相信了我们。意外的收获是，张大姐其实在村里是一位隐形的领导人物，虽然她没有在村里担任干部的职位，但在村里却是有一定影响力的，因为她的牵头，我们慢慢和村里建立了联系。加上之后我和荣才去拜访了乡里的一位副书记，跟他介绍我们的身份时发现他竟然也是温铁军老师的粉丝，经常关注和阅读温老师的文章，于是在第一个月的第三周，乡长、书记特意驱车来看我们，但当天村长有事不在村里，不过村长夫人看到了这一幕；接下来，我们在村里开展的如支教、到农户家访谈等许多活动就容易多了。

从第四周开始，我们的活动范围拓展到了附近的河坝场、海涵、坪上、龙汇等村，同时，也开始重新推动当时虎头乡种养协会的重建。早在 2003 年，当地就成立了虎头乡种养协会，是一个叫刘正海的农民发起成立的，但后来因财务问题一度陷于瘫痪，随后刘也外出打工，协会更是名存实亡。2004 年秋，经支农大学生推荐，当地两个农民到湖北房县三岔村参加梁漱溟乡村建设中心举办的农民自组织能力培训班。他们是种养协会的成员，不忍看到协会如此衰败下去。于是学习回来后，自己找了一批人准备成立新乡村建设协会，但由于种种困难和阻碍被迫中止。

2005年10月上旬，一个偶然的机会，我们在张大姐家的小卖部见到了原种养协会的会长刘正海，就是经常到村里送货的那人，他家在镇里开了个小超市，批发日用品。不料过两天他亲自找上门来，相互认识之后发现他对协会相当了解，现在也想振兴协会，但苦于没有能人相助。见此情景，我们给他介绍了韩代明，一个也想组织农民做事的人，并约好下次赶集时见面，他走时我们借给他一些关于协会、合作社的资料。在第二天的集市上，刘、韩见面了，各自谈了对于协会的看法及合作的可能性。这次会开了三个多小时，结束后彼此都有了好感，都认为对方是能干大事、有能力的人，毕竟刘正海是自修法律的大专生，韩代明是20世纪80年代的高中生，两人的眼光确实比一般人长远一些。自从第一次见面熟悉后，以后他们就自己约时间交谈，这样几次后他俩就更加信任对方了。

2005年11月3日，原来的种养协会正式升级，升级为虎头种养协会，把原来名称中的"乡"字去掉，他们认为协会以后要发展成全县的协会，而不仅仅是虎头乡的。就在挂牌的当天，县科技协会主任到场，宣布该协会正式批准注册，是一个带领群众致富的合法组织。在会议上选举产生了理事长、监事长，分别是刘正海和韩代明，以及理事、监事若干，办公室就设在监事长韩代明的一间空房里。虽然协会的服务范围在整个乡，但起初正式注册的会员只有29户。11月中旬，乡政府名下的青果协会准备合并给种养协会，原因是协会是政府成立的，乡干部当理事长，村干部当理事，村民就是会员，完全不符合"民办、民管、民受益"的协会基本原则。所以政府想把青果协会也合并给种养协会，也是希望通过整合当地资源打造一个真正的农民协会。

刘正海非常懂得怎样与官方打交道，他积极与政府沟通，一方面表明接受政府指导，另一方面希望有更多的资源支持协会的发展。当时，重组的协会成立后，主要做了以下几件事：一是统购农资，按成本价分发给会员，当时化肥是 85 元/袋，会员价 79 元/袋，每袋为会员节省 6 元；二是成立了产业服务中心，为会员提供技术服务，以及农忙时为劳动力不足的家庭抢收抢种；三是建立了由协会统一管理的水果基地，并获得四川省农业厅的无公害认证。协会的不断发展，使地方政府对协会的态度发生了巨大的转变，由起初的反对到既不反对也不支持，再到现在的大力支持，协会还获得了"2005 年四川省农村专业技术协会百强协会"的奖牌。

回想当初，我和荣才同用一部手机，同床共枕，抱团取暖，分工合作，调研、培训合作组织知识，推动合作组织的建设。这期间我们遭受了来自地方的诸多质疑，村委、派出所等轮番盘查，但我们还是坚持学习相关理论知识以及写工作日志和月总结，进行总结反思并不断改进，践行从中心学来的和郭书田导师指导我们的方法来一一化解和应对工作、生活中遇到的困难和挑战，同时积极参加了中心安排到成都的学习，了解什么是乡土文化等相关知识。

半年后，旺财组合卓有成效地在当地推进了一个种养协会的成立，以及 2006 年 5 月后合作社的成立。当然，在这期间背后的推手刘老石老师和梁中心是功不可没的。正是在这种环境下，锻炼了我们旺财组合。

十年乡土文化保护与传承

2006 年 2 月还在"人才计划"的时候，梁中心和滋根（中国滋根乡村教育与发展促进会）有一个关于合作社培训的合作，于是派我先去滋根贵州雷山的项目点做前期的调研。在贵州黔东南的雷山、榕江等地，我发现它们有非常丰富的苗族、侗族的文化，且滋根以社区为基础、教育为主线，通过民间互助、滋润根本的方法，促进乡村的可持续发展。这是我一直想努力的方向，当时有幸与滋根创始人杨贵平老师面对面交流（后来才知道，其实那就是面试）的时候被她的情怀所感染，于是"人才计划"结业之后，我就留在了滋根，这一留就是十一年的时间。

从人才计划到滋根贵州项目点工作，还不到一个月的时间，贵州团队就放手让我挑起了重担，我记得自己接手的第一个项目是为期一个月的滋根暑期大学生志愿者活动，让我参与该项目的方案设计并主持执行。当然，我远程请教了刘老石老师，并将中心人才计划的模式进行了复制，培训（理论学习、团队建设等）3天，按组分配下村调研一周，7天后回来进行中期交流3天（调研结果分享、再学习并进行实践活动设计），之后下村15天进行实践活动，最后3天总结。每天每个组都要坚持写日志以及坚持学习，要求和村民同吃同住同劳动。经过前3天的培训，大家给志愿者团队取名"夏风"。直到现在，我与夏风志愿者团队的队员还有联系，用当时参加了活动，中国农业大学博士毕业后在四川大学工作的罗同学的话说，"虽说我是博士毕业，在校期间参加过许多调研以及实践，但参与滋根在贵州这一个月的'夏风'调研、实践活动是我终生难忘和受用的"。之后，举办了连续几年的寒假、暑假短期志愿者下村调研实践活动。这十余年我还在滋根，作为机构和社区伙伴（PCD）、NPO信息中心的青年联合培养项目，以及近三年友成基金会"小鹰计划"的在地督导，陪伴了20余名青年实习生共同成长。

在滋根十余年，我遇到了许许多多的人：从十几岁到七八十岁，这些来自五湖四海、三教九流以及热心关注家乡发展的滋根人，几十年如一日，默默地参与、支持乡村和地方的发展。和他们在一起，我学习到了许多，也经历了许许多多的事：第一次生大病；第一次在冬天参与苗寨救灾时遭遇路面结冰；第一次参与拍摄纪录片电影；第一次主持70多人的会议，但由于怯场被同事替换下场；第一次和村里的妇女一起过三八妇女节；第一次在山里迷路；第一次做青年实习生的督导……这一幕幕都让我记忆犹新，构成了我人生中精彩的故事篇章。

在这十余年间，我一直在做乡村文化与乡村发展的工作，在这过程中我发现和接触到了很多当地厉害的人物，他们有手艺、有想法，并一直在用实际行动推动和推广地方乡土文化的传承和发展。我和我们的机构与当地伙伴一起合作，和他们一起设计适合学生的乡土文化课程，请当地的这些民间高手进课堂，讲述当地乡土文化，传授民间手工艺技能。支持和鼓励当地的青年继承当地乡土文化，热爱并将其传承下去，在苗寨支持和动员村民一起互助合作修建芦笙场，推动村寨公共文化活动的举办；在侗寨推动侗歌、故事的整理与传承。这些支持给当地提供了一种对文化认同的契机和方式，村里人参与得多了，对文化就自然而然地产生了热爱和责任。滋根发挥桥梁的作用，提供村里的芦笙队、侗歌队去参加外部的活动和在村里接待外部人士的机会，使大家感觉我们村寨的民族文化是受到这么多外面人喜欢的，从而提升他们对地方乡土文化的自我认同与自信。

这就是我们在乡土文化保护与传承中的三部曲：让乡土文化进课堂、乡土文化留村寨、乡土文化出村寨。同时，这是我们在保护文化多样性方面的一种尝试；也是展示当下中国，在维护乡土文化领域民间以及草根组织的努力。但是任重而道远！因为许多村寨的学校还在被"撤点并校"；被"撤点并校"村寨的孩子被迫来到城镇上学，这些孩子从小学甚至有的从上幼儿班开始，就在学校被"集中"起来，在课堂里的"学习"成为最重要的任务，与他的社区、家庭隔离开来，淡漠了生活、生疏了土地。我们儿时听到的，农村是贫穷落后的，城市才是文明先进的，这种教育思想愈演愈烈。乡土文化保护与传承到底还能走多远呢？

从异乡客到苗乡女婿

这十余年，在异乡工作的我，居然开辟了我的第二故乡，并一直在书写着第二故乡的故事。

来到苗乡侗寨四年后修成"正果"，摇身一变成了雷公山苗家的女婿，也就是被苗乡侗寨给收编了，这个之前是想都不敢想的。当然，这也是我这十余年间最开心的事之一，迎娶了雷公山的苗家妹子，生活在雷公山，那是真实而快乐的生活。

有许多朋友好奇地问过我和她的故事，一个孤身一人在异乡，不善表达，也不会喝酒的小伙子，居然还能成为雷公山苗寨的女婿？这个，起初在外打工的岳父岳母是极力反对的，因为那时他们打听到我的工作，以及是外省人，而且身子还非常弱。不过，由于当时工作的关系，我经常能接触到妻子家里的大伯、叔叔等，她家族的好多亲人都比较喜欢我，还有她的坚持。加之恋爱期间带她回我家看父母，我父母说，"我们不在乎远近，不在乎她是不是种地或有铁饭碗的，更主要的是你们俩要合得来，因为以后在一起过日子的是你们俩，而且是一辈子；即使是回家来干农活，她绝对比你强，何况现在在家务农的日子也不比在外面差"。

于是，经过两年多的恋爱磨合，我们修成了正果，而且还办了有民族特色的婚礼，在2010年春节前的一天晚上，我约了几个哥们儿，晚上7点集合，带上防滑链、一壶酒，还有一些糖果及手电，驱车翻过雷公山，前往雀鸟，用苗寨的接亲方式，悄悄地将她接了回来。第二天一早，我们又赶火车一路直奔云南，在家里办了具有我们民族特色的婚礼。

从认识丽萍到现在刚好整整十年，现在我们4岁的小儿是满口的苗话，天天喜欢和外公、外婆上山、下地，玩泥巴，采茶，采竹笋，在稻田里钓鱼，也喜欢打电话给爷爷、奶奶问家里的小白兔、大公鸡的近况。这里，苗寨的一切小儿都非常喜欢，当然，高铁、地铁、公交车他也喜欢，而且经常自己用微信和他大舅、二叔留言、聊天、抢红包。时而，他会告诉他们，我们一起做的苹果酵素、姜酵素等可以喝了，每天和他们分享用酵素种植的草莓的长势以及果实。他还帮忙用相机记录我们的家庭学习和制作环保酵素，以及制作本地益生菌来改良茶园土壤等，成为我们家庭的干将之一。小儿的出生，给我们的家庭带来了许多欢乐，同时也使我更加坚定了我的方向，在乡村从亲朋好友开始推广可持续发展教育，期待做到民间互助、滋润根本。让孩子生活在自然中，且能自然成长，期待我们每个人都能生活在语言、文字多姿多彩的当下。

工作之余，这几年我也在做另一个实践，进行土壤和种植改良，2015年开始以姑丈在苗寨的高山茶园作为试点进行改造，逐渐减少化肥、农药的使用，到2017年做到了没用一粒尿素。茶园里套种一些黄豆和草药，茶园周边养有十几窝蜜蜂。让小蜜蜂作为我们茶园的环境监测官，让蜘蛛网遍布茶园的各个角落。2016年年底，姑丈的高山茶园开始用环保酵素、糖蜜、米糠、原始密林里的腐质土来制作IMO（IMO指的是农业中植物所食用的微生物，又称本地益生菌）。这些人工制作的微生物含有细菌、真菌、放线菌、藻类、原虫、酵母等，再分为杆菌、根瘤菌、醋酸杆菌、微球菌、乳杆菌等2万多种菌。其作用有提高植物的免疫力，增加氮含量、从空气中固氮、分解除草剂、制造氨基酸、促进根部发达、增加磷钾等。我们用这种方法来改造茶园的土壤以及为茶园提供肥料。我们希望用这种种植方式提高当地家庭的经济收入的同时，实现保护水源，并维护茶园周边的生物多样性。

2017年，我们开启一些本地自留种、老品种的种植保育工作。同时，也开始辅导和组队在朋友圈中"闯市场"，卖地道食材，设计和推广具有地方乡土文化的体验游，以此开启我们的老品汇（种）再生计划，也期待能为维护文化的多样性和生物的多样性出一点点力。

让乡村焕发出现代的生机

回想这十个年头里经历的所有人和事，好的不好的，成功的失败的，让我似乎明白了一件事，那就是我与乡建看似偶然的相遇，其实是生命里早就隐藏着的"设计"，是我这"一辈子"必然的一种选择。这种必然性，从小时候奶奶给我讲故事的时候就已经开始了。

这十年中，由于工作关系我遇到过很多人，他们当中有村民、有学生、有小学老师、有大学教授、有企业家、有个体户、有媒体人、有官员，还有杀猪匠、猪贩子等，不计其数。他们的身份不同，所在地域也不同，但都对乡村有着依恋与思索，他们不希望在步入所谓现代化的国家行列中将我们祖辈传下来的技艺、历史等乡土文化抛弃。他们努力用自己的行动实践、记录、整理并挖掘乡土文化的现代意义，他们或埋头实干，或撰文呼吁，他们将情怀和专业，将激情与职业很好地结合在一起，他们的努力让乡村焕发出现代的生机，赋予乡村生活现代的意义。

这十年，我期望自己能像他们一样，同时也希望自己成为小儿心中最闪耀的那颗星。

2.2 试解生态农业的商业之困

人才计划二期 刘胡佳[①]

从10户小屯开始的生态农业
(2006年8月至2009年10月)

细数起来，我一共参加了三个机构的实习，2006年8月到2007年7月间是中心第二期人才计划学员，2007年7月到2008年7月间是爱农会的实习生，2008年到2009年间是中科院与广西玉米研究所合作的种子网络的实习生。

我是湖北人，在湖北宜昌上的大学，2006年上大三的时候休学支农参加了中心的第二期人才计划，最开始是在湖北房县三岔合作社蹲点。在蹲点期间，因为有一次回学校没有向中心请假，就被"发配"到广西来了。可能是我比较老实吧，因为当时我们学员中有不少偷偷回家或回学校或去其他地方都没请假，只是我承认了，所以就受到了"处罚"。

2006年11月，我和另外一个学员来到了广西，一起在柳州市柳江县土博镇纳社屯蹲点，这是柳州爱农会[②]的一个屯点。纳社屯是一个很小的自然屯，只有10户，常住人口23人，村里狗比人多。当时在村里有两个工作重点：第一个就是跟农民去搞生态农业；第二个就是想推合作社，因为我们中心学的就是合作社，想推动农民组

---

① 刘胡佳，人才计划二期学员，从2006年11月来到广西之后，胡佳就一直往返于广西的柳州和南宁，追寻他生态农业的理想。

② 柳州爱农会：2004年，广西柳州一群喜欢乡村生活的消费者从寻找土鸡开始，自发成立了民间组织"爱农会"。他们从尝试社区支持农业开始，由农户不用化肥农药、不用工业饲料进行农产品生产，然后组织城市消费者以双方协议的价格购买。从2007年起，在柳州、南宁两个城市开了多家土生良品餐厅。

织起来。虽然纳社屯常住人口只有 23 个人，而且还都姓韦，但合作社还是挺难推的，留下的几乎都是老人和妇女，还是缺乏一些合作的基础，后来我们的重心就转到了生态农业上。

其实最开始我们不怎么讲生态农业，也绝对不讲有机农业，因为这些话当时农民听不懂，就跟他们讲土生农业，或者是传统农业，就用一些老的、传统的、不用农药化肥和除草剂的方法去种地，种子也尽量用以前的一些老品种，就这么简单。当时我们就与社长商量，选了一个水源上游的区域，因为那时候我们开始有一点这种概念，希望能够在上游不用化肥农药，这样一是可以保护下游的水源，二是可以免受其他农户使用化肥农药的影响。我们在推生态农业的时候，大家对这个事情是持观望态度的，并不是所有人都愿意参与进来，那时候我们在村里住，其实怎么搞我们自己也不懂，好在那个阶段社区伙伴（PCD）对这边的支持力度比较大，经常会组织一些农业技术的培训，包括带一些人员外出参访学习，我们开始有了一些技术和理念，就跟农户一起慢慢摸索，最后屯里的 10 户人家有 7 户参与。

那时候我们在村里蹲点是做生产者的工作，推动农户做生态农业的转型；爱农会则在城市里组织消费者，到农村去共同购买农户的生态产品。与此同时，CSA（社区支持农业）的概念刚刚引入进来，大概意思就是让城里的消费者以公平合理的价格购买农户的生态农产品，这与我们做的事情不谋而合，于是我们就把这个概念借鉴过来了。当时我们把爱农会当作一个连接农户与消费者的中间平台，但因为初始阶段，农户不稳定，消费者也不稳定，爱农会本身的能力不足以去支撑这样一个连接的工作。例如，当时农户生产比较多的是米，消费者订了之后又不想要了，或者需要每个月分批要，那么我们需要在中间做很多协调工作，在资源比较匮乏的时候，实际上我们是做不过来的。所以在那个阶段，大家就觉得可能需要一个更好的形式来连接消费者跟生产者，共同购买不是一个最佳的形式。

由于原来的共同购买模式无法持续地解决农户的销售问题，爱农会就筹备开饭店，因为开饭店可以最大程度地消费掉农户的产品，于是在2007年7月，爱农会第一个"土生良品"餐厅开业了。因为我对CSA的理念比较认同，在人才计划结业后，我又参加了社区伙伴（PCD）的CSA实习，又以实习生的身份继续参与爱农会的工作。

2007年下半年其实生意都不怎么好，用"门可罗雀"来讲是非常适合的，上午肯定没什么客人，那时候还有茶台，上午可以喝茶，客人基本上都是中午和晚上来吃饭；那时候我们还做过一段时间的夜宵，因为觉得生意不好，店租摆在那里，又不能亏本，就做夜宵。夜宵的品种不多，有一个叫炒粉，就炒那个簸箕米粉；消费者也不多，但是很固定，反正每天都是等着那几个人来吃完之后，就可以下班了。这种状况直到2008年才好转，那时候我们基本上不做广告，都是靠消费者的口口相传，消费者到店里的第一反应就说这里很安全，食材非常安全且有味道，我们就是抓住了食材这块。

饭店火起来之后，对食材的需求量很大，原来的农户已经很难供应得上，那一阶段我最主要的一个工作是发掘更多的农户，组建农户生产者的供应网络；再加上当时到南宁开了新店，2008年下半年我就来到了南宁，筹建南宁店。此时正好有个机会，我参加了中科院与广西玉米研究所合作的实习生项目，这个实习生项目是从农户参与式当地种子保育的工作切入社区，推动农户保留当地的土生种子，这与我们做事的理念完全一致，而且还可以通过这个平台进入更多的社区，于是我又接着做了一年的实习生。

结合纳社屯的经验，到村里之后我们先找到一个带头人，那时候我们就发现带头人非常重要，一个社区如果能有一个很厉害的带头人的话，那么整个社区的发展都会比较快。我们总结了纳社屯的教训，到新的社区之后我们先不提合作社，而是根据当地的情况组织互助小组，如在马山古寨最开始就是以妇女互助小组的形式，来推动她们做生态农业，最后在时机成熟之后再组建合作社。

大概到2009年的时候，我们在南宁和柳州周边差不多就形成了一个有十个社区的生态农户网络，核心农户有三四十户，散户有三四百户。核心农户大多是种养结合的家庭农场，也有返乡青年，以供应蔬菜、肉类、米等食材为主；散户主要是由一些老人构成，供应土鸡蛋、鸭蛋，也是我们后来说的百家蛋。

在这个农户网络里，我们对核心农户的要求是建立一个种养结合的系统，我们希望他们每户都能够具备一定的规模，但不是大规模，既要养猪、养鸡、养鸭，又要种米、种菜，养殖跟种植相结合，既能解决肥料来源的问题，又能分散他们的成本和风险，产品的品质也会得到很好地控制。对于散户我们主要是以土鸡蛋来切入，因为大多数都是老农，很难搞出规模化的养殖，然后我们要求农户饲养本地的鸡种，不要喂饲料，这样也让他们的投入没那么高。

因此，在做实习生的这几年里，我更多的是和农户打交道，从公益组织切入，推动农户去做生态农业；同时有商业的保障，就是在爱农会土生良品店的平台上，保证生态小农户的收益。

打造终端：市场化的土生良品饭店
（2009年10月至2013年3月）

在找到两三百户合作农户之后，我们又面临了新的困扰，就是需要有更多的消费者来支持CSA事业，我们就想到了社区农圩的形式，在小区里开店，更加贴近消费者。2009年10月，我回到了柳州，然后就开始做食材店，做一个社区农圩。我们觉得应该做全体系的，因为餐厅只可以照顾到一帮来饭店吃饭的人，还有一帮人是在家里煮饭吃的，主要是家庭主妇，她们也是一个很大的消费群体。我们就是基于这样一个出发点，在小区里找一个小铺位做社区农圩，卖这些生态农户的食材。

　　当时的食材是与柳州土生良品饭店互通的，因为店面的食材讲究新鲜，农友每天早上四五点钟就要到自己的菜园里采摘蔬菜，然后通过班车送到柳州，我就在柳州的客运站接货，以保证菜品的新鲜。如果店里有卖不完的食材，我们就会在晚上收摊的时候把剩余的食材送到饭店，因为晚上饭店的消耗比较大；同时饭店如果有多余的食材，主要是一些米、豆等耐储存的食材，也会拿到我们店里销售，相互降低损耗。

　　这也许是我们在广西最早尝试的农夫市集的形式，我和媳妇做了两年，做得很艰难，每个月能赚到一两千块钱，死也死不了、活也活不成的样子，就是那种不痛不痒、不死不活的状态。这是跟我们当时选择的小区有关的，因为这是一个老的小区，而且柳州是一个三线城市，大家对生态产品的接受程度还不高，对价格却很敏感，店里的销量一直起不来。此时我的儿子小米出生了，为了生计考虑，我和媳妇就商量把柳州的店关了，和其他在土生良品的实习生合作创业，到南宁开土生良品新店。

　　那时候土生良品正处在一个开店的热潮之中，整个柳州一下子开了4家分店，南宁店的生意很好，就准备在南宁这边再开一个分店，而且我们这批实习生做了这么久，有了一定的经验积累，当时也考虑可以做老板了。2011年9月，我们回到南宁筹备新店，到11月新店就开张了。

　　新店开在南宁长湖路，那时候是由我来负责的，当时开餐馆和饭店的竞争很激烈，土生良品从2007年打出"食在当地、吃在当地"的理念之后，柳州和南宁都出现了大面积的山寨土菜馆，消费者很难辨别，所以竞争压力很大。在山寨版土生饭店大肆出现的情况下，我觉得我们不能再走以前的老路了，不能只靠食材取胜，还需要把服务提上去，这就需要更多的服务员，为来饭店吃饭的消费者提供更好的服务。同时，我们这样一个具有很强理念倡导的饭店，消费者教育这方面的功能不能缺失，土生良品大概从 2009 年之后，因为大部分精力都投入在饭店里，农业体验和消费者教育活动都做得非常少了。因此，我们尽量搞活动，带着消费者下乡做农耕体验；店内也设了 CSA 导赏员，去跟消费者交流，去给消费者讲生产者和农耕的故事，希望能够往回走一点，回到我们最开始做饭店时的一些设想和初衷。

在我管理长湖店期间，人员是很充足的，因为要配备这么多的人员，人力成本就一直居高不下，这方面控制得不是很好，导致利润不高。当时我们是由 11 个股东入股投资开的店，这种情况下一直回不了本，也难免会有很多不同的意见。而且 2012 年年底中央"八项规定、六项禁令"出台后，对整个餐饮业的冲击很大，来饭店吃饭的人开始减少，饭店的经济形势没见好转，我们和股东之间在运营这一块上就出现了分歧。最后，因为饭店的利润始终没上去，钱回得太慢，大家都很着急，就换一个人来管理，2013 年 3 月我就从土生良品店出来了，不再负责饭店的工作。

从 2009 年我到柳州做社区农圩，到后来的土生良品长湖店，一直是以商业的形式在做生态农业，虽然没有赚到多少钱，但我们能以商业的形式存活下来，是以前没有想象到的。但如果商业能和公益结合好的话，就能把事情做得更好。在管理饭店的时候，有些成本是不大适合在一个商业体系中去消化的，比如说我们组织消费者去村里做农耕体验活动，去推动消费者与生产者之间连接的工作，对于饭店而言是一个额外的成本，本身不增加饭店的收入，饭店还需要投入大量的人力和物力去组织，这部分工作如果能得到基金会支持的话，在那个阶段就会比较好。所以我们对商业的期望值不要太高，饭店该干嘛就干嘛，要先做好销售和服务；其他一些消费者的教育、倡导与维护，生产者支持网络的维护工作，应该是由另外的人去做，而且这些最有可能是以公益的角度去做，做成一个公共的事情，才能让更多的人得益。

平台的困境与公益化整合
（2015 年至今）

2013 年从土生良品店出来之后，我休整了一段时间，然后和朋友在南宁先后开过两个小店，简餐做过，面馆也做过，当时没做好，做不下去。于是，2015 年年底我又回到柳州，和以前从土生良品店一起出来的实习生办了柳州捞堆市集。

一开始我们想做一个全链条的生态农产品对接的平台，只要是农户的产品，不管是有包装的还是没包装的，我们都收过来，有包装的直接卖，没有包装的就帮农户做包装，然后再分装、售卖；同时我们也做消费者的配送，和以前在社区农圩做得差不多，只是现在我们没有实体店面，通过网络销售，然后我们再去配送。那时我们还在柳州办市集，一般是在周末或节假日，找到了一些愿意合作的学校和商场，让附近的农友到柳州城里来摆摊，希望农户能与消费者面对面地交流。办了几场市集后因为这边没有合适的场地，在外面摆摊很容易被城管认为是小商小贩，后来只好把市集停了，专注于做销售和团购。

不过在那时候我们犯了一个很大的错误，就是我们在没有什么外来资金投入的情况下，自己去做一个全链条的体系，从生产者考察，到分装、包装，一直到销售和配送，整个环节人力成本过高、利润太低，没办法再有足够的一些利润去支撑人员费用。后来我们就把配送停了，只做团购，而且只做产地直发的团购，因为不经过我们这边的话成本和利润都由生产者承担，对我们而言相对比较容易操作。

在做团购的时候，我们发现消费者对外地产品的需求比较大，这样我们就需要和外地的其他各个平台方去做串联；同时外地的消费者对广西的产品也有需求，我们就与其他的平台相互串货。最开始我们的要求很严格，要求平台上卖的全是有机产品。经过一段时间之后，我们开始放宽，我们认为平台方，只要你愿意销售我们的产品，不管你之前是卖什么的，现在是卖什么的，都无所谓，只要你愿意销售你们的产品，我们都愿意跟你对接，愿意去协助你。因此，我们希望这个体系的参与方是很广泛的，并不是我们之前做的单纯地从农户到消费者。

我们希望建立一个透明互信的机制，希望有一个基本规范，能够让生产者或消费者或平台方，都非常清楚我们的产品是在什么地方种的，用什么方式种的，种的时候用过哪些投入品，加工和包装又是怎么做的，因为产品质量才是大家关心的主要问题。所以在这个局面下，我们需要去收集生产者的一些基础信息，建立一个广西的生态农业信息库，把广西区域的生态农业相关方，包括生产者、消费者、平台方以及消费者组织起来，全部纳入这个信息库，然后再利用这样一个大的信息资源平台，去促进大家的互动。

对于我而言，我就从偏商业运作的角色转化为公益服务的角色，就是为广西的参与式保障体系（PGS①）去提供公共服务。我的个人经验是在生态农业这个领域，如果一个商业行为没有足够的资本去运作非商业行为的话，那么就应该先做好商业领域的事情。一些基础性的工作，特别是广西的生态农业发展已经有十多年了，有很多基础性工作需要有人去做，这些工作是公益的事情，比如说农户的拜访、农户能力和技术的提升，还有消费者与生产者的互动、消费者的教育。这些都是非商业行为，可以由公益机构去做，当这些基础性工作都做好的时候，整个参与式保障体系就会具备公信力。

（口述：刘胡佳；整理：刘良）

---

① PGS 是基于当地利益相关者的活动，对生产农户进行评估，并建立在信任、社会网络和知识共享的基础上。PGS 方案着重于小农户认证和直接销售，为更多的消费者提供有机产品，鼓励消费者和利益相关者的参与和管理。

附：刘胡佳经历

2006 年 8 月，参加梁中心人才计划二期，到湖北三岔蹲点；

2006 年 11 月，到广西柳州土博纳社屯蹲点，参与广西柳州爱农会工作；

2007 年 7 月，爱农会柳州土生良品店开业，作为 PCD 健康农业实习生参与；

2008 年 6 月，来到南宁，成为中科院与广西玉米研究所的实习生，并筹建南宁土生良品店，主要做城乡连接的工作，发展了马山、都安等地 10 个社区的生产者互助组；

2009 年 10 月，来到柳州，做社区农圩；

2011 年 9 月，离开柳州来到南宁，以土生良品的实习生为主体，11 人入股筹建南宁土生良品长湖店，并于 2011 年 12 月开业，刘胡佳任店长；

2013 年 3 月，刘胡佳离开土生良品长湖店，休整了一段时间后，做美美与共简餐饭店；

2014 年 6 月，与老骆等朋友在南宁合伙创业开店，先后经营了 2 家门店；

2015 年 11 月，回到柳州做捞堆市集；

2016 年 6 月，与种子网络合作做广西 PGS 的工作。

2.3 一个合作社公益信托范本的打造

人才计划三期　王德斌

无论走到哪里，心里总有一个牵挂的地方，那就是故乡！离开喧闹的城市，放下一切所谓成绩，回归乡土。

昔日好友青庚赠诗《致燕子》：

原以为生命

只有白雪的冬天

是你的，衔泥筑巢

给了我整个春天

"绝版"农村区域发展专业

我叫王德斌，因为参加乡村建设工作，钦佩梁漱溟先生，取笔名叟民（梁先生有一个瘦民的笔名）；因为经营乡村土货栈，自称小二；因为是云南人，比较狂野，朋友称云南王；有朋友评价说看起来很老实其实很坏，所以要提防，笑称隔壁老王。我自己则觉得我是一个亦正亦邪，很重朋友交情、很有原则，认死理的执着的人。

我是云南东北部宣威县龙场镇人，贫农家庭出身，在记忆里，从上学时起就开始参与家里的劳动，尤其是每天下午放学就要给家里养的猪打猪草，每年年底还要给自家田地送猪粪当底肥。作为家里的老大，我一直都很听话，学习成绩一直是第一，回家就帮父母干农活，村里人都夸，一到周末或暑假还要上山打柴火或收松针或者割草做农家肥，那个时候很自然地觉得这些事就是要自己干，还要干好，每次都带着满满一篮子，100多斤的柴火或草回家。上初中后住校，每天回家吃饭，家里的活相对就少干了些，但是周末与假期基本上还是要做零工。我成绩一直不错，家里人希望能考上个师范减轻家里的负担，虽然我不是很喜欢读师范，但最后还是报考了，可惜没有被录取，最后上了高中，完全离开了家。高中时凭着中考的成绩我担任了语文课代表，应该说与语文老师的相遇相交是高中最开心的经历，他是一个好老师；自己数学也学得不错，数学老师比较偏爱，自己就有点小骄傲了，不太听话，有时上课时不太认真听课。这是高中很后悔的事，最后导致一向数学成绩很不错的我高考表现很差，不得不复读，最后复读一年来到武汉华中农业大学。

大学入学时，爸爸送我到火车站，并送我上火车，转身离开那一刹那，我流泪了。29个小时一个人来到武昌，转车到华中农业大学，我学的专业叫农村区域发展，是学校新开的专业，我们是第四期，我们之后就取消了！同班有很多人一开始就埋怨这个专业，一直到大四毕业。而我可能是高中时有点贪玩加上经过复读的缘故，一直没有抱怨什么，每门课每节课都是认真学，一直到大三我都没逃过一节课，座位都是在前三排，而且是固定的一个位置，作业都是认真地查资料认真地完成，所以学业上除了外语之外，基本没问题，我的入学成绩排在班级倒数第二，后来最好的时候还进入过班级前五！然后就是经常去图书馆看农经或社会学方面的杂志。我在大二时与同学一起去了武汉周边的一个村进行下乡调研，触发了自己内心的那点儿情感，撰写的调研报告获得社会实践调研报告优秀奖，团队也被评为优秀团队。

调研回来，我建了一个三农研讨QQ群，经常与一些对三农感兴趣的人天马行空地聊，认识了创办《理想有情》电子杂志的黄跃等人，通过这本杂志又认识了一些交往到现在的朋友，聊理想，聊青年人的成长。大约也是在这个时候，乡建中心的大学生支农调研负责人让参加交流会的华中科技大学的同学联系到了我，找到了校外的小伙伴。其实我在院论坛上已经关注大学生支农调研交流网一年了，之后我们与武汉高校三农类的社团取得了联系，互相配合，组团开展活动。在大四时，我参加了师弟师妹建立的华农首个三农类社团，筹建了齐民学社。因为我的时间相对自由，参加了乡建中心农村可持续发展人才培养计划第二期学员的培训与学习，往返于北京与武汉之间，尤其是齐民学社保留了乡建的影子，如晨跑、朝话、唱歌、齐民书架等。社团在第一年就成为学校的新锐社团，齐民讲坛也成为除学校主办的狮子山讲坛外影响最大的论坛，曾经成功地邀请温铁军老师作客狮子山讲坛，在后面师弟师妹的努力下，齐民学社一直是校内的五星级社团。

合作社的公益信托模式

临近毕业，有三分之一的同学要考研或考公务员，有一半的人要找工作，我选择报名成为乡建中心农村可持续发展人才培养计划第三期学员，同时给父母写了一封信，告诉他们我的选择。之后我接到乡建中心的通知，要求我先到江西兴国项目点下乡一个月，然后再回京参加培训。回京后，我参加了乡建中心为学员准备的培训，由来自不同领域、不同专业的专家老师授课，学到了很多不一样的内容。除此之外，还有二期的学员心路历程分享，有团队游戏及活动，一群青年热情高涨，现在想来也是充满欢乐。之后根据兴趣及乡建工作的安排到不同地方，我就与河北太行山结下了缘。

我清楚地记得，2007年8月28日，我得到要前往的地方的地址及联系人的电话，一个人赶到丽泽桥长途汽车站，搭乘直达县城的客车。因为没有很好地沟通，搭乘了只到县城而不是经过蹲点村的客车，所以要在县城转车，转乘时也不清楚情况，得到的答复是不能直接到村，只能到村边，最后一个人在村边下车，背着包走了接近七八公里山路后抵达了一个叫小水的村庄。接待我的人是葛叔，也叫老葛，之前就见过，还邀请他去过华中农业大学齐民讲坛讲过他的故事。他是毛主席的铁杆粉丝及痴迷者，从《毛主席语录》到各种关于毛主席的书籍收藏了不少，很有那个年代人的特征，本身爱追求真理及公平，参与或帮助一些村民寻求公平的维权活动，用他的话说就是"我怕什么，我什么都没有，我就天天烦他们，最后他们没办法不得不给我办"。从我五年间和他的接触情况来看，他一直很乐观，总觉得胜利是属于我们的，总会到来，而面临的困难都是对我们的考验，我们要想尽办法克服它。还有一个记忆是，老葛对国家政策很敏感，经常听收音机，爱学习，经常会发现他总在有感觉的时候掏出纸或笔记写下来一些东西，哪怕是在烟盒纸上，他自己也时常有一些小灵感，写点诗或标语，大家好像还蛮喜欢的。

在老葛的引领下，加上乡建中心已经在这里开展了三四年的工作，我算是很快融入了一个北方的乡村。作为一个无权又无资金的外来个体或组织进入一个乡村其实在当下是有难度的，而乡建中心凭借多年与农民的互动，在一定程度上解决了这个问题，之所以这样说，那是因为乡村的复杂性，乡建中心应对或参与的仅仅是乡村里的一部分人群，和其他人群比如基层政府人员或乡村精英，我们的互动会少一些。

当地附近有5个乡建中心进入后建立的农民组织，大部分是维权转化而来的，以大学生支农调研开展文化文艺活动逐步组建的，早期有信息站、妇女协会、老年人协会、农家文化大院、文艺队、腰鼓队等试验，调动了一部分村民一段时间的参与热情，之后也有组织内部社员进行很小规模的个体化肥农药减量的试验，算是比较超前的生态农业试验吧！可以说这是新时期比较早期的农民组织试验，在农民合作组织法将要来临的前夜，他们已经做了而且坚持了三四年。我到后的第一件事就是协助他们注册合作社，获得一个合法的身份，前后协助办理了5家合作社的注册。注册之后，总得做点事吧，当时乡建中心在山东某合作社的农资购销服务做得不错，而太行山这个地方合作社比较多，而且相对集中，是否可以联合起来做农资购销服务呢？乡建中心经过讨论，派出山东的伙伴及中心的骨干前往太行山及兰考考察，最后两个地方都开始进行合作组织的农资购销服务。

太行山农民合作组织的农资购销服务一共涉及2个县6个合作社，分布在县城两边，每边3个。一边是丘陵山区，以果树种植为主；一边是平原，以大田种植为主。总共240多户农户社员，基本方式是乡建中心按照山东的做法无偿投入2万元（算是无息借款），合作社将吸收的社员股金放在一起作为运作的资金，乡建中心在地的人员负责管理资金及组织大家开会，根据大家的需求及意见使用资金，进行农资统一采购并分货，年底进行结算按交易量与股份分红到各个合作社，再协助各个合作社按社员交易量与股份进行分红。有一点在设计之外的是，因为6个合作社的距离及用肥的差异，最后一个农资服务中心变成两个。第一年总体做得不错，也顺利地给大家分红返还，利润是30%—40%；第二年开始扩大，吸收了2家合作社加入，开局还不错，年底问题多多直至最后停止，而且到后面造成很大的影响。回想当时我们本就无社会经验，更无市场经营经验，去做了这样的工作确实是勉为其难；还有对农业生产及农业资料我们也不懂，第一年山东试验点推广的厂方农资在太行山的库存比较多，或者说在太行山下不适应，最后只能当库存，最糟糕的是最后过期造成损失，还有原本参与的合作社就因为规模大小不一样，这就为投入资金及销售农资量及需要农资的时间不一样，如何公平地协调处理埋下了隐患，扩大后的新成员与之前的成员还稍稍有些互相不买账，整体上我们把控不了，出现的问题导致之后分货结账退股，最后外部的资金怎么追回，这又是个难题，再追究这些问题谁来负责。

较早开始的农民合作组织联社的农资购销服务最后走到尽头，一直是我心里的阴影，之后在一个合作社农资购销的基础上小规模开始了资金互助的试验，从3万元开始，社员入股，社员专门选择3

个人来负责运行，我们只是给予一些制度及相关运作的协助，慢慢地向 10 万元、25 万元、30 万元的规模发展，这期间相对来说没有出现农资购销的问题，就算有其他问题那也是村民自己去解决，我们只会提供其他地方是怎么处理的参考。虽然运行很慢、很小，但是是他们自己在运行，而且运行挺好。这个时候，我们接触到香港的一些老师或朋友，他们要捐助合作社，于是我们就提出让他们支持合作社的资金互助部，产生的收益用于当地合作社公益服务，三年或几年后还给支持人，而不是无偿捐助，开创了较早的公益信托做法。

从 2007 年到 2012 年，我离开了乡建中心。这 5 年中我一直在太行山下，变动很少，虽然一直没做好事，也没做成事，但是就因为待的时间长，与接触的村民都熟悉，他们把我当孩子，相处就像家里人一样，所以太行山下是我的第二故乡。

成为"小二"：亲历农夫集市

2013 年，当年的一个合作社的 200 亩荒山正在进行生态养鸡，我于是开始在这个合作社学习生态小农场的建设及生态农产品地生产与销售。同时在调研中我发现了青年人参与农民合作组织的重要性，以及有青年人通过参加农民合作组织就业的趋势，于是我与 20 多位乡建或涉农的青年入股总额约 3 万元，建立了青年合作社，尝试自己为自己服务。这应当算是比较早的青年自发的民间互助组织，我们以有限的资金用于成员的互助，并同时对有需要而且有了解的农民合作组织进行小额资金支持，这些思路与后来一些农业公司或一些基金会或风投进入农村开展投资的思路高度吻合。我们每年还有一次或两次线下聚会交流，这也许算是青年自发的就某个话题进行互动比较早的做法。

在太行山乡村的农场，其主要产出就是鸡蛋与鸡，通过乡建中心国仁绿色联盟进入北京，在北京有机农夫市集的平台上进行销售，我在当地配合生产把控，微博宣传，同时开始考虑另外的渠道及客户，还有当地生产产品的开发、在地生产者间的互动、协助城市消费者实地探访等。

最开始我没有准备做销售的事情，只是有几件事促成了我开乡村土货栈，并成为货栈的"小二"。一是归元农庄的香油开发。那是一个夜晚，在山上吃过饭后，我与留在山上的大叔聊天，在聊天的过程中，他告诉我他之前做过多年的香油生意，我当时就寻思，详细打听了制作的工艺、手艺人、设备等，计算了投入，问他可不可以做，愿不愿意做，他说可以做，也愿意做。第二天与合作社的理事长一说，他也同意做，大叔自己掏钱买了一头驴，之后在村里找石磨，找手艺人，石磨香油项目就上马了。与国仁绿色联盟的伙伴一起核算生产成本计算定价，最后国仁绿色联盟伙伴把石磨香油推广到了北京有机农夫市集。二是青年合作社组织了一次交流会，当时掌柜的带了父亲做的糖点，当我们休息时的茶点，台湾来的在绿色和平实习的朋友吃了以后要买，说很好吃，于是乡村土货栈开始有了第一款自己的产品。

自从有了自己的产品以后，我们开始每个周末参加京西生态农夫市集，一直持续了一年多。早期是每个周五从太行山乡村出发，到保定坐晚上的火车，第二天早上到北京，每次带上一些产品，来回折腾，算算可能并没有什么收入，但是坚持了下来。后来冬天太冷，也太累，考虑这样折腾成本也高，于是在北京租房，搬到北京之后参与了京西生态农夫市集、舌尖上的市集、绿色嘉年华生态市集、宋庄跳蚤市集等市集，参加小毛驴市民农园、同心农园等地的开锄节、丰收节，这一年多了一个拉车，几个箱子，在北京全城跑，我体重从160斤下降到130斤。通过这段经历，我认识了不少朋友及老师，也彻底改变了我的饮食，要尽可能多吃生态的或不在外面吃饭，朋友过来一起吃饭，那就在家里一起做，应该说这段时间累但是很充实，也很开心。同时这段经历让我对当下中国农夫市集及其问题、农夫市集与乡村发展等有了自己的认识与思考。

当然除了赶集，这段时间我还参加了各种涉农会议与分享会，拜访生产者朋友，外出寻找好产品，也调研乡村发展的典型。记忆比较深的是乌蒙山之行，从贵阳出发，转遵义，到桐梓，转凯里，到雷山，探丹寨，回云南宣威，上昆明，到楚雄，历时一个月，感叹云贵的神奇，小吃物产的丰富，感受到民间技艺与手工的诱惑，当然也有风景的优美。一路上花时间寻找手工艺人，探访生态从业者，也为货栈后来西南产品的上栈做准备。

回到彩云之南继续……

2015 年 8 月，我接受原来乡建中心同事的邀约来到了河南，来到孔明躬耕之地，参与了一家乡村规划设计院的工作，主要是根据政府美丽乡村建设的政策，以乡建理念开展乡村规划设计或者说在乡建的做法基础上融入规划设计。不管怎样，乡村规划设计是硬货，乡建是软实力，两者相得益彰，加上新乡贤人士带头及村民参与，从文化、金融、环境及产业上进行制度创新和组织创新。思路与想法应该是没有大问题的，然而众人要达成共识尤其是在行动中达成共识，又好像太难，也难为创办人的协调。这段经历主要是在一个3000 多人、6000 多亩地的村里做了一些基础性工作，如前期调研、农民文化节日活动、农民文化节等。之后参与了两个村的基线调查，前往孙君老师 2003 年前后就开始操作的五山学习。我在大学时就有关注，想不到多年后终于成行。这段经历让我在对乡村发展的认识尤其是政府力量与资源的影响，有了极深的感触，也是这段经历让我对乡村规划设计、艺术进入乡村有了多一些的感想。

在这期间我来到新乡小刘固村拜访三年前的老朋友川崎广人老师，也了解他在中国扎根三年来的堆肥及堆肥栽培。之所以前往，一是为了看望川崎老师，二是因为在这一两年自己关注乡村垃圾处理，而在南阳的一年也面对这个问题，想探讨堆肥+垃圾分类+粪尿分离厕所+秸秆还田或加工+蚯蚓堆肥+环保酵素，相对综合完备地处理乡村污染与垃圾的可行性。

关于川崎广人老师，我与他大约在六年前认识，五年前第一次在北京见面，当时我还在乡建中心负责农民合作组织的工作，我们2010年举办了第一届农民合作组织论坛，川崎老师从网络上了解到，通过邮件联系到我，大概意思是对我们的活动很感兴趣，于是提出可以来中国参加下一年的论坛。从这之后，川崎老师就与我邮件往来，他要来中国介绍日本的无店铺消费合作事业，觉得对中国的合作社发展会有启示。在邮件中我才知道，老师63岁才开始学习中文，花了3年的时间，能看能写，能说与听一点点中文，我被镇住了！之后川崎老师开始为一年后来中国参加论坛做准备，他的发言稿PPT改了多次，每改一次就发给我，我作一些调整，然后他再改，直到一年后参加论坛，他还打印出修改好的PPT，一直在温习，日本人的认真劲不得不服。论坛结束后，老师说他要来中国工作，把自己的后半生贡献给中国。川崎老师身上有着日本人的认真负责精神，对工作的条理，对制度的要求及遵守，对服务的高要求，还有对人的尊重，无不让我钦佩。比如，小刘固农场有白天不许喝酒，喝酒不许工作的规定，喝酒了他会与喝酒的人一起受罚，若不接受惩罚，他会自己绝食。再如，去看望他时，他正在改建生态厕所，他说厕所应该有门，每个蹲位也应该有个小门，而施工或当地农场的人还觉得多此一举，老师说了一句话："如果是你妻子用这个蹲位，你会怎么做？"我与周边的人都怔住了！

2016年11月7日，我告知朋友们自己准备回乡，去从事自己想了很久的生活试验。十年异乡生活并未扎根，因为从内心里我就是外乡人，从来没有想过60岁以后我还在这里，短视地、功利地想立马见到成效，然后就开辟下一个战场，当然也不会全心投入。或许有人能做到，但是当地人接纳你的空间或合作的空间又会令试验可能偏离预期目标，所以我准备回乡，希望能为自己 60 岁以后做点事情，当然这样也可兼顾家人。我希望这次回乡是生活式的而非运动式的，不是革命，也无关改造，就是圆一个自己十年来内心想要回到乡村的梦，也是回应自己内心认为乡村是有未来的，是可以与城市同在，而且是不卑不亢的。

当然，这样的乡村不仅仅是当地村民的事，也不是当地村民就能办好的事，不是种两亩土豆、养两头猪就可以实现的，更不是拱手交给外来人的事。那到底是什么事？用一个词回答就是：安居乐业；用三个词回答就是：人尽其才、地尽其利、物尽其用。我期望自己作为一名十年游荡城乡的小兵，为了自己内心的安详而回到家乡，把内心之想逐一慢慢地去试试。既然这样，那就开始往南走，回家！回到彩云之南！

（改编自滋农游学微信公众平台文章《小二返乡》）

附：给父母的一封信

亲爱的爸爸、妈妈：

收到这封信的时候，意味着你们儿子的大学生活已到头，也说明你们的不孝之子已经决定了自己的工作道路。请原谅我一直到现在才给你们写信。

又是四年，你们又辛劳了四年，也许你们会跟自己说："再坚持四年，就好了，就可以松口气了。"可是你们却一直辛苦劳作从不懈怠。深感你们的苦心，我很惭愧，不但没有为你们减轻负担，也没有替你们分过忧，更让我过意不去的是我还在"蚕食"着你们。你们精心的喂养，让我长得白白胖胖的；我的寄生，吸尽了你们的心血。爸爸有病在身，越来越苍老，妈妈你也在感叹岁月不饶人时增添了许多皱纹。每次回家，真不敢正视你们，每次回家，我都记下了你们操老过度加上年纪越来越大行动不便的那一幕幕场景，记得在你们背后默默的忧思，我能改变吗？我无用至极，还是让这场景年复一年地继续，年复一年。

今天，我要结束自己的学业，步入社会，做一个对自己、对你们、对国家负责任的自食其力的人，有太多的话，曾经没说的，现在想说的，然而我还是要说："我可亲可敬的爸爸、妈妈，感谢你们25年来的抚养，你们无愧于伟大的父母，我为有你们这样的父母而感到骄傲。我真的对不起你们，没能让你们放松却带来担心，对不起，爸爸、妈妈。"四年中，你们一个个关心的电话，一句句慈爱的话，一个个信任的眼神都令我难忘。你们一直认为自己的孩子是最听话、最优秀的，但是我很惭愧，四年中随着毕业的临近给你们打的电话越来越少，给你们写的信也越来越少，每每让你们担心地打电话询问，当知道我还好时，你们才会松口气。你们一次又一次地叮咛叫我过一段时间就给家里打个电话，可我一次又一次地没做到，是我没有时间吗？不是。是我心里不想打吗？不是。那是什么？你们的孩子在外多少沾了一些坏的习气，总觉得麻烦别人不好，而且在大家都在谈论子女工作的这种环境下，我不想打，说到底还是我的底气不足，怪谁？可能我还有一种情绪在埋怨我为什么出身自农村，可我正在彻底让自己醒悟，我没有理由怪我的身份，要怪就怪自己的努力不够，农村是一座熔炉，是出优秀人才的地方。

爸爸、妈妈，请再次原谅孩子的无知。很早就想给你们写这封信了，但我一直在思考，一直在作选择的掂量，到今天已经没法再拖了，我想好了。我愿意回到农村，接受再教育，让我成为一个体谅父母、体谅农村艰辛的人。我相信我的这个想法你们不会觉得太突然，我是5月2日与北京梁漱溟乡村建设中心达成协议的，参加它的第三期农村人才发展计划，经培训后要到农村待一年，其中的一些问题我都仔细考虑了，犹豫过，但还是选择了参加。

理由如下：

1. 来自农村，所学与农业相关，有责任也有条件回到农村。

2. 中国是一个农业国家，80%的人是农民，要了解中国，就要了解农民，而且农业、农村兴，农民富，则国家兴。简单说，没有农民，谁能活下来？儿子愿意回到这本厚重的大书中去学习。

3. 社会在发展，但限制因素还在农村，所以有很多人关注农村，包括政府、专家、学者，也就是说农村以后大有作为。

4. 儿子从小就想改变我们的家庭生活状况，但经过一些思考，觉得太狭隘了，也许我可以顺利地找份工作，至少让我们家的生活不要太紧，但我们还是生活在与我们一样贫苦的人民中，我想善良、朴实的你们也会劝孩子为他们想点法子的，不过你们担心这样的压力太大。爸爸、妈妈，我们多年的苦日子都挺过来了，就再挺挺，儿子愿意接受这样的挑战。

5. 儿子向往乡村的生活。城市生活虽然很便利，但也有很多问题，如拥挤、污染、人情冷漠、奢侈、荒诞消费、灯红酒绿，儿子真的不适应，真的，在大学我们班上与父母的交流用写信这种方式的仅仅两个人，而儿子总觉得打电话不习惯，太土了。爸爸、妈妈，乡村实现便利也是可能的。

爸爸、妈妈，请相信你们的儿子，他不会做违法、有损别人的事。我所要做的虽说才刚开始，万事开头难，但前景无限，我相信我的判断，退一万步说，就算没有美好的前景，我也应该去做，想想：为什么占绝大多数比例的人口却不能过着便利轻松的生活？为什么一年到头辛辛苦苦地劳作却抵不上别人几个月的工资？为什么别人可以拿到退休金，我们却在 60 岁后还要面朝黄土背朝天？为什么别人有这个保险那个保险，而我们却在生病时不能得到及时医治？为什么大多数人都把眼光投向远方，而不顾生我养我的地方？……

爸爸、妈妈，你们相信孩子的选择是经过长时间（可以说是 20 年）思考的。正如一个朋友所说："农民，我的父母；农村，我的家乡；农业，我的职业。"儿子的选择就是：致力于乡村建设，让农民过上有自信、有尊严、好一点的生活，让农村出来的人敢大声说'我家是农村的'，让大家欢呼'农民万岁'。爸爸、妈妈，我想你们知道这个选择后一定会像我要离家时给我准备行李一样，祝福我一路走好。

爸爸、妈妈，我爱你们，正因如此我希望这爱升华，所以我选择了这条路，选择了，就上路吧！

顺带向包老师、妹妹问好，珍重。

斌儿拜上

2007 年 5 月 11 日晨
华中农业大学荟 7—109

2.4 一位草根农民工的呐喊

人才计划五期 徐文财[①]

农民工也有大梦想

作为一个农民工，在最初背起行囊远走他乡时，都怀着灿烂的梦想。但是，随着岁月的流逝，很多人的梦想与激情渐渐被现实磨灭了。面对现实，几乎不敢谈梦想。"谁没有梦想，谁不想出人头地，但总要面对现实……"但是，面对现实，我们又总是一次又一次地告诉自己："不能这样过，再也不能这样过……"于是，我们总是在现实与梦想中挣扎……

我也一样，18岁中学毕业后学了点缝纫技术就背起行囊，开启了打工的人生历程，那一年是1993年。那时候，工资不高，但是打工生活还是很美好的。那时候，杭州还很小，从东走到西，半天就能走到头，我还真的曾经这么走过。

那时候很少加班，偶尔加班，老板还会给我们一些"封口费"，怕我们向媒体或者劳动局举报。除了给封口费，还有一个细节，那就是黑窗帘一定会拉得严严实实，好像生怕劳动局的人会发现似的。回忆起来，那个时候，做服装是很幸福的，也是让人羡慕的工作。那个时候，"振兴服装产业，美化人民生活"曾经是我的理想。直到大概1996年或1997年，那几年是在杭州做服装的人最风光的时光，

---

① 徐文财，男，江西余干县人，农村可持续发展青年人才培养计划第五期学员。1994—2005年在服装厂工作，从基层工人到中层管理都做过，了解工人的辛酸、无奈与希望。于2006年开始，从网站起步，创办农民工公益组织"草根之家"。2010年6月，在浙江省各级工会的支持下，创办了新杭州人志愿者服务站，为工友们搭建了更好的学习交流平台。

大家的工资是很高的，一般的都有 3000 多元，高的 5000、8000 元的都有。那时候租房子只要 30 元，大多也不需要租房子，工厂都有住房。

只是好景不长。因为做服装好赚钱，很多人选择做服装，那几年到处都是服装培训班，从农村涌进杭州的人，到服装培训班学一个星期就可以走进服装厂做工。随着服装工人的急增，服装工人的待遇就越来越差了。再后来，服装加工厂越来越多了，搞个几十台机器，就可以办起一个服装加工厂。有的老板本钱不多、效益不好，到了年底开不起工资就跑路了。服装工人最黑暗的日子就这样来到了。2001 年之后，每到年底，总会有不少工厂老板跑路，工人拿不到工资的情况时有发生。与此同时，加班越来多，几乎没有加班的概念，大多数服装加工厂的工作时间是这样的：中午 12 点上班，一直做到第二天清晨 6 点或 7 点。上午 6 个小时的休息时间，一年到头几乎都这样，没有星期天。就算这样辛苦忙碌，一个月的工资也多不了多少，我们甚至也不奢求多多少，只希望能准时拿到工资。

就在那几年，我那"振兴服装产业，美化人民生活"的理想开始动摇了。我觉得，我们打工者的生活不能这样！

2003 年，温总理为农民工讨薪事件，让农民工问题成了全社会关注的焦点。从那个时候起，我成了服装厂的另类：在我的机器上，时刻不离一个笔记本：我时刻在思考我们农民工的未来，我们的现状要如何改变，一有灵感立即写下来。当然，偶尔也会写一些情感感悟。

一转眼三年过去了，三年下来，关于如何改善打工群体的状况，我已经有了很多想法，笔记本上已经写满了一大堆。想法很多很多，但要去实施，却很难很难，因为打工还得继续，因为要生活。直到 2005 年年底，一则新闻再次刺痛了我，这个"新闻"是从当年万峰先生的《晚报浏览》中听到的，我至今还记得那一段话："何春梅死了，加班在继续，在铧鑫厂继续，在广东的一些企业继续，在全国的大多数企业继续。何春梅的生命除了给自己换了几个赔偿金，并不能唤起谁的警觉。何春梅既不是第一个过劳死的女工，也不会是最后一个……"当时，我就在想，下一个会是谁？谁也不知道下一个会是谁，但我们知道，肯定是我们的中华儿女！肯定是我们打工的兄弟姐妹！

那一天，我很心痛！我甚至有种愧疚的感觉。有那么多改善打工群体的想法，却一直藏在笔记本里不去实施。行动起来！一个声音在心中回荡！于是，这年整个春节我都在为理想的行动作准备。

踏上草根寻梦路

2006 年 4 月 18 日，在我 30 岁生日那天，我终于放下剪刀，开启了公益梦想之旅。那一天，我做好最后一件漂亮的连衣裙，端详了很久，然后决定正式提出辞职，开始实施我改善打工群体状况的探索。当我把这个想法告诉老板时，老板很吃惊，但还是爽快地给我结清了工资。她也给了我忠告：想要改变打工者的状况，没那么容易，至少得 50 年。我说：如果改善打工群体的状况需要 50 年，我希望通过我的努力把这个 50 改成 49、48、47……因为我觉得，我们打工者的状况长期这样下去是不行的，必须改变！

就这样，我开始去奔走行动。2006 年 7 月，"草根之家"网站建立了。我把多年来写在笔记本上的东西，放在了网上，呼吁打工的朋友们，团结互助，一起为改变我们的命运努力奋斗！我的呼吁很快引起了很多工友的共鸣，同时也引起当时《浙江日报》一个记者的关注，一篇《听！一位农民工的草根梦想》把我那个朦胧的梦想告诉了世人。那以后，很多有着相同梦想的人找到了我，更有远在广东打工的工友赶到杭州来与我一起奋斗，他就是刘明。进入 2007 年，我们开始筹划一个大型公益活动：草根文化艺术节。我们想用我们的方式展示打工者的风采，告诉世人我们打工者的梦想。在此期间，那个给我写过报道的《浙江日报》记者给我介绍了一个人，说他可能会有助于我们梦想的实现。他推荐的那个人就是刘老石。

于是，我试着给刘老石老师发了一封电子邮件，告诉他我们的梦想。类似的邮件我发了很多，几乎都如石沉大海，杳无音信。但这次不同，让我非常意外的是，邮件发出没过几天，我就接到了刘老师的电话，他说他现在杭州，可以见面聊聊。于是，我就这样与乡建结下了不解之缘。还记得那天，我在之江饭店见到了刘老师，在和我交流之后，他给我的反馈是："你是一个有想法的人，但是还需要学习。草根文化艺术节这个东西，办了就办了，别看你现在这么有激情、这么努力，但办了就办了，办完了又能怎么样呢？想过没有？"他建议我找机会参加相关的学习培训，更系统地规划未来。

不孤独的"傻瓜"们

不久，刘老师就给了我一个学习培训的机会，他们正在组织一个"NGO领导能力培训"，我可以去参加！2007年10月11日，我带着梦想出发了。在报到时，我认识了很多与我一样在从事公益行动的同行。了解了他们的事迹后，我深刻感受到自己思想的狭隘。同时我也感到庆幸，在这个物欲横流的时代，和我一样，坚守正义、良知、道德的人还有很多，我这样的"傻瓜"并不孤独……接下来的时间里，我听到了很多专家的声音。各种声音在我心中激荡，让我时刻在思考：做草根之家到底是为了什么，到底要怎么做？

2008年，再次有机会到北京参加更系统的培训，我成了"人才计划"第五期学员，接受为期一年的培训。这期间，我更系统地接触了公益理念、社工理念；每一堂课，我都会将我的梦想和事业关联起来，思索这节课的知识如何运用到草根之家的建设和管理当中……

刘老石老师告诉我们，资本如何控制我们的经济、文化、生活，劳动者的文化如何缺失，我们该如何做。

韩德强老师告诉我们，投身公益，要从大处着想，从小事做起。一句话就是"脚踏实地，志存高远"，这句话此刻正挂在我们办公室的墙上……

杨帆老师给我们灌输了大国意识：中国要强大，民族自豪感要强，民族自信心要强……

程漱兰老师冷静地告诉我们，几代国家领导人完成了他们所处历史时期的使命，也给出了农村发展的思路……

温铁军老师总是让我们冷静后，再坚定信念……

钱理群老师"温饱问题解决之后的人生选择"解开了我一直以来的困惑，也可以代替我解答很多人对我的提问。很多人经常会问我，你条件不是很好，不去努力赚钱，做什么公益？是啊，为什么呢？以前，这个问题我总是难以给出明确的回答，有时我自己也会感觉有些困惑。钱理群老师的"温饱问题解决之后的人生选择"给出了最好的回答，那就是：温饱问题解决之后，我们是继续选择无止境的物质生活，还是选择追求心中的理想？现在的我，无论如何，都不会有温饱问题，那在这个条件下，为理想奋斗不是人生最美好的选择吗？还有什么疑问呢？

经过这一系列的思想启蒙，我们的梦想已经渐渐成为一种理想，为改善打工群体现状而奋斗的热情和冲动渐渐变成了一种信念，草根之家的宗旨、使命、愿景也渐渐清晰。

打造现实中的家园

结束了为期一年的培训，我回到杭州。我们的努力方向是创办真正意义上的草根之家：在现实中创办这么一个家园。在接下来的几个月里，我们几个志同道合的伙伴开始筹钱、找房子。最后，我们五个人决定勒紧裤腰带也要把我们打工者的大家庭撑起来。2008年11月23日，在众多志同道合的朋友的全力支持下，草根之家现实版——草根之家文化中心终于成立了。我们似乎离梦想又近了一步，最重要的是，这个时候，已经有一个理想团队在共同奋斗。

现实版的草根之家成立后，根据我们的愿景，设计了一系列的项目活动。这个时候，在乡建中学习到的理论知识就很管用了。我们鼓励工友们发起成立了文学组、文艺组、义工组、法律组、体育组等兴趣小组。每个兴趣小组都有一个品牌项目。

文学组很有影响力，文学组负责《草根》杂志的编写，这是让大家兴奋的事，每一期杂志到手，大家都如获至宝。

文艺组当时最得意的项目是 K 歌大赛，我们的大赛还走进浙江大学举办过，杭州日报社、杭州电视台等很多媒体都跟踪报道过，越来越多的工友走进了这个大家庭。

义工组的品牌项目是 100 米文明，我们倡导以家为圆心，以 100米为半径，用我们的行动，绘一个文明卫生的圆。我们组织大家走进一个个工友的家，以工友的家为圆心向外扩展……

法律组的品牌项目是法律讲堂，这得益于乡建中心的支援，给我们派来有法律工作经验的同行来讲课。

最有影响力的小组莫过于体育组了。我们把乡建中心的优良传统晨跑、朝话传承到工友队伍中来了。当我们迎着朝霞喊出"为工友服务，为理想奋斗"时，心中的理想越来越坚定。当我们的队伍越来越壮大时，我们每个人都非常兴奋，甚至有些工友从很远的地方赶过来和我们一起晨跑、一起朝话。那段时光，注定成为大家心中最美好的时光！

最让我们感动的是家园中兄弟姐妹的情怀，不是一家人胜似一家人的情怀。"草根之家是我家"不仅是很多人口中的话，也是深入人心的话，无论哪个兄弟姐妹有困难，大家都会一起帮忙。有时候，哪个工友好几天不在家园出现，我们就有人会注意到，就会去打电话联系或者去上门走访，那人可能是感冒或者不舒服，而接到家人的问候电话，或者家人去上门走访，就像亲人来看望一样，很感动。

大家印象最深刻的事，还是一个工友患大病的事，那个工友患的是尿毒症，当得知要二三十万元的治疗费时，他自己都想放弃，但是，这个大家庭的兄弟姐妹不愿意放弃，没有人动员，大家自发地就行动起来了。先是进行家园内部捐款，接着是出去募捐、义卖。大家把家里值钱的东西都拿去义卖，衣服、十字绣、书画……也有人组织去街头"卖唱"，我们的好兄弟黄新华在杭州最繁华的街头对着来往的行人唱了100多遍《爱的奉献》，唱得泪流满面，唱得嗓子沙哑，因为，他把那个患病的工友看成是自己的兄弟。经过一个多月的奔走，我们筹到了足够的医疗费，那位工友也成功地做了手术，身体康复起来了。这个大家庭在大家的共同努力下，完成了一个起初看似不可能完成的任务，大家都备受鼓舞！只要我们团结起来，我们可以做的事很多，没有什么不可能的，我们可以改变我们的命运！

就这样，草根之家大家庭的成员越来越多，草根之家的影响力也越来越大。

然而，随着草根之家的影响力不断扩大，我们也遇到了成长的烦恼。2010年4月，新华社一篇《农民工组织起来的草根实践》的报道，引起了中央领导的关注。2010年5月，国家民政部、国家信访局、人力资源和社会保障部、全国总工会等部委领导来草根之家调研。调研后，领导们觉得，草根之家所做的事很好，但是要规范起来。后来，草根之家就变成了新杭州人志愿者服务站。那段时间，我们的心情是非常复杂、非常难过的。那时也是乡建中心同行陪着我们一起熬过来的。温老师一直告诫我们，不要有阵地意识，不要去纠结草根之家在不在，而要注重团队在不在、理想在不在，我们所做的事情的价值在不在。慢慢地，我们终于释怀了，用同样的热情面对新杭州人志愿者服务站这个新的平台建设，为更多的工友争取更好的平台、做更多有意义的事……

农民工群体的两条未来道路

我们所做的一切，都是在探索，探索我们打工群体的未来。农民工的未来，多年来我一直在思考。这个问题我想了十多年，我一边思考，一边试着用行动去实践、去改善。我构想的农民工的未来有两条出路。一条路是融入城市成为市民，另一条路则是回到农村，成为新农民。这些年来，我们一直在学习、在实践、在探索。

十一年前我辞去服装厂的工作，开始创办草根之家。那时我的想法就是搭建一个平台，运用广大农民工朋友的智慧，共同探寻农民工问题的解决方案。我一直相信广大农民工群体是非常有智慧的群体，解决农民工问题，只有依靠我们农民工自己。

我们的行动是从文化入手，让工友们先从业余文化生活中做回一个人。在工厂里、在流水线上，我们是机器，是赚钱工具；下了班之后，来到草根之家，大家感觉到我们是人、我们是有情感的、我们是有理想的。

2012 年，我参加了杭州市委举办的"新生代农民工价值观论坛"，论坛提出了"两融两共"总体构想："融入城市发展，共建美好家园；融合都市生活，共享文明成果。"看到这个构想，有些人可能会感觉这有些理想化。但是，我觉得可以用积极的态度来响应，让看似遥远的梦想早日实现。新杭州人志愿者服务站，成立之后就确定了"打造新市民融入都市的典范工程"的目标。面对这样的机遇和环境，我们非常兴奋，我们全体志愿者将更积极地投入到各项学习、实践、倡导的行动中，推动工友们更快融入都市。

当然，我们要清楚认识到，能融入城市的只能是一小部分人。按照"二八定律"来说，可能只会有 20% 的人融入城市，剩下的80% 则只能回到农村。说到回乡，很多人的第一反应就是：回到农村能做什么？可能还有人会说，我们大多数新生代农民工是不愿意回去的。但是，不管客观情况怎么样，也不管工友主观意愿怎么样，更多的农民工最终还是要回去的。一部分人回去是必须的，不同的是回去的时间和方式，是等到老得干不动了才无可奈何地回去，还是趁还能有所作为时回乡开创一番事业？这是我们要作出的选择。当前，面对全球金融危机，面对食品安全危机，我们可以意识到，这是农村发展的最佳机遇，是农民工回乡创业的最佳时机。

到了这个时代，回到农村，并非只能种田。如今，农业可以做的事很多，如生态养生、绿色食品、园林苗木、生活体验等。只要我们好好规划，在农村的广阔天地中，我们是可以有一番作为的！

从草根之家到新杭州人志愿者服务站，我们已经走过了十多年。十多年来，我们国家和社会的发展有了很大的改变。农民工群体的状况也有了很大的改善。无论融入城市还是返乡创业，现在的环境都好多了。进入新的十年，我们正在为农民工群体的两条出路而奋斗，我们构想了"两栖人计划"，助推农民工扎根城市，连接城乡。过去，人们说新生代农民工融不进城、回不了乡。现在，我们想要推动农民工既要融得进城，又要回得了乡，我们要做扎根城市、连接城乡的"两栖人"。过去的五年，我们通过各种文化交流活动，让大家很好地融入这座城市。但是，似乎总还差点什么。因为大家是租房子住的，总感觉还是没有根。如何扎根城市，是我们现在要面对和思考的问题。在与一些工友交流的过程中，我们发现，有不少奋斗在工厂一线的工友已经在杭州买房安家了，虽然他们还要面对房贷压力，但是，从言谈中，明显感觉到那种扎下根来的踏实感：累并快乐着！与之相对地，还有很多工友不敢去想扎根城市，没有扎根的思想，行动也就更谈不上了，"迷茫""月光"依然是很多一线工人的状况，我们感觉，有必要进一步提升工友们的思想境界，鼓励大家要有扎根城市的奋斗梦想。培养两栖人、扎根城市、连接城乡这一奋斗目标成为我们新时期的使命。

我们将通过一系列培训、交流、宣传，让大家更多地去思考自己的未来，并为之付诸行动。我们组建了一个两栖人团队，重点跟踪、培养，助推他们实现扎根城市的梦想，并着重宣传，让他们成为更多工友奋斗的榜样。因为他们来自工友，与大家没有多大区别，他们能做到的，其他人也能做到，这样的榜样更具有号召力。提出"两栖人"的概念，源于新杭州人志愿者服务站的发展定位。按照我们的理想，我们农民工，不仅要能融入城市，同时也能荣耀返乡。我们要做扎根城市、连接城乡的两栖人！

我们这一代，通过艰苦卓绝的努力，成为两栖人、连接城乡；我们的下一代，才可以听从内心的召唤，按自己理想的方式选择扎根在城市或乡村，而不再需要为了生活游离、漂泊！

从现在起，让我们通过思考、行动积累智慧和财富，肩负起历史使命，为解决中国历史问题之农民工问题作出贡献，让"农民工"一词真正成为历史！

一生的理想

从最初的激情到现在的理想信念，"人才计划"的学习培训对我影响巨大，最重要的是，人才计划结束后，所有的老师、学员依旧那么热情、用心。任何时候有什么困难，依旧能得到支持。"乡建一家人，有事别客气"，无论哪条战线上的同行都是那么亲切热情。乡建是一个更大的大家庭，持续地给我温暖和力量，而我所能做的，就是把这份温暖和力量再带给广大的工友。

为工友服务，为理想奋斗，公益理想已经深入到了我内心深处。未来，无论环境如何变化，我心中的理想信念都是不会改变的。

写到这里，我的脑海中浮现出一幅温暖的画面：许多年以后，当我老了，依旧可以和一群志同道合的朋友奔跑，一起激情朝话：为工友服务，为理想奋斗！

附：答记者问——坚持，是为了良知！

昨晚，一电视台记者来电，询问了我的相关情况。当得知我已经 30 多岁，而且还有两个孩子，生活很艰难后，他对我们的坚持有点疑惑。其实有这样疑惑的人已经有很多了。除了和我有相同经历或感受的人，我想大多数人都是很难理解的。

到底是什么力量让我这样坚持？

我不想直接回答，我们先看看我们另外两个兄弟的故事吧。

"反传英雄"李旭，他曾经背井离乡外出创业而身陷传销陷阱，一年半后悔悟并主动退出。在这个过程中，他深刻感受到了传销对人的危害，从此走上了漫长的"反传之路"。反传事业不仅让他在经济上失去了很多，更是时时受到传销头目的恐吓、威胁。但是，他还是一直在坚持。因为他知道有这样一个被传销迫害的群体太可怜了、太可悲了，他知道有这样一个危害社会的东西在肆虐、在猖獗，他不去管，他就良心不安！

与李旭有着相似故事的另一个兄弟就是反地下六合彩斗士李许。从 2003 年起，他所在的村庄经历了一场地下六合彩泛滥之痛，最高峰时这里超过 80% 的人买码，参与赌博的人小到几岁的孩子，大到 60 多岁的老人。自此之后，他就和当地的非法地下六合彩较上了劲，他不仅建立了反地下六合彩的网站，而且自费搞地下六合彩调查，研究赌博的心理，与全国各地的地下六合彩受害者交流，他甚至被称为"中国民间反地下六合彩的第一人"。

"我的理想是根除地下六合彩，不是为国家、不是为社会，而是为自己，为自己的灵魂——当我闭上眼睛时能告诉自己：我做了一件有意义的事。"

他们都一样，只为对得起自己的良心！因为他们深刻感受到一个群体的痛，他们也有能力或有办法为之做一点事。所以，如果不去做，他们会很不舒服；去做了，虽然苦一点、累一点，心里却会很愉悦。

我也一样，打了十多年工，非常深刻地知道打工者的苦楚，也感觉有办法改善这种现状，至少通过努力能改变一点点。

我是 2006 年开始付诸行动的，其实早在 2003 年我就有了这个想法，但是和很多有想法的人一样，因为种种原因总是不敢行动。直到 2005 年年底，一个又一个工友被累死的新闻传入我的耳中，我再也坐不住了，而最终让我下决心的是工友何春梅的过劳死。那时我还在工厂里上班，这个"新闻"是在万峰先生的《晚报浏览》中听到的，我至今还记得那一段话：何春梅死了，加班在继续，在铧鑫厂继续，在广东的一些企业继续，在全国的大多数企业继续。何春梅的生命除了给自己换了几个赔偿金，并不能唤起谁的警觉。何春梅既不是第一个过劳死的女工，也不会是最后一个……

听到这样的新闻的时候，我总会深深自责，为什么不去做，不去为改变而努力？那么多改善农民工现状的方案就这样一直放在枕头下的日记本中……

我终于下定决心做了，也得到太多工友的响应，太多社会的支持。曾经有人问我，到底帮过多少了，做了什么实实在在的事？很惭愧，我只是一个农民工，我真的没能做成什么，更没帮到多少人，更多的是很多热心人给了我很多帮助。

正式开始做草根之家已经快两年了，虽然没做什么实实在在的事，但是认真总结，我相信草根之家对工友、对社会的触动是深刻的，我们所做的事是有价值的，对推动整个农民工的生存环境是起到一定作用的。我曾经说过，只要有互联网，就会有草根之家！说这句话时，多少有点儿悲壮的味道。因为那时，我正面对着很多困难！说这话，更多的是给自己坚持下去的信念！

这种坚持，感动了很多一样有爱心、关注社会的人，不断有爱心人士向草根之家伸出援手。经过坎坎坷坷，现在总算走出了一条自己的道路，找到了明确的方向，虽然前面的路依然艰难，但在更多的爱心人士的支持下，在更多的大学生与工友的共同推动和参与下，我相信我们会做得更好！

如果你是一个有良知的人，请不要再问我为什么要坚持，做一些有利于社会和谐进步的事，一定还要找出一大堆理由吗？如果是那样，真的是这个社会的悲哀！所以，请不要再让我思考这个问题，让我更多地去思考怎样才能做得更好，怎样才能为改善打工者的现状做更多有意义的事！

如果你非要问的话，答案只有一个，我和那两位兄弟一样：只为对得起自己的良心！

2.5 我的另类生活体验
——忆我的 21—28 岁

人才计划七期　魏川[①]

谨以此文，献给那些勇敢实践另类生活的年轻人。

走出象牙塔

"我是谁？"

在我 21 岁时我有机会去寻求答案，去触碰这个问题的核心。

我 21 岁考上大学，还记得上大学前的那个暑假，完全没有对家庭的不舍，整天被一些想法激荡着，脑子里想的是：我自由了！我可以去做我自己了！我可以对自己负责了！一场新的探险正在召唤着我。虽然前途充满未知，但内心充满期待，想去体验所有，想去实现自己心中所想。

我的大学没能给我提供相应的条件，我便自己去社会上做各种兼职，想证明自己有能力养活自己，更多的是想去接触这个社会。我卖报纸、发传单、做清洁工、送外卖……小心翼翼地去从事不同的工作，那时还不是很有意识，也没什么计划性。借由这些工作，我慢慢地去了解自己、触碰社会。即使是兼职工作中待遇很好的，我也不会长久去做，我无法使自己困在一份狭隘、重复的工作中，我想尽可能多地去体验各种不同的生活。

在此，我要感谢我的家庭对我的包容。同时，我也为这个社会使

---

① 魏川，男，河南中牟人。农村可持续发展青年人才培养计划第七期学员，喜欢农耕、烹饪，目前在生态村中实践可持续的生活方式。

我的同龄人过早地背负生存压力，无法探寻更多的可能而感到遗憾。

我发现自己充满极大的热情和能量，对社会、政治问题非常关注，有强烈的道德感，属于理想主义。我总想和同学们谈论政治家关心的问题，但我并没有意愿从政，我觉得每个年轻人都会关心社会问题。能和我有工夫交流的人极少，同学们忙着更现实的事或者沉溺在游戏中。我很失落，只能看书或者在湖边散步排遣，甚至一度不想再上大学了。

后来，机缘巧合之下参加了学校的"支农协会"。我可以和一帮人一起聊人生、一起下乡、一起支教。我在社团里是比较激进的，对社团的官僚作风很不满，不喜欢什么"会长""干事"这些称呼，只是觉得我们一群人可以做点事。我总是不管各种制度，天马行空地去想去做。

参加支农协会后，我的思考更落地也更深了，并且不只停留在思考层面，更有了真实的感受。但我用的还是旧有的知识体系和思维方式，所以常常陷入其中。我多么渴望身边有良师益友啊！我希望有我可以学习的楷模，有我可以请教的师父。参加梁漱溟乡村建设中心第十届"支农调研交流会"，正是我生命的一大转折。

我遇到了"和我一样"的一群年轻人，在情感上得到了极大满足，觉得自己不再孤独了。同时诸位老师对社会问题的讲解，为我提供了解读社会问题的不同角度，让我从原来的"牢笼"中解放出来。和队友在乡村支农的一个星期里，我的潜能被最大限度地激发。面对陌生的一切，面对所有的人生第一次，我既要给孩子们上课，又要买菜做饭，还要入户调研、参与文艺活动。我不知道我是从哪里来的勇气推开农户的大门，我也忘了我是怎么准备一堂课的，我只记得在三伏天的大中午，骑着破旧的自行车顶着大太阳去十几里外买菜，赶回来后又马不停蹄地开始下午的工作。

那次下乡让我有机会直面活生生的老人、妇女、儿童，他们不再只是我脑中思考的素材，他们是真实、丰满、感人的生命。我想为他们做些什么，但真正能做的很少，但我却得到太多，不自觉间我被融化了。我发现自己有看到苦难会生起怜悯之心的特质，我也感受到自己在奉献过程中得到的喜悦与踏实，仿佛那就是我生命的意义所在。

因为那次经历太惊心动魄，在我给别人讲起时总会语无伦次，我不知道该怎么用言语表达我内在经历的一切。那次下乡成为我人生的转折点，我决心在乡村建设这条路上走下去。所以，我参加人才计划，进行更深入的学习便顺理成章了。

参加人才计划前我略微有些犹豫，因为还在上大三，可能面临休学。鱼和熊掌的难题摆在我面前。我总结出来，现实利益的问题很难有个答案，因为一切都是在变的，人有旦夕祸福嘛！只要走正道，上天是会公平回报你的。我不知道自己是真有勇气还是子路式的"暴虎冯河"，总之，最后我休学手续没办，没跟学校打招呼，也没跟家里人说，就参加了人才计划。

从甘地身上学习乡建

我是 2011 年参加第七期人才计划的，到现在已经六年了，这六年是不停追问、不断寻找的六年。人才计划学员的经历是我人生中最宝贵的财富。我始终感恩在乡建中心的经历，感恩它在最恰当的时刻——我可以独立探索真理的时刻出现。感恩它为我打上一层关心社会大众的底色，给我带来解读社会问题的另类视角，给我寻找自己想要的生活的勇气。

刚参加人才计划时的我，和同期的刘培、康丽参与了"国仁绿色联盟"① 的工作。当时全社会正笼罩在食品安全问题的焦虑中，

---

① 国仁绿色联盟（简称"绿盟"）是在温铁军教授的倡议下，由来自山西、山东、河北、河南、湖北等地的农民合作组织联合成立的。绿盟的工作理念是推动农民合作组织的联合，以产品为纽带与城市消费者对接，探索农业可持续发展与公平贸易的模式，并在城乡之间实现良性互助。

人们迫切期待健康的食物，绿盟的事业正是此时慢慢红火起来的。像挑豆子、筛茶籽粉、产品包装等劳动，我们所有人都必须上。参加北京有机农夫市集，我们抬着几个几十斤重的收纳箱坐公交转地铁加上步行。面对消费者时，我们很难用简单的话语让他们理解绿盟到底是什么。我们也都不懂营销，幸而我们产品的质量好，慢慢积累了许多回头客。

我们会对自己的身份有疑惑，我们是不是"二道贩子"？我们怎么给予农民支持？当时脑子里冒出的问题大多和要具体怎么做好手头工作无太大关系。

一边是消费者期待健康食品，一边是农民渴望增加收入，中间还有我们这些年轻人的生存，绿盟仿佛诺亚方舟一样要承载很多东西。要驾驭这艘船，的确是需要专业素养的，我们都"太年轻"了。在那轮关注食品安全的浪潮过后，销售趋于平稳，竞争日趋激烈。我们的学员期也结束了，继续做下去就会有开支，成本陡然提高，很难有盈利。后来，绿盟挪到了小毛驴市民农园在柳林的农场，但问题仍没得到解决。所有制是模糊的，也就没有人会真正承担责任，这次转型没有成功。面临困境时我们开会讨论，但没有经验的大家做的又是一次探索性的试验，所以也找不出问题的症结。

人才计划培训的后半部分时间我基本都在河北衡水安金磊老师的农场里。第一次见他是在一次讲座上。见他之前我看了他的介绍，一种钦佩感油然而生，内心似乎在说"这正是我要成为的样子"。会后，我跑去找他，我问："能让我看看您的手吗？"现在想想也觉得自己胆大、唐突，但当时就是想确认他是不是真的那么勤劳。

很快，我们便有机会去他那里。白天我们一起劳动，晚上我们一起学习。他推荐我们读《论语》，练八段锦。我始终在想："这是一个农民吗？"虽然他和别的农民一样生活在农村，但他的精神状态、所思所想完全不是一般农民的样子。我仔细地观察过他，留心他的一言一行。

刚进他家门的情景我现在还记得，他正蹲着开心地用手洗衣服。农村的男人是很少做家务的，况且现在又都有洗衣机。他家里墙上挂着"晴耕雨读""量周沙界"等装裱的字画，很有文化气息。他们家信佛、吃素。这一切都让我感到好奇。一周的生活下来，他在点点滴滴生活细节上给予我们指导，农具如何摆放、门如何开关，等等。假如换一个人来教我，我可能不会觉得有什么，但他这么一说，我就觉得格外有道理，会格外信服。

在一周的生活里，我的心仿佛放慢了节奏，过起和他一样的生活。相处之中，我对他越来越信服。他为我打开了一扇门，让我看到一种生活典范，他的行就是他的言，他的生活方式就是他的"道理"。

我第二次去，是随部门负责人一起去的，但负责人要走时我却提出"留下"。我是较少主动提出自己需求的，但我不知道为什么，就是选择了"留下"。

在我结束大学那边的事后基本在安老师那里。这期间有人才计划的结业，我甚至没有和七期的伙伴们一起去领温老师颁发的结业证书，因为想着地里农忙。我只记得结业文章最后写着"我已经知道自己不做什么了，但我还不知道自己要做什么"。2012 年冬天，我把小额项目收尾后离开国仁绿色联盟，也告别了乡建中心。

在当学员期间结识了一个朋友，我叫他"老毕"。他会给我讲佛教，我一开始斥之以迷信，后来慢慢琢磨并重视，也开始对宗教感兴趣，因为它里面的确有许多人生哲理，甚至能解释宇宙生命乃至社会问题，只是侧重于人心的角度，我觉得也很好。加上在安老师那里的生活体悟，我慢慢认识到"要想改变世界，得先改变自己"。如何改变自己呢？儒释道三家都提供了丰富的资源，于是最终回归到了文化。

我慢慢试着用温老师的理论解释现实层面的物质世界，从传统文化的角度解释意识层面的东西，虽然生硬，但颇有趣，有时两者都能互补或呼应，我就格外高兴。在现实生活中遇到挫折时我就让自己放下，在心灵层面有了感悟时就告诉自己赶紧去实践。

儒释道三家都讲"修行"，而真正的"乡村建设"就是修行。就像潘家恩老师说的"乡村建设不等于建设乡村"，那么乡村建设是干什么？我的理解是，乡村建设是"人的工作"。在这个时代，就是恢复人类应有的生活、生命状态，构建更加和谐的人与人、人与自然、人与自己内心的关系。不是每个人都能在从事乡村建设的机构里工作，但这并不妨碍每个人做"乡村建设"。

我内心一直在问自己"为什么我要做乡建"。对于我这个生命个体，该做些什么呢？匆匆一年的人才计划之旅，还没来得及找到答案便结束了。当生命走向成熟温和，面临组建家庭、养家糊口等现实问题时，我又该如何找到做乡村建设的力量源泉？如何将自己的生活和乡村建设的理想统一起来？如果不在这个过程中看清自己，在乡村建设的道路上是走不长远的。

我的乡村建设之路是一条"内心建设之路"。人才计划结束后，我在现实与理想的博弈中继续寻找自己真正想要的生活，寻找自己的"乡建之路"。在此，我不得不推荐《圣雄修身录》《圣雄箴言录》这两本书，甘地将乡村建设与个人成长的关系讲得很透彻。这两本书我一直带在身边，它们帮助我很好地整合理想与个人生活，也将乡村建设从"政治经济问题"的范畴提升到宇宙人生真谛的层面上。

一路走来，我曾多次想放弃，想着"就老老实实像别人一样生活"，但终究抵不过内心的召唤。直到某一天，做乡村建设从外在的理论推导和道德约束变成一种自愿自觉的生活方式时，我才算真正开始做乡建吧。

返乡与新青年绿色公社

毕业后，自然面临就业、婚姻等现实问题，即使你不着急，你的父母也会替你操碎心，而他们的情绪又会影响你。我的父母也一样，他们担心我在物质层面落后。我会跟他们讲道理，但我发现跟亲人讲道理基本没用。

婚姻和工作是两道很大的坎儿，能看出你内心真实的想法。我看到许多曾经一起下乡的支农队友仍然选择了主流的工作、生活模式，一些女队友匆匆结了婚，在理解之余也唏嘘。在分水岭面前我不得不和上一个阶段的同路人告别，走一条更少人走的路。

我的确深入思考过自己将来要过的生活，因为在做学员期间我接触到很多生活理念，便不想从事某些带给个人及他人身心伤害的职业；不想与没有共同理想的伴侣牵手；不想自己的孩子接受填鸭式教育……那么，一种另类的生活方式便需要有一群人一起才能实现。我便想到乡建中心"新青年绿色公社"这种模式。鲁道夫·斯坦纳说："我们教育的目标，应该是使年轻人带着自身使命感进入这个世界，他们能够对自己在世界中的生活自由地赋予形式、方向和目标，而不是去填充由过往世世代代造就的位置。"

于是，我来到顺平县的一个村子，之前乡建中心在这里做了"新青年农场"，我准备把"新青年绿色公社"在那里做起来。想想那时，自己真是什么都不管，也什么都不怕，只身来到陌生的乡村。找住处、租田地、开磨坊，一个大学生来到山村里生活，这成了当地的稀奇事儿。他们来我这里加工谷物，有时完全是"猎奇"。问我："你来我们这里做啥？"我不能说"建设新青年公社"之类他们不好理解的话，并且我自己也确实没想清楚，我只能用"咱们这里好啊"这类的话搪塞。乡村的生活对我来说同样充满新奇，因为要像当地人一样劳作才能生存，所以比做学员时更加真实。同他们一样早起，在有集市时去赶集，还养了几只鸡，甚至开始做发酵床准备养猪。白天干活，夜里看书，真是跟隐居一般。

现在回忆起那段岁月，我个人的生存技能得到极大提高。生活上让我为难的是，我是一个人，不能又去地里干活又帮人加工谷物。

我更真切地体会到乡村的凋敝，那种真实感不再是停留在脑子里的，而是穿透心灵的。我能把自己的日子过好已属不易，不敢奢谈别的。

后来，我得知乡建中心在转型，不会在这边做工作，也不会再有人来。同时，我租住的房子和磨坊的户主也要拆建新房，我自己也失去了信心，便离开了那里。

回到家中，我并没有"安分"下来，想着在家乡做乡村建设。我的想法是先从自己熟悉的"生态农业"做起，然后带动身边人一起搞生态种植，成立合作社。正赶上魏丰收（人才计划三期学员）在河南开展乡建工作，他"下的棋"很大，大学生支农社团工作、生态农产品销售、爱故乡工作站等都要一一开展。我能感觉出这些事情像一粒粒散着的珠子。他还没有找到把它们穿起来的方法，觉得我能做大学生社团工作，就把暑假交流会的工作交给了我。那时，虽然人已离开乡建中心，但我在情感和思想上还是非常认同的，所以，他找我做事情，我也觉得还是在一家单位里，不能拒绝。

他筹措了5000元钱来举办第十八届支农调研交流会河南分会，就使用我舅舅在村里闲置的毛坯房。那时，我一面照顾田里的庄稼，一面准备交流会。这点钱实在太捉襟见肘了，又要刨除给房子跑电路的1000多元。记得采购物资那天，我中暑头晕，为了省几元钱，顶着太阳在批发市场里一家家问席子的价钱；洗脸盆，是我直接去废品站挑还能用的；被子，联系大学社团收购二手的；桌椅，租乡村里搞宴席剩下的一些，把姥姥老屋里落满灰尘的旧桌椅搬出来洗洗。放PPT需要让屋里变暗，我们买不起窗帘，就扯了点床单布钉在窗户上。买不起那么多褥子，绞尽脑汁想不出解决办法，甚至想买盖大棚的草帘，但又觉得太不像话，四处打听后，购买了几卷盖蔬菜的毡布。所有来讲课的老师一律没有讲课费甚至不报销路费，吃饭也和学员一样。

然而，办交流会最大的困难并非财物，而是我作为中间人要帮着在村里协调各种关系，这也是不容易被看到的。设想一下，一群陌生人来到一个村庄办活动，怎么可能不让人"好奇"，特别是那个村子又处在被拆迁的"虎视眈眈"中。还有一个插曲，我二舅要在村里办暑假班，大学生们开展支教活动就跟他有冲突，只好让学员们与他"合作办学"，后来又让学员们去另外一个村子支教，每天往返住地。即便如此，仍影响了二舅的招生，而我在村里的地又是租他的。他跟我诉说不满，姥姥也得知了，我的压力更大了。

那时，真不知哪里来的信念和干劲儿，这些硬是都撑过去了。

我在家里种的地是舅舅租给我的，之前一直租给别的村民，从别人手里收回来难免会让人不舒服，这也让舅舅为难，而舅舅肯租给我，完全是因为关系亲近，所以，关系一旦处不好，随时都有被收回的风险。那些地块儿又分散在相隔很远的地方，耕种起来颇费周折。许多农活是需要劳动工具，需要人帮忙的，我手头是没什么钱，家里也不肯借给我，幸而五舅资助我两万元，让我可以先把农事开展起来。

要照顾好那些地并不容易，因为不打药不上化肥，就特别需要人工。一个人干活是最难熬的，常常需要有人搭把手，也需要有人说说话。家人因为我种地承受了很大压力，我也尽量避开村民们，早上比他们早到地里，晚上等他们都回家了我才回。

一年下来，虽然日夜在地里劳作，但算下来还是不能养活自己，即便如此，城市化的脚步很快蔓延至我所在的村庄，那里要开发成"电影小镇"。拆迁已成定局，我犹如泄了气的皮球，这次艰难的返乡活动便在复杂的滋味中结束了。

乐观者与悲观者的合作

处置好一年的产出后，我收拾行囊到了北京一家将农业、教育、传统文化融合在一起的学堂"普润园"。在那里，我遇到了人生中又一位重要的老师——米莱老师。米莱老师做过大学教师、音乐人、环保人士，也曾在深山中独居，后来终于明了自己所担负的使命。他传奇的人生经历讲出来就能给我足够的指导，他充满艺术气息却又踏踏实实。和米莱老师一起工作，他总能教会我许多东西。开车时，他教我怎么开得省油，一方面出于他做环保出身的敏感，另一方面也出于他细心的体会总结。他天马行空却又能朝着一个方向一直努力，并灵活调整策略。

2015 年年初，米莱老师接收了房山一个农场，我们一起商量怎么把农场利用起来。他思路活跃并敢于实施，看到农场堆积的旧建筑材料，便很好地把它们利用起来。那些旧材料被拿来铺设栈道、搭建谷仓、做木桌、做池塘围栏等。我是绝对想不到他会利用钢管、钢板构建起一圈池塘围栏的。

我总是从悲观的角度提出困难或分析如何不可行，他却总是充满信心的。我们一开始商量看看农场可以种什么，试着种蔬菜、姜、土豆等作物。虽然有收获，但灌溉、人工成本过高，菜大量上市时吃不了也不好销售掉。在这个过程中，他的优势就体现了出来，面对没有经验的事物，不怕失败，没做成就总结经验及时调整。

后来，农场办夏令营，又做"酵素农业"，建禅修房，直到最近办成"房山书院"，要建设"国学共生社区"。其中的崎岖探索恐怕只有他最能体会到。我有幸见证米莱老师如何一步步实现心中蓝图，自己也备受鼓舞。我这个"悲观主义者"的确需要用行动把梦想变成现实，而不是固执坚持一开始的想法，逡巡不前。

在房山农场的夏令营结束后我感到没有目标，自己很没有力量，状态很差。我又是那种喜欢让很多事在自己心里消化的人，但最终也没有重新给自己力量，便向米莱老师请辞。

在跟米莱老师工作的这段岁月里，我感受到居住在城市的人迫切希望能体验乡村田园的自然生活，也希望孩子能更多地接触自然。乡村里的确有很多人不愿意再种地或没人种地了。我之前的思路就是调动农民的积极性建设乡村，现在看来，乡村建设可能会有更多元的力量。热爱乡村生活、建设乡村的人未必一定要是当地农民。

辞别米莱老师还因为一个"伪问题"，就是过的生活不像外界竞争压力那么大，会怀疑自己与市场经济脱节了，或想体验一下那种工作。适逢乡建领域有像张琪那样的转型者，敢于把乡村建设与主流社会接轨，敢于与资本打交道。我便来到福建的"滋农游学"团队。

当时正赶上建造"竹屿亭"，我是不理解为什么要在远离村庄的地方建一个竹亭子的。建造竹亭的钱是在网上众筹的，这个过程中结交了许多建筑师、设计师。这些具有专业背景的人做起事情来确实不一样，他们能运用专业的设计软件，熟知信息传播方式，能抓住现代人的眼球。他们的到来让古村显得格外有活力，在与他们的碰撞中我大开眼界。当最后亭子真的呈现在我面前时，一个梦想就这样变成现实，我真的被震撼到了。

乡村建设真的需要各种力量参与。即使那些建筑师不能一直从事乡村建设，就像这个社会上许许多多各行业的人一样，但他们的能力的确可以帮助到乡村，他们也愿意在合适的乡村展现自己的才华。"滋农"搭建了一个汇集各类有意愿到乡村做事的人的舞台。

我们之前一直排斥"资本"，但也说不清为啥排斥，可能是根深蒂固地认为它"邪恶"吧。但资本分左中右，也看为谁所用及怎么用。乡村建设者在农民眼里不应该是"生活的失败者"，而应过着有一定物质条件的、有品质的生活。随着乡建工作的深入，我们对农民、对自己、对人性、对人情世故都会有更深的理解。在资本的介入下，做事情也会专业、正规起来，这是一个团体到一定发展阶段不得不面对的问题，如财务、税务，约见客户，与政府、媒体打交道。

虽然只待了五个月，在思想上对我的冲击却是巨大的，这期间张琪又向我灌输了一些"后现代"的思想，对我的价值观念又有巨大影响，让我跳出各种意识形态的束缚，让我不被个人喜好局限而是客观地看待事物。"女权""同性恋"这些我原本只知道名词的概念现在更清楚了。我佩服那些能将人的某种细微心理写成一本书的思考者，也感谢他们帮助我们看清自己，以使我们更自在地生活。

离开"滋农"，我又来到安金磊老师的农场。我想，这应该是我最后一次做职业选择了吧。之所以这么说，既有外界对我"换来换去"的眼光投射的压力，也有自己越来越迫近 28 岁关口时内心的危机感。我似乎来到一个盘点的时刻，我会问自己：我现在是什么样子？未来我想做什么？我的能力和局限是什么？我做的决定开始基于长久考量，对决定和行为的后果越来越有意识。

回到安老师这里，是因为心里一直忘不了，我也说不清为何。我意识到自己似乎更适合做动手的工作，做与自己内心对话的工作，像农耕、烹饪、木工之类，我天然就会觉得喜欢。安老师说了他这里的构想，希望传承中华传统农耕智慧，做原生种子保护工作，推动可持续小镇项目等。当然，他说的我是很信服的。我脑子里开始形成在这里生活的图景。

当时，我正好将步入婚姻殿堂。对于我要在乡村生活，另一半还没有准备好。我的愿景给了她压力，我只能建议她先去乡村了解了解，先对乡村生活有个直观感受。于是，她也参加了"人才计划"，在山西永济那边学习。她因为之前有儿童教育经验，又恰逢所在乡村开办"儿童私塾"，也能施展自己的才华，便慢慢找到了意义。

婚后，妻子检查出怀孕，我也正式迈入 28 岁，一系列内在外在的事情累积到一起，这让我下一个决心是艰难的。机缘巧合之下我们来到一所华德福学校，或许这在现阶段对我们来说是稳妥的选择。我们从人智学的角度了解生命成长的规律，慢慢看清自己在各个生命阶段呈现的状态。要提出解决现实问题的对策，就不能停留在问题表面，务必要探索生命的真相。我想，这就是我们既要关心社会问题又要跳出其中去关注生命成长的原因。这也正是乡村建设的艰难之处——革自己的命，也是其魅力所在。

来到 29 岁，我开始重新审视人生态度，并设立新的目标。理想主义的激情变成生活的实实在在，我要做现实的理想主义者。

2.6 另类视角：一位退休人员的乡建探索

人才计划九期　赵武民

赵武民，2012年1月从沾化县经济与信息化局内退，但退休后的他退而不休，回到自己的家乡继续开展乡村建设活动。返乡后困惑颇多，于是在2013年，报名参加了梁漱溟乡村建设中心第九期人才计划培养项目。与其他学员不一样，他不领补贴，每次培训都是自掏路费，但每一次集中培训，他总是在认真地做着笔记；为了每个月能按期交月报，50多岁的他开始学习电脑打字，每一次都能如期交上来；他也是所有九期学员中最乐观的人，身材略微发福的他，脸上总是乐呵呵的，更有饱经风霜后的从容与坦荡。

从供销社领导到乡建志愿者

我叫赵武民，1959年9月12日（农历）出生在山东省滨州市沾化县宿牙桥村一个地主家庭。我出生时正值国家三年困难时期，据老人讲，那时缺吃少穿，把树皮、枕头内的谷秕子、棒子瓤（玉米芯）都吃光了，饿得人都皮包骨头、面黄肌瘦的，但我还是勉强能够活下来。幼年时弱小，两岁才会走路，对幼童时期的穿衣吃饭等基本生活没有太多的记忆，母亲说是很苦的。小时曾拿薅地瓜的小扒锄当玩具玩，不小心跌倒，小扒锄的尖正好插进我的腮帮子，我母亲用野蘑菇灰涂伤处，止血消炎才无大感染，至今仍有痕迹，虽不刻骨铭心，但可想童年的悲惨。

我已不记得是7岁（1966年）还是8岁上的学，那时春天是新学年的开始。还清晰地记得小学的地点，是一个四合院，原来也是地主家的，我曾在东北屋读书，也在东南屋读过书。五年级毕业后，当年凡是家庭成分高的学生都没有让上初中，我被迫留了级，第二个五年级（1972 年）时到了一个无人居住的地方，有四间小屋，其中一间屋供老师居住与办公，在此读五年级的学生只有不到 20 人。第二个五年级学习氛围较好，晚上有自习，记得课桌是用土坯垒的台子支撑着水泥面，台面上可以挖个洞用来放煤油灯。我学习认真成绩好，老师很喜爱，这一年整体上是学习的一年、充实的一年。第二个五年级毕业升初中施行统考，我在片区考了第一名，有幸上了麻姑庵中学。麻姑庵初中有两个年级，每个年级只有一个班，我们班有七个村的学生，50 来人。学校一开始还注重教与学，还有全公社的会考，以后因极"左"路线的影响，批林批孔运动的开展，影响了教与学，但总体上因老师中老实的多、讲正义的多，教学才没彻底瘫痪。

初中经过两年学习后，又增加了半年的时间才毕业，也就是1975 年夏季毕业（从此学生就改为了夏季毕业），总体上这两年半的时间在当时的极"左"背景下还算学了点东西，不幸中的万幸！毕业时无考试，上高中的人选不知是怎么确定的，后来听说是学校与各大队商量的，其中有家长找公社、大队与学校，可能全是走后门，因我地主家庭出身便没有了上高中的学习机会。从此失学了！我万分痛苦，也万分无奈！当年我只有 16 岁。

1976 年"四人帮"被打倒，1977 年恢复了高考，我当时在工地，听说有考试这回事，但因信息不灵，对政策不了解，不相信地主家庭出身的能有好事，这一年就耽误了。后来得知有地主家庭出身的人考上大学的消息后才动了心，我从此就复习起功课来，那时缺资料，就以复习我的初中课本为主。正好大队的负责人让我掏学校茅厕的粪，我不怕脏，而且时间可以自己掌握，于是有了自己的时间便于复习。1978 年技工学校与中等专业学校统一招生，经过几个月的复习，我参加了山东省中等专业学校的考试，考了 210 多分，190 分就可以录取。当时需填志愿，填了哪些我也忘了，那时不在乎什么学校，只要考上就行。我考取了惠民地区（后改为滨州市）运输公司技工学校，我村及我初中班就我一人考取，我感到很自豪，父母也很高兴，我还与学习的伙伴一起吃饭庆祝了一下。

一开始我的专业是汽车驾驶，因我不喜欢，家中也担心，学校也考虑到学生的爱好与适应性，同意转专业，我就转了汽车修理专业，经过几次实习，我对汽车修理有了基本的了解。当时还有数学、政治、体育、机械制图、金属工艺、汽车构造、汽车修理、汽车电工等课程的学习，通过学习、实习，经考试合格，我于1980年7月毕业。

1980年7月我被分配到沾化县供销汽车队工作，当过汽车综合修理工、汽车电工、车间会计，工作期间我结了婚。虽参加了工作，我仍不满足，我边工作边学习，认为只有学习才能改变现状，我经常自学到深夜，但不系统，非常愿意再有一次深造的机会。终于机会又来了，1986年原惠民地区供销社办电大班，我就参加了全国统一的成人高考，考取了中央电大的山东分校，专业是商业经济管理。我很喜欢，学习很紧张，电大班老师没有出题阅卷权只负责辅导，中央电大统一电视授课、统一考题、统一阅卷，十分正规！考试也十分严格。我的数学（微积分、线性规划）学得很好，应用文写作几次做"范文"得到了老师好评。在上学期间我的儿子赵国斌出生了，虽辛苦但也带来了天伦之乐。在学校，我入了党，是电大学生中唯一入党的人。

1988年7月我电大毕业，回车队干调度。不久，不知是全省还是全国招干，我在沾化县考试，考了第二名，被录取到税务局，分到了齐圈税务所。新的岗位待遇好，社会地位高，但我总感觉空虚，现在看来也是自己涉世未深。干了两年，在好友老兄的支持下，1991年我又回到了车队，继续干实业，先干副队长，又干队长，买汽车12辆，建加油站两处，效益不错。此后曾任过县供销社和几个企业的主要负责人，2003年3月回到供销社主持工作，与全国供销总社的新合作合作，创办了山东新合作，打造了五大经营服务体系：

日用品经营服务体系、生产资料经营服务体系、家电经营服务体系、烟花爆竹经营服务体系、农村社区经营服务体系；形成了三位一体的组织体系：县供销社、基层社、专业合作社；建立了合作社联合社，建设了 10 万平方米的商业设施。因为工作中的表现，我被选为县人大代表，担任过两届县人大代表与一届县人大常委，被山东省人事局与供销社记过二等功，获得过中国合作经济领军人物奖。

2012 年年初，我在沾化县经济与信息化局内退。内退后我身体还好，精力充沛，精神很好，一直在思考以后的人生怎么度过。有人推荐到企业去，有人建议自己搞经营，有人建议就是玩，但我感觉这都不是我所愿，内心在彷徨犹豫。从个人角度来讲，我是农村出身，几十年的工作也与农村有关系，对家乡比较熟悉，有着深厚的感情，从自己的内心来讲愿意参与家乡的一些事，热爱农村与自然；从大环境来讲，国家把"三农"工作作为重中之重，支持农村、反哺农业、关心农民，顺应自然，追求生态文明是大势。我感觉在家乡做点事是自己内退后的方向、事业，是自己的价值所在，既符合内心又符合大势，何乐而不为？在思考与探索的过程中，幸遇梁漱溟乡村建设中心招收学员，我有幸被破格录取，成为人才计划第九期学员，参加了 2013 年 8 月到 2014 年 7 月的学习与实践。

人才计划这一年的学习给了我很多新的思考和借鉴，特别是去山西永济蒲韩乡村社区、安徽阜阳南塘合作社等地的采访，给我在村里的工作带来了很多启发，以下是我作为一个退休人员在村里开展乡村建设的工作和思考。

为家乡做的几件小事

传统农具陈列室

2013 年年初刚回到家乡，我做的第一件事就是改造自己家的老宅子，在老宅子的基础上改造了三间房屋，返乡工作首先有了一个立足的地方。同时添置了一些必要的办公设备，我把其中一间房屋装饰成乡村建设议事室，其余两间以及院子则被改造成了传统农具陈列室。

中华民族是一个农耕民族，农耕文化是中华优秀传统文化的重要组成部分，是构建中华民族精神家园的重要文化源泉。虽然国家有传统农具博物馆，但在村庄很少有传统农具陈列室，这很不方便农村的青少年学生去了解传统农具。我村历史悠久，又是传统农业村，农耕文化源远流长，但是随着农业现代化的推进，传统农具绝大多数已不再使用，有些已做柴烧，有些露天存放、风吹雨淋、不断损毁，只在老农民的老屋中还存一部分，再不搜集保管就会在不远的将来"全军覆灭"。所以回到村庄后，我立即与家中的亲戚朋友沟通交流，让他们理解保护老农具的意义，并与我一起搜集、保管、陈列这些传统农具。因为以前我在县城工作的原因，村里人对我的工作表示理解和支持，并很快与村干部、亲戚朋友形成了有共识的团队，与我一起工作。

2014年，我捐出了2000元做先期的收集资金。因为没有市场价可以参考，我们就多和老乡协商，出价谨慎，询价也讲艺术，在搜集的过程中，不断积累经验，形成基本的价格概念。同样的农具，价格基本一致；不同样的农具要有合理的比价，还要看新旧程度、完好程度、稀缺程度、意义程度。对于要高价的人要认真解释，一是不要亏了乡亲，二是要避免高价，这是一个传承文明的事情，也是一个良心事，必须平衡好。4月开始，我又通过学校和村里，与老师、学生、村民座谈，提倡捐赠、代存老农具，对捐赠者和代存者发放捐赠、代存证书并造册，在老农具上标明捐赠者、代存者的名字，这样一方面可以减少购买的资金，另一方面可以让大家都有参与感和荣誉感，而不只是我个人的事情。

对于收集上来的老农具，我们一方面联系青岛农业大学学编辑设计的志愿者，编辑说明书和宣传册；另一方面让我们村的大学生在假期做志愿者，带着村里的中小学生，对老农具的来历、具体用途、故事、使用方法做好记载，让大家在记录的过程中加深对农耕文化的认知，加深对家乡的感情。现在我们已经建成了一个160平方米左右的陈列室，这是一个齐全、规范、有故事、有教育意义的陈列室。

老年人活动室

建设运营老年人活动室是我想得最早也是准备得最早的一件事情，因为人终将一老，我马上要加入老年人的行列，所以也为此做好了充分的准备。

农村老人在家住习惯了，不愿意到乡镇养老院，就是有钱也不愿意到条件好的收费养老院，乡情难离啊！在家养老是农村的基本养老方式，大多数农村老人要在家乡安享晚年。在我们村里没有一个老年人活动的公共空间，老人冬天就溜墙根晒太阳，夏天在树下聊天，树下、墙根虽然生态，但风吹日晒，总是有不方便的时候，有一个公共活动室还是必要的。所以他们盼望在家乡有一个老年人集聚的地方，更盼望有老人一块聊天、活动甚至吃住的地方，他们说：就是把养老金、孩子们给的钱都拿出来也要参加。

为此，我动员了在县城的亲戚，把他在老家不住的房子改建了一番，房顶重新换了瓦，外墙加上了防雨层，安上了自来水，换了大门，整理了过道，配备了家具、电视机等用品，开放给村里的老年人活动。在运行时，我和老人们商量好了几条规矩：（1）不准在活动室赌钱；（2）不准在活动室吸烟、喝酒；（3）在村内有丧事及较大不幸事或国家有大灾难、灾害时不能有娱乐活动；（4）讲究卫生、搞好值日；（5）注意安全；等等。同时我也与村干部商议成立了老年文艺队，购买了锣鼓等器具，让老年人老有所乐。

老种子保护与生态农业

据说神农氏时代的先民，已经懂得根据季节在同一类野生植物上采摘果实，但还不懂得种植。某次有一只漂亮的神鸟飞过神农氏的头顶，神鸟口中衔着的五彩九穗的谷子恰好掉落在神农氏的身边，神农氏认为这是上天的赏赐，舍不得吃，就把它埋在土里，没想到过了半年，竟然长出了一大片非常茂盛的谷子。神农氏揪下一个谷穗尝了尝，觉得味道不错，就把族人招来，让他们把这些九穗谷采摘下来，种植在地里——这是《神鸟授谷》的故事，也是最早的农业。

对于种子的保护和生态农业，我心中也早有想法。棉花是我国最早的转基因作物，我家乡所在的沾化县是山东的产棉大县，但据报道，我县种植的棉花90%以上都是转基因品种，穿用的棉花已不再生态，况且棉花种子（棉籽）是食用油的原料，棉粕是饲料，这就是说，我们吃的、穿的、睡的都是转基因产品。因此，我的生态种植就先从棉花生态种植开始。

我从乐观的角度推断，按此应该还有10%以下的棉花种子是非转基因的，但这10%以下的非转基因棉花在哪里？我找到了山东棉花制种大县惠民县的棉花种业公司总经理，在他那里没有找到；我问了几个种棉户，都说现在光买种子，老种子早没了；最后好不容易通过我的族叔，在滨州棉花研究部门搞到3斤非转基因棉花种子，还是两年前的毛籽。为了不浪费种子，我让在老家的族叔用传统的办法点种，不求棉花的产量，更重要的任务是繁育、保留更多的非转基因棉花种子，待来年有了较多非转基因棉花种子再全面生态种植棉花。这是生态种植的第一步，也是在非转基因棉花种子危机的状况下抢救和保护棉花种子。

2014年，我也在推动亲戚进行生态小麦种植，从9分地开始，自己留种种植，麦田不再打药、用化肥，而是用农家肥、生态种植允许的药物，单收单存，先供自家人食用，然后再慢慢推广。

有人说现在的人"吃农药、穿塑料"，很形象地说明了现在的人们吃穿安全问题。现在的环境污染有农业的较大"贡献"，环境的污染，农药入侵食物，转基因粮油、棉花已把人武装起来了，怎能确保健康？我们不是不要现代化，而是要什么样的现代化？这些问题的解决需要深思熟虑，需要真正转变观念，要改变污染的现代化，要健康的、生态的现代化。

退休人员应到农村去，支持农民生态种植养殖，和农民结对子进行信任式生态种植养殖，从自己的家庭做起食用生态食品，并利用自己的关系广泛宣传，推广生态食品，星星之火可以燎原，生态食品用品的普及是大势所趋！人们会清醒的，也应清醒！

乡村建设需要退休人员

人生有几个阶段，退休后是人生极其重要的阶段，也可以说退休后是人生的另一季，第二个春天。人生的价值大小、意义如何，与退休后的定位、生活、作为紧密相关。退休后，若无所适从、内心焦虑，没有符合自己内心的事与活动，将影响人的身体健康，人生的价值意义将大打折扣，对社会也无益，体现负社会价值；若有符合自己内心的事与活动，不仅能丰富自己的人生，增加个人价值，也对社会有益，体现社会价值。我国现有退休人员几千万，还有说不清的内退人员，这部分人很多身体还好得很，自发挥或他发挥他们的作用，既是个人责任也是社会责任。每个人的爱好、认识、特长、条件、环境、情况各不相同，也不要求每个退休人员都参与乡建，但回归乡村、回归自然，在乡村发挥余热是极具价值的选择。

一是乡村建设需要退休人员。乡村建设涉及面广，需要全社会的参与。实践证明，退休人员是宝贵财富，他们信念坚定、经验丰富、威望独特、资源广泛，有时间无压力。他们中有协调能力强的老干部，有理论水平高的专家学者，有实践经验丰富的技术人才，有的人还身怀绝技，农民非常信任他们，说话有人听，做事有人跟，他们有特殊优势，参加乡建效果明显。他们可以在经济、政治、文化、社会、生态等方面参与乡村建设，是乡村建设的重要力量，乡村建设也非常需要他们。

二是他们适宜乡村建设。他们返乡应是自愿的，没有社会压力，没有经济负担，对前途不迷茫，思想稳定又有资源，行动上没有功利色彩，能沉住气把乡建事业搞下去。

三是了却他们回报桑梓之心。以前没时间或条件，现在机会有了，可以在情感上去除他们心中的一份牵挂。

四是可使他们健康长寿。身处乡间的小道田野，可锻炼身体，呼吸新鲜空气，饮食生态利于健康。

五是体现自身价值的需求，这是退休人员幸福的重要标志。他们虽然退休了，但责任心、事业心没有退，愿意展示老有所为的精神风采，而且随着国家保障水平和医疗保健水平的提高，他们有能力、有条件、有时间、有精力参与乡村建设，他们有愿望、有要求参与乡村建设，他们愿意充实自己的生活，实现他们的人生价值。人生最美夕阳红，二次人生再创业，夕阳之时再灿烂，活到老事业到老，终生无悔；发挥退休人员的余热可以积极应对老龄社会。

六是缩小了城乡差别。他们把良好的生活习惯、知识、信息带到农村，把农村的生态产品带到城市，形成交融、有价值的城乡互动。

乡村建设事业的目的是幸福农民、生态农业、温馨农村，主体是农民，主题是组织农民，原则是尊重自愿、满足需求、讲求客观，整合资源，退休人员也是其中的一分子，大有可为。

我生历 55 载，去日不还，为当下未来，需总结思考！

我生已 55 载，来日几何？做好当下事，应有紧迫感！

我生才 55 载，来日还长，做好未来事，当放长眼光！

（改编自赵武民人才计划九期结业报告）

2.7 淌过的时光，留住的理想

人才计划十期　吴昊[①]

又一年南塘的"大地民谣音乐节"随着清明前后的十里春风如约而至。

一周前，原本计划着再回南塘的时间表终于在清明假期紧张的车票面前被迫取消，只好在京城阴沉沉的天空下、灰蒙蒙的小窗内，隔着 800 公里的空间距离和一道手机屏幕想象并回想着南塘的今与昔，感叹"前度吴郎"还是没有再来。

从南塘"下乡"经历的结束到现在已近两年。2015 年 8 月，带着"不甘于平庸的梦"和"不同于流俗的心"的我来到帝都，开始在北漂中追寻自己的"价值"和"理想"，工作和生活之余，乐此不疲地奔波于一场场聆听和激辩，也一次次地参与到民间公益组织中做志愿者，真心以为可以把大学时代的理想主义延续下去。虽然时常觉得，在与"现实"的对冲中想要保持那份"理想"，往往像负重前行一般，总是要增添些许烦恼；不过，更多的时候，却是觉得庆幸，幸好我还保留着那些过去和现在都觉得重要的东西，那是行走于半是原野半是荒漠的旅途中难得的动力和慰藉。

以第二次世界大战为题材的电影《卡萨布兰卡》中有这样一句台词："你的气质里，藏着你读过的书、走过的路和爱过的人。"事实上，不仅仅是人的气质，还有人们每时每刻的所思、所想、所感，以及选择和决策，都深含着过往岁月打下的烙印。当我回想那些表

---

① 吴昊，男，山西文水人，2014 年毕业于沈阳师范大学，农村可持续发展青年人才培养计划第十期学员。现为《中国改革报·能源发展》周刊记者，关注环境、能源、减贫、乡村建设、工人组织、性别平权等领域，业余时间参与自然之友、绿色和平等多家环保 NGO 活动，并担任志愿者。

面丰富实则乏善可陈的经历时，时常会对我"敢想却不怎么敢做"的行动力感到怀疑，不过，即使是表面的"丰富"，也足以把一些故事写在漫长的记忆简历里慢慢咀嚼了。

我一直是属于那种在现实生活中自觉理论化的人：××主义、××化、××派，看似平淡的生活、故事和人，总会自带标签地出现在我眼里。可是，面对或迷茫或坚持，或随心或理性，或包容或对立的自己和世界时，我往往会觉得，所有的理论及标签都会在零乱的现实面前变得破碎不堪，就像参加人才计划的前与后、起因、经过、结果，也都如同一片片或含苞待放或风光正盛或满地飘零的花瓣，很难简单地用线条串成串，只能随意地拾起若干，镶嵌在记忆的边框上，权作装点。

"你们来能做什么？"

我是在一个小城里长大的，所以我的成长经历早已给我打上了"小城镇人"的烙印。我一直觉得，小城虽不同于大城市的繁华与现代，却也不似乡村的落魄与传统，只是近几年，当"乡愁"一词渐渐进入了人们的视野，我才意识到，小城也面临着同样被淡化、被遗忘以及被迫变得面目全非的命运。

很小的时候，家里还没有搬进楼房，我常常和街坊的小伙伴去一片池塘边抓蝌蚪，养在一个透明的玻璃罐里，看它们是怎么慢慢变成青蛙的，只不过，小蝌蚪从来都没有长大过。从我的家乡出城往西，就是连绵的吕梁山脉，那时，有一座山叫"元宝山"，因为形状酷似古时的元宝而得名，我还跟几个表哥表姐爬过那座山。不过，随着家里搬进了楼房，也随着升入中学后课业负担的加重，我再也没有机会跟那座山和那片池塘亲近过，再后来，池塘消失了，元宝山也在附近采石的人们的"改造"下变成了一片小土堆。

从小学到中学的十几年光景中，因为很少接触乡村，对乡村的印象全都来自教科书，偏执地觉得乡村是现代化的阻碍，且代表着落后和愚昧，最终必然要走向衰落，也因此和在乡村教师家庭长大的母亲辩论过很多次。在母亲的印象里，乡村的人是朴实的、善良的，乡村的生活有很多值得怀念的地方，所以当我做出参加"人才计划"在乡村待一年的决定时，母亲是很赞成的。不过，当我真正开始试图融入村子的生活时，由于缺乏乡村生活的经验，着实遇到了不少麻烦。

首先是让我"深恶痛绝"的跳蚤和厕所问题。2014 年 7 月，刚刚大学毕业的我从一个二线城市来到赫赫有名的"南塘"。到乡下的第一天，我就遇到了一个从未见过的可怕"物种"——跳蚤，在小床上睡了一晚上，就被跳蚤咬出了满身的疙瘩，奇痒无比。下乡最初的几个月，跳蚤是困扰我的最大梦魇。另外便是厕所。用惯了抽水马桶，对乡下的旱厕总是感到深刻的担忧，以至每次上厕所，都要先怀着忐忑的心情小心翼翼地站稳，直到现在，我还庆幸自己的小心。

其次就是融入问题。刚到南塘，我就发现想要融入社区其实并不那么容易，包括语言沟通的障碍，包括一些村民对外来"志愿者"的不理解，也包括我对村子里的人的不理解。当地的老人有很多是听不懂普通话的，在一次调研中，我跟一位老太太聊天，问起她的孙子是否已"上学"，我大声讲了很多遍她都没有听懂，最后我无奈地说出一句十分蹩脚的阜阳话，问："你孙子在上 xuo?"老人家一下子明白了："对，上 xuo 了!"村民们的不理解很正常，村子里的年轻人都出去打工了，我们这些外地的人却来了，他们总是会问，"你们来能做什么?"还有的人直接劝我出去打工，说在村里没出息。

还有就是到了社区后，对自己初衷的怀疑。一次，合作社组织村里 100 多位老人到阜阳生态园游玩。一整天大家玩得都挺开心，不过下午回南塘的时候，却出现了一点"骚乱"。合作社包了三辆公交车，合作社的工作人员永芬事先跟大家说好先排队，等点名人齐了再回村子，一来避免把一两个人丢下，二来可以让年纪大的先上车坐下，大家都同意了。可是，当车来的时候，一大群老人家却不等点名就一拥而上，永芬挡在车门前苦苦劝他们排队，但是没有人听，大家七嘴八舌地说要上车，怎么劝都解释不通。最后我只好挤上车让司机往前开了几百米，看着车走了大家才乖乖地排起了队。那时的我不仅理解不了老乡们的做法，更对自己为什么要加入人才计划产生了怀疑，面对残酷的现实，我们到底能做些什么？

让我惭愧的是，在这样的环境中坚持了十几年、原本最有资格抱怨的标哥却从不悲观。作为合作社的"精神领袖"，这位当年法律系的毕业生，从帮着村民维权到自己返乡扎根社区十多年，他是"侠客"，是理论家，又是行动者。他说，社区建设就像盖楼房，有的地方本来就有基础，从10层盖到20层，效果显著，但我们本来基础很差，从0层盖到15层，虽然没有出效果，速度可不慢。

标哥坚信"行动会让我们和世界产生无限的联结"。这两年，我也欣喜地看到南塘正在发生的一点一滴的变化。虽然当初人才计划结束后，我选择在城市工作，多少有些"逃离"的意味，因为我是打小起就被"城镇化"了的。我一直觉得，更亲近自然的乡村生活是人的本能，而被"城镇化"了的人则丧失了这种本能。不过，当我开始漂在城市 CBD 的时候，对那一年的怀念总让我觉得那里一切都是好的。钱钟书说，城里的人想出去，城外的人想进来。很多时候，乡村也是如此，村里的人想出去，出去的人又何尝不想回来呢？

南塘的呼唤

早在中学时候，我就常常被周围的人冠以"文青"之名。不过，我一直都对这个称号有些排斥，我清楚地知道，或许是因为这个时代人们对物质的追求遮蔽了一切精神层面的追求，又或是因为那些自诩文青实则酸腐不堪的人的"高级黑"和"污名化"，"文艺青年"

这个称谓早已带有了强烈的嘲讽意味，所以，我常常会刻意逃避这样的标签。不过，每当我直面自己不甘心沦落于"眼前的苟且"的心理时，却又愿意接受这个身份认同，无论是中学的青涩年华、大学的理想主义还是毕业后的执着追寻，都带着浓厚的"文青"色彩。

很多人怀念 20 世纪 80 年代的时候，往往会有这样的描述："白衣飘飘的年代，诗与哲学汇成的理想主义，大学校园的才情与浪漫，那是新时代的启蒙岁月。"乡建圈的前辈们缅怀的刘老石老师也曾在《文化三十年》中将 80 年代描述为最好的时代。见多了诸如此类的叙述，又常常看到让人钦佩的那个年代涌现出的诗人和知识分子，所以我一直对那个时代羡慕不已，于是当我看到"70 后"的许知远因为自己没能在最好的年华遇上那个最好的时代而生出"生不逢时"之感时，"90 后"的我竟产生了强烈的共鸣，这种"共鸣"主要源于身为文青对"理想主义"的憧憬。而这种"理想主义"，最初则起源于小时候的一点"早熟"。

我几乎是从刚上中学时就开始倾心于一位女同学，那个秀外慧中的女孩有着典型的"别人家的孩子"的优秀，始终都是老师和同学眼中的"焦点"。后来到了高中，我们不再同班，但她的风采并未因此淡去：高一的新年晚会，她的诗朗诵赢得了阵阵掌声；汶川地震后的募捐活动，她做主持人用最打动人心的声音触动了每个人。于是，想象中的她也是一个有着情怀和理想的女子，这一点想象也成了我在后来许多年里航行中的"灯塔"。

那时做得最疯狂的事，是高一结束时文理分科的决定。按照学校惯例，文理分科后，理科班会在一个楼里，文科班会在另一个楼里，而两楼相去甚远。我知道她一定会选理科，但我擅长的却是文科，由于从小培养的兴趣和知识积累，只是上课随便听听，历史和地理就全都是 90+；得益于文科的助力，高一一年，我都是班里的佼佼者。可是，为了偶尔会发生的"邂逅"，我却舍弃了"得天独厚"的优势，选择了本不擅长的理科，从此离曾经可能踏进的憧憬过的"名校"越来越远，走进了一个普通得不能再普通的二本学校。

几乎是一踏进大学的校园，我就开始了对自己当初不慎重的决定和荒唐的选择的追悔。在那个"亭台楼阁"一应俱全、"风花雪月"无处不在、时不时还因几个学生开着兰博基尼的"临幸"而登上新闻头条的园林式的校园里，唯一缺失的就是想象中榕树下本该有的朗朗读书声、课堂上本该有的思想激辩、图书馆里本该有的宁静致远。说不出的失望对于一个坚强的内心来说，也许会化作求索的动力，可对于当时的我，却变成了逃避与颓废，只能蜷缩在宿舍的床上和自习室的角落，一页页地翻着中学时代没有翻完的武侠小说。

我常常觉得，高中时做的那个选择无疑是至今最大的"错误"，它让我在一条本不属于自己的错路上拼命地爬了好多年，直到精疲力尽才迷途知返，不是有句鸡汤叫"自己选择的路，跪着也要走完"吗？可是，当我幡然悔悟时，当然知道，错过了最好的时机，当初放弃的两个轻松的90+，和从小培养的兴趣，已再也无法带给我更大的助力。偶尔会想，如果那年文理分科时选择了文科，也许就会在轻松拿到历史、地理高分之余，在英文、兴趣爱好、体育锻炼上投入更多的时间和精力，度过一段完美的中学时光；也许就可以到一个非常不错的学校，遇到很多良师益友，并很快找到人生的方向，乐此不疲地如醉如痴地在学业上日益精进；也许最初梦中的"伊人"会在后来的某个路口重逢；也许……然而这些"也许"的蝴蝶效应永远不会成真，过去了的再也不会回来。

对于当时年龄上已经成人但心智上却并不成熟的我来说，所有的不顺利都会被"习得性无助"的脆弱内心当作"不可抗力"。在"要么完美、要么放弃"的伪完美主义的二元思维下，面对那么一点点的失望，我选择了"三分超然物外，七分游戏人生"的妥协（抑或"对抗"），除"看小说度日"的主业，还把玩游戏当作"兼职"，也因此认识了大学最初的几位"朋友"，开始的半年光景里，通宵游戏也成了隔三岔五就会如约而至的"必修课"。

都说"上帝给你关上一扇门，就会为你打开一扇窗"，我的这扇窗是在半年多之后的大一下学期打开的。对于无意间加入并在其中"谋得一官半职"的社团，从开始就有了一种似曾相识之感：读书会、沙龙的思想激辩，下乡实践的理想主义，交流、碰撞的朝气和活力，似乎都在诉说着一段"恰同学少年，风华正茂"的故事。我在社团里了解了民国与当代的乡村建设，也了解了或左或右的多种思潮，而事实上，那些我在社团里关注的，其实都在更早的时候就关注过，是命中注定的偶然相遇，又或是追寻了很久的蓦然回首？

我在大三暑假的一次长途骑行经历也起源于这之后产生的想法。看到乡建圈的一位学长的骑行，于是心生向往，就有了从沈阳骑回老家山西的想法。不过，那时我做出选择的初衷，多少有些"说走就走的旅行"的伪文青想法和想要增加炫耀资本的"闷骚"念头。有人总结"现代人四大俗"，即"从小有个音乐梦，辞职开间咖啡馆，改变世界要创业，放下一切去旅行"。那个时候的我，除了旅行的梦，也常常出没于咖啡店这样的场所，不过，对公共空间构建有点追求的我，并非完全是附庸风雅，而是真正懂一些咖啡馆的精神内涵的。

所以，当我后来听标哥谈到南塘有"公共空间构建"的主张时，是有强烈认同的。此时的南塘，已经开始跟一些"城市小资及中产"有了很多互动，标哥也常自诩"文艺的屌丝"，不仅致力于"文艺"的阅读空间和社区环境的打造，更向诸多的"泛艺术家群体"伸出了"橄榄枝"，并通过氛围的营造重建社区内和社区外人与人之间的联结。"大地民谣音乐节"是标哥及南塘精神气质最集中的体现。社区功能与文艺气息完美结合的"音乐节"，更像是南塘本身的一个"缩影"。

那时在南塘，几个年轻人常常会买点啤酒，坐在星空下夜谈，或是一起徒步数里走到田间、池塘边享受"与夜幕平分此世界"的宁静，或是搭几个帐篷在屋顶，同月亮分享夏夜的清凉。标哥是一群人里唯一的"老男人"，能讲的故事也是最多的，自己的故事、村子的故事，还有公益人的故事。由于南塘正在做教育的探索和尝试，所以教育是最常谈起的话题，当时在合作社负责图书馆、夏令营工作的"蚱蜢"是个富有教育理想也有着很多实践经验的年轻人，对教育领域有着颇深的认知和见解，谈到精彩的部分，我常常会忍不住拿一个本子记录下来，像一个奇妙的世界打开了一扇窗户。南塘团队的"文艺气质"，以及此间多种不同思潮的汇聚，也渐渐成了我寻找自我价值的过程中的重要参照。

多元化磨合

南塘社区的另一个特点，在我看来，就是持不同观点和主张的或左或右的"流派"都有在这里实践自己理念的可能，这一点，跟乡建群体本身以及我所参加的"人才计划十期"的多元特点颇为相似。

"人才计划"同期伙伴的面孔，我仍然清晰地记得：拥有最多国际视野、把小乘佛教介绍给同伴的海归鑫姐；扎根苗乡十余年的云飞姐；弘农书院的欢姐和珍姐；西北政法毕业，在当时引起一阵轩然大波的谌洪果辞职事件中得到谌洪果老师声援的小强同学；同样刚刚大学毕业却履历丰富，以一人之力撑起一个公益项目点的行动派蒋峥；走在路上常常手拿一支藤条边晃动边独自哼着歌的地瓜；返乡青年迪桥、魏伟；离开《大公报》加入这个团队的夏斌；一起从"东北区支农队"走出来的李强；重庆美女小艳姐；丽江妹子海梅……每个人都有特点，共同书写了不少有趣的故事。

2014年8月，景色怡人的阳澄湖畔，人才计划十期第一次昆山培训在那里开始。每个人都讲述着自己的故事、经历，试着用同理心、非暴力沟通互动和交流。这个多元的群体中，个体的差异是很明显的，一次最大的争议发生在芬芳文化书院牛见春老师的讲座上。牛见春老师的观点并不是所有同学都认同的，第一个反对的同学直指他"反传统、反文化、反小农"。他对传统文化的深刻反思和独到见解令我佩服，但是他对左派的看法和转基因的认识却让我反感，于是在接连有两位同学站起来"炮轰"后，我也站起来貌似求同存异实为"拉偏架"地表述了一番，引起了更多的争论，团队的多元性表露无遗。

团队的多元是非常有价值的，但有时也是矛盾的源头。作为从大学"支农队"出来的愣头青，开始的时候我对团队的期待非常之高，希望它会是一个百花齐放、英姿勃发，又能共同进步的团队。第一次培训结束，我还被推选为"班长"。不过，由于期待过高，当我看到现实并不如愿的时候就产生了不少失落，加上大家都是单独被分到一个村驻点，我去了安徽阜阳南塘合作社，大家走进了各地的社区，团队建设也没能做起来，所以当所有人再次相聚，赴北京的大本营"西山雨舍"参加第二次培训时，矛盾便发生了。一个宁静的夜晚，西山雨舍的小图书室，十期学员的"吐槽夜谈"以激烈的争吵开始。由于"支农队出身"的"身份认同"，早已把中心当作自己的家，也因为所谓"班长"的压力而把团队建设的成败看得十分重要，所以在那场"吐槽会"上，我直接向一位伙伴"发难"，指责他只顾个人不顾团队。是夜，大家都不欢而散。不过，团队的融合却也并未因多元而撕裂，反而让每个人在不断的碰撞和磨合中学会了理解和包容，学会了如何对待不同。

从社团到"人才计划"的团队，都会接触到持不同观点和思潮的人，周围的同伴都会选择认同或反对一些观点，其中难免有一些人是被动接受了某一观念，但我对一些思潮的认同或反感，却是在很早就确立了的。

譬如我一直都对"民族主义"存有戒心，最早是因为高中时读过的一本英国的中篇小说《柑橘与柠檬啊》，小说是以第一次世界大战前后的英国为背景的，反思了战争以及意识形态造就的悲剧，书中并没有提到"民族主义"一词，我那时也不知道什么"主义"，后来了解了一些意识形态后才知道《柑橘与柠檬啊》是在解构和反思民族主义。因为那时就形成的观点，所以后来很认同一位左翼学者对民族主义的解读，即"社会矛盾激化时，一些人出于自身利益，会动用意识形态的力量，将阶层矛盾转嫁为民族矛盾"。

大学时，我开始了解了一些"女权主义"，并对女权主张深以为然，其实也是因为很早就读过《玩偶之家》和《简爱》。读过或看过的文艺作品以及从小到大的经历早已塑造了自己的"三观"，所以后来接触到各种不同的观念，就会自动分辨出哪些是契合自己想法的，哪些是有违自己"三观"的。过去的所见所闻、所思所感让我对传统意义上的"左派"和"右派"并无偏见，无非左派更追求"公平"而右派更在乎"自由"，我一直都坚信，无论到了哪个年代，无论在世界的哪个角落，一切对"平等"的追求都是天然合理的。

理论与实践

在众多的思潮中，唯独"乡建"让我对中学时代建立起来的认知体系发生了一次180度的反转。中学时代了解西方资本主义萌芽阶段在殖民地的原始积累，城市化、工业化进程中"羊吃人"的圈地运动，以及苏联式的工业化中农民的血泪史，所以隐约能感觉到，我们的工业原始积累阶段，也许乡村承担了一定代价，但仍然接受了教科书的理论，觉得城市化、工业化、现代化是天经地义的，并没有产生过质疑。直到接触"乡村建设"后，我才意识到我们学过的那些理论，其实从未站在乡村与农民的立场上考虑过。

大学时代接触到的"乡村建设"理论，多是从宏观的视角来看待乡村与城市、农业与工业的，所以当我带着这些宏大的理念来到乡村时，就突然发现，参与"乡村建设"跟想象中是完全不一样的。如果说之前的认知是"空中楼阁"，那么实践则更像是"鸡毛蒜皮"。来到乡村做事，我们不再会考虑"工农业剪刀差"，也不需要了解"三要素的净流出"，甚至不需要知道"解构现代化"，我们似乎更需要在家长里短间，体察村子里的人在生活琐事中的现实矛盾。

所谓"理想的落地"，不过是先把理想晾在一边，让自己融入泥土中。

毕业季的时候，我并不满足于周围的同学想要过上的那种日子，那在我看来乏味到了极致，尤其是我想起一些学哥学姐分享的毕业后的生活（要么请客户吃饭，要么陪领导喝酒），这让我感到无比的厌恶；同时，在大学投入了最大一部分时间与经历的"支农"让我觉得，对"乡建"的参与不该止步于此。于是，我开始想探寻另外一种"可能"，所以当第十期的"人才计划"开始招募时，我就迫不及待地递交了申请，接着，我就接到了赴南塘实践的通知。

初识南塘，我首先看到的是各种版本的故事和往事：从维权到乡建，从《罗伯特议事规则》到《可操作的民主》……在百度上输入关键字"杨云标"或者"南塘"，网页上可以弹出数十条相关的新闻以及评论，还贴着"乡土维权者""新乡村建设""罗伯特议事规则""理想主义""实践者"等诸多不同的标签。当我怀着一点好奇和憧憬来到这片想象中的田园时，我渐渐意识到，故事中的"一波三折"还原到现实生活里，往往会变成一件又一件平淡无奇甚至有些乏味的柴米油盐的日常琐事。

在南塘最初的三个月里，我的核心任务是应对生活的挑战。除了适应厕所和面对跳蚤，还要学会跟多种陌生的昆虫"共享"房间。其中有一种黑色的体型巨大的昆虫，飞起来会发出一阵阵"轰鸣"，时不时还会横冲直撞，我把它们命名为"变态虫"，为避免半夜受其困扰，我花了很长时间研究其习性，以便于捕捉。炎热的夏夜，四下一片漆黑，周围除了虫鸣外便再无其他声响，当时的南塘大院里，经常只有我一个人，于是我可以肆无忌惮地用箫声和歌声打破暗夜虫声对周边生物群落"传播媒介"的"垄断"。

我在大学的最后一段时光是在忙碌中度过的，以至对毕业季的离愁别绪的感知也是滞后的，直到"人才计划"开始，我面对新生活的困境和孤寂，内心的离别之殇才一下子喷涌而出。夜静时分，我写了一篇表达怀旧和茫然的长文发给几个朋友，其中一个女生在回复中抱怨说，离校后原本已平复了离愁，我发给她的文字却又让她大哭了一场。

起初参与到南塘社区工作中的时候，我总是觉得，这好像不是我想要的"乡建"，为什么我们学到的那些理论跟实践是没有关系的？于是，我几乎是完全被动地参与到日常社区的一次次活动中的，直到南塘的一个对外项目"返乡青年培训"的开始。

在南塘时投入最大热情的工作，可能就是"返乡青年培训"了。由于已经有过两期的经验，我进入的"第三期项目"是一个比较成熟也比较完美的项目，从招募，到培训的开始，再到完结，我在项目里逐渐承担起越来越多的工作内容，除了文字记录以及培训期间的零星琐事，还写过项目中期报告的部分内容。

更重要的是，在这个过程中，近距离地接触了一些机构、一些人：有以前在支农队时就常听说的乐施会；有贵州乡土文化社、贵州和仁乡村发展研究所等本土 NGO 组织；有参与项目的返乡青年学员；有做过记者又懂人类学，常常会分享台湾地区、泰国和"保育着世界上最丰富的基因库"的西南少数民族乡村故事的乡土文化社社长李丽老师；有在乐施会实习的香港大学女博士嫣然……每个人都来自不同的地方，有不同的人生阅历和社会背景，也都有各自的故事和内心世界。过去我觉得，理想就应该是对宏观世界的情怀，而此时，我意识到，真诚地走进一个又一个平凡的个体的内心世界，去在乎每个看似渺小的生命的感受，也许比关注抽象出来的群体概念有着更重要和实际的意义。

　　也是缘于这个项目，我第一次走进了黔东南风光秀美的侗寨——龙额，开始对西南少数民族的文化有了一点点的了解。从小到大一直都生活在汉族区域，除了在家乡的县城里卖羊肉串的维吾尔族商贩，我接触的少数民族基本上都是"汉化"过的，但这次，我却真实地从侗乡的鼓楼、风雨桥，从侗族特色的油茶、烤肉、米酒，从侗歌侗话，从饮酒时的"吆喝"和敬酒时的习俗中感受到了"小众文化"的魅力——文化就在普通人的衣食住行里，文明就是在那些最朴实的人的生活劳作中积累起来的智慧，而多元文化的共存正是保存了人类最丰富的"智慧宝库"。

　　当我开始暂时抛开宏观的视角，看到社区以及每个微小的个体的价值时，南塘社区本土的文化也渐渐在我眼前绽放出了它特有的迷人风采。其中，年过八旬的罗桂兰老人的剪纸是最让我惊叹不已的。我竟是头一次看到，用一张普普通通的红纸、一把破旧不堪的剪刀，可以裁剪出那么多精巧细致而又变幻无穷的图案。老人家原本还会做阜阳当地特色的"虎头鞋"，只是年纪渐大，眼睛和手都不比年轻人灵便了，她已经多年没再做鞋，只有剪纸还勉强可以做。于是，我在人才计划的最后一段时间，隔三岔五就会跑到罗桂兰老人的家里，一来找她聊聊天，二来想看看是否能找到一些年轻人，来学习老人的剪纸，既作为文化的传承，也可以成为对老人的一种尊敬和认可。

　　彼时，南塘的年轻志愿者渐渐多了起来，最多的时候，小楼里住着五个年轻人，于是，生活中渐渐充满了欢笑和吵闹。有一次清晨，有三个同伴出门跑步，回来吃饭时，志愿者蚱蜢问道："你们今天是不是没跑多远?""为什么这么说呢?""因为我的日记还没写几行!"我突然说："原来跑步跑多远是可以用多少行字来计量的!"于是在饭桌上，大家纷纷笑着戏说"跑出了一首长诗""跑出了一篇散文"……后来，我作为第一个来的，也成了第一个离开的，之后又陆续离开了两个，那个短暂的小团队终于各自分散在了天涯。

世界并不大

当为期一年的人才计划走到尽头的时候，同期的伙伴纷纷开始寻找下一个人生阶段的方向，我自己则选择了媒体工作。其实更早的时候，在大学社团，我就隐约萌生了做媒体或者传播的工作，因为那个时候，我们做了很多读书会，我无奈地发现，就算是进入社团的稍有点情怀和思想的同学，对于公共领域的理论以及各种不同的思潮也知之甚少，甚至没有关注的兴趣。我那时觉得，所谓思想的碰撞，不过是公共知识分子和拥有思辨能力及人文素养的小众群体的自娱自乐，沉默的大多数听不懂，也不愿听。

于是，大学时我就想，为什么不能把我们的理念，包装成公众可以听得懂的、乐意听的东西呢？一年的乡建之旅更让我看到了传播以及拥有传播能力的重要，我开始向多家媒体投递简历。最终，我阴差阳错地进入了一家能源领域的"垂直媒体"。

2017年年底，标哥从南塘来京做事，返程前，我们在北京西站附近的一个小餐馆里边吃边聊了许久，谈起我们都熟知的人和事，还有很多NGO组织。因为时常会在不经意间发现，这个世界其实并不大，所以当我知道标哥的朋友里也有关注能源的人时，并不感到意外，就像发现做乡建的人和环保主义者有很大交集时一样，不过是在我认识的不同圈子的人群里，又多了一条可以在平行时空中把不同的人连在一起的"隐形纽带"。

2015年10月，我开始以会员身份频繁地参与民间环保组织"自然之友"的活动，并尽可能多地关注环保。参与环保组织的缘起，有从小就建立的认知，我的母亲就是一个关心环保的人，家里卫生间、洗手池的下水管道，都是被她"改造"过的，这样，洗过手的水可以截留下来，而洗过菜的水也常常会被她用来浇花，从小到大，我们经常会聊起节约和环保的话题，所以，我似乎从小就完成了环保的"启蒙"；此外，更多的是机缘巧合的相遇——早在"人才计划时期"，就听多位乡建前辈提起"自然之友"，来京后我第一次参加的这个 NGO 的活动，也同样是一位乡建前辈推荐的。

不过，生态与环境虽然跟每个人的生活都有关，但在日常生活里仍然是一个很小众的话题，所以总会有人问我，既非职责所在，又非科班出身，为什么会关注到这些问题？为了避免被当作愣头青，我总会尽可能解释得理性一点、实用主义一点。事实上，理性和实用主义原本就是我参与到其中的原因之一。由于工作的缘故，我需要关注能源，而能源和环境之间有着千丝万缕的联系，尤其是在发现绿色和平、WWF 等很多著名的环保组织都有关注能源的项目（如绿色和平可再生能源团队）后，我更加确认了这一想法。

幸运的理想主义

有人说，时间流淌过一个人的时候总是会留下痕迹的。

直到现在，我依然觉得，虽然在现实生活的摸爬滚打中消磨了不少年少时的梦，更学会了隐藏和伪装，但我还是有一点理想主义的"特质"，也在世俗的环境里保有着一点"清高"。不过，我觉得我是幸运的，因为越是稀缺的东西就越是弥足珍贵。

我在北漂了数月之后，偶尔回想起在南塘的日子，曾作一首诗，名曰《记得彼时》，就以此作为结尾吧。

　　　　记得彼时，
　　　　那个夜幕下的安静的村，
　　　　和一群数着星星、夜谈的人。

　　　　记得彼时，
　　　　搭一个帐篷就能睡在屋顶，
　　　　等着阳光照到脸庞的清晨。

记得彼时，
一到周末就会有一大群小孩子，
叫喊着跑来，像小河里水的翻滚。

那片跳动的麦田里，
有时撑着伞走过，
总会有雨水，
洗去鞋上沾了泥土的痕。

那熟悉的歌声，
是朋友的相聚、别时的追问，
却像梦一样永存，
不会因风雨而变得残损。

因为，
那些好的人告诉我的，
我愿告诉每一个人。

第三部分

返 乡

蒲韩乡村

引言　返乡有种

刘　良

近年来，"返乡青年"逐渐成为一个热门词，无论是国家政策层面的倡导，还是青年人自主或被动的选择，越来越多的青年返乡（下乡）已经成为一个不容忽视的现象。就政策层面而言，2015年国家提出"大众创业、万众创新"战略之后，《国务院办公厅关于支持农民工等人员返乡创业的意见》中，首次将大学生等也纳入返乡群体，开篇就提道："支持农民工、大学生和退役士兵等人员返乡创业，通过大众创业、万众创新使广袤乡镇百业兴旺……"

梁漱溟乡村建设中心（以下简称梁中心）的创始人刘老石曾说："要把青年人更多地带到农村去，让他们在对农村的关注中学习和体会自己的责任，让青年人在对社会的关注中超越狭隘的自我关注，从而把自己的命运和农民的命运结合在一起，以此达到升华。"

伴随新乡村建设运动的深入开展，梁中心青年人的工作也随之走向深入。从2000年开始推动大学生支农调研运动，鼓励和组织青年人利用寒暑假的时间，到农村基层去做调查研究，在实践中进行锻炼；2005年启动的"农村发展人才培养计划"，将原来短期的大学生下乡活动，扩展成为期一年的在农村的驻点实习。在这短期和中期下乡的过程中，部分青年人选择了返乡创业，用具体行动践行另类的生活，成为扎根于乡村社会、连接城乡的返乡青年。

在摆脱了被主流话语称为"劳动力回流"的概念后，这个群体以及他们的选择越来越具有正向的价值导向和重大的社会意义，对当前农村三要素（资金、土地、劳动力）净流出而导致严重的"三农问题"而言，无疑是一种改善和修正；也是对以城市化为导向的主流发展观的反思，在恢复和重建乡村的文化和价值层面具有积极的意义。因此，梁中心将返乡青年定义为：带着返乡返土的自主意愿，有着对乡土的社会、文化归属感，长期扎根在乡村社区；或虽驻点城镇从事城乡互动工作，但和乡村社区及农民群体保持着较为密切日常互动的青年人（群体）。

同时，梁中心提出了"返乡有种"的口号，倡导青年返乡，并赋予"返乡有种"以下四层含义。（1）返乡有种（zhǒng）：代表勇气，代表对青年人做出返乡选择的肯定、赞赏与鼓励。（2）返乡有种（zhǒng）：是火种的含义，意为扎根乡村的青年人是农村的希望。（3）返乡有种（zhǒng）：是种子的含义，鼓励返乡青年回到农村去，就地发掘和保育传统的农作物的种子，守护农业生产以及生命的源头。（4）返乡有种（zhòng）：种田、种地，意为青年人返回农村要去劳作、要去创造更美好的生活，而非仅仅是把乡村作为消费或娱乐的场所，或者仅仅是乡村的过客。

3.1 隆化新乡村建设成功十年

人才计划二期　胡新杰[1]

在中国式众筹圈子里有一句流行语,"当重大历史事件发生时,我在现场",我很自豪地说,拉开隆化新乡建历史序幕的那一刻我也在现场。2005年5月5日在河北隆化一个极为偏僻的小山村,亮子沟合作社诞生了。我们九户农民喊出了"改变自我,做家乡主人,团结起来,建设新乡村"的口号,从此隆化新乡建的历史开启了。怀揣着"为农民服务,为理想奋斗"的梦想,经过12年的探索,经历一个个印迹,如亮子沟合作社、北戎牛业合作社、北戎生态农业公司、隆化县综合农协、新绿盟农牧公司、九号工社生态小镇,永远不变的是"为农者谋利,为食者造福"的唯一宗旨。

我从初中毕业就离开家乡,是一个种过蔬菜、当过经警、干过建筑、修过电梯的农民工。2004年受到"三农问题"专家温铁军老师的影响,于2005年返乡创业参与到隆化新乡建的事业中。我既是土生土长的当地农民,又是乡建志愿者、人才计划学员。今年(2017年)是乡建人才计划第12年,也是隆化新乡建的12年,更是我的返乡创业的第12年。

农村青年在城市

初中毕业后的一年里,我在家和父母一起放牛、种地。可是耐不住对大山外世界的憧憬,1990年17岁的我就开始了艰难的打工生

---

①　胡星杰,男,河北承德隆化人,农村可持续发展青年人才培养计划第二期学员。

涯——种蔬菜、当经警、干建筑、开餐馆，做最苦最累的活，挣勉强糊口的钱。四处漂泊直到 1994 年，我才在北京找了一份相对稳定但也相对危险的工作——修电梯。因为肯钻研、肯吃苦，我拿到了维修电梯中级工证，工资稳中有升。随着修理技术越来越高，我还同时做了几份兼职，收入相当不错。可是后来一个要好的同事在工作时意外离世，这让我坚决辞掉了这份连续干了七年的工作。2001年，我在朝阳广播电视局开始了新的生活，参与了公安网、教育网和综合信息网络建设工作，工资有保证，待遇也不错。2002 年我和三哥注册了"北京世纪新中公司"，进行网络工程施工。与事业齐头并进的是我组建了自己的家庭，有了自己的孩子。可以这样说，一个两手空空的农村青年，经过自己多年的打拼，从建筑工地上搬砖扛水泥的小工，发展到拥有了自己的公司，拥有了自己的家庭，我已经感到十分满足了。

诺奖得主尤努斯的影响

我最大的爱好就是读书，并善于从书中汲取营养。我就是通过读书改变自己命运的人。随手捡来的一本美国作家施拉姆的《毛泽东》，就像一把钥匙打开了我的心灵之窗，在自己还四处漂泊的日子里，心中就有了对社会问题、对农民工问题的思考。正是因为在心中有了为农民工、为广大农民做点什么的想法，才会在每一天繁重的体力劳动之后，抱着一本本书，看得如痴如醉。我喜欢看传记，其中孟加拉乡村银行的创建人、穷人的银行家、诺贝尔和平奖获得者穆罕默德·尤努斯的传记对我影响很大。

我只有初中学历，所以我一直在努力学习，从最初参加中央农业广播电视中专的自学开始，每天利用业余时间看书、做笔记。1996 年，我无意中听说了北京高教自考这件事，于是报名参加了中国人民大学财务会计专业的学习。凭借顽强的意志，我用两年的时间拿下了大专学历，后来又一鼓作气学完了本科的课程。随后，我又参加了北京航空航天大学 MBA 的学习。通过不懈的坚持，我学到了知识，也提高了自己的能力。

由一本书开始

1996 年，郝在今的著作《八千万流民部落》深深地吸引了我，使我从此更加关注农民工问题，更加关心农民工的研究、教育、创业问题。1999 年，我参加了公益机构"农家女"的活动，后来还参加了"光华创业"等机构组织的各种公益活动。我成立了北京姐妹家园文化发展中心，培训农民工流动儿童学校的教师。有着稳定的工作，充实的业余生活，扎根北京就是我的梦想。

2003 年读北航在职 MBA 时，韩德强老师组织专家学者开展的讲座让我大开眼界，特别是刘登高讲关于农村合作社问题、姜柏林讲关于农村合作金融问题、何慧丽讲关于兰考的合作社，还有直言上书《我向总理说实话》的李昌平痛言"农民真苦、农村真穷、农业真危险"都深深地打动着我的心灵。中国人民大学乡村建设中心发起者、"三农问题"专家、九亿中国农民的代言人温铁军对我的影响是毋庸置疑的。除了看温铁军的书，听温铁军的讲座以外，我还经常参加乡建中心组织的支农活动，成为一名支农志愿者，结识了刘老石、邱建生、何慧丽、白亚丽等新乡村建设的实践者。我充分利用所有业余时间，听讲座，忙得马不停蹄，但是我乐此不疲。得以受到国内知名学者的思想洗礼，我受益匪浅。

2004 年，各种各样的思想在我的脑海中相互碰撞，使我心潮澎湃、热血沸腾。是扎根城市发展，还是参与到新乡村建设的潮流中？经过横向比较、纵向分析，我终于找到了自己的方向，那就是回到农村去，走"农村包围城市"的道路，组织合作社，投身于新乡村建设运动中。

打造宁夏新农村建设试验区

罗曼·罗兰说过，生命像一股激流，没有岩石和暗礁，就激不起美丽的浪花！我就是一个愿意不断在自己生命中激起美丽浪花的人。

2005 年 5 月，我回到家乡河北省隆化县，组织了"亮子沟合作社"，带领农民养羊。2005 年 10 月我来到宁夏考察合作社，并读到宁夏第一个合作社创办者毛泽民的传记，他的传记深深地感染着我。2006 年 4 月，经过艰难的抉择，为了自己心中的梦想，我毅然放弃在北京的工作、公司，带着妻儿和母亲甘当志愿者来到宁夏回族自治区组织当地农民创办合作社。因为语言不通，又不能直接给予老百姓经济物质上的帮助，所以合作社在创办初期极其艰难。

我作为乡建志愿者、人才计划二期学员开始了在宁夏两年的艰难探索。我创建了宁夏新农村建设试验区，参考综合农协模式，由政府、企业、社会机构三结合方式成立了永宁县瓜类协会。我和人才计划学员王晓平一起组织农民创办合作社，我们没有被这些困难压倒，想方设法地组织当地的大学生志愿者参与活动，取得群众的信任。实业家卢作孚参与乡村建设对我们很有启发，通过政府的力量、公司的力量和社会的力量整合资源，组织群众栽种无籽西瓜，让农民得到了实惠，得到了农民的认可。我们还成立了银川市中青农业合作社，筹备了宁夏新农村建设促进会，接管了一个荒废的小学校筹备卢作孚乡村建设学院。我们开展了轰轰烈烈的宁夏大学生志愿者支农行动，温铁军老师也多次来到宁夏考察指导我们的工作。我们立足西瓜产业基础，基本上构建了县级综合农协下的合作社体系，帮助农民把西瓜远销到山东、深圳等地，并组织了合作社直接对接各机关单位的西瓜配送，开展了丰富多彩的群众文化的活动。宁夏两年的探索伴随人才计划学员的生活，经常去北京交流，不断学习跟踪着全国各地的乡建系统及地方政府在合作社和生态农业、城乡互助方面的经验教训，为后来的隆化乡建探索积累了极其丰富的宝藏，用之不竭，也结识了一批乡建同行。这时，"三农问题"已经成了党中央的重中之重，国家的惠农政策全面展开，农民合作社法颁布，建设社会主义新农村的大潮随之兴起。

返乡的生态农业路

2008年，我的三哥不幸离世，我俩不但有着亲情，还有着同学情、战友情，也是打工路上的难兄难弟，又一同成立了网络工程公司，直到去宁夏的那两年才分开。噩耗传来时，我痛不欲生，从宁夏返回了家乡经营三哥与人合伙的养牛场。同时还约来了乡建同行许丙举和王晓平，我们成立了隆化北戎牛业合作社，构建了肉牛养殖及生态农业示范项目，以及北戎生态农业园区发展规划。可是，竟一下子闯上了一条布满荆棘的创业道路。因为这个养牛场把资金过多地投入固定资产造成债台高筑，三番五次地被讨债人告上法庭。养牛场没有抵押物导致借款难，资金链断裂，特别是金融危机导致肉牛养殖市场整体萧条，很多养牛户纷纷不养牛了，而这个养牛场也最终关门。我背负了百万债务，陷入了人生的低谷。

尽管面临重重的经济压力，千难万难也要扛住，背上了百万债务我却赢得了诚信。我在思想上仍然信仰坚定，勇于创新，那就是把生态合作事业进行到底，为农者谋利，为食者造福！

2009年，在政府部门、农村信用社和亲朋好友的帮助下，我们创办了承德北戎生态农业公司，在一片新的土地上开始创建北戎生态农业园区，逐步形成"肉牛养殖—牛粪无害化处理—生物有机肥—生态种植"的循环经济产业链条，依靠自繁自育的生态肉牛、生物有机肥和生态农产品，延伸肉牛养殖产业链条，大力发展生态农业。

北戎生态农业园区位于承德避暑山庄到坝上草原之间的御道古

镇唐三营镇。这里燕山环抱，伊水清澈，蓝天白云，牛羊嬉草，是远古原生态"北戎部落"繁衍生息的地方，也是重要的京津水源涵养地。园区分为生态养殖区、有机肥生产区和生态种植区，是集肉牛繁育、养殖、加工，有机肥生产和生态种植为一体的生态全产业链园区。采用"龙头企业+综合农协+合作社"的组织体系，立足种养结合的生态循环农业，生产的北戎生态牛肉通过 CSA（社区支持农业）模式进入北京市民家庭，得到了消费者好评，生产的"北戎雪花牛肉"经专家鉴定达到 A4 以上标准，填补了河北省高档肉牛养殖空白。

功夫不负有心人，立足"京津水源"承德生态环境，凭借自身的品牌优势和诚信经营的商业信誉，"北戎牛肉"成为河北省优质产品，实现了"进北京社区，上首都餐桌"的目标。

在全体人员的共同努力下，我们获得了一系列荣誉，取得了显著的经济效益和社会效益。我们成为"农业部肉牛标准化示范场""河北省农业龙头企业""河北省扶贫龙头企业""河北省示范农民专业合作社"，以及"GAP（良好农业规范）认证基地""国家肉牛产业技术体系示范基地""全国农技推广农业科技实验示范基地""中国人民大学农业与农村发展学院学生实习基地""中国人民大学乡村建设中心试验创新基地""中国社会科学院专家团队农禾之家会员单位""PGS（参与式保障体系）研究会首家基地"。

我也获得了"全国农村创业创新优秀带头人""河北省农村青年拔尖人才""河北省返乡创业致富能手""承德市农村青年致富带头人标兵""承德市青年拔尖人才"，以及承德市党代表、隆化县优秀政协委员等多项殊荣。在荣誉面前，我总是觉得我们做得还远远不够。实现美丽乡村梦的路还非常漫长，我们要不骄不躁，继续保持积极向上的精神状态，争取创造更好的成绩。

综合农协的创新

读书、学习、思考，伴随我一路走来，始终在探索中前行。1893 年诞生的四位伟人毛泽东、卢作孚、晏阳初、梁漱溟，不仅影响了中国，也影响了世界，而他们又都是最为关注农民问题和乡村建设的，这让我深受影响。从 20 世纪二三十年代的乡村建设运动到中华人民共和国成立后的合作化、人民公社集体化，再到 21 世纪迎来的新乡村建设运动、建设社会主义新农村，从中国本土化的经验积累到日本、韩国、中国台湾综合农协的发展，从合作经济到生态农业，探索出一条本土化的发展道路，激励着我始终如一地学习、思考和实践。

中国特色社会主义需要"社会企业"的蓬勃发展，建设社会主义新农村需要"综合农协"的创新发展，走一条不同于"商业企业"追求利益最大化的"社会企业"探索道路，成为我们追求的方向。2011 年，在隆化北戎牛业合作社、承德北戎生态农业公司发起下成立了隆化县综合农协，明确了走本土化综合农协道路，构建社会企业的目标。同时我参加了由中国社科院杨团老师创办的农合"CEO"学习，深切感到在市场经济的汪洋大海中要想让农民受益非常困难，需要"政府主导、农民主体、农协引领、农社组织、农企推动、城乡互助"，整合各方资源，走出一条社会企业道路，才能带动农民增收。

喝水不忘挖井人，先富不忘乡亲们。在农村创办经济发展合作社，带领父老乡亲们走共同富裕的道路，多年来一直是萦绕在我心头的情愫，我一直怀揣着回到家乡搞新乡村建设事业的梦想。发动农民、组织群众，通过合作社采用"认购牛股"的模式，以建设的养殖园区为基础，合作社组织社员集中托管饲养，既增加了规模化效益，又集中处理了粪便，改善了农村环境。我们有国家首席肉牛专家曹兵海的指导，多次邀请养牛专家和技术人员来合作社讲课，加上多年的肉牛养殖，使合作社团队积累了丰富的养殖经验，使我们得到了社员们的信赖。

我们县通过"政银企户保"模式推动扶贫攻坚，带动贫困户脱贫致富，成为推动脱贫攻坚的全国典型，得到了新华社、《人民日报》的广泛宣传，我们也贡献了一份力量。通过"农家女书社"和"农村妇女大学堂"等活动，开办妇女社员文化知识讲习班，提高了社员和农村妇女的文化水平。我们也捐助修建道路，帮扶困难农户改善生活，引导他们发展肉牛养殖业，享受共同致富带来的乐趣。我们通过综合农协的社区推广工作改善农村生态环境，开展文艺活动，构建生态和谐的社区。

伴随隆化乡建事业的是一批批大学生志愿者的下乡支农，从2005年以詹玉平、王盼为代表的京津冀大学生支农联队，到以喻晓伟、李固隆、闫丽霞为代表的大学生志愿者，开展了新农夫项目，他们为隆化乡建事业都做出了很大的贡献，隆化父老乡亲们永远铭记。

从生态生产迈向生态合作

通过组织合作社，生产生态农产品，是认准了的同农民走共同富裕的道路。可是合作社生态农产品生产出来怎么销售？只有推动城乡互助、生态合作，让更多的合作社农民受益，让更多的消费者吃上生态健康的农产品，才能有效地解决这一难题。2013年，在北京市农委、商委组织的承德市优秀合作社理事长学习期间，我们以"生态全产业链 CSA+O2O"的模式，组建了北京新绿盟农牧公司。通过组织生产者和消费者直接对接的活动，多次组织消费者来农村体验考察，组织了全球500强企业约翰迪尔公司的领导们来体验农耕文化，帮助农民收割玉米、水稻，体验劳动的辛苦，品尝北戎牛肉的美味。通过在北京小毛驴市民农园、农夫市集组织消费者牛肉品尝活动，在回龙观建立生态农产品体验配送中心，请蒋高明老师讲生态农业等活动，促进城乡互助、生态合作，让农民生产得安心、消费者吃得放心。

2015年，我们开始在北京顺义打造全国首家智慧农场"九号工社"，"桃源种瓜豆乐得自然，仙境品农宴共享生态"，九号工社取意"工有所得、社有所乐"，是众筹、共享的生态合作平台，也是京津冀协同发展生态农业的创新基地，打造以"红色文化、绿色家园"为主题的红色文化生态小镇。

进城、返乡、再进城，不是简简单单的轮回，一切都是为了心中的梦想。我们的新绿盟公司秉承"创新、绿色、联盟"的理念，践行"为农者谋利、为食者造福"的宗旨，以毛泽东思想、习近平精神为指导，做致力于人类生态和人民健康事业的社会企业。作为一名人才计划学员，经过12年的发展，我们又站在了新的起点上。

3.2　少年白飞返乡记^①

人才计划六期　白飞^②

编者按：早在 2009 年就结识了白飞，后来一起参加农村可持续发展人才计划项目，便更为熟悉。白飞是一个"90 后"，1991 年出生，是家中最小的孩子，但受姐姐的影响，初中毕业的时候就参与了乡建工作，算是一个"老乡建"。那时觉得他挺能折腾事情，不管是在中心工作，还是返乡之后，总能看到他的各种尝试。他的思维也特别活跃，总会有很多灵感和思考。

实践启蒙

2006 年 8 月，刚刚初中毕业的白飞，由于二姐白亚丽在北京梁漱溟乡建中心（以下简称中心）工作，便来到了北京。当时中心正在组织第四届大学生支农调研培训，本是想来北京游玩的白飞便机缘巧合地加入其中，成为当时支农队中最小的一员。

"那时候下乡的内容和手法就是'三板斧'：妇女文艺队和老年人协会、支农调研和支教。那年我们去河北易县，下乡的时间是半个月，在那个地方做了老年人协会，我参与了整个成立的过程，比如动员、选带头人，还有民主投票，选出来监事会、理事会。"白飞的这次下乡每天都在筹划老年人协会，从寻找村里有威望的老年人，

---

① 本篇文章是乐施会资助的"支持河南返乡青年网络建设及农夫市集平台机制探索"项目成果之一。

② 白飞，男，河南漯河人。2006 年开始参与当代乡村建设，农村可持续发展青年人才培养计划第六期学员。人才计划结业后便返乡，目前已在家乡发展生态农业和农民合作社七年。

到寻找活动场地，再到筹划选举，请村里的老年人来开会，选出德高望重的领导班子和老年人协会的会长。

自从那次下乡之后，在白飞的印象里，支农下乡就是为了做这些事，他对农村也特别感兴趣。当时中心有一套下乡工作"红宝书"，其中介绍了老年人协会的作用：让老年人老有所乐、老有所养、老有所依；妇女文艺队能缓解农村的矛盾；合作社是统购统销，可以降低生产和生活成本。因为最初听到这些最朴实的理念后白飞很认同，就想着要把这些事情带到自己的村里去做，这可能就是后来白飞选择返乡的一颗种子。但是当时并没有什么返乡的概念，按照"红宝书"的标准，要在村里找一个有威望的带头人，于是，在大家眼里看起来还是个小孩的白飞，就在自己的村里——河南省漯河市白庄村，到处留心村里的"带头人"，但始终没有找到合适的人选，暂时就把这个事情放弃了。但之后他在高中求学的日子里，几乎每个寒暑假都会跟随中心的支农队伍下乡，乡村建设这件事就和白飞联系上了。

"折腾"合作社

在接触了乡村建设之后，白飞开始了他的"折腾"岁月，一方面继续受中心的影响，到处下乡支农，另一方面自己村里原本很平常的事、平常的生活，因为他想着在村里开展乡建工作而发生了一些改变。

2009年，白飞高中毕业之后的那个假期，村里一位与白飞同姓的叔叔看到新闻联播上说：国家要提倡新农村建设，对成立合作社有一些政策支持，于是他便在村里开始动员并召集村民开会，宣传这一新的趋势，把土地集中起来成立合作社申请国家补贴。虽然那时候他还不怎么了解合作社，但是对政府的合作社补贴政策却比较敏感。

这个消息被一直在寻找村庄带头人的白飞听到了，很自然地就去找他，跟他讲合作社是什么、要做什么。当然，白飞知道他最关心的是什么，但是还是想着能够鼓励村里的骨干先做起来。"当时他最关心的是做合作社要不要注册资金，需要多少钱以及有没有费用支持。我为了鼓励他们先做起来，一开始就说没什么费用。"就是在这样的基础上，合作社进入了动员、注册的阶段。

当时白飞和中心负责支农下乡的工作人员还一直保持着联系，第一次合作社动员是在2010年的寒假，联系了河南农业大学的三农社团来村里开展支教、文艺活动，开始做合作社动员。"2010年就开始准备注册合作社，动员了80多户农民开会。学习'红宝书'上的如何注册、需要准备哪些文件，那个春节几乎都在忙这个事情。因为要准备各种文件，就得挨家挨户地收集户口本。还需要加入合作社的农户捺手印，每家光捺手印就要按五次，于是就要跑五遍，那个寒假跑到脚软。最后我们浩浩荡荡地拿着80多户的户口本、一叠文件去工商局注册，注册人员当时都被吓着了，对我们说：'别人都是5户的，你们咋弄了80多户呢?'正月二十前后，我们的合作社注册下来了，取名叫河南漯河田垦种植专业合作社。"

在注册之前，这批合作社骨干对前景都有非常美好的想象，想着合作社注册下来，自然而然地就会有国家补贴下来，就会有很好的发展前景。但是，注册完之后的合作社并没有拿到国家的项目和资金，只是拿了一个合作社的牌子，大家都开始从原来的激情澎湃一下子变得情绪低落。此时白飞因要去北京上大学了，合作社的理事、监事也因为过完年要出去打工了，村里的合作社一个人都没了，就这样，合作社成立之后停顿了半年……这令白飞开始思考："合作社到底要做什么？接下来的合作社该如何发展？现在一切只是开头，以后要做成什么样不知道，但是在心里却总是觉得这个事要去做。"

联合购销的失败与反思

2010 年，白飞参加了中心第六期人才培养计划，在中心培训的时候就接触到了大量的合作社案例，其中以妇女文艺队起家的山西永济蒲韩乡村合作社①对白飞的影响特别大。同时，温铁军老师总结的合作社二十四字经验"文艺活动，收益最大；联合购销，风险最小；资金互助，制度重要"，也让他铭记于心。

白飞开始思考在村里建文艺队。恰巧在 2010 年暑假，白飞负责北京高校联合下乡，于是便组织了一支支农队伍来到白庄，唯一的任务就是建立妇女文艺队，还在村里举办了一场文艺联欢会。文艺联欢会主要是宣传合作社，以合作社的名义设置了有奖抢答环节，问题非常简单，如："我们村合作社的名字是什么？""合作社是干啥的？"一个节目表演完就开始进行抢答，农民答对了，主持人再重复一遍，然后给发一个盆，或者发一个碗。那时候就是为了让大家记住合作。

尽管妇女文艺队的工作在大学生的带动下如火如荼地开展起来了，但随着时间的推移，遇到了新的瓶颈。合作社成立后不能总是唱唱跳跳的，还需要发展一些经济项目。于是白飞开始考虑探索一些能够帮助社员提高收入的项目。在乡建中心经验的影响和熏陶下，白飞想到在合作社发展初期，如果没有太多的经济条件，风险最小最容易入手的就是联合购销。在 2011 年的时候，合作社做了第一次联合购销。

"那时候我没在家，就引导合作社的骨干来做。我就说我们成立了合作社得给社员做一些服务，现在各家各户散买化肥价格较高，

---

① 山西永济蒲韩乡村合作社，是 1998 年开始成立的农民合作组织，在十几年时间里该组织发展成为兼具经济、社会、文化多功能，覆盖两个乡镇，为当地农民提供生产和生活资料的共同购买、共同运销、信用服务、农技推广、品种改良、文化教育等综合性服务的农村合作组织。

我们能否统一购买大家需要的化肥，这样能为社员省下一些钱。"合作社的几个骨干抱着半信半疑的态度进行尝试。事情进行得还行，那一次的化肥完全是几个骨干拉回来的，送到社员家门口，一袋化肥省了15元钱。但最后的结果却是，全村的好多人都说，他们几个合作社的骨干没少在里面挣钱。合作社的几个骨干为这件事没少操心，负责这件事的合作社带头人还贴饭钱，结果却听到这样的话，最后都失去了信心。他们觉得为农民服务根本行不通，自己不仅没赚，还搭进去精力、搭了时间、贴了钱。后来白飞又反思："这个联合购销没盈利行不行？其实合作社挣钱，天经地义。无论是你给农民免费拉到家，还是免费做联合购销，农民都不会觉得你有这么好，世上怎么还有这么好的人？后来我就发现与其不挣钱，还不如你堂堂正正地来挣钱，一袋化肥就是要挣你多少钱，那农民就接受了。所以说这件事是一个很大的启发，那就是要做经营，而且要有挣钱的经营。"

当然，这也是从山西永济蒲韩合作社郑冰那里得到的启发。郑冰以前是从农资店做起的，但是农资店在开始的时候不是合伙干的，而是她自己的一家农资店。后来做起来有了一定的经济实力之后，她才让合作社承担一些公共服务功能。"所以后来我就反思，前期的成本必须有人愿意来承担，后期还要愿意做成一个公共事业，那么这个合作社的事情就有戏。首先因为利益诉求不一样，其次承担的责任和义务也不一样，多方的各自利益诉求再加上本身起步就是最难的。"因此，联合购销的失败，让白飞有了足够的教训，去思考合作社怎么办？农村怎么办？自己怎么办？

返乡与不理解

2011年夏天，白飞大学快毕业了，得考虑毕业后的选择。"我是学金融的，那时候有两个选择：一是去学校安排的银行实习，这样就有机会留在北京的银行工作；还有一个就是留在乡建中心，继续做大学生支农下乡的工作。"

起初白飞没有考虑自己要返乡，而是希望自己在外面理念引导，由合作社的骨干来执行，但是却行不通。"其实还是有一个责任在里面，已经挑起了这个事，然后你撒手不管了，那村里这群人怎么办？而且在农村就是这样，这个事要么就做下去，还要做得好，否则你会永远背这个黑锅。我如果不回来，这个合作社就要解散了，因为没有一个人负责。"考虑来考虑去，白飞自己又不想放弃，觉得必须自己亲自去做，此时白飞已经决定返乡了，因为"前期付出了那么多的心血，就跟自己的孩子差不多，任谁都会觉得舍不得的"。

在决定要返乡时，白飞并不是一下子就回到村里的，而是一边在郑州工作，一边为村里开展一些小额项目，给了自己一个缓冲。"2012 年的时候，何慧丽①老师打算在郑州推动有机农产品超市，正缺人手，我六期结业之后，就过去了，大概持续了半年。那就是个缓冲嘛！我在郑州可以经常回家，隔三岔五回来做合作社。村里人就会问：现在在哪儿工作呢？我说在郑州，在一个超市里当店长。那时候爸妈也以为是我在郑州工作的原因，才经常回来。"

在这期间，白飞还向滋根②申请了一个建设文化广场的项目。项目是 2012 年春节期间做的，虽然钱不是很多，但在白飞和妇女文艺队的努力下，在村中修起了一个可以跳舞的文化广场，还有几间房子作为乡村图书室提供给小孩看书。"滋根支持的这个项目起到很大的作用，我那时候刚毕业，如果空手回家来，肯定是得不到大家认可的。当把文化广场做起来之后，村里人就认为我这个人很了不起，

---

① 何慧丽，河南灵宝人，中国农业大学教授，先后在兰考、开封挂职，是河南地区乡村建设试验的倡导者。

② 滋根：中国滋根乡村教育与发展促进会，简称中国滋根，成立于 1995 年，是在中国民政部正式登记注册的全国性、非营利性社会团体。愿景是推进以人为中心、可持续的、人人都能公平参与的发展进程。

这会让村里人看到，我返乡回来在外面是有人支持的，是有外部资源来支持我的。这个事做好之后，村里人对我的工作能力，还有对合作社，都有了认可，对于我之后实际返乡算是开了一个好头。"

2012年9月，此时白飞刚满21岁，郑州的有机农产品超市由于种种原因经营不下去了，他不能再在城乡两头继续跑了，于是就考虑返乡扎根了。"当时，知道我的想法时，爸妈都蒙了，他们说这孩子想干吗？到底要干吗？当然，爸妈的压力主要有两个方面：一是村里都说闲话，村里人给他们压力，他们再给我压力；二是爸妈也不知道我要干什么，对我前面的路一抹黑，也看不清楚。所以说他们的压力就在这儿。"

"2012年到2013年真的是要崩溃的一年，太难熬了，所有人都不看好我，然后我就像没娘的孩子一样，因为当时我已经跟所有机构都脱离了，就赤裸裸地站在那儿，没有任何工作可言。村里都说我是找不着工作，没能耐、没出息，又回来了。村里人几乎都看不起我，这种状态几乎持续了一年。"

以前在乡建中心的时候认为自己就是神，要拯救农民于水深火热当中；回来之后才发现，原来自己才是别人眼里生活在水深火热之中的。但白飞有信仰，相信前途总是光明的。就如他所说的："别人瞧不起我，但是总有一天我会让他们认可，我的事业和环境会有转变的时候。至于什么时候转变，我不知道；怎么转变，我也不知道，这个信心就是来自我的信仰。当前面没有路的时候，就是靠着自己的信仰坚持下来的，所以每一次在别人讲各种闲话的时候，也是靠信仰来度过的。因为信仰里有这样的教导：不要为自己辩驳，不要辩驳，自然有一天水落石出，不辩驳就是最好的辩驳，事情终究会过去。"

白飞也经常在反思，"村民为什么会瞧不起我？为什么会瞧不起一个回到乡村的小伙子呢？"在农村待久了，后来白飞放下了在乡建中心要作为神去解救农民于水深火热之中的想法，而是站在农民的角度去理解。"其实他们不是在瞧不起我，他们是瞧不起'农民'这两个字，也就是在瞧不起自己，瞧不起农民这个群体。因为他们觉得我上完学，就有出路了，手里拿着那块文凭的砖头，就可以砸开由农村向城里跳跃的那个门了。但是我又回来了，又回来种地了，也就成为他们瞧不起的农民。"

返乡，不仅面临着心理上的挣扎，还有家人、亲友的不理解，以及乡亲们的冷嘲热讽。但不管有再多的压力和不适应，已经返乡回家的白飞还得继续在村里生活下去，还要继续探索如何在乡村经营。

从粮食收购再出发

白飞返乡真正开始出现好转是从收粮食这个事情开始的。2013年6月，白飞也开始在村里收粮食，而且从农民那里收购粮食是直接付现金的，这个在村里就已经很了不起了。按当地农村传统的做法，一般是先赊账从农民手里收来粮食，卖出去之后再给农民钱。当地人开始对他刮目相看。

"当时刚刚开始收购粮食（小麦）的时候没有什么资金，是从老金①那里借的，因为第一次贷的那1万元钱，后来我如期还上了，之后又跟他借了5万元、10万元。老金不是相信我，他是相信中心培养出来的人不会不还钱，后来确实如期地还上了，所以说那时候中心也是一个资源嘛。后来我又去跟他讲我要做什么事情，我要怎么做、缺多少钱，他又贷给我，先贷1万元，又贷5万元，然后又贷了10万元，之后就开始收粮食，收了几十万斤。"

对于白飞来说，收购粮食是一个全新的领域，而收购粮食的过程正是他逐渐在乡村扎根的过程，也可以看到一个新型的返乡主体，逐渐被纳入原有的乡村体系中，并发挥着积极的作用。

---

① 老金：河北一资金互助合作社的带头人，曾多次参加乡建中心的培训，白飞以前带过大学生去他那里支农下乡，算是白飞的忘年交。

"第一年在经营的利润上，如果扣除爸妈和自己的劳动力成本，是不赚钱的，不赚不赔，但我觉得赚了，因为我赚了经验。第一年没什么经验，粮食拉到哪儿去卖都不知道，然后凑巧的是以前参加过下乡调研活动，在南街村①调研的时候认识了南街村公司的一位经理，他认识附近面粉厂的一个厂长，那位厂长刚好有一个粮库，那一年所有粮食都卖给他了。收粮食不是收上来就行了，收粮食之后，找什么车去拉，我连司机的电话都没有。所以第一年就是积累经验，后来司机的电话有了，卖粮食的地方找到了，质量如何来把握也有数了。当然还有人脉，因为了解到了乡村各种各样的人：知道有哪些卖粮食的农民容易斤斤计较，还会暗中把一些没有晒干的麦子给你；知道如何和运送粮食的大卡车司机谈判，谈价格；还学到了如何和面粉厂的老板议价，多少钱一斤，最低是多少。"

　　在开始做第一批粮食生意的时候，白飞的父母特别担心，因为白飞拿的都是现钱，害怕万一亏本了怎么办。那时村里收购粮食的人很多，白飞和他们一样，但又不一样。"很多人说你收粮食跟别人有什么不一样？我说一样啊，我也是个二道贩子，我不会把自己说得那么高尚，为农民服务②！服务啥呀？没啥服务的。唯一不一样的是别人压秤，我不压秤。还有就是在对麦子质量的把握上，我比较心软，有一次村里一个上了年纪的大爷，满满地拉了一车麦子来卖，特别辛苦，又是大夏天的，但是麦子还没有太干，我也没有让他拉回去就直接给他过秤了。后来因为这事，爸妈还说过我呢。"

　　正是因为不赊账，直接拿现金收购粮食，也不压秤，服务也比较好，白飞渐渐开始融入了村庄，村里的人对白飞的态度也开始转

---

　　① 南街村，属河南省漯河市临颍县城关镇。1984 年，在人民公社制度土崩瓦解、家庭联产承包责任制发挥巨大效力时，南街村却在支部书记王宏斌的领导下，选择了重走集体化经济的道路，通过回收耕地开设村办企业，1991 年成为河南省第一个"亿元村"，它是集体主义经济的代名词。

　　② 为农民服务，为理想奋斗！这是白飞在梁漱溟乡建中心朝话时，每天早上都要举起右手说的两句话。

变了。首先粮食收购给白飞的经济条件带来了改善，同时也或多或少地为村里销售粮食带来了便利。经过两年的探索，收购粮食逐渐成为白飞的主要收入来源，白飞已经可以在村里立足了。现在村里的人慢慢开始认可和信任白飞，也有村民提议要他去竞选村长，但白飞不愿意介入村里的选举纷争，以至于每次村里换届选举的时候，白飞都要离开村子去外面"出差"一段时间。

依托中心资源做生态农业

在 2012 年辞掉城市里所有的工作之前的一个月，白飞已经开始在村里包地做生态农业了。"当时不敢直接和父母说要回家做生态农业，于是编了一个理由：就是说要做试验，我看看不上化肥、不打农药能不能种出东西来。当时全村的人都在看我的笑话，包括租给我地的人。"白飞承包的是村里租金最低，但随时都会被河水淹没的河滩地，种植的小麦、黄豆这些大田作物，杜绝使用农药、化肥、除草剂，用有机肥替代化肥和复合肥，有病虫害时就用烟叶水、沼液来防治。因为不用除草剂，地里的草经常长得比庄稼还高，只能人工除草。开始的时候白飞的爸妈也不理解为什么要这样做，可自己家的孩子还是得帮，就忍着别人嘲笑的话语，躲着别人异样的眼光，弯下本该休息的腰，两人一前一后地走进没有用化肥农药的麦田里，一棵棵地把杂草拔除。

2014 年，是白飞返乡的第三年，当地爆发了大规模的蚜虫疫情，危害着正在成熟的麦子，村民不得不喷洒更多的农药。而白飞的地经过三年的养护，已经形成了一个好的生态系统，麦穗上的食蚜蝇逐渐增多，七星瓢虫也飞来飞去。为了保护这些小虫子，白飞停止了喷洒烟叶水和沼液，隔壁田里的同类也逃离那些水深火热的地方，远道而来在此定居，小麦并没有因不防治害虫而减产，反而增加了些。此时村里人开始渐渐理解白飞的做法，从最初看笑话的态度，逐渐开始相信白飞的生态农业，和白飞有些合作了。

因为接受过最理想化的生态农业理念的教育，白飞一直觉得应该用最传统的种子，才会是最理想的生态农业。但是周边基本上都是在市场上购买的种子，于是白飞凭借自己前几年在乡建中心认识的很多做生态农业的农友，比如广西的梁湄雨、四川的袁勇、河北一墩青的成鹏飞，引进他们当地的老品种来试种。白飞想通过引进其他地方的老品种，在当地种植，形成种子库，为以后合作社社员开展有机种植提供可靠的种子。

"2014 年，我从广西引进了一个老品种的黄豆，却不适应我们当地环境，光长苗不开花。我种的那块地就在村里去地里干活的路边，每次村里人上地干活的时候，都会顺便拐到我的地里来看一眼，看上去他们比我还着急：'咦！怎么还没开花啊！这种子是不是不中啊！'后来开花了，村里人终于松了口气，但还是比别人晚了一个月，其他人的黄豆都收了，小麦都快要种上了，我的豆子才刚刚结豆角。"因为黄豆生长的速度比别人的都慢，为了挽回损失，白飞把黄豆当作毛豆来收，并通过友田社把毛豆卖到了郑州，很受郑州的消费者欢迎。当然，白飞也留了一些作为来年的种子，让自己真正做到"返乡有种"。

在销售方面，最初的时候白飞和郑州友田社的姚卫华合作，将生态产品卖到郑州的消费者手中。因为白庄距离郑州还有 3 个多小时的车程，他们就选择了种小麦、黄豆这些耐储存、适合运输的大田作物。

"其实和几位合作伙伴（郑州友田社、广东沃土工坊、成都绿心田）并不是简单的买卖关系，都是长期的合作伙伴。绿心田的许程程[1]

---

[1] 许程程，成都绿心田的负责人，早在 2009 年就和白飞认识。那时白飞实习的机构乡建中心在北京六环边的一个村子里，做生态堆肥的试验；许程程正好也在北京一环保机构工作，她会定期把自己家里的厨余垃圾收集起来，转上几趟公交，带到中心做堆肥，因此和白飞比较熟悉。

经常来这边考察，我们就像朋友一样，遇到产量高一点的时候，价格就会便宜些；产量低一些的时候，价格相应地就会高一些。一次，运输途中面粉受潮，她没有简单粗暴地处理，而是和我一起商量，最后决定把这些受潮的面粉想办法做成各种手工糕点，降低大家的损失。"现在的白飞，已成为绿心田忠实的合作农友，也有很多全国各地的市集和平台都在销售他的产品。

现在白飞生产的东西都很好销售，只要种出来就供不应求，而且价格也比普通的产品要高，村民渐渐开始信服了这个还没结婚的毛头小伙子。"当然我现在的生态农业经营状况很好，很多人都劝我扩大规模，其实这个不是我想要的。这是一个心态问题，因为销售得更多，可以改变更多的土地，所以我需要扩大规模。如果有一天不销售了，我完全可以种两亩地自己吃，自给自足，也就是说需要做多大就做多大。"

除了生产和销售，白飞对生态农业有着更深层次的理解："做生态农业之后的好处，就是自己不再浮躁了，因为人只要在土地上工作，那个踏实感真的很强。比如说我在外面开会，一个星期、半个月的，我回去之后第一件事情，就要去地里踩几下、转几圈，看看庄稼的生长情况，因为我觉得那样做能给人很踏实的感觉。"

合作社资金互助风波

2014年年底，合作社发生的事情，让白飞不得不重新考虑合作社到底是什么？怎样才算是一个合作社？刚回到村里做合作社的时候，白飞按照温铁军老师讲的合作社发展的经验"资金互助，制度重要"，在合作社下面成立了资金互助社，并在镇上开了门店。

"当时为了动员农户入股，就联系了中心，中心派了口皓（人才计划八期学员）跟我一块拉了不少人入股。我拉一笔存款要给他们讲两个小时：我是干什么的，我在哪儿毕业的，中央一号文件里怎么写的，中央怎么支持的，然后我们是怎么干的，然后他才放心，才在你这儿存 1 万元钱。如果他有 5 万元钱，不会全放在这儿，他要先放 1 万元，有时候没有到期他还要试试，看能不能取出来。那时候我就说：你存一年的定期，没有到期我也要给你取，然后还给你送到家，你要存钱的话我去你家拿钱，给你开票据，服务到家。其实那时候他们想贷不存，我说这是不可能的事，那会儿就有人趾高气扬地往我这儿放钱，还要先说下：你这么小年纪，完全是给你爸妈面子。那我就得忍辱负重了，然后还要装出很感激的样子，合作社的资金量就是这样上来的。

"其实合作社的资金互助社一直都没有挣钱，根据政策的要求，为了防范风险，资金互助社要买软件、买设备，还要按照银行的要求装修门店，还要买票据，光票据买下来就花了 1 万多元；还有店面的房租，还要给柜台的人开工资……在合作社不赚钱的时候，社员和骨干们都闲着，该出去打工的出去打工，该下地的就下地，做成做不成都与他们无关；但是一旦听说要盈利了，他们只管向我要钱。其实那时候只是我自己收粮食有些盈利，但由于我长期在村里做合作社，和合作社是融为一体的，这些合作社的骨干会觉得我赚钱就是合作社赚钱，才不管是从哪儿赚的钱。所以说当时很无奈，跟他们又没办法解释。你要让他们来入股共同经营，他们也不会，因为做这些事情很明显是没有在外打工的收入高的。他们的愿望其实就是你挣钱了，给我们分红就行了。那么作为我来讲这是不可能的事，因为我要从外面贷钱来收购粮食，所有的风险和成本都是我来承担了，对我来讲这不符合经济人理性的选择。

"后来，原先的合作社骨干给我压力，他们几个提前商量好，在下面开完私会了，然后来找我说：要么我们集体退出资金互助社，要么你就给我们说说，挣多少钱？该怎么分就怎么分。开始他们以为我会顶不住，我就干脆直接一些，所有原先买票据的这些成本，我一个人承担了，你们该出去就出去，合作社挣的钱（主要是资金互助社的存贷款利息差），全部给你们分红。最后彻底分清是 2015 年 3 月，1 万元钱两年分了 1200 多元，退出股金加起来也有五六万元钱。其实那时候大部分存款都是我亲戚的，也没全退，但还是得有一个合作社的平台，以前的田垦合作社理事长、监事长都不是我，章程里面写的我只不过是资金互助社的总经理，后来就重新注册了一个合作社——迦南合作社。他们刚退出去的时候影响是非常大的，他们会给新合作社散布负面消息，煽风点火，说你这不好那不好，一年多都缓不过来劲儿。刚好 2015 年中心又派来了久菊（马久菊，人才计划九期学员），在我这里待了一年，帮合作社做老年人集体生日，还有妇女文艺活动，这些活动给合作社带来了很多正面的影响，慢慢地合作社也在村里站稳了脚跟。"

在经过这样的一番"较量"之后，白飞在自己新成立的合作社中开始探索，这也让他开始重新思考到底如何来看待合作社和农民组织。

返乡的意义

白飞是一位特别具有反思和思考能力的人，在经过每一阶段的历练或者痛苦之后，都会有一些特别有意思和深度的思考。谈到自己的未来，白飞说："对于自己而言，返乡的意义其实就是得活着，还要活得很好，即使是返乡种地也能活得很好，这就是意义。你的意义并不是脱离了主流社会你就活不下去，你还存在着，存在着就是意义。至于你要让所有人都认同你，这不可能，也不要做那样的影响，只要有这个状态就行了。"

（口述：白飞；撰稿：汪维行；修订：刘良）

3.3　彝族姑娘康丽的四次创业记

人才计划七期　李康丽[①]

我出生在云南北部的彝族山区。我的彝族名字叫"依鲁阿娜秀"（意思是美丽的花儿），在村里边，大家不知道我汉族名字，都叫我娜秀。我的汉族名字叫李康丽，大家比较喜欢叫我"彝族姑娘康丽"，这也成了我的微信名字。

我自小生活在农村，内心理想的生活图景是：在广阔的田野上，有一所简单但温馨的房子，房前屋后都是大片的土地，可以耕耘出我喜欢的花草、瓜果、蔬菜和粮食。要是能在院子里养几只老母鸡捡鸡蛋吃，那就更好了。晴时下地干农活，雨时泡一壶茶、看一本书，不看他人脸色，不去讨好任何人，凭借自己的双手顶天立地地生活。

在小的时候，从大人的世界里我就清楚地知道，未来要想过得好，就一定要离开家乡，走进城市，因为家乡太贫穷落后了。村子里生活的很多农民都和我的父亲母亲一样，辛苦劳作，但收获微薄，和我年龄相仿的年轻人，为了生活不得不远走他乡。2010年高中毕业，因为没考上理想的大学，当时多少有点年轻气盛的我，就没有去上大学了，到昆明的一家公益机构做志愿者，从一个"小跟班"开始，稀里糊涂地走上了生态农业创业的道路。

从帮帮健康生活馆开始

2010年我到昆明的一家公益机构——真善美书家去做志愿者。

---

① 李康丽，女，云南楚雄人。农村可持续发展青年人才培养计划第七期学员，目前返乡创业。

在做志愿者期间，当时云南对转基因讨论得比较多，就结识了一位大学老师，那时他推荐我看一些反思全球化的书，比如加莱亚诺的《拉丁美洲——被切开的血管》、舒马赫的《小的是美好的》等，虽然当时自己也没太想明白，但开阔了视野，也就不再满足于打工、挣钱、过小日子的那种生活了。

2010年10月，真善美书家分出了一个团队做帮帮健康生活馆，主要做生态农产品的销售，收购云南各地小农户、合作社的生态产品，在昆明开了一家门店销售。那时候我是在店里做销售，开始接触到生态农业，也接触到不同的生产者和消费者。后来生活馆经常要野生蘑菇，我家乡正好有，于是就开始让家里人去采野生蘑菇，又从蘑菇发展到核桃，就这样一步一步地把生态农业和自己的家乡联系起来了，也为后来自己的返乡做了一个很好的铺垫。当时自己还是懵懵懂懂的小女孩，什么都不懂，就跟着大家一起做，这算是我的第一次创业经历吧。

绿盟销售记

帮帮健康生活馆是一个比较年轻的团队，做事上免不了不太细致，所以在一段时间后，我觉得有必要离开了。2011年7月，我来到北京参加人才计划培训，这是我踏上探索乡村建设道路的开始。

初到乡建中心时，正处于闷热的夏天，七期班的第一次培训被安排在中心院子里，每个人都心怀建设乡村的理想，激情澎湃地在一起交流、讨论、学习如何建设新乡村，直到深夜还无法平息内心的激动，时常引得隔壁的村民大叔来投诉，但大家依然激动，最后大叔"投降"了。

培训结束后，我被分配到国仁绿色联盟，开始了为期一年的学习和工作。那时候绿盟的人员还比较多，刚去的时候，绿盟有李留洋、魏巍、李昭等人，我们七期班又分了三个人过去，刘培、魏川和我；后来又来了另一个女孩张连娥。

当时在绿盟做的第一件事是捡红豆，因为当时中心的储存条件不好，从农户手里收购上来的红豆很容易生虫，需要把被虫子吃了的豆捡出去，把好的分装销售。长虫的那些给院子里的鹅吃，到后来鹅也不喜欢吃红豆了，我们只好把那些长虫的红豆和鹅粪掺在一起发酵，撒在地里做肥料种菜。好的红豆，在淘宝和市集卖了一些，还是没卖完，最后剩下的都让张连娥用我们中心取暖的煤炉，试做了各种红豆食品，于是大家给她取名叫"红豆姑娘"。2011年的冬天我们一直与红豆为伴，也是我们在寒冬里有趣而温暖的回忆。

绿盟主要有两个销售渠道，一是参加北京有机农夫市集，二是在淘宝上销售，我主要的工作是参加市集。那时候我和红豆两个小姑娘，一起扛着上百斤的箱子，倒公交、倒地铁穿过半个北京城，参加每一场市集。从最开始一次市集最低卖200多元，到2012年一次市集多时接近1万元，中间也有很多故事。2011年年底在望京的一个集市，我们摊位旁边是悠然社，一个小姑娘在卖白菜，十元钱一斤的大白菜，后来一个老太太就骂："你们这群骗子，超市大白菜那么大、那么好，白白嫩嫩的，才几毛钱一斤，你看你们这白菜又有窟窿眼什么的。"当时骂得特别厉害，把那小姑娘都骂哭了。那时候买菜的都是一些老人，一般年轻人要上班，所以销售量很低。印象中还有被临时取消的经历，原本联系好的场地，说明天叫大家来赶集，但在夜里12点睡觉之前，接到信息说那个地方不让我们去了，我们只得灰溜溜地取消。到2012年，市集开始有了固定的场所，并且每个周末都能比较有规律地办起来了，市集的影响力也越来越大，大家的销售额也一步一步提升。

北京的市集对我很大的一个触动是团结力量大，相互之间的支持是很重要的，因为一开始的时候，可能有人是想买香菇、木耳，或者有人想买其他东西，可能只是冲着一个东西去的，但是去了以后，就变成了所有人的客户。你带了一个客户，如果是十个人在那

264

儿摆集，就有十个客户，所以十个客户是共有的。当时大家真的很团结，没有不让我的客户买你们家的东西，大家没有竞争性的想法。当时大家是相互帮忙，比如有人说我想买花生油，就会推荐绿盟有花生油，或者谁需要什么菜，我们就会互相推荐，这是共享的一个过程，也是市集能够成功的一个很大的原因。

但是，2012年也是绿盟最折腾的时候，因为中心各种矛盾和纷争不断，最后我们绿盟团队搬到柳林。刚搬过去是12月，张可（那时我和张可已经确定了关系）当时还兼着小毛驴出纳的工作，因为到年底了账目比较烦琐，他经常很晚才回来，大冬天的也没有暖气，我一个人要包很多货，又包不完，他回来时已经很冷了，我就抱着他哭。到2013年，因为绿盟牵扯到两个机构之间的事情，也包括我们自己干活的人之间的内部矛盾，所以我觉得是时候离开了，于是在2014年2月，我们离开了绿盟。也正因为有了这段经历，我们才深刻地体会到了创业的艰辛，有点像生一个孩子、养一个孩子的那种感触，从开始创业什么都没有，然后一点点劳动，一点点积累，然后有点什么，但又需要细心呵护的过程。这是我的第二次创业经历，感情很深，打击也很大，以至我和张可过了很长一段时间也没法完全释怀，总觉得绿盟可以做得更好。

在绿盟期间，我也通过绿盟的平台卖家乡的产品，主要是野生菌和核桃。当时是抱着做公益的想法，把利润分享给大家，自己在中间不赚差价，于是又鼓动村里人做合作社。2012年把我哥和村里的一些人带到北京参加合作社论坛，他们一看也挺激动的，回去就把合作社做起来了，陆续给绿盟提供核桃、香菇等产品，都是没有包装的、大量地发货过来，然后贴上绿盟的标签。后来因为在市集上卖得比较好，合作社也给其他的渠道和平台提供原产品。也因为合作社没有完全绑定绿盟，有了其他的销售渠道，后来我的返乡不是从零开始，合作社也成为一个很好的让我可以回得去的平台。

清净家园的思考

从绿盟出来后，我徘徊了大半年的时间，直到 2014 年 7 月，又阴差阳错地去了清净家园做销售、做网店，算是开启了我的第三次创业。当时清净家园也才开店半年左右，在那边感触比较深，我们老板娘和老板人特别好，教我们从洗碗、扫地开始怎么去做一件事情。在清净家园，我看到他们怎么样去处理内部的人员关系，以及处理与外部的关系。

而在中心那时候，可能我们做概念、理论性的东西比较多，甚至我觉得中心有矛盾的时候，处理方式也是很直接、很伤人的。比如说中心有很多集体活动，打鼓、跳舞都要一起干，这些很琐碎的事情对于我们具体做经营的绿盟团队来说，真的没有那么多的时间和精力跟大家一起去做。那时就会有人说你们不团结，没有积极参与中心的活动；还有人说你们二道贩子，挣钱是一件很不道德的事情。总得跟大家解释，跟做贼似的，心里挺不光明磊落的。

后来我们在清净家园，慢慢地对这个事情释怀了，因为我们要给别人开工资，要有运营成本，会去核算成本。做商业是一个正当的事情，有一些利润是非常正常的事。我们是通过自己的劳动得到了一定的收入，这是一件非常有尊严的事；如果是因为他人同情而得到的，这事也是可以做的，但是对我们来说就不够平等和公平。所以做商业、做销售，这本来就是一个等价交换，第一，我们不压榨任何人；第二，我们也可以从中得到一点收益来维持自己的生活；第三，我觉得这事情挺好，自己也很喜欢。我不用再去给谁证明，我到底是不是二道贩子。我也不用给谁交代，我的钱花到哪里去了。这是我在清净家园受到的启发，反正我们不是偷的不是抢的，做这个事情光明正大。

返乡与追求自我

2014 年我就想返乡，那时候手头上还有几万块钱的积蓄，但时机不太成熟，也没想好回来怎么办，于是又向亲戚朋友借了一点钱，付了我们在县城这套房子的首付，就和张可一起去北京闯荡了。

在北京有一个比较深的感触，在很多机构和平台，不管做销售、做策划、做宣传，还是做店铺管理，我的位置是可以替代的，找一个像我一样的人并不困难；但是对于家乡来说，我对他们而言是不可替代的，他们很难再找到一个可以为他们做这方面工作的人。在自我价值实现上，我觉得回到家乡能做更多的事情，所以那时候我就准备要回来了。当时家里的合作社主要是我哥在撑着，绿盟开始减少向我们的进货量时，合作社的经营压力也很大；村里人也觉得我哥挣了很多钱，有个别的就会在背后说一些不好听的话，实际上他经常贴钱，过年过节给合作社的老人买点东西，因为村里的舆论压力比较大，所以他也不想干了。到 2015 年年底，我就确定要回来了，如果再不回来合作社就该解散了。

2015 年我和张可结婚了，考虑如果有孩子了在北京怎么养，还有上学等事情，这也使我们比较倾向于回家。后来父母也经常生病住院，年纪大了，总希望子女能在身边多一点，再加上我也很坚持，所以就回来了。我在返乡这件事情上一直比较有主见，另外我父母也比较开明，对我做的选择，不一定能够理解，但是至少能够接受，因为我做很多事情比较坚决，不会受别人很大影响。返乡的时候，我就想明白了自己比较适合做销售，主要做野生的核桃和菌类，因为我有这方面的经历，家乡刚好也有这些资源。

刚回来那会儿，自己还有很多的计划，想做的事情很多，也保留了在中心当学员时每天写日记的习惯，还有年前规划、年中总结、年后总结等，写了满满的一本日记。但从我怀孕到生了小孩之后，就是两眼一抹黑，能做到哪儿算哪儿，还好前些年在北京积累了一些人脉资源，去年一年算下来有三十来万的销量，减去投入，基本上能满足一家人的生活。

2016 年 6 月以前，因为刚回来没什么收入，积蓄也花得差不多了，我还会挣一些生活费，去别人的葡萄地里打零工，还去摘过桑果卖，摆批发市场、早市等，挺不一样的经历。后面张可因为在外面打工受伤，6 月也回家来休养，此后我们再也没出去了，就在家专心做自己的事情。最开始我们做一些干货的销售，核桃和野生的菌类比较多，从 7 月开始，我们也跟合作社那边重新商定，添加野生牛肝菌类、松茸类的鲜货，2016 年干核桃差不多有 5 吨左右，合下来新鲜核桃有 10 吨多。因为我们这边的核桃树大多属于野生、半野生状态，不用担心化肥农药过量的问题，所以以前都是社员自己来管理，自己来晾晒。但是后来发现大家晒不好，质量上不太好把控，于是从 2017 年开始，就由我们自己晾晒，统一管理，社员只管给我们提供原产品就行了。

从 9 月初开始一直到 10 月是核桃的收获期，核桃也是我们的主打产品，但在我们县城核桃的价格波动比较大，有时核桃的市场行情不太好，一天跌三个价的都有，比如早上收购是 11 元钱一斤，销售是 11.5 元，还能赚 5 毛钱的差价，但到晚上拉到城里后跌成 10 元钱，就赔了。但我们有自己的销售渠道，不太受当地价格的影响，因此我们都是按照县城最高的价格给农户。因为我们都是少数民族，老年人居多，除非一些关系好的亲戚朋友，其他的农户都需要给他们现金，所以开始时我们的资金压力也很大。还好我们跟北京有机农夫市集的平台等渠道合作，以及一些消费者团队，会通过预订的形式给我们预付款，也大大缓解了我们的现金压力。

我们在与消费者交流的过程中慢慢摸索，产品品种也根据消费者的需求在一点一点地增加，比如核桃，最初我们是带壳卖，后来就有消费者提出需要核桃仁做面包、加工之类的，我们就剥核桃仁；剥完核桃仁就有核桃芯木，可以用来泡茶喝，于是我们也会卖点核桃芯木；可能有些时候核桃剥得比较多，一时半会儿卖不了，那就榨点核桃油。一个核桃就这样一点一点衍生出来了这些产品，到现在为止我们一共有十几个品种，以核桃、野生菌、蜂蜜为主，在我们能力范围内去做，也不希望一下子能做到多大，关键是要过好自己的生活。

返乡这两年来，我特别感谢我们的合作伙伴跟消费者。过去我觉得自己是一个刻薄的人，对别人不太相信，比较猜疑，但是跟很多消费者接触之后，我觉得并不是我要赚你多少钱，你剥削了我这样的关系，虽然有些人我们从来没有见过面，但还是成了很好的朋友，这些事情也让我很感动。印象比较深的一件事情是，我们最初发新鲜的松茸时，没有经验，因为路途遥远，加上不知道路上出了什么状况，到一个上海的消费者手里时，松茸酸掉了。当时我们就跟客户说我们给你补发，但是他当时在国外，他说："你不用给我补了，等我回国，再买一份，那点钱就当支持你的。"我挺不好意思的，因为是四五百元的货，后面我们还是补发了，但他说得特别真诚，他也继续买我们的东西，这个过程让我对人性有了一个重新的认识，觉得这个世界上还是好人多、好事多，这些消费者对我们的肯定、支持，让我重新认识了这个社会，也给了我很大的鼓舞。

以前我觉得自己有那种要拯救世界的很大的想法，到了中心、到了绿盟之后，在那样的环境和氛围下，更加深了这种想法，要拯救世界，要拯救人类，要改变整个环境安全、食品安全问题。但是现在我觉得这些事情有点远了，我开始有一点明白，真正的奉献，应该是一种自我需要，一种好好活着的自然结果，而不是刻意，更不是道德优越感和功名。这些年来曲折的创业历程，也让我明白了我热爱每一粒蕴含希望的种子和可以孕育出生命的土地，我渴望与每一个农民握手言谈，我享受在田野里自由劳动的幸福感，我快乐在品味大自然随意打造的精致生活里。以后的人生里，乡村于我是一种自然的生活，已无关悲喜，过去留在心里的也只剩淡淡的回忆，未来我希望更多人都可以找回内心里的故乡，幸福地生活。这就是我第四次创业的感悟，也许是最后一次，也许不是。

（口述：李康丽；撰写：刘良）

3.4　扎根家乡的大学生村干部

人才计划九期　刘坤[①]

从大学开始的乡建求索

生于农村、长于农村的刘坤于 2010 年离开家乡，前往山西农业大学追寻自己的梦想。

大一对刘坤来说是醉酒沉睡为一梦。

从见面会、军训再到各种晚会，各部门对新生的教育以至开始真正上课，眨眼间已经过去了一个月，之后就没有什么值得记忆的东西了。

刘坤进入大学之后接触到带班的学长学姐，几乎影响了他以后的大学生活。在那个时候，几乎每个班都会搞一次宴会，大家一块出去吃饭、喝酒。这也是刘坤进入大学后的第一次聚餐，每个人吃着说着，感情真挚得似乎唯有二锅头才能表达情意，那就举杯共饮，一杯又一杯，醉了，几乎每个人都醉了。清醒的说感谢，不清醒的也说感谢，大家都醉了。

考试时，第一次见到那么多的人在干着同一件事情——准备小抄；第一次见到那么大的小抄纸片，见到那么小的字体。考完试之后，一切忘记，这太神奇了，大一一年就这样结束了。刘坤使劲地回忆，也想不起大一到底都做了些什么，或者准确地说大一其实就

---

① 刘坤，男，陕西咸阳淳化人，1991 年 4 月出生，农村可持续发展青年人才培养计划第九期学员。2014 年 6 月毕业于山西农业大学农村区域发展专业；2014 年 7 月报考西部计划西藏专项服务，在拉萨工作一年；2015 年 6 月报考陕西省大学生村干部，现任咸阳市淳化县官庄镇沟渠头村村委会主任助理一职，陕西省第六届大学生村干部创业明星，咸阳市优秀大学生村干部。

没做啥。

想想大一这一年，其实不是在上大学，而是在忘记大学以前的生活学习。这一年不是很多人说的迷茫的一年，而是无知的一年；这一年过的不是大学生活，而是想象中的大学生活；这一年也是苦苦挣扎的一年，为了理想的大学生活不断尝试的一年；这一年是闭眼都做梦的一年，一切都太新鲜了，让自己感觉世界真的很大；这一年是最闲的一年，虽然做了很多事情，但几乎找不到几件有用的。

在大一下半学期的一个下午，刘坤躺在宿舍的床上睡着了，不知不觉中已经睡了三个小时，但好像被什么东西给猛然击打了一下，一下子惊醒，坐起来睁开眼看到的是夕阳，宿舍里空无一人。这种夕阳西下的情景，不知为什么突然让刘坤有一种想自我毁灭的冲动，心里边特别难受，也找不到任何人去倾诉。

也许是自我的不断探索与思考，刘坤在大一劳动节放假前一两天的时候，偶然看到学校大学生支农队的海报，于是就参加了一次农村合作社的调研活动，骑着自行车跟着支农队的同学在学校周边的村子做了三天调研，那时他才真正体会到了什么叫社会调查，从此一发不可收拾。

自 5 月开始接触到大学生支农队，到 6 月社团举行下乡志愿者招募以及培训，这些刘坤全程参与，并且还做了很重要的工作，他设计了培训的课程，不到一个月，刘坤就已经明显地感觉到自己的存在，感觉到自己还是活着的。

随着暑期的来临，支农队即将开展下乡活动，一共有四支队伍，刘坤被任命为其中一支的队长，结果他的那支队伍一直没找到下乡的点，他们骑着自行车把学校周边的好多村庄转遍了，结果还是让人很沮丧。无奈之下刘坤的队员就被分到了其他队，而他则是跟着其中的一支队伍下乡。下乡还不到四天，另一支队伍的队长突然家里有事，刘坤就被借调过去当队长了。就这样稀里糊涂地当了一回队长，完成了刘坤的第一次下乡。

社团组织的下乡结束之后，刘坤被社团派到了江苏去参加第十二届大学生支农交流会。他一个人坐火车赶往目的地，差不多20小时的车程，但是刘坤几乎没有睡觉，感觉浑身充满了力量。到了江苏后，看到那么多的全国支农队友，有一种找到组织、找到同志的感觉。完成了理论学习，准备着又一次下乡，又被告知担任队长，下乡地点就在江苏嘉泽跃进村，当时做得比较好，办了一场很有效果的晚会。

下乡本身并没有给刘坤带来多少深刻的认识与收获，但是参与支农队以及其后的经历，是一种在大学里找不到的东西，这让刘坤感触很深。大二开学，社团面临换届，刘坤被告知担任大学生支农队副队长，这一年他管理社团，带着社团搞活动。自从加入支农队后，刘坤的精神是饱满的，战斗欲望极强，经常晚上11点熄灯的时候才回宿舍。大二这一年，刘坤在社团这个平台上结识了很多真正的朋友，能讨论事情，能一块去做事情，并且做的还是有意义的事情。

读书、思考是大学生活的一部分，是人生的主旋律。刘坤从大二下学期开始读书，将书籍看成生命的养分，每个月最少阅读三本书，涉及范围比较广，有文学、人物传记、历史、经济学、社会类等，每个月写三篇文章，可以是读书总结，也可以是生活中所思，但一定要是自己的东西。

每天读书、学习、思考，让刘坤感觉很充实，因为在阅读的过程中解开了自己不少的疑惑，也有许多新的感悟与看法，特别是阅读历史与人物传记的时候，那种将自己当成历史人物不断演绎的过程似乎是一部部电影，不仅历史活了，自己的感情也丰富了。

更重要的是，每周刘坤会和那些支农队友相互探讨自己的新认识，针对每个问题大家都会发表自己的看法，也经常会和大二的学生一起交流。

从大三开始，刘坤开始认真思考自己以后要做什么，思考得更为系统、深入以及切实可行，想以后做教育工作，这是有一定现实社会原因的。当下的教育很不成功，但是没有多少新的尝试，更没有真正的教育家出现，出于对大学的反思和未来的思考，大四的时候刘坤决心要走出校园，参与更深入的乡村建设工作。

参加人才计划与西部计划

2013 年 7 月，刘坤参加了第九期农村可持续发展青年人才培养计划。在人才计划为期一年的时间里，刘坤在梁中心（梁漱溟乡村建设中心）青年培养部门实习，学习乡村建设理论，了解如何在村庄里做文艺活动，如何发动农民形成组织化。刘坤在东北、东部沿海、大西南等二十多个省市走访高校支农社团和返乡创业青年，了解返乡青年的生态创业经历，认识了众多朋友，积累了很多人脉资源。

临近毕业季，和很多大学生一样，那时的刘坤原本也想着要考研究生。但是，一年的人才计划对他有着深刻的影响，人才计划结束的时候，刘坤的想法也变了，他内心深处有一个声音不断地在催促着他，投身于实践吧！他觉得只做青年人才培养工作，不足以满足他内心的呼唤。他想要在更大、更广阔的实践空间里获得人生的价值。

2014 年 7 月，刘坤毕业之后没有选择继续留在梁中心。他要寻找适合自己生活发展的空间，于是参加了西部计划——西藏专项服务。去的时候，他想着这一辈子就扎根在西藏了。到了西藏后，刘坤被分到了居委会工作，每天的主要任务是整理文案资料。除此之外，刘坤还特别喜欢到社区里跟藏民交流，但因为不懂藏语，刘坤跟藏民交流起来有些困难，他每天大部分的时间仍旧是在办公室里，日复一日地做着相同的工作。在西藏，每天都有大把的空闲时间，他计算自己全年 365 天，把所有工作累加起来，按照每天满勤工作计算，总共才 10 天。为了打发时间，刘坤开始背诵《大学》《中庸》等儒家经典来填补自己的空闲。

刘坤刚开始参加西部计划的实领工资差不多 4000 元/月。到了 2015 年年初，因为领导的赏识，专门将他吸纳到驻村工作队里，这时他的实领工资涨到了 5300 元/月。2015 年年初的日子里，这种高工资又闲适的生活，让他感到心慌，感觉年轻人不能如此，此时他开始萌生了回去建设家乡的想法，认真思考后决定报考家乡陕西省淳化县的大学生村干部，主要是看重这个岗位能深入农村，因为平常就关心时政、三农等问题，仅复习了 15 天的他就以高分成绩如愿拿下了大学生村干部这个岗位。

驻村未遂与卖苹果

2015 年 7 月，西部计划结束，刘坤回到了家乡，成为陕西咸阳市淳化县官庄镇的一名大学生村干部。淳化县组织部把刘坤分配到了官庄镇沟渠头村，任村委会主任助理，这样分配主要是考虑官庄镇离刘坤家里近，情况熟悉，工作起来更顺手。2015 年 9 月刘坤正式上班，每月工资 2333 元，刘坤心想这样既可以保证自己基本生活，又可以驻村做事，算是返乡一个很好的开头。

上班之后，他发现自己虽然驻村点安排在沟渠头村，但和绝大多数大学生村干部一样，平日在镇上办公，工作内容就是在办公室里整理材料。工作一个月以后，刘坤便开始向镇领导申请驻村工作。因为没有其他村干部彻底驻到村子里，县里领导出于安全等综合考虑，不同意他驻村。这样一来，他感觉自己原来在梁中心学习的组织农民、生态农业、农村文化营造等农村工作经验没有了用武之地。但是，内心里打定主意一定要驻村，既然暂时不能驻村，但总可以做一些有利于农民、能带动农民的事情吧。

怎么样才能带动农民呢？首先自己家要先做出个榜样来。2015

年 10 月，淳化县的电商刚开始起步，刘坤自己家里有 10 亩地的苹果每年也愁销路，于是他就从卖自己家的苹果开始，试水电商销售。刘坤在大学及参加人才计划期间，拥有了很多人脉资源，通过这些人脉资源，刘坤拥有了相当多的消费者客户群，于是自己的电商平台建立起来了，自家的苹果也不愁销路了。

2015 年 11 月，刘坤开始销售自家苹果等特产，经过两个多月的努力总共销售了 7000 多斤红富士，再加上 1000 多斤核桃和少量黄花菜，销售收入 4 万元。在做农产品销售的过程中，他坚持再好的农产品价格也不能太高，定的价格一定要老百姓消费得起，因为在他眼里，农产品的第一属性首先是养活人，让人生活健康，利润适当挣点，能保证自己的生活即可。这个探索也使得刘坤成了全县 100 多名大学生村干部里，唯一做农产品网络销售的村干部，他也靠电商卖苹果卖出了一定的名声，他的电商平台在淳化县阴差阳错地火起来，成为淳化县最早一批电商平台，2016 年还荣获县政府 5000 元奖励。

村干部与创业

刘坤选择回家一边做大学生村干部，一边进行农业创业，这些事情父母并不太赞成。刘坤发现自己借用村干部这个角色，在父母看起来还算是一个比较体面的工作，自己的生存压力和外部舆论压力也会小很多。同时，刘坤自己通过电商挣了 4 万元，其中 3 万元都给了父母，自己只留了 1 万元，这也让父母对他的返乡有了更多的支持。

2016 年春节，刘坤和自己在大学期间相识的邻镇姑娘程龙女结婚了，妻子在咸阳市区工作，刘坤留在官庄镇继续村干部生活。结婚后，妻子辞去了在咸阳的工作，在官庄镇附近的电商公司工作了一段时间；后来，妻子干脆辞职回到刘坤身边，全力帮助刘坤打理电商平台的事情。

但是，刘坤还是希望妻子在县里谋一份稳定的工作。他觉得妻子有稳定工作，能经常照顾家里，自己也好在外边做事业。

精准扶贫项目的帮助

2016年3月，国家精准扶贫政策项目推行到了沟渠头村，主要是大棚香菇的生产，具体操作是在沟渠头村建设9座香菇种植大棚。每个香菇大棚的造价约为1.7万元，其中国家精准扶贫项目补贴3000元/棚，其余资金由大棚承包者自筹。刘坤和村里其他两名干部，三个人每人承包了一个香菇大棚。其余6个大棚由沟渠头村贫困户每人承包一个。由于没有积蓄投入，刘坤向朋友借了1.8万元用于建设自己承包的香菇大棚，相当于自己全年的工资预支了一半。资金到位后，香菇大棚很快建成。

香菇种植从3月开始，一直到7月采收，每个大棚能产出4000—5000斤鲜香菇。鲜香菇的市场批发价格为每斤5—6元。到了7月，香菇每隔一段时间就能采收一批，拉到市场按批发价格去销售。第一次是刘坤亲自开着三轮摩托车，装了600多斤鲜香菇，行驶100多公里，翻过两个山沟到隔壁县城的批发市场去卖。这样一趟跑下来，刘坤感觉长途运输实在是太辛苦了，随后他决定豁出去了，把鲜香菇全部晒干后再卖。6斤鲜香菇才能出1斤干香菇，当年产的所有鲜香菇晒干后只有500—600斤。但干香菇耐储存、好运输，可以在电商平台上销售。刘坤通过自己的微店和"欢耕辛语"微信公众号推广，让越来越多的消费者看到他的创业故事和产品。2016年9月刚推出时干香菇的价格是50元/斤包邮，因为产品质量好，消费者们建议香菇价格可以上涨，刘坤重新核算成本后，当年中秋节之后将价格提到79元/斤包邮。2016年，刘坤除了香菇销售之外，还有自家的10亩苹果、少量的黄花菜和核桃，全年的销售收入是 6 万—7 万元，净收入为 2 万—3 万元，将返乡与自己的创业很好地结合了起来。

与此同时，村里其他农户如果有卖不完的鲜香菇，也都晒干后找刘坤帮忙销售，最终刘坤把村里所有干香菇都销售出去了，通过自己的榜样作用带动农民一起致富。

驻村与入户

刘坤在镇政府办公已经很久了，但他依然想着要驻村。到了 2016 年 5 月，刘坤强烈要求驻村，没等镇上有回应，他自己就搬进了村子里面。镇里领导得知后，打电话把刘坤批评了一顿，让他即刻回到镇上，便于管理。但是，刘坤这次是下定决心要驻村，于是回到镇上后跟县委组织部表达了自己强烈的驻村工作意愿。到 2016 年 11 月，刘坤终于驻到村子里去了。同年 12 月，刘坤的电商平台"村里娃"商标注册成功。

真正驻村后，刘坤发现第一关就是如何入户了解农民情况。为了通过这一关，他经常思考入户的关键是跟农民怎样聊天，如果自己不了解农民的需求，对于农村的未来没有设想，那么这一关就过不去。

深入农户家后，刘坤发现跟农民打交道或是做农民的工作，不能急于求成，也不能用眼前利益来带动农民。刘坤认为农民不愚昧，思想也不守旧，农民也不会相信金钱，很多人认为农民相信眼前利益是一种错误的认识。以前做农村工作之所以付出很大，收效甚微，之所以政府动、农民不动，主要原因就是村里没有农民能够信任的带头人。刘坤意识到要想引导农民做事，自己就先要做这个带头人，踏踏实实去做，然后再找村里面几个大户跟着做，随后慢慢建立信任，农民就跟着做了。刘坤觉得农民相信的是"说给农民听，做给农民看，领着农民干"的带头人。

未来村庄发展规划

现在沟渠头村里的产业主要以苹果树为主，农民普遍的发展思路是先栽树，后找市场。刘坤觉得这种思路特别落后，当今市场行情变化不定，种果树的投入产出周期至少3年，到时候产出的苹果有卖不出去的风险。

刘坤的设想是把沟渠头村打造成一个带有关中特色的生态农业民俗旅游村，而不是一产农业。村里要搞农业养生、剪纸、美食坊等关中特色农业文化的三产服务业，这个服务业里，要农村整洁、农业生态、农民热情。经过一段时间的调研，他觉得要做好这些，必先提高农民组织化程度，有了全村大部分农民的自觉参与，这个事情才能成。

早在2016年暑假，刘坤就邀请山西、陕西等地的高校大学生支农队来村子里实践。大学生支农队在村子里搞文艺活动，做支教和调研，使得村子里的气氛一下子活跃了起来，村民们对大学生来搞文艺活动特别欢迎。大学生下乡期间，刘坤组织人手在村里办了一场文艺晚会，整场晚会办了4个小时，村里大部分农民几乎未经动员就全程参与其中，而且十里八乡的人都来了。

而在过去，很多村都是发钱才能让农民来开会。这两者比较，充分说明农民缺的是精神文化、精神教育。刘坤觉得要提高农民素养，加强文化精神建设合情合理。文化活动也不用什么成本，农民还愿意参加，要先搞文化，后搞经济。

为了把沟渠头村的妇女组织起来，刘坤设计了四个"十佳文化活动"：第一个"十佳"是评选村内十个最佳环境卫生示范户，尤其是农村的厕所改造必须纳入环境示范户的评选当中；第二个"十佳"是评选村内十个巧媳妇，包括臊子面、搅团、饸饹面、馒头等在内的十种关中特色美食都在评选的范围内，每个特色美食评选出一名巧媳妇；第三个"十佳"是评选村内十个好儿媳，孝顺公婆，能处理好家庭关系，让家庭和和美美；第四个"十佳"是评选村内十个教育孩子特别讲究方式、母慈子孝的家庭。

这样就能弘扬正能量把村里的人心聚集起来，也能把村里的文化发展起来。同时，评选出的几十个示范户可以为以后特色民俗乡村旅游打下基础。对这些农户稍加培训，就能接待外地的游客来村里体验关中农业、美食特色文化。通过文艺活动把村子里的气氛活跃起来，游客来村子里吃住心情就会很好，村里少花钱还能把特色旅游这样的大事情办了。

目前，有很多城里人暑期想到关中的乡村避暑，想去看关中特色的房子，品尝特色美食，带孩子学做面塑、做面条、蒸馒头、剪纸等体验特色民俗，特色民俗旅游市场空间很大。刘坤觉得特色民俗旅游这个远景规划，现阶段最重要的是村庄的内部组织建设。刘坤打算运用"互联网+"，在网上建立一个"沟渠头"村公众号，村里有什么大的文艺活动，或者大的事情，都发到公众号上面去。

同时，面对已经被各种资本组织的农业服务市场，单打独斗是不行的。刘坤认为村干部将村民组织起来，走出去对接市场才会有出路，否则单家独户过分依赖批发商来收购，赶上市场行情好就挣钱，过几年赶上市场行情不好又赔钱。对于村内现有的农产品销售，他觉得要把本村的农产品做出特点，做出品质，首先应注重打开县域市场。沟渠头村的农产品，淳化县的居民要先消费得起，愿意消费，这个农产品的生产—销售链条才能持久。在这一点上，刘坤借鉴了山西永济蒲韩乡村的发展经验。

未来，他还是想着再坚持做几年村干部，而且一定是要驻村的。如果空间不允许，他会毅然决然辞去这个体面的工作。他对组织妇女工作很有信心，相信从妇女组织突破，定能逐步把村里的文化工作做起来。他相信在不久的将来，村里一定能发展得更好，这也是他给自己压的担子。

(口述：刘坤；整理：梁少雄)

3.5 试着回到家乡

人才计划十期　陈迪桥①

休学打工

2006 年 6 月，我念完了高二。早在未放假之前，我已经决定要休学一年，外出打工。放假后，不顾家人的反对和老师同学们的挽留，我和另一名同学就坚决地离开了家乡，背上了外出打工的行囊。

之所以想外出打工，一方面有家庭经济的影响——家里经济来源主要靠父亲一个人外出打工，母亲在家种地。由于长年劳累，他们的身体都不好，特别是父亲，由于经常在阴暗潮湿的矿井下干活，受过几次工伤不说，还患了些风湿类疾病，我不想拿他们的健康换自己的学业与前途，当时我和弟弟都在上学，我想减轻他们的负担；另一方面，则是自身的原因，是对自己在学校表现的不满，原来很克制花钱，上了高二后同学间吃喝、送生日礼物等消费主义的行为越来越无法控制，离开学校时我还欠下一个好友 100 元……总觉得自己在虚度时光。

第一次两个人一起出门（本地方言指外出打工、找活路），先去了堂弟所在的建筑工地，当时是在陕西宝鸡。辗转了两个工地后，我和同学又去了西安，经另一名同学介绍，去了她表哥承包的位于咸阳的建筑工地。在那里，我们坚持了四个月，现在想想，我最佩服那时的自己。当时的工作应该说是超出身体负荷的，我是木工小

---

① 陈迪桥，男，湖北十堰上津镇农村青年，上完高二休学外出打工，后来辍学，热爱阅读，多年来通过阅读自学。农村可持续发展青年人才培养计划第十期学员，北京工友之家工人大学第 13 期学员。目前返乡在上津古城筹建爱家乡公益图书馆，服务于本地居民和中小学生。

工，负责帮大工找材料，木方、搭架子用的钢管、夹子，很多时候靠肩扛手抱，配合织模板、拆模板和顶板等，晚上还常常加班。每天起床，手脚都是麻木的，特别是脚，因为没穿劳保鞋，脚底经常被钉板上的钉子扎。在单独被调到河南的工地后不久，因为一些不满，加上同学的手曾经骨折，也干不了重活，我们商量后决定离开。回到咸阳结算了工钱后，带着不多的钱，匆匆地踏上了南下广东的火车。

在深圳，又经历一番波折，20多天后，我们才找到了工作，进了一家小型的工厂。在那里，我度过了整个打工生涯中最快乐的几个月，虽然当时工资很低，吃得很差，但和同事们相处得很好，也许是因为当时自己的想法还比较简单吧。我在那里度过了外出打工的第一个春节，和同事们一起在外面聚餐。春节过后开始上班，厂方担心工人离职太多，迟迟不发工资，后来我们几个同事一起"罢工"，当天下午，工厂就给大家发了工资。拿了工资，我便一个人去中山市找先行离开的同事，那位同学已经在家人的劝说下回家了。

在中山干了一个多月，因为想家，我在开学前回到了家里，准备去学校上学。只是，当我带着学费走进校园时，疏离感、不自信等各种感觉交集在一起，让我感觉学校已经不适合我了，或者说我已经不适合学校了。我又离开了学校，彻底地辍学了，再次踏上了南下广东的火车。从此，我开始了漫长的打工路。

经历富士康与传销组织

我辍学后的打工经历主要分为三段：（1）2007年9月到2008年7月在富士康当普工的经历；（2）2008年8月到2010年5月涉足传销组织阶段的打工经历；（3）2011年3月到2014年3月重回深圳后的打工经历。

　　第一阶段比较平静，带着学费离开家到深圳后，顺利地进了龙华富士康，接受企业文化培训，然后进车间上岗，两班倒，差不多一个月转一次班，5 天 8 小时之外，基本上每月加班都在 110 小时左右。富士康是一个小社会，里面有超市、银行、书店等，因为上班比较忙，这一年在深圳都没怎么看过这座城市，偶尔与朋友一起玩玩轮滑、逛逛街，和同学聚聚、上上网，就没什么娱乐了。因为爱看书，不时地买书，到走时也攒了一箱书。

　　第二阶段算是比较曲折的。我被最信任的朋友用一个谎言骗到了传销组织里，因为对传销认知不足与存有侥幸心理，我最后加入了。虽然传销一般都打着直销的名义，但我知道是非法集资——骗人加入，然后拿抽成。只是因为我不擅长骗人，挣不到钱，但我又没有放弃，于是就经常出去打工，打一段时间工又回到组织里。但实际上呢，在组织里又非常痛苦，骗人的时候，自己的内心经受着折磨，也不喜欢传销组织的种种纪律、做派。当时一直没有选择离开，主要还是因为比较在乎这个朋友吧。回首离开学校后前几年的人生，他对我的影响可谓最大，甚至可以说我就像是他的"跟班"一样。在没离开富士康时，我曾经被他带着接触完美公司，玩轮滑也都是他带着学会的。那时的我们比较简单，就是两个想努力赚钱的少年。但我们对社会的认知都太浅了，并且都是被动地接受信息。这一阶段我做过餐饮服务、进过工厂，还下过矿井，并且辗转多地。感觉这个阶段的我们心理年龄都很小，对社会的认识也很少。可能是我们这一代人从小承担的责任太少了。

　　第三阶段是从传销组织出来后。因为爱看书，一次在书店里，看到一本《传销洗脑实录》，由这本书，我开始了自我反思与深度认识自我、认识社会之路。我反思自己为什么会加入传销组织，反思自己过去的成长。从这时候我开始恶补——大量地读书与读报。特别是在 2011 年，为了学习决定回到深圳，因为那里培训机构众多。

2011 年重回深圳，为了有时间学习，我选择了一份比较轻松但工资不算高的工作，除了下班时间可以看书学习，上班时间基本上也都是在看书。同时，这份工作也是在深圳的关内，我开始经常到处走走，去看这座城市。以前在深圳，我很少到过关内，当时和几个女同事一起到莲花山公园玩，虽然知道旁边是深圳书城和图书馆，却从没有进去过。从 2011 年开始，这些地方我都经常去，深圳的书店、图书批发市场等，我几乎都去过了，并且购买了大量的书、报、杂志。对这座城市和它的阅读文化，我有了更多的了解。当时深圳市政府打出的口号是 "要建造图书馆之城，让城市因阅读而受人尊重，实现市民文化权利"，对我产生了很大的影响，我中间还在深圳青年学院报过一次成人大专，电子科技大学，只是后来发现是花钱买学历，又放弃了。

2012 年，我第二次进富士康，不再住工厂的宿舍了，每周休息时，不是去书店，就是去公园、图书馆。我住的地方也刚好在一个社区图书馆旁边，我每个月借书大概十本，在这个过程中，我读到了沈从文的作品，慢慢开始重点关注乡土文学；也看那些比较火热的非虚构作品，如《中国在梁庄》《出梁庄记》《工厂女孩》《打工女孩》等；也慢慢地关注到陈寅恪、梁漱溟等近当代知识分子，以及乡村建设运动等，并通过网络搜索，知道了梁漱溟乡村建设中心。2014 年，经过长期思考，我最终决定离开深圳，去投奔乡建中心，寻找另一种道路。我不喜欢打工，我相信，也没有几个人会喜欢打工。

虽然我对现实中的乡建中心还缺乏了解，但我还是在 2014 年的 3 月到了北京；6 月正式参加了乡建的培训——"农村可持续发展青年人才培养计划"第十期。至此，我的打工经历告一段落，从 2007 年开始算，到 2014 年，正式上班的时间有五年多。应该说，是阅读改变了我，离开深圳时，我把买的书报全部运回了家，重量达 1000 斤，运费花了 1000 多元。

重新走回农村

参加人才计划，是重新走回农村的开始。

自从离开学校，我大部分时间是在城市里度过的，虽然心系家乡，可是在家乡度过的时间实在是太少了。而打工前，虽然长期生活在农村，但对农村只有生活经历，而没有深入的认识——文化、民俗、社会变迁等。接受乡建的培训后，对农村的历史、发展变迁有了更多更深入的认识，也开始更多去思考自己的道路，自己要做什么，能做什么。在这里，我就不过多介绍在乡建做的都是哪些事情了。2015 年结业后，出于个人经历与对未来的计划，我又去参加了工人大学（由工友之家举办），重点学习工人文化。

参加人才计划的一年，我下乡到过三个地方，都是乡建的试验基地。最开始在河南的漯河，是有名的小麦种植区，我的工作就是协助返乡青年白飞的工作，主要是小麦、黄豆的种植与加工，那时我们还一起到郑州给消费者配送嫩黄豆角（毛豆）。这时发现自己还是有点力气的，能搬动 100 斤一袋的小麦，想想小时候割完麦子往家里挑麦捆时，自己总是挑不动。我喜欢劳动，也许是缘于小时候的劳动经历吧，小时候上学，我们每周都要抬粪。虽然劳动很累，但让人踏实。在这里学习了几个月，后来去做得比较成熟的南塘合作社学习了一个月。春节过后，到灵宝的弘农书院学习了几个月，在书院主要是学习传统文化与蔬菜和粮食的种植，如花生、玉米等。这一年，我参加了人才计划常规的集中培训，一次在昆山，一次在北京的乡建中心，还有一次在山西永济蒲韩社区（自此之后，蒲韩社区可谓我心中乡村建设的奋斗目标），还参加了乡建主办的合作社论坛和大学生支农调研交流会。

在工人大学，我们主要学习电脑硬件维修与软件使用技术，有电脑办公软件、PS 等。工大提倡"劳动换学习"的理念，在学校附近建立了同心农园，还种植了一些粮食作物，我们一周到农园劳动一天。其他课程还包括劳动价值、团结经济、合作社等。我的同学都是来自全国各地打工的青年，老师则是来自北京各大高校的老师，有社科院的，也有党校的。工大教学让我看到人生的另一种可能。

乡村之痛

说到返乡，其实经过这几年时间，特别是回家的一年多，我已经越来越不认可这些提法，包括"故乡"这样的词。2016年年初筹建图书馆时，我把图书馆名字定为"爱故乡"图书馆，现在，我已经把它改为"爱家乡"图书馆。我不愿意再用故乡这个词，更愿意使用家乡。因为"故"更多表示已经成为过去式了，是那些离开家乡很少再回去，乃至再也不回去的人的"乡愁"。然而家乡对我来说还没有成为过去式，我的父母还生活在那里，乡亲们还生活在那里，而我，也决定将要生活在那里。

在这里我会想到海子的《亚洲铜》：

亚洲铜　亚洲铜
祖父死在这里　父亲死在这里　我也会死在这里
你是唯一的一块埋人的地方

实际上2015年在从工人大学毕业后准备回家过年时，我还没有想过或者说没确定要留在家乡，因为我打工的钱都买书了，而到乡建和工大学习我也没什么收入，但在我心里，是迫切地想在家乡做些什么，特别是在我回到家经历了几件事情之后。

可以说留下来的决定在我回到家里第一天就做了。那一天，我听到了几件事，这些事对家人、乡亲们都习以为常，但对我却异常残酷和很难接受。第一件是一个从小一起长大的伙伴的母亲去世了，他的父亲也在外打工，给家里打电话联系不上，后来托亲戚上门查看，最后破门而入发现其母亲已经去世十余天了；第二件事发生在我回老家的前一天，村里的一位婶子跟丈夫一起干活，突然倒地身亡，据说之前她还在哈哈大笑。朋友的母亲和婶子的死亡除了与疾病有关，还与当前农村的制度、文化息息相关。随着国家对农村的投入以及乡亲们在城市的"奋斗"，现在乡亲们的物质生活确实丰富了不少，生活习惯与消费习惯也都发生了很多变化，但是很多文化知识和生活常识却很匮乏，比如关于身体疾病的知识。

在参加朋友母亲的葬礼时，我还听到其他让人寒心的事——在另一个不远的村子里，有一对老夫妇开煤气自杀了，原因是老奶奶瘫痪了，老爷爷无力侍候。还有一对老人，老爷爷到红薯窖储存红薯时，因为空气不流通窒息而死，老奶奶失明，找不到老伴，后来也不小心掉下去了。他们的女儿下午干活路过父母家，没有看到父母，于是就去找，才发现两位老人已经死亡。老两口留下了大量的粮食，还有两万元现金，这是多么勤劳的老人啊！

这几年每到春节，返乡笔记、农村观察类新闻都会刷爆"新媒体使用者"的微信朋友圈。我说"新媒体使用者"，是相对于那些未曾使用新媒体的人们来说的，如农村留守的老人、妇女和儿童，这股热闹往往没有波及他们。而使用新媒体的人，也就是从乡村出去的精英们，春节过后，很快又会离开乡村进入城市。这些留守的人，生活便又回复了常态，事实上除了过年亲人团聚的热闹，他们的生活也没什么变化。除了写写文章，当真就什么也做不了？除了离开农村，就真的别无选择，没有另一条路可走？我想试试。

另一方面也是我比较崇尚简朴生活，我一直都想像梭罗到瓦尔登湖生活一年那样去生活一段时间。包括后来阅读到的《一年不花钱》，以及孔子《论语》里的很多话，都对我产生了很大的影响，如"一箪食，一瓢饮，回也不改其乐""君子食无求饱，居无求安"。我计划在自家土地上劳动，只要有饭吃就可以了。然后多在村里做些能做的小调查，记录一些乡土的变迁，自己也多读书多学习。这么想也是因为对自己能做什么没有太大的信心。

多年来我一直在外地到处跑，跟家乡人的关系很疏远，没什么本地的人脉基础。决定留在家乡时，我相当于一无所有，除了一些想法和藏的一堆书。虽然很想去做生态农业发展合作社，但连家里的土地，我也是做不了主的，而我们村的土地都是山地，极易因为干旱而没有收成，所以这些事情都没法做。至于如何生存下来，我还想过看家乡哪里有活可以干，去找个先干着。

从图书馆开始

因为我自己喜欢看书，回家后就有开个图书馆的想法，但因为自己没有什么积蓄，后来看到厦门的棚棚兄（颜钰棚）众筹来建图书馆，我也想试试众筹的方式。和一位朋友说后，他表示可以把自己的房屋免费给我使用，又征询了几位老师的意见，于是我就立马开始做了。

当时我并没有多少信心，不知道能筹到多少钱，并且由于我也没什么实质的产品回报，众筹到最后变成了募捐，说到这里真是感谢所有给予我支持的老师和朋友们。包括后来的众筹空调，我说给大家回报玉米，大家也都没要，有一两位想要的我到现在还没寄出，主要是因为我想回报确实是由我自己种出来的产品，而不是去买市场上的产品。

最后，连图书馆开馆后众筹空调的钱一起，共筹到了 21917.46元，还有一些朋友和机构给图书馆捐了书，收到的书籍总共有 2000多册。经过两个月的准备，2016 年 7 月 10 日图书馆正式开馆了，并在 8 月举办了第一届夏令营。

筹建图书馆除了受到棚棚兄的影响外，一个根本原因是我觉得阅读很重要。首先阅读也确实改变了我。人一生中的大多数知识，还是来源于书本，即便是现在的网络时代，人们获取信息和知识的渠道，大部分仍然是来自文字的。人类社会进入 21 世纪后，发展越来越快，这就需要人们爱学习、会学习，而阅读能力可以说是学习每一门学问的基础。筹建图书馆的过程中我的收获还是蛮大的，认识了很多富有爱心的朋友，一年走下来，自己的思想观念转变了很多，未来的目标也更加清晰起来，也自信了许多。

图书馆的目标是阅读推广，但在图书馆的运营和儿童阅读方面，我并没有花费太多的心思。以前只想着给想看书的孩子们提供一个阅读空间，让他们有书读，对于儿童阅读，我也没有太多去关注。主要原因是自己面临着最现实的问题——如何赚钱。之前住在家里开支小，现在住在镇上，支出就大了。而且虽然一直想做培训机构，但又于心不忍，觉得家长们外出赚钱太辛苦，多数都是干繁重的体力活，当时没想到要组织作业辅导，只有孩子们主动问我了，我才会教他们。

受春桃基金会资助，我出去参加了两次关于阅读推广的培训。这两次培训对我影响较大，接受培训后，我对儿童阅读的重要性有了更多的认识。首先是个人的认知与经验的局限吧，我一直是通过自主阅读学习的，然后自己的重心也是自身学习，更多时候看的都是成人看的书，我想生活中多数人也都很少专门去看童书吧，所以也一直没想过要把阅读推广当成职业去做，可以说对儿童阅读是不够重视的。但即使不从职业来说，出于将来要成为一名父亲，这件事也是需要学习的，并且我也很关注教育，也一直想做这一行，今后一年时间，我将会把重心放在儿童阅读推广上。我希望一年内能把图书馆引入正轨，之后再去做生态农业与合作社。

更进一步的未来

2017 年 8 月，之前租的房子到期了，因为感觉原来的场地不是特别适合做图书馆，我把图书馆搬迁了，新馆在我租下的一个 200

多平方米的房子里。房子的前半部分是图书馆和小教室，图书馆占地近 100 平方米，小教室 24 平方米，桌椅也都已经购置，准备做辅导班用；后面半部分是我的生活区域，一个卧室、一个卫生间和一个小厨房，旁边还有一个细长的彩钢棚作为仓库，目前购买了三张乒乓球桌，准备给小学生做训练用。租下这个房子目前我垫资两万多元，其中包括房租和图书馆、小教室这前半部分装修的费用。辅导班和乒乓球训练计划的是收费项目。

我个人对物质的要求不高，现在自己不到 30 岁，只要有口饭吃就可以了，只希望多做些事。主要是要把自己的负债解决了。当然，今后还是会利用空闲时间努力去做些其他的商业项目，可能是农场，也可能是农产品网店，但将优先集中精力把图书馆做好。以前没有花太多精力在这上面，近期已经举办过"试当小记者"、家长读书会、爬山、真人图书馆、儿童生命故事分享等活动，今后计划还要带领学生做绘本剧、开读书会、做自然笔记、作文指导等各种活动。不管能不能赚钱，将会集中精力做孩子们的教育工作。

说到图书馆现状，其实还算蛮困难的。因为回来时自己并没有什么积蓄，筹建图书馆都是靠社会捐赠，截至目前，募捐了三次，但募捐到的资金总是很有限。今年一年时间我将用心做儿童教育活动，看看明年能达到什么样的效果。总之，图书馆我会想办法坚持把它运营下去，哪怕是出去工作。与过去相比，现在我的同学回来了一个，我们准备一起做事，目前已经一起做了几次活动，他也去乡建参加过培训，我们的价值观比较一致。同时，图书馆发起的月捐计划，也成功地找到了 60 位月捐支持者，每人每月捐赠 50 元，一个月有 3000 元，有了这些资金，我也想找到志同道合的伙伴和我一起共建图书馆。

同时，我把爸爸送到一个生态农场工作了几个月后，让他对生态农业和我的创业有了更多的认同，这使得我与家人的关系渐渐缓和，让家人对我做的事情有了更多的理解。

　　回到家乡，这应该算是我人生这么多年最"离经叛道"的一次选择，虽然面临着种种的不理解，但我已经不再感到孤独。我希望能用我的真诚、百折不挠，让乡亲们习惯我的存在，重新建立信任，也试图让他们理解我这样一个"异类"的存在。

3.6 探索另一种生活的可能[①]

健康农业实习生 梅红伟

小伟总是扎着一个颇有艺术家气质的小辫，绛红色的脸颊刻着风吹日晒的纹路，让人很容易就把他和饱经风霜的流浪歌手联系在一起。他在做自我介绍的时候总是这样说："我叫梅红伟，大家都叫我小伟，如果觉得我年纪比你大点，叫我小伟哥也行。"这样一番自我介绍，一下子就拉近了我们与他之间的距离。其实叫"大哥"一点都不为过，已届不惑之年的小伟，是一位为周围人处处着想的热心肠大哥，大家都亲切地叫他"小伟哥"，甚至被其他的河南返乡青年略带调侃地称为"带头大哥"。

小伟的返乡与别人有点不同，他的经历就足以绘成一幅画卷了，用"生命不息，折腾不止"这句话来形容最为恰当不过，他一直都在探索生活的各种可能。正是在他返乡前的各种探索，以及他在汶川地震灾区的见闻和对金融危机来临时的判断，让他对生命、对家庭、对教育、对生活有了重新的思考和选择，促成了他告别城市回到大山，探索另一种生活的可能，建设自己理想中的共生家园。

弃学与义工

1978 年，梅红伟出生在河南驻马店一个教师家庭，父亲是一名优秀的中学数学老师，家中姐弟四人，他是老小。作为一名教师子弟，小伟从小开始就跟着父亲住在学校里，只要是父亲教过的学校

---

① 本文是乐施会资助的"支持河南返乡青年网络建设及农夫市集平台机制探索"项目成果之一。

他都待过，经常是父亲在教室里上课，他在教室外面玩，直到 9 岁才开始上一年级。小伟早期的求学之路一直很平稳，成绩也很好，但到初二升初三的时候，被寄托了子承父业期望的他，却在家人的诧异中第一次为自己的人生做了个决定——放弃学业。

让他做这个决定有两个原因：一是觉得自己不是攻学业的料，"初二的时候两门课是我喜欢的，一个是语文，一个是物理，但英文一直是最差的，口语就不用提了，早上起来左右前后的人都在哇哇哇地背单词，自己也使劲地背，自习课结束人家要去吃饭了，我一个单词没记住，郁闷！从那个时候起就厌烦学业"。二是开始对父亲的职业有了新的看法，"我决定不要一辈子都耗在这个学校了，不然太痛苦了，真的太痛苦！"

于是，1994 年，16 岁初中还未毕业的小伟决定放弃学业，南下深圳闯世界。小伟到深圳的第一站是在一家挪威的企业做手表，一年之后就开始学习广告、广播、摄影，后来又去学习酒店管理，在一个星级酒店做到了客房部经理，在当时已经是很高的级别了。后来发现酒店管理这个行业里面，有很多的内幕和关系，没办法学到真东西，就退出来开始做其他事情。

因为小伟的家庭信仰基督教，早在 1991 年的家乡教会活动中就结识了香港的公益团队人子协会①，初闯世界的小伟在深圳又遇到了人子协会，并开始做人子协会的兼职义工。20 世纪 90 年代正处打工热潮，很多农村的孩子梦想着能进工厂，进城市。为了帮助农村的孩子能在城市顺利找到工作，人子协会开启了一个名叫"青年创业养成计划"的活动，免费介绍农村的孩子到安全的企业或工厂。因为人子协会中的大多数都信仰基督教，被介绍过来的孩子很大一部分来自教会，他们多会联系诚信可靠的基督徒老板，保证这些进城

---

① 人子协会，全称"人子创意生活发展协会"，倡导自主学习、自觉成长、自然共生的生活。

打工的孩子不被欺骗，能够正常地得到相应的待遇和薪水。此外，小伟还会跟着他们每个月去工厂做一两次探访活动，组织聚会，也帮他们协调解决一些困难。"看到他们对城市边缘人群的关心和扶助让我备受触动，于是决定辞职，从1996年开始我就成了专职义工，帮扶城市里散落各处的流浪者、问题少年。"

小伟和他的爱人苗九玲是在深圳的时候相识的，"认识九玲正是1997年她从老家确山县送一批孩子过去，那也是她第一次去深圳，怕在深圳不习惯，就背着很多从老家带去的东西，比如擀面杖，哈哈，很有意思！我去车站接的他们，后来因为我们那个团队也蛮需要人的，所以九玲就留了下来"。正是九玲的留下，让这两个年轻人有机会慢慢了解、相知，开始了他们相扶相携的生命旅程。

这期间还有个小小的插曲，因为在当时的团队中有个规定：当提出恋爱之后就要准备结婚，不能一直恋下去，不然可能会对其他人有影响。所以小伟和九玲考虑之后在1998年年底就离开了一段时间，在老家确山经营起来一家叫"西部牛仔"的服装店，生意做得红红火火。服装店开到6个月的时候，小伟和九玲被之前的团队邀至云南丽江做一个月的游学，没成想却在那时被安排办婚礼了，说到这里，小伟笑得一脸幸福。"有一天晚上活动结束后，老师说你们明天要自己准备东西，当时都没听懂老师什么意思。第二天中午，突然发现大家都不见了，以为要迟到了就赶紧赶去吃饭的地方，到了之后被老师一把拉上台，老师说今天是小伟和九玲的结婚典礼。当时我们俩也傻眼了，但身边的朋友都送上了早已准备好的礼物，我们就这样结婚了。"原本打算游学回来继续开服装店的他们，被"老师希望我们能去广东深圳，那边计划办一个共生家园"的活动动摇了，最终决定放手确山这个店。"其实有很多人为我们惋惜，觉得正是我们赚钱的时候，但我们有过很多集体生活的经历，心里边觉得一个大的家庭生活，一个群体的生活，对于我们来说是一件重要的事情。因为也办过婚礼了，也想在结婚之后能有一个新的开始。"

1999 年，小伟和九玲再次来到深圳，和其他人子协会的成员一起探索共生家园，做大型的文化创意产品义卖。2000 年，小伟和团队创业开餐厅，不大的门面却经营得热热闹闹，餐厅最大的特点就是会接待一些流浪的人，免费吃饭；还会帮助城市的边缘人群和弱势青少年，到劳工聚集的工厂探访，为他们组织生日派对。在深圳这个被各种开发项目急速包围的生活空间里，他认识和了解了更多普通人的生活。2001 年，他们的大儿子子悦出生，餐馆几乎没日没夜的作息让人的体力和精力都极度劳累，最终小伟决定关了餐馆，一家人暂时搬到一个地方好好生活两三个月。在一位一直陪伴他们的老师的建议下，他们一家三口前往上海，与另外一个家庭一起合作生活、创业。

返乡的失利

在九玲最早一批送去广东打工的年轻人中，有一个叫大春的兄弟，一直牵绊着他们的心。大春因为在雨伞厂的工作环境中接触了有毒物质，皮肤开始溃烂，在广东时小伟就带着他跑了很多医院，都无济于事，有位医生说大春最多只能再活五年。那时小伟一家去了上海，大春回了老家。在上海，小伟收到了大春的那封"连死都没有力气"的信，小伟回忆当时情景："当时很心酸，之前在南方接触过理疗、健康饮食，有一种观念：吃健康的蔬菜改善人的健康。就跟大春说：我们决定回老家，找山清水秀的地方种有机蔬菜给你吃，只要你愿意，这五年我哪都不去，就陪着你走到最后，你就是我的兄弟。"

大春同意了。于是，2002 年，小伟带着九玲、子悦一家三口，还有两个红色的行李箱回到确山，那就是他们在外这几年的全部家当。他们开始借钱，找地方，最终在薄山湖水库边的二道河村，租了现在这 300 亩地的荒山头。租期为五十年，"当时对方要 3800 元一次性付清，我说算你4000元，再给你双倍，8000元我租下了。地租来之后在村里做了公示，并办了林权证。租完之后别人都觉得我被骗了，但这个价是我自己定的，我是急需要，我是想要生活"。可是在租完地、买完必备的交通工具（一辆摩托车）之后却已经没钱了，于是跟大春约定去深圳打工一年，赚钱回来盖房种菜。

2003年，小伟和九玲再次南下打工，小伟在康佳集团做销售，小伟的白酒酒量就是在那时练成的，有酒量就有销量，半个月后由销售代表升为区域经理。两人打工一年存下两万多元，借着过年回家的机会悄悄递了辞呈。走的时候老板很不理解，为什么那一座荒山会如此牵动着他的心？

2004年，小伟用打工攒下的钱建了山上最初的四间瓦房，并把大春接到山上。因为要生活下去，开始发展种植和养殖，河南地区有在八月十五吃公鸡的习俗，2005年他们在山上养了5000只鸡。等到鸡出栏的时候，禽流感正好在全国爆发，看着漫山遍野的红公鸡，却卖不出去。"当时山里没修通水泥路，很难运输，就付钱给附近村民挑鸡到大路上去，附近饭店都知道我们的鸡好，也会订购一些；但要大批量走出去只能靠鸡贩子，而鸡贩子却使尽手段拖延时间，已经完全长成的公鸡每天食量很大，养一天赔一天，最终不得不以很低的价格被迫卖给鸡贩子，那是一次很痛苦的经历。"与此同时，大春家里也发生了一些变故，使得大春无法到山上安家，"我们不可能在山上等着大春偶尔来住一下，于是又出去做义工了。"

接触生态农业

2006年，小伟和九玲被邀请去云南丽江束河古镇建立人子共生家园，于是他们再次举家南下。在丽江，小伟认识了在做有机农业探索的朱明，因为前两年在山上养殖种植的失败经历，让小伟对有机农业产生了浓厚的兴趣。当时朱明是社区伙伴（PCD）在广东地区的联络员，给小伟讲了很多有机农业、生态农业、社区支持农业的工作，这在当时算是非常前沿的。"看到朱明在做这个事情，觉得这个工作很伟大，自己应该对农业生产再去做进一步的探索，而朱明也需要人参与，于是我就成了社区伙伴的第二期健康农业实习生。"

成为PCD的实习生后，小伟和朱明来到了广州，与另一个伙伴苏德彪，在韶关做生态农业基地，找了几个农户做有机农业的生产；农产品生产出来之后，通过社区支持农业的方式，对接城市来销售，就成立了一个专门做生态农产品城乡对接的机构——沃土工坊①。沃土工坊的名字是朱明起的，同时成立的另一个环保机构南岭会②，在韶关的南岭保护区内保护鳄蜥。当时要经常出差去韶关，与当地农户打交道，除了推广有机农业的生产，还帮助农户改造旧房子，安装了榻榻米，让城市消费者去入住体验。

一家人分居两地总不是办法，小伟在广州安顿下来之后，九玲就把子悦带了过来，一同过来的还有两个单亲妈妈的家庭。来到广州后，三个家庭都面临着既要工作，又要照顾孩子的困难，共生家园的生活方式是自然而然的。四个大人三个去工作，一个照顾家庭和孩子，收入共同使用。当时是在工业区蒸馒头卖，卖得很好，这

---

① 沃土工坊是成立于2006年的一个志愿者团体，早期的主要工作是推广"社区支持农业"理念、考察小农户。2008年开始，为了给农户提供销售渠道，解决生态农产品销售难的问题，沃土工坊慢慢转型为一个生态健康产品销售及理念推广的社会企业，至今与全国各地生态农场建立合作，为消费者提供上百种经过严格甄选的健康食物。

② 南岭会是成立于2007年1月的广东本土环保NGO，最初以关注自然保护区的野生动物生存和自然环境的保护状况而走进了广东的天然屏障——南岭。南岭会希望联结乡村社群和城市消费群体的需求，在保护区内推广可保育土地的永续生态农业，鼓励当地农户不使用农药和化肥种植农作物，实现土地的永久可持续耕种；同时积极联系城市关注环境保护、关注健康生活的消费者，直接购买这些地区出产的健康农产品，建立健康永续的生活方式和"公平购买"的消费体系，令农民有更合理的收入，减少对当地自然资源的高度依赖和破坏，减少砍伐和盗猎的行为。

样下来大家都感觉轻松了很多。

小伟在做实习生的时候每月的补贴是 1100 元，这样的收入在广州让他们很有压力，想着必须要有一个稳定的经济收入和事业基础，才能让共生家园更稳固。于是在 2007 年下半年，小伟辞别了朱明，在一个做汽车贸易领域朋友的介绍下，带着几个家庭，来到浙江开了一家汽车配件进出口的贸易公司，去做另外一种尝试。

汶川救灾与都市创业的结束

2008 年汶川地震，小伟在第一时间听到地震消息的时候，就把车开到修理厂去检修，决定要立刻开车进川。同时又在一线员工中间筛选了三男三女，加上小伟当司机，7 个人当天晚上就出发，并且把所有能拿出来的十多万元，全转到一个账户里带着，去了四川灾区。

"这是对我人生真正改变的一刻，我一口气开了 3000 多公里，是从建德一路走高速开到湖北宜昌，下高速后路非常难走，然后一直沿着国道进川。因为就只有我一个人会开车，3000 多公里的路上一直灌咖啡，其间还撞上了高速公路旁的护栏，一边的车门都撞扁了，只能从另一边下去了，就这样开到了汶川。下车就联络当地的一些朋友，接触了一些国际组织，拿到了进灾区的通行证。第二天我们就直奔映秀，但进不去，就辗转到都江堰看自己能做些什么。后来就参与了一个前期的搜救，跟疾病防疫中心的一起做搬运的工作。当时我们就感觉这工作还是蛮危险的，因为有很多的问题会发生，就把女生留在了市中心青阳体育馆做灾民安置工作，男生跟我再下灾区。我们在那里待了不到一个月的时间，住的是帐篷，吃的是馒头黄瓜，很累的，身体透支非常大，身心疲惫，花钱多少都不重要，关键是看的东西太多了，每天心里累积的那种压抑和痛苦，让自己有喘不过气来的感觉，就觉得要回去了。"

从四川回去有两个原因，第一是觉得太累了；第二个是因为二儿子子蜀出生了（"蜀"字也是为了纪念汶川地震），就是在哀悼日第一天（2008年5月19日）出生的。在灾区，"一边看到的是残缺的身体，心里面想做很多的事情又做不了，自己过去时买了很多东西发放，这也只能解决得了一时，解决不了永远。另一边是新生命的出生，我又不在身边，心里总还是有一种亏欠。一面是死亡和灾难的产生，一面是新生命出生，死亡和生命的拉扯，当时心里还是蛮焦灼的，后来我就说回去了。"于是小伟就直接开车回老家，带着九玲和还没满月的小子蜀来到浙江。

紧接着另一个事情就来了，2008年下半年美国金融危机爆发，从华尔街到全世界，从金融界到实体经济，各国都面临经济危机。汽车产业算是最早收到信号的，外贸也越来越不好做了，继续做下去风险很大而且不可预测，就开始想到要撤。于是小伟很快关闭了来往的一些交易，注销公司，酝酿着想要回家。"换做其他生意并没有把握，与其寻找新出路倒不如退回去，家人们也都同意了我的想法。"

2009年4月，小伟把所有洋不洋、土不土的那些豪华办公桌椅设备都打了包，花了8000元租了辆15吨的货车，把这些东西一起拉了回去。"因为觉得丢了可惜，又没时间去二手市场，当时就决定这次是要彻底回去了，从此以后的人生就再也不会去城市发展了。从浙江的离开也彻彻底底结束了在都市里创业，不再想这个创业的部分了，而变成了另一种生活方式，乡村的创业生活。当时也做了一些动员，有些员工跟着我一起回到了河南，开始农业创业的生活。"

再度返乡的绿色方舟

如果小伟第一次返乡是基于宗教般的济世救苦情怀，那么这次的返乡则是在看遍生死之后，对自己生活方式的再一次选择。"从回来的那一刻开始，一直坚信这是我的生活方式，甚至是我余生的生活方式。"

再次回到七年前就已经租下的这个山头，五年前盖下的四间瓦房在风雨的冲刷下破败残存。"刚回来那会儿其实根本没想到自己要完成些什么，计划些什么，觉得什么都不重要了，没有多大的梦想，就是想建一个稳固的房子，不会在地震中倒塌了，能够好好住着；不要妻离子散，不要跟亲人分开，然后能够陪在家人身边，不要有死亡，不要有分离，不要有痛苦。"小伟和他的家人们就这样开始了共生家园的建设，探索另一种生活的可能。

小伟给农场取名为"绿色方舟农场"，绿色意味着注重环保、生态和保育，不是去"创造"新事物，而是想要恢复原来就有的环境；方舟来自"诺亚方舟"，这是人类在苦难的情形下聚集的一种方式，方舟上的人生活在同一条船上，所以是"共生"的模式，充满大爱，为下一代创造和抚育美好；农场是真实地落实农业生活、生产、创造事业的地方。

"从 2009 年到现在，农场的建设一直都在进行，所有房子都是生活在农场里的家人自己动手合力建造的，从完全不懂，到购买工具、材料，请师傅现场指导，然后农场里的男女老少全部参与建房。农场的原则是多买工具、少请人，有了工具就可以不停地创造，还可以从工具上学技术，而这些工具也能教给孩子们一些生存的技能。水电、油漆、排水管线这些都是自己来做，盖房子一类需要技术的活儿就请师父到现场指导，然后向师傅学习，以后就可以自己盖房子了。"

刚开始修整老房子，因为人多，又在旁边盖了 500 平方米的两排新房子。建设初期最困难的部分、也是花钱最多的就是运输，当时没有修通水泥路，所有的建筑材料都是运到离农场一公里的地方卸下，然后换拖拉机、三轮车或者肩挑背扛的方式，运到山上来，几乎是三倍的运输成本。房子是最先修好的，这是最基础的，就是想让大家能够安定地住下来。之后就是修路，当时得益于村村通工程，政府把水泥路修到了山上。

2010 年，为了方便农场灌溉用水，大家在两山之间的小沟开掘出一个小水库蓄积雨水，水库深达 5 米，面积有 3000 平方米。"筑堤用的水泥方砖有 2000 多块钱，都是几个在农场生活的女人浇筑出来的，整个水库只用了两个月就完成了。"

为了更好地建设农场，小伟和九玲专门去学习了朴门永续设计的课程，在自己的农场中实践，各种永续生活的设计也在农场安家落户，如芦苇逆渗污水处理系统、生态厕所、火箭炉、面包窑等。再加上小伟之前在实习生期间接受的生态农业理念，在农场中是看不到任何化肥、农药、除草剂等化学制剂的农业生产资料，甚至连肥皂、洗衣液等洗护用品，都是他们自己动手制作的，除了农场生产不了氢氧化钠需要外购之外，其他原料基本上都是农场自产或废旧回收的。在对于洗漱用品的使用上，农场对外来人员的要求是很严格的，基本上都会要求来访的人不要自带化学制剂的洗护用品，因为农场的污水都是汇集到芦苇逆渗污水处理系统里处理，经过处理后的水则可以直接浇地。经过近 8 年的改造，农场已经自成生态系统，可以完全不依赖外部"养分"的输入，也实现了小伟最初给农场取名"绿色"的梦想。

对于农场的建设，小伟回忆说："2011—2013 年，是农场在经济上最艰难的时候，一方面是山上改造和建设用的钱非常多，另一方面栽下了 3000 多棵核桃苗和 300 多棵山楂苗，树苗如果没育活就需要补栽，这样每年都得有投入。所以这几年的经济一直处在比较紧张的状态，没有太多的存款。多一点的收入是前几年的夏令营，两个月的夏令营会有几万元的收入，也都投入在建设上面，改造房间，铺木地板，改造床，改造床垫，来提高大家的生活品质。建筑材料在最便宜的时候就囤好货了，这也是开源节流的好办法，把计划要建的一下预算出来，在材料最便宜的时候买回来，做长远的规划，知道自己钱少，就要做钱少的打算。"说到这里，小伟总是很开心地带着我们去看他的仓库，并给我们介绍：这些钢材是在 2015 年价格最低时买下的，这些砖又是在某某时候降价买下的，这些木料又是在某某时候买下的……

农场硬件条件的改善，一方面可以让农场里生活的人更舒适，另一方面小伟也在做青少年假日学校，"城市里一家三口可以来这里过周末，两天两夜，收几百元，食宿、农场的活动费用全包。农场还有周边的合作农户，如果培养起来的话，周日下午我们可以在农场做个市集，慢慢每个周末让城市人都可以带着蔬菜回去吃一个星期，下个星期再来。2016 年夏天我就带了十几个孩子做生存挑战，时间比较长，一个多月，最短我们也要求是 21 天，孩子们都很喜欢，也是我的特长，我就能带他们玩，也可以是农场收入的一部分。2016 年也投入买了一万多元的设备，做公益性质的留守儿童乡村图书馆，农场可以接收乡村的孩子在这里免费吃住，用城市的那部分收入来补贴他们，只要家长放心，甚至可以在这里过年，这两年都接待过好几个父母不回家的孩子了，大年三十就住在这里过年，都是免费的。所以这块也是未来农场必须要承担的责任和义务。"

对于农场的经营，小伟从来没有担心过，因为他们一开始的定位就是过一种新的生活方式，不是为了赚钱，"我们这里人多，种出来的东西基本上都是自己消化，在外面买的很少，除非是自己不种的或者不养的，才到市场上去买。种多了也不担心卖不出去，因为我们可以囤着慢慢吃，或者尝试加工，让食物保存得更久。比如刚开始没经验，我们种的小麦比较多，那么接下来一两年我们都可以不种小麦了。这两年地里主要种红薯、花生，一个是红薯、花生好保存；二个是红薯、花生可以加工，红薯可以做成红薯粉条，花生可以榨油。蔬菜种多了就带着孩子们一起做腌菜，还会拿去和周边的农户交换，或者给他们分享，周边的农户有时候也会把他们自己种的菜送给农场，或者拿来交换。我觉得这样很好，大家减少现金的往来，少些消费欲望。"

"天下为公"的共生家园

小伟他们最初一起回去的有 9 个大人和 6 个孩子,因为之前在城市里有过做共生家园东飘西荡的经历,他们希望在这里创建一个稳定的共生家园。在小伟和九玲的信仰里是讲求奉献的,他们觉得这 300 多亩地就是应该奉献出来给大家使用,把这里做成一个"公"的地方,最早在农场中挂了"天下为公"四个字。

"2009 年刚回去的时候接待了很多精神病人,或者说是有问题的人,不知为什么有家媒体称我们这里有很多精神病患者,所以后来大家一想到绿色方舟农场,就认为这是一个帮助精神病患者的地方。有熟人介绍的,也有看媒体找到的,也有教会的,最多的时候是 40 多人。去到那里的人身上的故事一个比一个凄惨,甚至有人被绑着从安徽花几千元的路费用出租车载到这里,那几年帮助最多的是湖北的孩子们。"

几年来的陪伴,让小伟体会到:"真正的精神病人应该不会多么痛苦,因为他经常处于发作的状态。其实最痛苦的是陪伴他的清醒的家人,我们看到他们的家人哭着,有的甚至是下跪的,渴望把这个人留下来,让我们带带他,那就没有办法,只能把他们留下。当时我们认为精神病人需要开放环境,有人陪他对谈,那时的缺点就是没有围墙、没有栏杆,人可以到处跑,一旦迷路就走不回来,周围的乡亲们都知道我们在天天找人。这些年来山上一直都养着不少于十条的狗,那么多狗其实都是给自己壮胆的,一堆的手电筒,四部对讲机,十来条狗,夜里就翻山越岭地找人,女生就两人一组,大路、小路、山路、湖边都去找,农场也因此建了围网。中间还有两个同工(一同工作的人),因为受不了这个煎熬离开了。"后来在农场生活的其他大人,大多也因为婚姻的需要都渐渐地离开了,光是小伟夫妇俩也照顾不了那么多的精神病人,加上 2011 年他们的小女儿子卿出生,就把更多的精力放在了孩子教育这一块儿。

"我们俩自学考过心理学二级证，不是为了给别人做心理咨询赚钱，那样没意思，不是我们的初衷，我们为的是可以更好地帮助到来农场生活疗养的那些问题孩子。在农场里我们安排半天劳动生产，半天学习，让孩子们在生活中学习知识，塑造品格。"到 2014 年，小伟他们已经不再接收新的精神病人，他们希望建立一个稳定的社区，"这么多年经历了太多的人来人往、人聚人散，有婚姻的、成家的问题，有年轻人想去创业、家庭收入压力的问题，一个社区建起来需要一些根基的部分，一是稳定生活，二是对人生、对生活重新有了计划和想法的人。"

农场还会经常帮助那些流浪的人，在 107 国道上几乎每天都能碰见背包的流浪客，最简单的方式是给他们火车票钱、吃个饭，或者是带他们回农场，给他们梳洗、更衣，这种流浪的人一般不会留下来的，即使吃得好、住得好也会觉得不自由。"曾经接待了一位老者，他是湖南人，从哈尔滨走路过来的，都走了大半年了，胡子那么长（用手比画到胸前），脚上穿的都不是鞋，是轮胎绑的，一路上跟别人要吃的。我们遇到流浪的人一开始都会问：你需要我们做些什么，你需要帮助吗？不是所有人都会信任你，那位老人家我就是开车追了他好久，一路跟他讲，他才选择来到了农场，生活了一个多月，后来我们就给他买火车票送回家了。还有一种比较惨的，就是把流浪的人带回家，走的时候偷了很多东西，给他洗完澡、换完衣服，偷衣服背东西背电线跑了，也有好几个。刚开始孩子们比较激动，问我要不要去追。我就说，不用。很简单，第一他没跟我们要钱，那这个就当作他的路费；第二他拿了这个东西表示他不傻，还能活下来，那就让他活下来吧。"

现在农场里生活的主要是小伟夫妇和他们的三个孩子，以及几个在农场长期生活的"问题少年"。有一个在农场生活了六年多叫吉汤的孩子，有一天突然改口叫小伟"爸爸"，小伟当时比较震惊，就对吉汤说："你一定要想清楚了，爸爸这两个字的分量是有多重的！"吉汤也对小伟说："我已经想清楚了，我已经把这里当成了自己的家。"

谈到孩子们，小伟特别自豪，"现在的人都在炫富，但是我家子卿总是在'炫哥'，总是在别的孩子面前炫耀子悦哥哥怎么对她好，子蜀哥哥怎么对她好，吉汤哥哥怎么对她好……但哥哥这东西是不能再生出来的，别的小朋友只有羡慕的份儿了。"对于孩子们，小伟一直有一个心愿，"我们从2013年就开始种核桃，每年再补种一点，到现在已经有3000多棵了。到子悦开始长大成人的时候，核桃就开始收获了，我就可以拿着卖核桃的收入，带着孩子组建一支摩托车队去欧洲旅行，带他们去沙漠过成人礼，所以鼓励他们去学习英语，不要求能写，但一定要能对话，能看得懂单词，分得出厕所，能交流就行了。"

对于共生家园的理想，自从2011年《三联生活周刊》《大河报》等媒体大规模报道之后，给农场带来了很多的困扰，此后小伟一直拒绝很多媒体的报道，他不想去大肆宣传，他希望："农场是隐藏的、低调的、务实的、具备各项功能的共生社区，学习、生活、娱乐、创业、信仰、事业、家庭，事业是有社会责任感，生活是家庭生活，还有内在心灵成长，三者是绑在一起的，我们不需要宣传造势从而让农场走在媒体推广的方向上，而媒体自始至终带来的负面影响比正面影响要大得多。我现在不会极力邀请任何人成为社区的一分子，我们需要对共生社区理念感兴趣的人，一起去建设、一起去生活、一起去打造，只有住在这里的人，才对这里的环境结构和空间改造具有价值，才有更清晰的目标。我们不希望农场成为一个公众和媒体关注的东西，也不希望它是一个流动的席位，现在就想寻找有这种想法和觉悟的人，建一个共生家园。"

（口述：梅红伟；撰稿：韩瑞荣、刘良）

第四部分

扎　根

年过九旬的农人

引言 "理想乡" 蒲韩乡村建设纪实

梁少雄[①]

2015 年 3 月，我们带着困惑和憧憬来到被誉为中国农民合作组织"大熊猫"的山西永济蒲韩乡村，希望借助蒲韩乡村二十年的综合发展经验为有意愿长期参与乡村建设的年轻人搭建更深入的学习平台。

2016 年 4 月，我们引进长春云凤社的发酵床养殖技术，先进行本地化的试验，再结合蒲韩乡村的生态种养殖计划向农户推广。

2016 年 9 月，我们改造了一座有三十年历史的青砖木制老房子，真正开启了我们放弃幻想，面对现实，以生活的心态在蒲韩乡村扎根的探索。

2017 年，在记录与分享中我们开始了参与式保障体系的探索，并有伙伴深入参与蒲韩乡村的儿童私塾试验。

在与蒲韩乡村的深入互动中，我们触摸到了长期立足于蒲韩的思路与方法，有了更长远的预期。在实践中我们从以前的对社会问题的批判与反思视角扩展到了以建构为主的重建性视角，特别是自然教育、中医养生、生态生产、生态建筑等内容融入我们的生活与工作中，切实感受到了自身在参与乡村建设中是最直接的受益者。

如果说来到蒲韩后，我们提出"不是逃避，也没有光环，而是以生活的心态为理想奋斗"是一种理念和原则的鞭策的话，那当下

---

① 梁少雄，男，1988 年 3 月生于陕西宝鸡陇县。2007 年 9 月至 2011 年 6 月就读于山西农业大学林学专业，在校期间参与创办山西农业大学大学生支农队。农村可持续发展青年人才培养计划第六期学员，2010 年 8 月至今就职于梁漱溟乡村建设中心，参与青年人才培养工作，目前长期驻点于山西永济蒲韩乡村，探索青年人扎根乡村的路径与方法。

我们的踏实与自信则是呈现了一种理想主义事业和生活的真实存在。

当然，这只是一个开始而已，没有了焦虑与不确定后，我们提出：三年立足于蒲韩，形成稳定的团队，打造综合性的乡村建设人才培养平台；五年形成蒲韩经验向外辐射的思路与方法；十年看到我们在回应"农村综合发展慢、青年返乡创业难、生态产品价格高"方面的初步成效。

放弃幻想，面对现实。生活就是建构，以乡村的元素为载体，融合中华传统文化，构建可持续生存体系。我们希望重塑乡村生活的文化价值与自信，而参与其中的每个个体的成长变化就是见证！

4.1 向蒲韩"宝库"求索

人才计划六期　梁少雄

背靠中条山、面朝母亲河的蒲韩乡村，在气温不断波动的3月初就已经充满了春天的气息，真有"忽如一夜春风来，千树万树梨花开"的感觉，杏花和桃花交织在一起，再配上零星的油菜花，一眼望去，非常绚丽，却又搭配自然。来到蒲韩乡村马上就三年了，从开始只是抱着一个单纯的想法，希望借助成熟农民合作组织的丰富经验与青年人共同成长，到现在以扎根乡村的生活方式承载对理想社会的思考与践行，感知到了前行的方向与动力，也体会到了个体改变的希望与渺小。如果说在此之前的各种文化价值表述只是基于对社会在认识层面的反思与思考，那当下所处的坐标使自己触摸到了大时代背景下为理想奋斗的脉动。没有逃避，没有放弃，也没有头顶光环，只为知行合一，一切新思想、新文化、新价值都从自我的践行开始，真正融入生产生活之中，这既是享受，也是探索，更是对主流文化价值的回应。

我从大学时期懵懵懂懂地接触乡村建设，到毕业之后全职参与至今，一路走来未必对所做的事情有多么清晰的认识，也未必对所要面临的挑战做好了准备，只是积极乐观些，也正因为此，在不同的阶段就很自然地有了不同的碰撞与选择。而脑海里闪动各种回忆时，还是充满了精彩与线条感。希望自己的回味既是自我的总结，也是乡建集体力量在小我中的展现。

恰同学少年

带着对自由的向往，按照自己的三个条件（外省、学校占地

3000 亩以上，校园内至少有两个足球场）选报了梦想中的大学，最终山西农业大学成为我的母校。

初入大学的自己和身边的众多同学一样，期待着在大学里好好学习，获得各种荣誉，未来能找个好工作，立足于城市，离开乡村。这种生于乡村，而梦想着离开乡村的文化价值至今依旧，甚至更炽。

然而大学的新奇度没多久就成过眼云烟了，起初大家还会因为上课占座而发生口角，课堂上也会认认真真地记笔记，晚上还会三两结群地去上自习或逛图书馆。后来上课都是抢着往后坐，以至于老师上课时前面两三排都没人坐，课堂上也开始玩手机了，空闲时间都是组队去网吧玩游戏。而自己因为酷爱足球，大量的空闲时间都驰骋在绿茵场上，甚至不惜逃课。不过自己倒没觉得无聊、空虚和迷茫，几乎每天学校操场的小门都被自己翻两次，即便天冷，即便只有两个人，足球的乐趣依旧能让我感受到无尽的自由与充实。

这样的大学生活持续了两个多月，在一次同宿舍的伙伴带我参与他们老乡组织的暑期骑行北京分享交流会后就慢慢发生了变化。其实，我对那次分享会没有太多感觉，因为是在一个小空间里，人员比较少，大家的交流更像是内部的总结与反思。不过，此后同宿舍的伙伴提出了要创办社团的想法。因为 2007 年出了一部展现毛泽东学生时代充满理想主义色彩的青春励志电视剧——《恰同学少年》，所以舍友提议成立一个名为"恰同学少年团队"的社团，旨在通过宣传历史与时事提升大学生的社会责任感。当然，那时我们已经觉察到了身边的各种现象，比如校园里的垃圾问题，进食堂吃饭时，前者不顾后者，门帘直接甩向后者等，觉得大学生的素质不应该是这样的。

就这样，我们开始筹办社团了。第一次活动是在 2007 年 12 月 13 日至 15 日，校园里连续三天纪念南京大屠杀七十周年，对于我们一伙没有什么经验的大一新生来说，当时的活动组织和效果都是空前的了。中午在学校人流量最大的食堂前放着防空警报，大白纸上的签名绕着食堂贴了一圈。也正因如此，引起了食堂工作人员的不满，居然撕我们的签名，结果就引起了冲突，最终我们的辅导员和学生会主席都来了。

这一次活动聚集了我们大一全年级一百多号人，虽然因为各种原因"恰同学少年团队"社团没有办下来，但回看大学时光，这一百多号人无论是学英语的、搞园艺设计的还是参加农业创业的，大学生活都比较积极向上。而这一次活动最为重要的意义是结识了我们学校搞支农的伙伴（他们已经接触到了21世纪以来著名"三农问题"专家温铁军老师倡导的大学生支农调研运动，也是我后来参与的主要工作），我的大学时光和人生都开始发生变化。后来才了解到，这些伙伴也有个社团，名称是"共产主义建设青年社"，关键是"非法"的（因其强烈的社会反思性，学校不给注册）。不过，这并没有影响他们对我的吸引。于是，没多久，12月底我们就开始准备和北京林业大学、中国青年政治学院、中华女子学院共同举办奔赴山西省大同市大同县倍加造镇西骆驼坊村的下乡支农活动。

支农第一步

整个下乡过程因为四校联合，充满着争议和瑕疵。当第一天晚上到达后，七八十岁的爷爷奶奶准备了丰富的晚餐，饭后他们就从炕上的席子下面拿出了一沓厚厚的账本，向我们诉说他们村因为修高速公路而出现的土地纠纷问题。这次下乡的经历，一下子将乡村的问题呈现在我面前，原来自己来自乡村，却并不了解乡村，只是想着要逃离乡村奔向城市。

当自己感受到了乡村与自身的关系后，就开始和学校搞支农的朋友们走得越来越近，也开始参与相关的学习讨论和各类实践，包括大一暑期我们在学校周边组织的下乡活动，算是让我完整地经历了大学生短期下乡的方式方法。但这些经历和思考基本只停留在活动本身，对活动之外的社会发展层面的反思和思考从自身来说比较少。

2008 年的国庆节，和社团的三位伙伴一起前往北京梁漱溟乡村建设中心（也就是我现在的工作单位）参加"纪念改革开放三十周年"专题培养，六天的时间彻底改变了我的大学生活和人生轨迹。来自全国各地 40 多所高校的 80 余位年轻人聚在一起讨论中国社会的发展问题，而来给我们授课的都是以前在书本和电视里看到的专家学者。还有一帮全职参与乡村建设，集体生活在北京西山脚下新青年公社的年轻人。一切过程，让我一个来自地方农业院校的大二学生认识到了自己知识的匮乏和视野的狭窄，同时感受到了青年学生的社会责任与力量，也看到了另类的生活景象。在返校的火车上，和几位伙伴就商量要将我们学校的支农队伍"合法化"，成立"山西农业大学大学生支农队"。

回校没多久，我们真的就注册成功了，山西农业大学的学生支农活动进入了一个崭新的时代。时至今日，回头去看，我们培养了非常多优秀的年轻人。这也是我感到非常自豪的事情！

大二、大三的时光基本就在支农队里度过，组织学习讨论、拉练、辩论会、放电影、开展讲座、下乡实践……方式方法太多，但坚持一个原则和目标，就是以学习讨论为主，引导同学们走向实践，从对自我的大学生活反思开始，思考当下中国社会乃至全球的发展。其间，我坚决地放弃了自己的本专业（林学），从以前上课偷偷摸摸看课外书，到后来都是正大光明的，自己心里感到踏实。

大三下学期在北京梁漱溟乡村建设中心的引导与支持下，我就开始外出参加社会实践活动了，2010 年 5 月去云南省东川区阿旺镇一带"抗旱救灾"，途中迷路，一伙人差点牺牲；2010 年 6 月去广州中山大学，参加全国性的农民合作组织发展交流论坛。慢慢地，自己已经对 21 世纪以来全国范围内的乡村建设运动开始了解，视野在打开，认识也在不断提升。

理想的实践与困惑

临近大四，身边的同学都做出了自己的选择，考研、考公务员、找工作。原本打算在学校好好读书学习，弥补自己思想理论方面的不足，可是在刘老石的影响下，我和女朋友一起前往北京梁漱溟乡村建设中心参加"第六期农村可持续发展青年人才培养计划"，从此开启了自己全职参与乡村建设运动的历程。

初到北京梁漱溟乡村建设中心是炎热的7月底，从敬仰到走入其中，自己很快就进入了工作状态，连续两个"非常态"的支农青年集中培训，累却兴奋不已。

9月团队建设结束后，刘老石就让我和另一名伙伴准备外出走访全国支农社团的计划。我俩都是大四，按刘老石的要求，出去要搞讲座和交流，要指导各个学校的支农社团发展。虽略有担心，但毕竟是在社团里实打实地干出来的，还是充满期待。我们按照行程规划，走访了一个半月，从北到南再北上，山西—陕西—四川—贵州—广西—湖南—湖北—河南，原本还计划去江苏、安徽和山东的，因为有其他事情就提前结束了走访行程。

一个半月的行程，越走越自信，也感受到了21世纪这波大学生参与其中的乡村建设运动的重要性，因为我们途中拜访了很多社会组织、老支农队员和高校老师。当然，也有让人烦心的事，我在从中南林业科技大学前往湘潭大学的路上收到了学院的"威胁"通知，说我旷课的节数已经超过50节，回来立马办理退学手续。去北京之前，学院就以大四有课为由不让我外出学习（原因比较复杂），当时是做了心理准备的。况且我都给四门代课老师请假了，老师们也允许我考试时间回去直接考试。包括在走访期间，有一门代课老师打电话说要考试，可是我真的赶不上了，老师就给我留了试卷，等我回去后让我一个人在实验室考，真的很感谢代课老师的宽容。

所以，在收到"威胁"通知时，我并没有害怕，心里很平静，更没想着回学校，不过当时的确准备了很多自己大学参与社会实践的材料。直到一个月后因为要进行毕业生信息采集才不得不回校，回去后这个事情也妥善地处理了，次年夏季我也顺利地毕业了。

过了 2010 年的冬天，学院的事情基本搞定，自己和伙伴们开心地进行着年后的支农青年集中培训，而一首《春天里》一直唱响在培训期间。

2011 年 3 月下旬，一场突如其来的车祸让刘老石离开了我们这个年轻的团队。有无法形容的悲痛，为什么好好的一个人突然就没了呢？早上起床时还在讨论"起床不难，难的是决定起床"，上午还讨论部门工作计划，直到晚上出事前的几个小时还打电话过来询问了我们印刷集体学习材料的事情。

清明节期间我们内部组织刘老石追思会，当温老师走进青年公社的大院时，当时就差点大声哭出来，身边的伙伴也是眼里泪珠在不停地打转。可温老师的讲话，一开始就说幸好没有看到你们有人哭，要不然一定严厉批评，对刘老石最好的纪念就是学习他的精神，继承和发扬他所做的事情。这个教诲，一直铭记心中，也时刻怀念着刘老石。

几个月以来，刘老石的离开是同伴们无法接受的，但工作还得继续。只是因为缺失了这样一位年长的灵魂人物，团队之间的争吵和分歧越来越多，愈演愈烈。这让我百思不得其解，为什么我们喊着"为农民服务，为理想奋斗""团结互助，共同发展"，内部却有如此大的分歧与隔阂呢？甚至有一年过年期间，晚上想来想去睡不着觉，就给几位骨干发短信询问此事，不过也不了了之。后来，慢慢地自己也想明白了，大家各有想法和对未来的预期，不是说谁就是对的，谁就是错的，既然不能形成共识，那就各自按照自己的想法努力去干，也未必是一件坏事。

刘老石走之后的两年内，自己充满信心地和几位同伴进行着全国支农青年的培养工作，在原来集中培训、区域交流、外出走访等基础上，我们也进行了各种创造性的尝试，总结以往经验、了解"90后"大学生的现状，编辑《大学可以这样过》文集等。直到2014年4月，团队内部出现了整体性的困惑，我们在全国范围内影响了这么多年轻人，可等到毕业之后这些年轻人去哪呢？有什么成长平台可以让年轻人继续参与乡村建设呢？我们知道，这个问题在大的社会背景下不是我们能够完全回应的，但我们很想去探索。于是就提出，我们能否集中到山西永济蒲韩乡村这个成熟的农民合作组织中办公学习，当时还只是个想法而已。

扎根蒲韩

2014年5月12日，我的儿子诞生了。一个小生命的到来让自己开始思考起未来的选择。我在北京待了四年多，从来就没有过长远的预期，还是比较喜欢乡村的环境与节奏。大团队的分歧，小团队的困惑，再加上看到好些返乡青年的案例，自己和爱人有了返乡的念头。不过即便是离开梁漱溟乡村建设中心，那也要从事与乡村建设相关的工作，因为对发展主义和消费主义文化价值的反思已经深入内心，也在渴求自己的人生能不断追寻真理与正义。当时返乡的想法比较单纯，想在村里推动一些农户做生态生产，在城里开一家生态面馆，同时以此为窗口销售村庄的其他生态产品。不过自己心里清楚这个事情极具挑战性，也一直在观察和准备中。

2015年1月，对我来说又是一个人生比较大的转折。在第五届全国农民合作组织论坛上碰到了山西永济蒲韩乡村的韩磊，他向我们讲述了自己负责的城市消费店工作，同时询问我们能否参与，特别是吸引一些附近高校的青年学生。当时就觉得，我们之前不就讨论过驻扎山西永济蒲韩乡村的事情吗？于是，2015年3月18日，我就带着团队单纯的想象来到了蒲韩乡村，希望在这块宝地能够为更多的年轻人提供学习成长的机会。

来到蒲韩乡村，我就开始跟着郑老师的团队工作学习，的确是和通过书本案例的学习不一样，不只有理论分析的骨架，更是看到了一个个鲜活的生命故事，绚丽多彩，但也充满了艰辛，让我真正开始深入了解了农村。

2015年7月，我们设想的通过蒲韩乡村的成熟经验培养年轻人的计划迎来了新的一批学员，爱人和孩子也来了，我们这个大家庭就开启了"扎根蒲韩，胸怀天下"的探索。

在蒲韩乡村的学习，综合而丰富，经常会有外面的朋友来访，顺道就会有各种讨论交流。但慢慢也发现，蒲韩乡村就是一个宝库，我们能学多少，能学多深，完全取决于我们与蒲韩乡村的互动有多深。那我们就不能只是学习，可以有更多的想象和探索。于是，2016年4月我们开始筹备引进长春云凤社的发酵床养殖技术，先进行本地化的试验，再结合蒲韩乡村的生态种养殖计划向农户推广。而试验和推广的过程就是年轻人最好的学习机会，事实也是如此，在建设发酵床的两个月里，我们在技术员的带领下，木工、焊工、制作各种酵素和营养液，学习内容非常丰富。此刻，我们的猪仔在发酵床里已经快乐地成长了七个月，从其毛发竖立而发棕色就能看出健康程度，团队也已经与蒲韩乡村负责生态养殖的团队开启了向农户推广发酵床养殖的计划。

2016年上半年我们建了一栋发酵床猪舍，下半年改造了一座有30年历史的青砖木制老房子，全年都在搞建设。它们算是真正开启了我们放弃幻想，面对现实，以生活的心态在蒲韩乡村扎根的探索。

2017年，我们已经在推广发酵床，也在寻找有理念有意愿的农户记录农产品的生产过程，一方面为城里的朋友提供价格实惠的健康农产品，另一方面探索参与式保障体系的运作过程。相信在蒲韩乡村这块宝地上，我们能探索的事情还有很多，儿童教育、中医养生保健、生态技术、建筑设计……

如果说蒲韩乡村在用看不见的方式重构乡村的生产生活服务体

系，进而在一定区域和程度上超越资本主义的生产交易方式及其文化，那我们希望一批批的年轻人也是其中一员，更希望蒲韩乡村这种植根于生产生活的经验能在有条件的地方得到借鉴和扩散。

乡村当下的一切，都不是自身孤立的表现，既不是自以为是者眼里的衰败与贫穷落后，也不是心怀幻想者眼里的世外桃源，乡村就是在全球化的大背景下，以工业化和城市化带来的金钱至上和消费主义为核心的文化价值侵蚀渗透下的真实存在。

如果我们愿意在教训中反思，认可可持续发展的必要性，那就有了重新思考和认识乡村价值的基础，而生于此长于斯的人们及延续上千年的生活方式和文化价值则是核心。

对我来说，最为重要的是逐渐认识到从一个批判与反思的角色走向建构时，自己就是参与乡村建设的直接受益者，既无光环，也不悲情，以生活的心态探寻理想社会。而以生态生产为基础，内含传统文明与智慧的乡村教育、医疗、养老等生活服务系统的建构，就是我们实实在在立足于乡村的文化价值自信，也是中华文明引领世界走向可持续发展的重要方向，这足以让我们为之奋斗一辈子。值得庆幸的是，在孩子教育和父母身体调理中我们已经获得更多的启迪和能量，我们可以骄傲地说乡村可以办最好的教育和医疗。

在参与乡村建设的道路上，从来就没有终点，也一直充满着质疑。然而，当所有的一切都成为一种内在的生活方式时，即便只是黑暗中的一支蜡烛，但依旧充满光亮，因为我用自己的姿态活着，也许还会更持久！

4.2　在蒲韩打造理想的儿童学堂

人才计划八期　韩瑞荣[①]

就像一粒种子，被轻轻地埋进土里，在自然的护佑下，积聚力量，破土而出，开始它生命的旅程。我喜欢这如草一般的生命，简单、阳光、自在，风霜雪雨皆是平常。

在我经历的二十多年生命时光里，看似平淡的生活教会了我本真的东西，热爱、珍惜、选择和面对。不忘初心，方得始终。我希望我能够活出这朴实如草一般的生命。

重新认识乡村

我叫韩瑞荣，生于 20 世纪 90 年代初，来自山西省会太原郊区的一个普通乡村。父母都是勤劳、善良的庄稼人，他们努力为我们营造了温暖的家庭。因为母亲一直以来身体都比较弱，姐姐在小学三年级时就帮着大人照顾我和弟弟，踩着小凳子给我和弟弟做饭吃——家人就是我的明灯。

2003 年爸爸打工的焦化厂倒闭，面对着巨大的家庭支出，我们家贷款养起了奶牛。如果说前十三年的成长经历奠定了我对村庄、对土地、对农业的无限感情的话，那么应该是从家里养奶牛起，我开始感知和关注我们村庄遭遇的变化。普普通通的小农户在面对市场、商贩、大资本、皮包公司的骗局，还有一些无助和艰辛伴随生

---

① 韩瑞荣，女，山西太原人。毕业于山西农业大学，农村可持续发展青年人才培养计划第八期学员，人才计划结业后长期就职于梁漱溟乡村建设中心，参与农民合作社培训推广工作。2017 年 2 月开始参与山西永济蒲韩乡村儿童学堂工作，喜欢简单、自然。

活，在心里留下了比较深的印象。和家人一起辛勤劳动谋生计，也培养了我不怕吃苦、积极乐观的心志，不慕虚荣，劳动光荣。母亲病重时无助的祈求，使我内心对村庄里生活的人们的感情越来越放不下，我们活着不只是为了钱，更希望我们生活得幸福有尊严，生活得有精神期待，在真的无路可寻的时候，能够有互助的手拉你一把。我决心去尝试，当时对村干部这类职业向往的心情我现在还清晰地记得。最终，我如愿以偿，毫无悬念地考上了本省的农业大学。

大学四年，我过得充实而满足，而这最要感谢的是我们的社团（山西农业大学大学生支农队）还有梁中心（北京梁漱溟乡村建设中心），是通过社团让我稚嫩的"梦想"得以落在农村，不管是梦圆还是梦碎，在村里做一些事情的过程中，我开始重新认识养育了我十几年的村庄。关注三农，塑造自我，在反反复复的乡村实践中，那些所闻所感无时不在鞭策和教育着我，警醒着我。在困惑、期许和不甘中我接触到了梁中心，理想、现实、感性、理性，在中心的培训和学校的环境之间，内心也在经历着反反复复的挣扎和斗争，庆幸的是我没有放弃，渐渐地知道了什么是最贴近心意的东西，或是希望或是愿景都可以勇敢地去追求、创造，为之奋斗，生活有很多可能。大四，不愿庸庸碌碌于校园，希望接地气的乡村实践能让心找到具体的方向，给毕业后的自己一个定位，一颗更明了的心，于是幸运地踏上了难忘的人才计划八期这一年的学习路程。

尝试中寻求变化

"我不清楚自己要什么，但我很清楚自己不要什么"，八期开始之前我说要给毕业后的自己一个定位，这句话是结业时我内心的真实写照，在农村发展领域去工作和探索是我接下来人生道路的一个最真心的选择，只是现在的我还不清楚自己擅长做什么，适合做什么。于是我继续在梁中心的团队中、平台上去寻找和学习。

2013 年夏至 2016 年冬的三年多时间里，我主要参与人才计划青年人陪伴和农民合作组织网络的一些工作。人才计划九期、十期"副班"，从学员转为工作者、陪伴者，刚开始的团队适应和磨合是在痛哭之后才开始敞开心扉、真诚理解并沟通的，因为自己在过程中没有对青年人成长有逐渐深入的学习和钻研，更多的是基于自己有限积累的成长和体会，慢慢有了很多困惑和纠结，心绪的拉扯其实浪费了蛮多时间和精力，但就这样在自我的拉扯中总结教训，推着继续往前走。在农民合作组织网络培训中学习两年，自己也在不断的尝试中得到自我肯定，在组织协调方面有所突破和进步，开始更加自信，不再怯场，我知道了做充分的准备会让自己更加有信心，在实际中操练才能收获更多。这三年多来，因为组织培训和调研的缘故，去过了东南西北很多的省份和地方，走的地方多了，人也逐渐变得明朗，心里依旧在找寻我和乡村结合的那个契合点。

时间似乎过得飞快，从 2010 年（大一）暑假第一次参加梁中心的培训学习，转眼已过去这些年头，感恩这一路的陪伴和支持者。有时候想，如果没有遇到梁中心，没有一点点地加深了解，如果不是受这群人的影响，在与农相伴成长的路上，我一定走不了这么远、这么久，那时候觉得这些从事乡村建设的哥哥姐姐身上都绽放着光芒。这一路上，我都是追问着内心走过来的，每一个节点都是如此，追求自己内心渴望的事业、喜欢的人、想要的生活。2016 年，我有了自己的小家庭，很幸运我的另一半也是同道中人。家的组建让我对接下来的生活有了新的思考和尝试的勇气，不想继续在城市漂泊，我要回到乡村去，落地生根，我的心才能踏实下来，那里有更真切的点我可以去探索和尝试。"想走得远，就要一群人来走"，想要在如今年轻人纷纷逃离的乡村扎根生活并且探索一些事情，团队的支持和陪伴尤其重要，于是缘分又一次拉近了我和蒲韩的距离。

乡村是最完整的学校

　　如果说八期那一年蒲韩对于我来说是一个驿站，那现在它已变成了一个家。在结业离开三年多之后的初春，我又一次真正回到了这块土地，有了一座小院，回到生活里，扎到泥土中生根发芽。在这近一年的时间里，我有幸成为一名乡村儿童的陪伴者，跟孩子们的朝夕相处让我对自己、对生活、对教育有了新的发现、观察和体会。

　　什么是生活？有生命的东西，在一个环境里生生不息的就是生活。譬如一粒种子，它能在不见不闻的地方发芽、开花。陶行知先生在他的"生活即教育"的演讲中这样比喻。生活，就是教育；是好的生活，就是好的教育；是劳动的生活，就是劳动的教育；是健康的生活，就是健康的教育；不是生活，就不是教育。

　　我们的孩子在园里不是被充分呵护着的小宝宝，他们不会被要求一直端坐在那里，这不许动那不许挪，他们更像是园里的小主人，或是我们这个家里的一员，大家一起磕磕绊绊，吵吵闹闹，欢欢笑笑，相亲相爱、有条不紊地过着我们的生活。在我们一起用心创造的多姿多彩的生活中劳动、玩耍、学习，慢慢长大！我们的村庄里处处都是好玩的东西，爷爷修剪下来的核桃树枝被我们扛回了学堂，老师帮我们锯成适合做积木的长度，接下来的活儿就都是孩子们的啦！砂布打磨切面，嚓嚓嚓嚓嚓嚓，切面被磨得滑滑的没有一点小毛刺。从园里的大枣树下找来细细长长的小树枝，小心用力地戳一戳，"老师你看，这核桃树中间的小小圆圆的（薄膜）多漂亮呀。"经过孩子的手之后，小积木基本就算做好了。在去看火车的路上我们发现了一大片黄豆地，收割后不久，虽然已被勤劳的农户拣拾过，但地里还是有好多品相不太好的豆荚可以捡。劳动中的孩子专注、投入，相互提醒脚边的豆根，相互帮助，满载而归。午饭就有新鲜的豆子可以吃啦！

初秋连绵的阴雨过后，园里的青石上生了不少的青苔，滑溜溜的，有几个孩子好几次都差点摔倒。于是，周五，我们的大扫除日，娃娃们拿起了铲子、刷子，刷刷刷，让青石露出它本来的样子，娃娃们小小的身体里蕴藏着大大的能量。温暖的初冬，我们去地里捡红薯，不一会儿我们的小袋子就被小小的红薯头装满了，洗净一蒸，咚咚咚咚咚咚，红薯捣成红薯泥，揉一揉，压一压，"老师，这个真好吃！"

院子里的两个沙发角是孩子们的娃娃家，娃娃们经常在那里过家家，娃娃们放学回家前都会自个儿把娃娃家收拾得整整齐齐！我们请隔壁爷爷帮忙清理厕所，孩子们高兴地观察爷爷工作，跟着车的声音打拍子，帮忙接水，还跟爷爷聊两句，爷爷工作完了，我们一起谢谢爷爷。我们一起在看似平常的生活中学习，体会，懂得感恩。

"乡村是最完整的学校"，我们希望孩子们不出村就可以得到最好的教育，而村庄里依然能够听到孩子们琅琅的读书声、欢笑声。孩子们奔跑在田间的一条条小路上，春夏秋冬是不同的模样，我们在每一条巷道里捉迷藏。冬日暖阳下的巷口晒着太阳的奶奶笑盈盈地看着嬉戏打闹着的孩子们。听到孩子们一句"爷爷好，奶奶好"，老人家更高兴了，亲切地把孩子拉到自己身旁，摸摸胖乎乎的小手："好，好。"

回到村庄的生活真切、接地气，也最自然和朴实，我相信好的生活就是好的教育，从生活出发，在平淡中学习，用心体会就会发现很多生命本来的样子，乡村生活中流淌着的朴素情感滋养着我和孩子们一起一天天地慢慢生长！在乡村教育探索学习近一年的时间里，大自然、村庄和孩子们给了我很多的"关照"，"人活着得有意义，有意义就是好好活，好好活就是做很多有意义的事"，彼此的陪伴让我几乎每一天都可以努力过得快乐、充实而有意义，我想已经找到了我要的生活。"有人爱，有事做，心存希望"，便是幸福。在乡村，我们将一直探索和用心创造真正幸福的生活！

在蒲韩的思考

2012 年秋到 2013 年夏，我在山西永济蒲韩乡村学习，正是这一年，蒲韩成了我生命旅程中一个重要的驿站。她的光辉吸引着来自四面八方的目光，在她的怀抱中我生活了半年之多，我这个外来的农村姑娘深受她的恩泽。从黄河吹来的风，从中条山那边升起的朝阳，在黄河南边落下，布满夜空的星星，无论何时都让我觉得充满生机和希望。这一年，收获了感动、来自心灵的力量和更多的清醒，乡村世界带给我的自然、舒适和幸福，乡村中遇见的人们给我的真诚善意，让我再一次感受到了母亲般的温馨和疼爱。想要懂乡村、懂农民，想要在这块口口相传的可以大有作为的广阔天地里让心有个家，可以去做些事，这个愿望充满了孩子般的心意，简单纯粹，没有杂质，也清醒地认识到愿望在复杂的现实环境中想扎根、想实现要历经诸多的磨炼。

在这一年的时间里，心理上经历了很多的冲突、矛盾和起伏，但正因为走过了一些困苦，心才得以沉下来，落地生根，也就一点点增多了一些理解，不去苛求而是边做边想，也就可以笑着往前走。不管是自己在村庄中的生活，还是之前短期地去村庄里组织一些下乡活动，这些经历离真正认识农村还差了好远，想象着组织起来就一定会有成效，就可以发展得越来越好，所以在稍微深入一点接触到现实中存在的合作组织，尤其是看到曾经合作起来红红火火，如今却凋敝的现实时，心里就有些受不了，产生了怀疑和失落。其实是自己把现实想象得太简单了，无知地认为不是这样就是那样，没有去了解一个事物它发展的历程，还有它出现一些变化的大环境和原因，盲目地跳进了自己设定的圈套中，这应该算是我跳出学生身份之后重新思考的开始。从对实际的片面认识中一点点解脱，在自我认识的路上一点点爬行，印象最深的是跟着辅导员一次次地跑农户，沟通解决实际出现的问题。

2013年3月底小麦春浇结束，意料之外的是有些村庄因无法冬浇，也没有适时、适量地补充氮肥，而导致处在第一年转换期的小麦出现了明显的发黄现象，蔫蔫的没劲。我们前面几次去的时候好几家农户的态度都比较差，大家早已习惯了只要在播种时把复合肥施足，接下来除了常规的浇水便几乎不用再管，即使前面沟通中提到过，但大家也不太可能去重视冬浇追氮肥，而且有些村子并没有冬浇的习惯，所以当大家看到自家的麦地黄黄一片时，就对合作社统购的有机肥产生了意见和质疑，带着情绪时就更难听进去我们讲到底为啥小麦发黄了。于是我们就一遍又一遍地跑，发黄豆叶面肥，拿纸条给大家写补救的小方子。当我们远远地看到其中一位大叔背着喷壶走到地头时，心里的石头终于稍稍落地，第四次、第五次，我们再去那几户人家时，院子里阿姨的笑脸又回来了。服务服务再服务，在乡村工作多数是做人的工作，用一颗真诚的心去多沟通，就会慢慢地筑起信任和理解。

4.3 扎根蒲韩：干十年看成效

人才计划十一期   李园春[①]

不知不觉在蒲韩乡村已经待了两年多，从刚来时对村民说自己的虚岁假装年龄大，到现在对村民说自己在村子里生活的时间来表达自己对扎根乡村的决心。回想自己这条路上的步步选择，没有什么突兀与巨变，似乎自己与乡村的关系一直都是一种理所当然的状态。在父母看来我是一个喜欢折腾的孩子，不着家地去了山西一个村子里。而我却一直觉得自己并不喜欢折腾，生在农村也就爱着农村，选择了乡建也就认定了乡建。

要看得起穷人

20世纪90年代初，我出生之前父母在郑州打拼，但因为我的到来，父母又回到了村子里，大约是自己的家乡才能给予家的感觉吧，所以我是一个在农村出生并在农村长大的孩子。母亲在繁重的农活中，有时会抱怨父亲当年不该冲动之下舍弃郑州的各种机会回到农村，父亲不语。而我对城市生活没有什么概念，对乡村生活也不觉有什么不妥。直到小学四年级去市里的学校寄宿，才感受到了自己与城里孩子的差距，衣服土、玩具土，似乎第一次有了自卑的感觉。妈妈宠爱我，会带我去买新衣服、新玩具，但那种追逐与迎合让我感受到了慌张和无措。似乎还是和村子里的土孩子们撒野，跟着父亲去地头散步让我更自在一些。

---

① 李园春，女，河南新乡人。毕业于河南农业大学，农村可持续发展青年人才培养计划第十一期学员，人才计划结业后留在蒲韩新青年公社工作，现主要参与蒲韩PGS探索工作。

长大后与身边的朋友们交流时，很多人会提及小时候父母交代：努力学习，考上大学，将来一定要离开农村去城市生活。我庆幸，我的父母没有强烈地给我灌输这样的目标。在我初中时种地难以维持家中的各种开销，小家小户难以把控养殖的风险，父亲的木匠手艺在村子里也很冷清了。父亲便开始外出去建筑工地打工，打工是真的苦。但父亲不会给我讲太多自己打工的苦，也不会讲好好学习不做穷人，而是给我讲"要看得起穷人，有能力要帮穷人"。

高中期间我很不济，体弱多病，父母对我的期待就是健康平安，再也不会说我有能力要去帮其他人了。但随着我年龄的增长，父亲给我展现的对社会的思考与批评也越来越多，父亲的善良与正义在持续地影响着我。高考后，我报了河南农业大学，还选了一个"村干部"专业，我告诉父母，毕业后要到农村做事情，要找与农业有关系的工作。父母没有任何反对，父亲还把我送到了大学。

走出去与走回来

我去河南农业大学经济与管理学院农林经济管理（农村发展与管理方向）专业报到。此专业是我们学校在 2008 年响应中央的高校毕业生面向基层就业，提高农村基层组织建设整体水平，推进社会主义新农村建设的政策背景下，加强大学生村干部和基层管理人才正规化培养的鼓励和号召的创新举措。也就是说，这是一个地地道道的"村干部"专业。然而在我们宿舍的六人中有四人是被调剂到此专业的。后来接触到我们专业 2008 年第一届毕业的学长才了解，第一届毕业生中在见习村干部（与人才计划相似，大四一年学校安排学生到村庄里实习一年）的实习过程中，只有一人坚持到了最后，所谓的村干部专业毕业生中也只有一人一边读研一边当村干部。而见习村干部的实习仅限于第一届学生，之后就再也没有了。学生中80%都是被调剂到此专业的，对学习内容无兴趣，老师讲课也无兴致，老师与学生相互应付，再加上当时我们学校的新校区校址偏僻，设备不齐全，越来越多的课程流于形式。专业带给了我很大的失望。

但我比较幸运，在学校社团招新的"百团大战"中，农村发展研究会（以下简称农研会）嫩绿的招新海报吸引了我。于是我大学时代唯一的社团便是农研会，它支撑了我整个大学时期。大一时跟着社团的学长学姐们理论学习与下乡实践；大二时外出参加交流会进工厂打工调研；大三时去建筑工地放电影外出游学实践；大四时参加了人才计划。

大一参加的理论学习有些浅薄，但那种对大学的想象与批评，对理想的认识与追求，对"三农问题"的了解与反思等，对我还是有一定的启迪作用。大一寒假下乡去了河南兰考的一个村庄，调研当地留守儿童的教育状况，虽是在农村长大，但认真地去了解一个村庄的状况还真是第一次，在他乡的调研也促进了对故乡、对自己的认识。乡村凋敝，留守群体难以维持乡村的活力，最有希望的孩子们却与父母两地分隔，深受伤害和折磨。而自己的家乡何尝不是在凋敝？在自己的成长中父亲又何尝不是长时间外出打工呢？大一暑假再次下乡，去了驻马店某农民专业合作社联合社，在校的理论学习多有对农民合作的赞扬支持，能去一个合作社看看，内心还是有很多期待的。然而看到的却是，农民自己合作起来困难，资本牵头下的合作社多有其他利益诉求，难以保证与农民利益一致，表现出来的是农民参与度不高，认可度也不高。于是曾经的期待变成了迷茫。

大二寒假报名参加了全国大学生支农调研交流会江苏会场，因为在校的学习与实践都难以有机会出去走走看看，所以这次交流会让我印象深刻。这次交流会上，有来自全国各地百余名支农社团的学生，还有乡建领域多个高校老师的讲座，都让我既紧张又兴奋。但由于自身积累不够，老师讲的很多东西我都听得云里雾里的，尤其是温铁军老师讲世界格局。但还是有很多启发，原来从文化自信的角度可以重新认识我们的乡村；原来乡村建设与青年成长，都是可以结合世界格局来认识的；原来民国至今乡村建设也有一条历史脉络……交流会也有下乡安排，南方的村庄真是富裕，但是生产生活方式似乎和农业没有太多关系，我在感慨城乡差距大的同时，也看到南方与北方村庄差距竟也如此大！而我们想要的乡村又是什么样子呢？大二下学期参与社团活动少了一些，但"五一"还是去了趟河南登封归朴农园，在这里我被王宁哥所感动，他虽对社会整体认识悲观，但还是用拯救一块土地的努力来影响周边的人，这也算是自己第一次近距离地接触生态农业。

大二结束后的暑假我去南方工厂打工调研学习。不到一个月，在拥挤的人才市场里找机会，在凶狠的语气与目光中进厂，辛勤地加班工作，艰难地辞职要工资。在那里我看到了留守在村子里的孩子们的妈妈，妈妈通过电话听到孩子感冒发烧，内心的痛苦与折磨并不亚于孩子。在那里天南地北的人也会聊家乡，聊童年，但那种欢声笑语都会随着聊现在回家戛然而止！在那里人随机器不分昼夜地运转，过着黑白颠倒的日子，加班成了想要不一定能要到，不要也不一定拒绝得掉的"奖励"！后来我到了辞职的时间，辞职理由是：我感冒发烧还不准我请假，还要我加班。线长不准，先说没有辞职名额，自离则没有工资；再说受不了苦，能干什么？我说回家种地，引来一场哄笑……打工期间，重要的支撑是，许多如我一样进厂体验的大学生的交流互助，许多关注底层人、关注青年成长的老师的指导与帮助。从那时开始，在新生代农民工留不下城市、回不去乡村的状况中，我遇到了两个"好人"群体，一群是帮其留在城市，另一群是帮其回到乡村。

大三，静不下来心，我跑去了学校的建筑工地做活动，聊天、放电影、开联欢会。人们评价刘老石老师"手握两个弱势群体，一边是学生一边是农民，将两个群体结合了起来"，我是在大三，才去察觉同一个空间（当时正在建设中的学校），两个群体（学生与建筑工人）毫无交流轨迹。于是和几个朋友一起走进工地搞活动，那段经历让我走进了父亲的工地。父亲打工多年，身材消瘦，很少把工地上的苦展现给我，大三的打工与走进工地的活动，父亲给我讲了很多讨薪、工伤、高险、伙食、宿舍等事情。再去反思大学我所参加的活动，一系列走出去的事情却促使我走回来，走回自己的家乡与家人。一腔热血以为自己在做服务他人的事情，其实是在做自我认知、自我拯救的事情。

真实的家乡

大三下学期非常慌乱。工人与农民，城市与乡村，现实与理想，每个抉择都很困难。一度选择了考研来逃避，最终，还是放下考研的材料，认真痛苦地去想，回归初心，还是乡村。返乡的众多困难，都来自自己还什么都没做的情况下的想象，为何不去试试？就这样决定了。现在想来，真的是不知者无畏呀！后来是在河南以"返乡创业与传统文化"为主题的大学生交流会上再次听说人才计划的。从当时的情况看来，人才计划太适合我了。有了回归乡村的梦想与决心，却没有任何主意、任何技能与团队。负责人才计划的少雄哥对人才计划十一期培养方式的描述也令人十分向往：与在地成熟的农民合作组织相结合，为理想被激发的年轻人们提供返乡的可能。于是我参加了人才计划十一期，留在了蒲韩乡村。

蒲韩乡村是一个非常丰富多元的社区，容纳了不同的学习需求。参加人才计划的前半年，我们几个学员刚开始跟着少雄哥一起做过蒲韩乡村辅导员手册，也借此机会把蒲韩乡村整体了解了一遍。之后少雄哥让我们独立思考自己的兴趣点，根据自己的兴趣点进入蒲韩乡村的不同部门学习。但对于我来说，明确自己的兴趣点好困难，一度苦思冥想，到最后明确的不是自己的兴趣点，而是我要返乡，在蒲韩乡村我想要学最基础的入户工作，因此我跟着蒲韩乡村综合业务辅导员下乡数月。综合业务共有 18 个辅导员，清一色的当地农村女性，年龄从 18 岁到 50 余岁不等，每人负责 200 户左右的社员工作，大多数时间是在一户户地走访农户。我跟着她们从开始克服方言障碍，接下来留心她们的交流内容，然后是感受交流技巧，再到最后却是有些焦躁了。平易近人是最基本的入户素质要求，一定要善良但不能是易欺，一定要真心但不能是单纯。我们一向以"敦厚善良"来形容农民，但现实中农民是非常多元的，狡黠与贪心甚至无赖与狂徒基本上存在于每个村庄里，所以入户是项对综合素质要求很高的工作。我先是为每天有一点发现而兴奋，再是为自己的木讷单纯而感到怀疑，最后是因参与感不强而有些焦躁。

就在焦躁之时，寒假来了。半年来的学习中时常想，如果我回家会如何如何。这时也恰好趁寒假之际，回家再做些探索。又去参加了河南区的大学生支农调研交流会，借交流会之际带一支队伍回家。然而假期，得到的不是鼓舞却是打击。没有回家的人还在远处漂泊，回家的人分头转进了棋牌室，村里的孩子们都跑到了邻村和市里的学校读书了，上了年龄的文艺队队长一直在叹息不好组织啊……我很吃力地在春节后做了一场村子里的文艺联欢。返乡之路却让我退缩了。

寒假后回蒲韩乡村。我们几人再谈学习计划，我说我现在不想返乡（故乡）了，现在返乡我就是找死啊，先积蓄能力与资源以后再看机会吧。这半年的日子我跟随蒲韩乡村老干事两个月，回学校忙毕业的事情一个月，在农场劳动一段时间，就这样人才计划结束了。半年来忙忙碌碌，终于拿到了学校的毕业证与人才计划的毕业证，但却毫无修成正果的感觉。暂不返回自己的家乡，那先去哪里呢？

留在蒲韩做好产品

在河南没有遇到特别适合回去的机会，在蒲韩，却有留下的机会。2016年春节，我们十一期几个学员单独回家备受打击时，少雄哥提到，既然独自返乡奋斗困难重重压力巨大，我们可以考虑以一个团队的形式继续做些事情。春季发酵床生态养猪技术的引进，老石农场的建设也是倾入了我们全员的劳动与期待。看着事情刚刚起步，团队感逐渐呈现，河南回不去，也不太舍得离开这里，于是留在了蒲韩新青年绿色公社。

　　然而2016年的后半年，并非是想象中的斗志昂扬与振奋人心，却是有些无所事事，烦躁焦虑。农场步入正轨后，再也不像建设时期每人都需拿出十二分的力气，像我这样的女孩子就更显得没什么事了。去了趟北京，承担了乡建润村（RRPGS农产品销售平台）在永济寻找产品以及整理面粉信息的工作，却是一项非常容易完成的工作。于是我出现了近两个月的空闲期，越是空闲越是无法静心去学习。终于在年底，我们团队讨论出了关于2017年在蒲韩乡村做产品生产记录的一系列想法，最大胆的想法就是要做一个为消费者提供蒲韩乡村四季食物的全年套餐。为了这个全年套餐忙了好一阵子，过完年还忙了一段，最终却因为胆子太大，步子太大，套餐给泡汤了。重新调整计划，开始踏踏实实、规规矩矩、一点点地做起了蒲韩乡村好产品的开发与记录。

　　2017年，在规规矩矩地做蒲韩乡村好产品的开发与记录工作中，我承担了走访农户，记录产品生产信息，书写产品故事的工作内容。在年前自己的空闲期，时不时地喜欢写点东西，写写身边的人和事，于是2017年的新工作就是走访农户，挖掘产品背后的生产故事、人物故事，再去书写就成了一件让自己充实愉快的工作，产品也成了我去认识乡村与融入乡村的一个切入点。每种食物，不管在食用者看来它是光鲜的还是丑陋的，背后都同样有着酸甜苦辣的土地故事、人物故事、村庄的故事。有人在坚守，其实也有人在抛弃；有人选择了放弃，也能遇到人重新捡起。行走在广袤的黄河滩地，我是真的能看到丰富的作物，能感受黄河的庇佑与自然的恩赐，也真的能感受到我们去糟蹋土地时的心痛，与善待土地的希望了……关于农人，在我心中也开始变得更加丰富生动，从淳朴到淳朴之中也有狡黠与贪心，再到今天越来越能理解：当今在土地上、在乡村里谋生并非易事，在这个过程中不管是勤劳还是小聪明还是强势，或许都是为了一席生存之地啊，而且想要生活得略微好一点，这些素质基本上都是需要的。

蒲韩给予的勇气

回想起参加人才计划期间，少雄哥让每个人想自己的兴趣，我坐在院子里的阳光中，努力地感受阳光，内心却依旧阴郁。扎根乡土，情怀必不可少，但自己的专业技能、兴趣点同样必不可少。大约我也是受体制教育深刻影响的孩子，我不知道自己的兴趣点，对身边看似感兴趣的事情也保持怀疑的态度。阴郁不解后，我有点急了：我就是不知道自己的兴趣，苦想也不知道，我这么年轻干吗一定要把自己固定到一个兴趣上呢？直至人才计划结束，内心依旧迷茫。而如今，在走访农户、记录产品、书写故事的过程中，却感受着那缕驱除阴郁的光。再去想这样的经历，会觉得，想要扎根农村，自己的兴趣与技能真的是必不可少，当恐慌与焦躁还有空想并无助于自己找到兴趣与技能时，做事情再做事情，学习再学习，过好当下，自然而然会找到自己所需要的。

参与乡建，是怎样的一个状态？在社团时，我以为是如同支农队下乡一样起早贪黑，打着鸡血地奔跑；大三时，我以为是理想无处寄托，努力之下却还是一片村庄的凋敝；人才计划时，我经历了学习的日益见增、停顿不前，信心满满、萎靡不知如何振发，不分昼夜地劳作、整日无所事事；结业后，同样是在经历着各种不同的工作状态、学习状态、生活状态。在这些不同的状态中，我逐渐明白，乡建不是一个固定相同的状态，每个人有自己不同的状态，同一个人也要去经历各样的状态。而如果想要走得长远，就必须要有勇气去接受不同状态的挑战，熬得过不同阶段，享受不同的过程。像少雄哥说的那样——"扎根！"像郑冰老师说的——"干十年，看成效！"我对自己的期望也是如此：不折腾，扎下根，努力干！

4.4 一位大男孩的"生态养猪"

人才计划十一期 胡雅超①

2015年8月，我与一行校内班的同学拖着行李到了蒲韩乡村北郑村村口。胡雅超来接我们，很热情地做起了自我介绍："我叫胡雅超，古月胡，优雅的雅，超越的超，是人才计划第十一期先来报到的学员。"皮肤黝黑，笑容满面，一直露着的牙齿显得特别白。当时只觉得这个男孩皮肤黝黑但却一身清爽与阳光，戴着眼镜，却没有书生气，而是有一股矫健利索的乡村青年的粗野之气。我大约是见过很多文质彬彬一副礼貌客气模样的支农学生，也见过一些不修边幅邋里邋遢苦兮兮的返乡青年，乍一看到雅超这样的，有些意外惊喜的感觉。同为第十一期人才计划驻蒲韩学员，再同为蒲韩新青年公社工作人员，我与胡雅超接触的时间越长，越觉得这个人很是丰富有趣！

不羁的问题少年

人才计划一周的集中理论学习后，我们用了一段时间来做人才计划第十一期的团队建设。雅超自觉主动地担任了班长的职位，也开始了一步步把更丰富的自己展现给大家。首先是生命历程分享，我们这个班长经历丰富，故事精彩，让我至今记住了很多。

雅超生在太行山深处的山西省长治市黎城县黄崖洞镇，这里曾经有华北地区敌后中共最大的兵工厂，让雅超很是自豪。这里真的

---

① 胡雅超，男，山西长治人。曾就职于全国人大信息中心，农村可持续发展青年人才培养计划第十一期学员，结业后留在蒲韩新青年公社负责老石农场工作，现主要参与蒲韩 PGS 探索工作。

是山的深处。回忆起自己的童年，会问妈妈："妈妈，山的那边是什么？"妈妈回答："山的那边也生活着像咱们一样的人啊。"小雅超再问："那太阳每天都从山的那边升起来，山那边的人不会被热死吗？"……"90后"的胡雅超，小的时候物资匮乏，也是大山闭塞的缘故。就拿水果来说，南方的水果很少见，不知道橙子叫什么，小雅超对妈妈说："我想吃那个皮不好剥的橘子。"时常还会停电，刚有电视时，小雅超非常喜欢看电视，停电时一片漆黑，妈妈说："停电了，不能看电视了。"雅超说："点上蜡烛就亮了，咱们点上蜡烛不就能看电视了吗？"……但不管是在现代人看来的物资匮乏还是环境闭塞，都没有影响到雅超有一个开心、快乐、自由的幸福童年。

一群孩子，漫山遍野地跑，似乎整个世界都是他们的。爬到树上摘核桃，搞得衣服上全是灰，老妈骂一顿，却也只当是耳旁风；下到水里，抓鱼抓螃蟹，没有水污染，也不会害怕水深危险；放学扔下书包，在家门口与一群孩子打扑克，孩子们有自己的圈子自己的玩法，从未觉得大人就有多么了不起……

初中时，调皮孩子变成了问题少年。雅超就读于县城较好的中学，成绩名列前茅。恰逢县城里小黑网吧疯狂发展时期，好哥们儿喊，就跟着去玩了，一玩成瘾。在一次考试前夕，通宵也没玩过瘾，考试成绩全年级倒数第二，倒数第一的是陪自己一起通宵的好哥们儿，优等生变成了差等生。终于，一群泡网吧的孩子，被老师抓了个正着，叫家长。雅超说，那天老师和爸爸在办公室里聊，自己被罚站在门口，不知道聊了些什么，爸爸出来时说："走，跟我回家。"问："爸，为啥回家呀？""学校把你开除了！"回家后爸爸每天让他跟着干繁重的体力活，意在告诉雅超："不好好学习，就要干活。"几天后，让去镇子上学，在一种强烈的羞耻感中，雅超很迅速地把网瘾戒了。这件事情对雅超的影响是有长远性的，他形成了较强的自制力，高中时发现自己要形成烟瘾时也是说戒就戒；工作时，发现自己体型变得肥胖时，说减就减。

高中时，他成了一个小混混。当学生们都在害怕老师时，从小也怕老师的雅超想通了："老师也是个人，有啥可怕的！"特别紧张的高中时代，课间十分钟老师早到好几分钟在门口站着，同学们都匆匆忙忙跑进教室坐好，而雅超不，就和老师一样站在门口，和老师就聊了起来。更多的时候是翘课，到了全年级最差的班级，老师一句"不想听，都别来了"，下节课就真的全打球去了，教室里只剩老师。关于上大学，雅超觉得上大学也没什么了不起的呀，村子里、镇子里上了大学的那些人也是普普通通的，不是什么好的模样啊。于是高中后去了太原一所专科学校。

人大到"人才"的反转

雅超的大学很是风光。班长、班上的学生对他十分称赞；团委社团部部长，学院所有学生社团的活动都要经他过目；学生会外联部部长，各种人脉与关系……团委的老师对他十分认可，毕业后还会对他说："老胡啊，现在这学生当班长的都不如你啊，学生们不领情，老师们不喜欢的……"当年的雅超，天天旷课，打游戏，打游戏赚的钱也够自己的网费了。考试时还次次拿奖学金。如鱼得水的日子中也收获了爱情。

大三时，全国人大信息中心来学校招聘，工作地点在人大办公厅，北京人民大会堂附近，工作内容是负责人大的网络系统安全。听起来很牛的样子，北京也是个让人心生向往的地方，于是就报名去了。刚去时，感觉还不错，工作不累，吃住待遇不错。日子久了，就不爽了。一坐便是几个小时，盯着电脑看，其实也没啥事，一边工作一边偷偷做淘宝客服，还是无聊得要命。合同签了两年，在2015年两年快到期时，是可以续签的。但想到自己又不可能一辈子在北京，房子都混不上，女友在郑州，一直异地也不是个事。从小到大，一直往外跑，一直想走出山沟的心，突然间想回去了，至少要回到山西吧。这时，很意外地遇到了梁漱溟乡村建设中心第十一期农村可持续发展青年人才培养计划招募。这么长的名字，还是简称"人才计划"吧。雅超至今都难以顺利完整地说清人才计划的全称，就这样，阴差阳错地参加了人才计划，成了村里一个"养猪"的青年。

在蒲韩办农场

参加人才计划真的是意外。雅超曾经与自己的一个本科朋友聊天，建议朋友去考公务员，理由是不累，有保障，多好呀！朋友说，读书、考大学、考公务员，人的一辈子就这样了吗？一眼看穿，只是为了混口饭吃，多无聊啊！雅超只觉得朋友想法新奇有趣也有理，但这事也就这么过去了，从未想过自己要选择一种独特的生活与发展方式。不打算在北京干的时候，要去哪里？还是没谱的。这时老家村里一位干部发来了人才计划招募书，说是想让村里青年去参加；至于村干部去参加了什么会，是什么人给分享了人才计划的信息都不太容易搞清楚，但这招募书真的是引起了雅超的兴趣，就报名了。当然人才计划结业后，不知道那个村干部还记不记得村里年轻人参加了人才计划，只知道雅超返乡不成，倒是留在了蒲韩新青年公社专研起了发酵床养猪技术。

雅超经常说自己"可能是参加人才计划这么多人中最少反思的一个了，别人都是参加过大学生支农社团，参加过什么公益组织，在什么农场待过，而我就是在北京工作太无聊了。报名人才计划之前都不知道'三农'是什么，因为写报名表，要填对'三农问题'的看法，才去百度的"。然而雅超是我们几个学员中，最能迅速将各种理念吸收与转化的人。来蒲韩之初，参与蒲韩乡村儿童夏令营，接触梁少雄、梁云燕这对坚持自己带孩子的年轻夫妇，这些教育理念与行为也促使雅超开始反思主流教育。在 2015 年国庆节，雅超回老家几天，带着短短几个月的学习与反思，在自家办了一场小型儿童教育座谈会；而在平时的儿童私塾与周末蒲韩少年互动的活动中，雅超也是最受孩子喜爱的老师之一，于是"超叔叔"的名号使用至今。谈起饮食，雅超说自己之前的生活是："重点是好吃，什么食品安全啊，从来没有关注过。吃不死就行！"唯一一次控制饮食，控制垃圾食品的摄入量，是决心减肥，发现各种饮料零食含糖量极大，于是全部戒掉，配合锻炼，效果特别好。人才计划开始接触到了食品安全的问题，也开始身体力行地做些事情，在自己的饮食上先是减少零食，做菜关注食材与调料；当他拿这些理念与行动去影响亲人时，却遇到了阻力：讲道理，没人听，甚至在吃饭时，不吃鸡精也被嘲笑了。面对阻力，雅超的办法却是简单有效，一方面是少说大道理，多落实到行动中；另一方面是把家乡的生态好食材小米啊红豆啊，装进礼盒打扮一下，代替市场上泛滥的牛奶方便面礼盒，效果非常好。

　　人才计划的前半年，雅超是想着要返乡的，一边学习一边关注老家的动态。国庆假期办了个小型座谈，寒假更是带了一支学生支农队，回家"搞事"。然而"搞事"不易，想着创业肯定是更难的了；2016年蒲韩新青年绿色公社与蒲韩乡村共建的"老石青年农场"开建了；雅超也就把独自返乡创业的事暂且放了放，干起了自己本身就感兴趣的农场。虽为山村里长大的孩子，但种地与养猪这样的事情，参与并不多，顶多就是家里农忙又恰逢自己周末或假期时搭把手，说"会干"已经很勉强了，"懂"这个字是不大敢说的。这样的问题不仅雅超有，当时我们团队大多也是如此，脑袋中仅有一些零散的童年记忆和经验。在这样的情况下，雅超展现了很强的担当力与学习力。春天刚来时，测量土地、画图纸、列种植计划；天气转暖时，买种子、找村里的种植能手、做记录；苗苗都长出来时，拔草、浇水……至今还记得：当时雅超与王鑫去农场浇地，早上四点多出发，晚上九点半回来，两个清爽的男生变得黝黑邋遢，准备好的饭菜都有些凉了，两人一边吃饭一边喝酒，我在旁边问："感觉如何？"雅超说："这就是生活呀！"我问："什么是生活呢？"雅超说："种地与喝酒都是生活，这种感觉真好。"雅超就这样慢慢地在开拓农场紧张的节奏中，在繁忙的土地劳作中，找到了自己的状态与感觉。在我看来，雅超种地不算好，但真的是最靠谱的，我们中也没人敢说比雅超做得好。少雄哥说："雅超是能担事的人。"

蒲韩生态养猪的起步

学习发酵床养猪技术，对于雅超来说是意料之中也在意料之外。意料之中是因为：第十一期人才计划招募时，有两个学习基地，一个是蒲韩乡村以综合服务为主的农民合作组织，另一个是长春云凤农牧合作社以生态技术为主的农民合作组织。雅超一看，综合服务是啥玩意啊？不感兴趣，还是学点技术靠谱。然而，梁少雄的一番电话，说蒲韩乡村这里也有机会学技术，你来蒲韩乡村吧。想着蒲韩乡村在山西运城永济，女友家也在运城，就答应了。这样看来，当2015年后半年，建设老石农场引进生态发酵床养猪技术时，雅超当仁不让地参与和学习就是很正常的了。但再远一点来看，从小学习，爸妈交代不好好学习就要在家种地，又脏又累；不好好学习就像那养猪的，又累又臭。雅超也一直认为养猪就是臭的，从未想过返乡的雅超当然更是从未想过养猪啊。这样看来，又是一个意外了。

学习发酵床猪舍养猪技术，已不仅仅是养猪技术了。猪舍建设、发酵床制作、养猪技术全部是要学的，对于我们这些年轻人来说，不管上过多少学读过多少书，也不管是不是在村子里长大的，这些对于我们来说基本上都是零基础。雅超却表现得很自信，更有干劲。东北长春云凤农牧合作社的技术员李叔过来了，雅超就跟着，采集微生物做菌，各种水果药材做酵素、做汉方，还有鲜鱼氨基酸、钙液等，雅超跑前跑后，从材料的准备到过程的参与到最后成品的鉴定"一条龙"。猪舍建设除了看得懂图纸，懂得方位，还得懂打地基、砌墙、电焊、木顶制作，在当时资金不是特别充裕的情况下，我们这些年轻人都是要参与进去的。雅超也在那个时候，突然间变成电焊工、木工、砌墙等样样都能来几手。那段日子在我看来，最主要的特点就是忙和累：起早贪黑，高温繁忙，如果不是偶尔下个雨，根本没有喘口气的机会。我曾一度认为我坚持不了太久，但就是看着少雄哥与雅超拼命的样子和大伙儿彼此的鼓励，不知不觉地把发酵床猪舍建好了。

当人才计划结束时，雅超的发酵床猪舍学习并没有结束，似乎又是一个开始。猪舍建好了，菌做好了，发酵床也做好了，该上猪了，但怎么养猪好像还不会。雅超先去"小毛驴"参加了一周的培训，系统地、理论加实践地再次学习了发酵床养猪技术，回来后，跑到山上看猪。我们在村里有家邻居，把猪养在山上，猪满山地跑，健硕无比，我们也想着一定要养底子就健康的猪啊！看猪、定猪、拉猪，六头小黑猪，六个小宝贝入住发酵床了。雅超说："喂猪可不仅仅是把猪喂饱啊，还要好好地观察它们。"玉米打碎按一定的比例配上麦麸豆粕，再根据小猪的生长情况，不断地调整喂食量；除此之外，雅超还忙活着在黄河滩找应季水果蔬菜，第一个冬天，小猪们的零食都是苹果南瓜，硬是让很多人羡慕起了猪的生活！到2017年陆陆续续又进了好几批猪，而第一批猪出栏时，我们的猪体态浑圆，毛发黑亮，雅超一脸的得意啊！

到了如今，喂起猪来，雅超基本已经应付自如了。在2017年的发酵床技术推广工作中，他又担起了大梁。当很多人来蒲韩乡村参观时，到老石农场看起了发酵床养猪，雅超能轻松地把所有的原理与优缺点讲清楚；即使是在课堂上，雅超带上PPT，也能讲得面面俱到。这些还都是小事，蒲韩乡村有几家农户也要建发酵床猪舍，雅超一下子从2016年发酵床建设技术员李叔的小跟班，变成了总揽全局的大师傅。发酵床技术一点点地被更多的人认可，也有越来越多的地方做起了发酵床建设，雅超逐渐在蒲韩乡村扎了下来，也从老石农场走了出去！

乡村也可以不同

众人都觉得养猪又脏又臭，种地又苦又累。年轻人都觉得，扎根城市的生活与工作才能成为奋斗的动力。雅超也坦然地说，曾经的自己也是那样认识的。然而如今雅超说自己在参与蒲韩新青年公社的工作中是感受到希望了的，曾经的观念也有了很多改变。

来蒲韩首先是人与人关系的改观。梁少雄是人才计划第十一期的项目负责人，是我们的班主任，也是面试我们的老师，雅超一直把梁少雄当领导看待。但刚来蒲韩时，少雄哥每天早起给大家做饭，雅超感到非常惊讶。哪里有领导给大家做饭的？他遇到的领导都是三步路都懒得走，总是喊："小胡，你过来，给我……"所以来到蒲韩，少雄哥是第一个对雅超形成巨大冲击的人。而接下来的日子，蒲韩新青年公社的一群年轻人，虽然不能像自己之前的弟兄们那样可以在一起随便吹牛皮说脏话，但和这群年轻人可以在一起平等互助互爱互信，还是让人感到非常舒适的。

其次是对于农业的认识改观。之前提起农业当然就是父辈与祖辈那些人辛辛苦苦、依靠土地讨营生的日子，如今却是发现农业原来有新的模样。养猪可以不脏不臭不累，发酵床养猪便是如此，没有臭味，不用出粪或者冲粪。种地也可以不"土"，甚至是挺"洋"气的，什么CSA农场啊订单农业啊乡土游学啊，等等。而且乡村年轻人的缺失，也正是我们的希望。

最后是对于生活的认识改观。乡村相对城市更有生活气息，雅超更是喜欢那种少有拘束的自由，喜欢开着三轮车带上几条狗在黄河边跑的感觉。自己在乡村的饮食与生活节奏越来越健康与放松之时，雅超对饮食、教育、养老、医疗等问题有了更多的反思。在雅超看来，房子啊车啊等物质的需求，并不会因为选择了乡村而不是城市就不再需要了；我们选择了理想，但并不是就不食人间烟火了，况且自己也不是一个理想青年啊，自己一直很现实啊。别人在城市追求的很多东西，我们在农村并不是不能实现，甚至在饮食、医疗、教育等方面，乡村是拥有更好的资源的。乡村并不是之前土气而又闭塞的环境，而是更有利于实现我们想要的生活的环境。

如今的雅超，主要负责生态发酵床技术的研究与推广，同时也开始有了精力参与我们在蒲韩乡村 RRPGS 探索的工作，综合能力越来越强。在 2017 年的国庆节，也终于与大学时已经恋爱的女友结婚。媳妇在郑州一家公司做会计几年，工资不低，日子却是又累又枯燥，曾经因工资低而反对雅超，但如今也意识到结婚成家后，两人应该把生活过得更像生活。雅超的新打算便是，过了年让媳妇也来蒲韩做份乡村的工作，找个房子，努力工作，好好生活！

（口述：胡雅超；整理：李园春）

4.5 "农二代"：从城市回归乡村的
艰难心路

人才计划十二期　傅艳吉①

从心理上回到乡村

一直想动笔不知道该写什么，我是个太普通的"农二代"。从小接受的教育和千千万万个走进大学校园的农村学子一样：好好学习，离开家乡、离开农村，到城里去，到不用种地的地方去。

因为从小就知道自己是要离开农村的，所以我从来没把用在考试上的认真用在干农活上。现在二十几岁虽然不至于五谷不分，但是也不了解任何一种作物完整的种植过程。同样作为农二代，跟20世纪80年代《平凡的世界》里农村孩子艰苦奋斗的经历不同，我的成长是一直被升学的焦虑包围的。

从初中开始，我的求学之路就是我作为一个"农二代"的进城之路。念初中的时候我从村小的佼佼者变成了县城学校里的"土鳖"，那是我第一次深刻感受到城乡差距，感受到乡土的文化是不被认同的。在同学眼里，我的方言是土的，我的衣服是土的，我的学习习惯是土的，我的文具是土的，而"土"是不好的。慢慢地我开始认同他们，也觉得自己是土的，自己的全部生活都是土的，是不好的。我甚至害怕跟我的同学提及北方民居中最具特色的炕，我害怕说我家是睡炕的，说我家是农村的。我难堪地想着为什么别的同学家住在单元楼里，睡在床上，为什么他们的文具都是在文具店里

---

① 傅艳吉，女，河北秦皇岛人。毕业于西南大学，农村可持续发展青年人才培养计划第十二期学员，人才计划结业后加入中国乡建院，至今在重庆城口县开展驻村工作。

精挑细选的？为什么他们都穿着得体的新衣服？慢慢地我的思维就开始转变：为什么我不是一个城里的小孩？

没有人能回答我。于是我开始努力学习普通话，努力考出好成绩，努力想让老师喜欢我。按照一般的电视剧套路发展，这应该是一个励志的故事。然而，初中的三年我像丧失了学习能力，我对自己全面的否定延伸到了学习上，我难以相信自己做出的数学答案，除非我马上能够看到我做的和旁边的同学是一样的。数学就像一个魔咒给我画了一个圈，让我只能徘徊在及格边缘，怎么也跳不出来。我对乡村的认识也给我画了一个圈，让我无法接纳自己跟朋友真诚地沟通交流，更学不会像城里的小孩一样跟老师熟练地亲近。我把这段初中时代叫作作为"农二代"心理上"城市化"的过渡时期。

进入高中以后，已经慢慢熟悉了城市的套路，跟城市里的同学打交道已经不会再闹出尴尬的笑话。但是最好的朋友都是"农二代"，也许是惺惺相惜、志趣相投，跟他们相处的时候我更像自己，也更有自信。换了新环境，有了新朋友，认识了新的老师，我开始发现数学没那么难，我自己做出来的题目也会是正确的，我可以比城市里的小孩考得更好。成绩的提高也慢慢地让我找回了自信，于是像每一个经历过高考的学生一样，为了考上一个好大学日复一日地刷题。高考发挥正常，考上了一个还不错的大学。报志愿的时候按照老师的经验勾选了服从调剂，知道自己被录取后无比兴奋。渐渐地被从未听说过的专业冲淡了，一个跟农村跟农业紧密相关的专业。生活总是很讽刺，从小被教育离开农村，结果大学却要读一个与农业相关的专业。这段高中生活，可以算是我心理上完成"城市化"的时期。

从大学开始，是我心理上漫长的"逆城市化"阶段。大一的我茫然无知、浑浑噩噩什么都想尝试，大二开始为了奖学金专心学业两耳不闻窗外事。转变开始于大二的暑假，我在一个农资公司实习一个月，主要收集种植花椒的大户信息和销售农药。我发现工作的自己满脑子都是成为最优秀的销售人员，想办法让农户购买大包的农药，想办法让农户购买更多的农药。等到实习结束的时候，我慢慢回忆起一些被眼睛自动屏蔽了的本该关注的东西。比如一年比一年加剂量使用农药，已经造成花椒树的抗虫能力越来越差，当年蚜虫大规模爆发，用任何农药的花椒树都没能幸免，但是几年没有打药的树上却几乎没有蚜虫。比如很多农户买农药都是很盲目的，别人买什么就跟着买什么，农资店配什么就买什么，什么药杀虫效果最好就买什么。我开始反思自己扮演的角色，我只想到销售额，但是随着销售额一起销售出去的还有不断增加使用农药剂量的价值观。我没办法认同我销售出去的价值观，我为自己所做的事情而感到愧疚。

愧疚就会思考怎么办，农民的问题怎么解决呢？课堂上学了那么多的管理学、园艺学、农学、经济学，我能做什么呢？于是去听很多老师的讲座，仍然是一头雾水，想要找人讨论，但是身边的室友都是城里的小孩，他们没有跟你相同的困惑，更不懂你的苦闷。幸运的是相似的人是有磁场的，大三的时候，我找到了自己的组织——老乡建潘家恩老师在学校组织的乡村建设主题读书会。我现在还记得第一次参与读书会时候的场景：老师居然一点架子都没有，跟同学们一起分吃零食，同学们也都很坦诚，畅所欲言地聊着自己的家乡、农村的生活和自己的思考。我发现那曾经被我的同学不认同，后来甚至被我不认同的乡村，是有这么多人深爱着它、牵挂着它，而且他们并没有像我一样因为成长过程中那些别人的否定就怯于谈论乡村、承认乡村的价值。

我渐渐在这种热烈而纯粹的气氛中放下了小心翼翼的敏感，敞开心扉积极地参与到读书会的讨论中。我们讨论"90后"的大学生活，讨论乡村的教育，讨论春节的见闻和思考，讨论青年人的成长，讨论过时的资本主义，讨论消费主义和法制建设，虽然大多数时候我们的讨论只是停留在现象层面和吐槽上，但是两位老师总会在话题"跑偏"的时候把大家拉回来，总会提出我们没有注意到的角度和逻辑上的漏洞，在不断转换视角的过程中越来越接近事物的原貌。然后慢慢发现我曾经认为的我的农村身份、我家的土炕、我逮蚂蚱喂猫的小时候，这些曾经带给我羞耻感的回忆终于慢慢回归了它本来的样子——平静的、温和的，朴实而充满力量的。

被身边的声音否定了这么久的家乡和农村终于重新在我的生活中得到了认同。印象最深的一次是温铁军老师分享了一个读过《八次危机》的读者的来信："他说他是农村出生的孩子，原来有一种自卑感，尽管在城市里有相对不错的工作，收入也还可以，但是总觉得自己在别人面前抬不起头，因为家是农村的，自己的亲友有很多还生活在贫困当中，所以在价值观上有一种自轻自贱的成分。他说看了《八次危机》以后自我轻贱的感觉没有了。为什么？因为这个国家能够有今天这样的起色，有这么大的经济成就，最初是我们贡献的，是我的父辈、我的祖辈，我们农村向城市贡献了大量的剩余，才有了今天中国让世界瞩目的成就。今天城市的一砖一瓦，城市的一分一毛都有我们的贡献，我们是功臣，我们没必要自轻自贱。"我对这段话深以为然，我终于可以直视我的家乡和我的过去，开始能够把自己的遭遇放到整个社会进程中看。原来我一直想往前走，不想也不敢回头看，我不愿意承认那些过去，但是一个没有过去的人怎么能看到自己的未来呢？接纳自己就像从一个漂浮在湖面上的水草慢慢变成一棵扎在土壤中的树，我的家乡不是我的负担而是我的后盾，是我成长的基石。

我终于从心理上走回了乡村，从初中"进城"到大三开始"回乡"，这条路太长了，长到我后面的路走得那么顺畅和理所当然。大三寒假参加了梁漱溟乡村建设中心主办的第二十一届全国大学生支农调研交流会和农村可持续发展校内人才培养计划第七期的培训，下乡支教、调研、办联欢会，在寒冬腊月的农家院里教村里的阿姨跳广场舞，在梁中心的小院子里听关注农村问题和青年培养的老师讲课，在自由论坛上跟生气蓬勃的年轻人一起畅聊理想和现实。

蒲韩历练与另一种可能

我大四报名参加了第十二期农村可持续发展青年人才培养计划，开始了在山西永济蒲韩乡村为期一年的驻点学习。蒲韩乡村社区有3865个农户会员，在地域上涵盖了永济市蒲州、韩阳两个镇的43个自然村，同时对接了永济和运城的8100户城市消费者社员。团队核心坚守着真实生活品质第一、经济互助提升第二的原则和"服务、教育、再服务"的宗旨，通过建立农民综合服务组织开展资金互助、农资统购、日用品统购、农产品统销、农民技术培训等多项社员服务业务，并在村庄开办具有公共服务性质的儿童私塾、不倒翁学堂、红娘手工屋，是中国农民合作组织中"大熊猫"级别的存在。

在蒲韩乡村的半年，我主要参与了蒲韩乡村儿童私塾、不倒翁学堂以及合作社统购统销业务，在这个过程中见识了综合性的农民合作组织的力量，看到了理论和现实结合的可能，也通过在参与各项业务时不断地反思和总结让自己获得了成长。

在儿童私塾做老师的时候，我非常认同儿童私塾的教育理念，结合华德福教育和本地乡土教育元素，带孩子亲近自然，给予孩子爱和自由，从生活化的教育出发，关注孩子的内心需求。然而当自己真正成为一名儿童私塾的老师时，最真实的感受就是琐碎和累。因为蒲韩乡村的儿童私塾还处在探索阶段，很难提供给老师成熟的培训。这就意味着作为一名私塾老师，你的精神全天都需要高度集中，去观察孩子，照顾孩子的起居生活，注意孩子的安全问题，处理孩子的争吵和哭闹，引导孩子形成良好的生活习惯，实践自己学习到的教育理念并传递给家长，在每天不断重复的练习中总结自己的教育经验。也正是这种每天高度集中的精神、如履薄冰的体验，让自己提前了解到为人父母的不易，也因此更理解自己的父母。除此之外，通过自己反思和学习会慢慢觉察到孩子身上的不良习惯并不是这个孩子天生的，而是从家长身上或者家庭环境里带过来的，也就会明白郑老师说的那句："教育家长比教育孩子更迫切。"也就慢慢能够从更客观的角度理解孩子，其实每个孩子身上出现的那些大人看起来不可思议的行为都是孩子在理顺头脑里混乱世界的过程。孩子价值观的建立是需要不断尝试的，老师和家长都需要给孩子足够的空间，尊重孩子自己的成长节奏。

参与不倒翁学堂的工作时，每天跟村里的爷爷奶奶打交道，跟他们在学堂读《三字经》、猜谜语、锻炼身体，两个月的互相陪伴，见识了乡村里老年人的活力，也见识了郑老师说的"乡村里藏龙卧虎"。有些不爱说话的老人会剪漂亮的窗花，有些缺了门牙的老人张口就是一段快板，有些走路颤颤巍巍的老人唱起蒲剧来抑扬顿挫，有些七十几岁的老人踢毽子可以踢几十个，有些不苟言笑的奶奶表演的小品让大家捧腹大笑。但是老人第一次走进不倒翁学堂的时候，可不是这样的，做了一辈子农活的老人一开始是非常不好意思当着众人表演节目的。为了动员爷爷奶奶积极参与学堂的活动，我想了很多办法。先是跟每个爷爷奶奶谈心，拉近距离，了解每个人的特长。了解之后给每个爷爷奶奶布置任务，让他们每个人负责一个板块，退休的老教师杨爷爷教大家念《三字经》，头发花白的兽医爷爷带大家练八段锦，爱唱歌的玲玲阿姨带大家唱歌猜谜语。其他人就每个人记住一个拍打动作，然后教会大家，带大家一起做。我自己就勤快地帮爷爷奶奶打扫卫生，认真地听爷爷奶奶聊家常故事，主动积极地在学堂组织多元的活动。为了让爷爷奶奶大胆地唱歌，我还专门去打印了很多爷爷奶奶只能记住只言片语的老歌，比如《东方红》《大海航行靠舵手》《绣金匾》等，放大字体教给他们学唱，在他们开口唱时，给予热情真诚的鼓励。通过这些努力我很快获得了爷爷奶奶们的认同，大家的参与感也越来越强，学堂的氛围也就越来越热闹。

　　跟着蒲韩的辅导员参与年货统购更是让自己见识了乡村工作者工作方法的灵活多元。在登记统购信息时，辅导员面对不同家庭的不同需求，总是能根据生活经验和工作经验给出恰当准确的建议。面对不熟悉的社员时，辅导员能够通过亲切的话语和贴近社员生活的信息迅速地跟社员拉近距离，通过真诚的沟通和恳切的建议迅速跟社员建立信任。带着年轻的新同事下乡的时候，经验丰富的辅导员不仅会将片区内各个社员的家庭情况和关系网络讲给新同事，还会通过带新同事入户，耐心地讲解农户的不同态度传达出的信息，这种乡土社会里最常见的传帮带能够让新同事迅速地成长。除了统购产品，辅导员入户时的工作是多线开展的，登记统购信息之后还要跟进社员家庭种养殖信息的变化，随时对社员信息进行更新，实时了解社员的需求动态，每个辅导员都是一幅活的乡土社会资源图。

　　通过参与蒲韩乡村的工作，我开始反思在大学里学到的三农知识。我在蒲韩看到的农民合作社是非常有活力的，有层出不穷的问题，也有游刃有余的解决方法。而我作为一个学农的大学生，考试重点里的那些合作社的原则、框架、政策、背景和演进，根本没办法告诉我如何把那些拗口的议事原则落实到每次会议中，如何解决合作社内部的纠纷，资金互助、统购统销这些名词如何能落实到实际工作中让合作社社员理解和接受，如何利用合作社中的盈利部分支持公益项目，如何在事实上完整地进行合作社的二次返还。这些在现实生活中亟待解决的问题，对我来说是完全陌生的，这些经验是需要通过实践操作和反思总结才能学会的，而我的大学并没教我这些。我只能在乡村的工作实践中张开身上每个毛孔进行吸收，吸收小伙伴们的智慧，吸收农民的智慧，吸收合作社工作人员的智慧，吸收乡建前辈的智慧，将其他人的经验与自己的实践相结合来重新建构自己的知识体系。

　　在蒲韩的驻点除了给我带来了工作上的历练，更多地让我看到了生活的另一种可能性。十几个年轻人在蒲韩新青年绿色公社的院子里过集体生活，共同承担劳动、共同学习、共同探讨社会问题。每个人都学着劈柴、生炉子、种地、做十几个人的饭，被我们一直忽视的生活好像回来了。我们的工作和生活是一体的，不是割裂的，生活不只是一张床、一份外卖，而是用心地经营每餐饭、每个节日。我们吃当地当季的食物，按时吃饭，早睡早起，休息的时候去爬中条山摘野果酿酒，去黄河滩看落日踩泥巴烧烤，去老旧的寺庙看古迹。我们的生活节奏慢了下来，但是内心越来越充实、越来越踏实。

乡村的困惑与成长

人才计划面临结业的时候，我心里已经有了一个成型的想法：一定要做乡村工作，一定要在乡村里工作。于是应聘了中国乡建院驻村社工，结业之后开始在重庆市城口县巴山镇下面的村庄驻点。

当自己离开了有着共同理想情怀的十几个小伙伴，开始跟同事两个人在乡村驻点时，会发现自己的心态和想法随着生活和工作状态的改变，也在悄悄地发生变化。刚进入村庄时很焦虑很急躁，感觉自己需要学习的东西太多太多，面对一片混乱的工作，面对政府和村民对自己的不信任，会觉得做乡村工作实在需要十八般武艺样样精通才能在乡村里获得话语权。现实层面需要学习如何跟政府领导对话，如何跟村委对话，如何跟村民对话，如何回应各方（村民、政府、公司）需求，如何推动内置金融合作社运转。理论层面需要了解国家政策、社区营造、环境治理、自然教育。所有的东西都是我不熟悉的，但是看起来这些东西都是我的工作需要的。

最开始的一个月我感觉自己每天都像打仗一样，拼命地吸收知识，解决问题。但是因为我一直关注在解决具体问题上，我每一天都过得很疲惫。于是开始跟乡建的前辈们沟通交流，跟自己的领导沟通交流，在这个过程中发现自己的工作方法是有问题的，乡村的工作者不应该是十八般武艺样样精通的，而应该是把身边精通各项武艺的人调动起来，而有效地调动资源才是协作者必备的技能。除此之外我发现自己在开展工作的时候容易被头脑里固有的条条框框限制，执着于希望事情朝着自己的预期发展，很难跳出原有的理论框架直面现实的问题，不够实事求是。

意识到自己的问题之后就开始调整工作思路和工作方法，在日常工作中注意调动村民，通过孩子带动家长参与，学会回应政府的需求，根据政府的工作节奏调整自己的工作方案，把自己的需求和村民的需求分解，一点点放进整体的方案里，找多方共赢的方案。学会跳出具体事务看整个项目的进程，给自己学习和反思的空间，让自己的工作节奏紧凑起来，让自己的生活节奏慢下来。现在虽然还是会有些急，有时候还是会不知所措，但是已经能慢慢关注到自己的成长，关注到村庄微小的变化，并为这些变化感到惊喜，愿意为带来持续的改变付出持续的努力。

对于一个农二代来说，从乡村走向城市是艰难的，要通过层层考试，进更好的小学更好的初中更好的高中更好的大学，然后不甘心地看着中产阶级的大门在眼前关闭，但是这个过程被包装成一个励志向上的故事刺激着越来越难以通过考试改变命运的农村学子；但是对于农二代来说，从城市走回乡村也是艰难的，游荡在城乡之间太久，在哪边都找不到自己的位置，熟悉乡村但是不熟悉如何做乡村工作，乡村的工作环境也往往难以满足年轻人的预期。

我们面临的问题是琐碎而真实的，但是因为尝试过脚踩在泥土上那种踏实感和幸福感，也意识到了作为农二代、作为年轻人身上该有的责任和担当，我愿意回到乡村。我当然知道乡村工作不是田园牧歌式的"在希望的田野上"，也清楚自己未来还将面对更多更复杂的问题，我更明白面对瞬息万变的外部条件，资源有限的一个人能做出的改变是缓慢的而且是有限的。

但我仍然相信农村广阔天地将大有作为，而且这广阔天地里正在欢迎越来越多的年轻人，尤其是农二代们的返乡。从大环境来看，十九大工作报告中习主席提出了乡村复兴战略，再次强调把解决好"三农问题"作为全党工作的重中之重，我们能看到党和国家对于解决"三农问题"的勇气和决心；从小日子来说，越来越多的中产阶级关注食品安全和生态农业，越来越多的城市人向往乡村生活，并开始走进乡村。这些都意味着乡村的价值正在被重新定义，也意味着乡村将给年轻人带来越来越多的机遇，农二代返乡的路径会越来越多元。

我是一个再普通不过的农二代大学生，我曾经被教育离开乡村去大城市生活。我现在在乡村工作、生活，发现自己并不羡慕大城市。

4.6 平凡大学生的下乡救赎

人才计划十二期　贾林闯[①]

这世上每个人都有着自己独特的成长模式，回想自己读大学以来六年的成长路径，便觉得这经历虽也有一把辛酸血泪，总有幸运可谈了。从高中相见恨晚的方爷进入大学后遥相慰藉获得思想"启蒙"，到进入本校支农社团的"上路"；再从社团里经历困惑之后的"逃离"，到宁波讲习班的重新"引吭"；最后从大四临毕业时的"回归"，到进入蒲韩之后的"救赎"——这些经历都让我感觉到自己的幸运，但更多的还是经历凄美成长过程中的辛酸。这些故事筑起了自己成长路上的长墙。

启　蒙

大一上学期，还在院学生会里混迹的懵懂的我，被远在北京读书的方爷，其社团（北航大学网）经历所产生的思考和困惑点拨了：我开始反思自己所在学生会的环境、宿舍的环境乃至大学的环境，后来从他那里观看到《恰同学少年》这部影视作品，一口气看完，心潮澎湃。从那以后，我慢慢退出了院学生会等社团，但之后大学生活却因不参加任何社团活动而变得单调乏味，加上大学课堂上的空洞，我一下就陷入了初入大学的迷茫之中。

好在大一下学期行将过半的时候，我在学校草坪上邂逅了一群

---

① 贾林闯，男，山东聊城人。毕业于南昌大学，大学时期便参与南昌大学三农协会的各项志愿活动。农村可持续发展青年人才培养计划第十二期学员，人才计划结业后，先后就职于中国扶贫基金会、中国乡建院，目前在中国乡建院参与内置金融合作社组织培育工作。

谈论"毛泽东时期的垄断"的师生，刚被《恰同学少年》洗礼过的迷茫少年，听到"毛泽东"三个字就下意识地停下脚步，去探听他们围坐一圈所谈论的话题。于是，当天便加入了自己剩余大学时光都与之有关的南昌大学三农协会。

进入社团之后的第一个小长假就跟着学长学姐们参加了为期三天的下乡调研活动。那次的活动虽时间不长，但它对自己的影响很深刻。我开始反思自己进入大学之后的各种不良表现和见闻，也开始正式跟自己当初反思过的——学生会里小屁孩之间的"官僚关系"，大学宿舍打游戏睡觉的虚度状态，大学课堂的沉闷空洞和考试风气的不正——这一系列并不积极向上的事物做彻底的决裂。

大学行思——贵溪下乡总结（节选）

此次调研，唤鹰队的11个青年男女去了一个叫贵溪的地方。在那里，他们一起挤一辆小三轮，在歌声中感受大自然对这几位"天外来客"的洗礼。在那里，他们围成一桌吃着或东道主或后勤组为大家献上的丰盛的三餐，还记得钱大嫂给炸的虾，还记得谈可同学给拍的黄瓜。在那里，他们分组去各家拜访问询，与村民心贴心地交流，感受他们的苦与乐。在回来的路上，他们有说有笑，互相调侃，那笑声仿佛让少年回到了曾经的高中时代，那段肆意昂扬的青葱岁月。让人不觉感受到，走出来了，大家都在心里想着的那些再也回不来的高中，再也回不来的交情，真的像是做梦一般，快速地重现，却又像流星一般，划过长空，难再见！

……

把话题拉回这次调研，三天的活动有何收获？有对个人语言组织能力的锻炼，对祖国山水见闻的惊喜，一次完美的邂逅。可在很严重的现实问题面前，那都算些什么呢？

也许调研就是去发现问题的，也许回来之后就是要反思，就是要在痛苦之中挣扎。本次活动让自己真正找到了志同道合的朋友，久违的感觉啊！这是很值得庆祝的！Nice to meet all of you，my boys and girls！

带 队

第一次的经历，开了自己走向校外的社团实践活动之先河。由于参加活动的积极性，加上对社团想要引导大家思考的问题又比较对口味的思考成果，社团的学长（并没有指导老师的社团，学长就是指导老师）就开始想着影响我、发展我。我也开始跟随他们学习、开会、聚餐、团建。渐渐地，我被当时社团"带头大哥"的思想状态影响着。

在跟着学习了一段时间后，学校里发生了一起校园车祸，一辆校外车辆在学校人流比较大的路口撞到了一位大一的姑娘，经抢救无效死亡，后来姑娘的家属到车祸发生现场拉条幅维权。自己在被社团"底层情怀"熏陶过之后，深深地感觉到这种弱势群体的申诉方式很令人心痛，于是就主动联系社团大四年级的原社长，提出要帮姑娘家属维权的想法。后来我们三个人深夜偷偷摸摸地找到姑娘家人在学校后街住宿的宾馆，拿相机拍了一些他们的视角里此次车祸之后，学校对姑娘救助过程的真实故事。然后我们还策划将视频配上字幕，发布到网上，将事情从另一个视角展示出来，为死者家属发声。后来学校跟死者家属达成赔偿协议，我们三个拍摄的"调查视频"便失去了实际意义。但经历这件事之后，自己的所谓正义感被激发了出来，我开始认为自己具备了伸张正义的行动力，而且对于事物的认知模式也极端地发展成为单纯的底层情结，也许就是后来被意识形态研究领域称为"民粹主义"的思维方式吧。

不知不觉就到了大一结束的那个暑假，社团一年一度的长期下乡活动要在这个暑假开展。而我到那个阶段的时候，已经从参加三农协会之前独立思想的"无党派人士"变身为贴着三农协会标签的社团分子。可以说，我的思维模式已经慢慢被社团经历改变了。

从第一次走出校门到第二次带队下乡，自己慢慢有了愤青的样子。这样的转变并不是全拜三农协会所赐，还有大学环境本身引发的思考，有《恰同学少年》影片的影响，以及社会环境的因素。协会的经历使我在大一酝酿了一整年的思想转变开始化为实际言行，它是催化剂，加快了自己这种世界观产生、发展的速度，却并没有改变这种"化学反应"的本质。随着这种变化程度的加深，我也已经开始在反思中走向迷茫，开始在批判与否之中挣扎，开始在理想和现实二元对立之间徘徊，但整体状态还是保留着对于协会的归属感。

春　晚

在挣扎与归属感并存的时光中，自己跟随社团的学长又走过了一个学期的社团生涯。那个学期，我们社团的社友会经常去学校附近的建筑工地给建筑工人放电影、发报纸、作访谈，也会向他们分发一些从学校学生那里募捐来的军训服。当然，最令人难忘的是在元旦前夕给工友们组织的一场联欢晚会。在大二上学期期末备考的一次自习走神之际，因为脑海里浮现着下乡搞文艺、工地办晚会的种种场景，内心萌生了年底回家组织一场乡村春晚的念头，最终这样的想法一步步得到实现。后经过一个月的组织沟通，在放寒假回家之前已经组建了一个由在全国各地读大学的小学同学组成的春晚筹备组，我们在筹备组里分工、讨论，回到家后开会、收集节目、拉赞助。因为晚会筹备工作的各种不顺利，还忍痛放弃了和方爷一起去观看"感动中国"年度人物颁奖现场录制的机会。最终，晚会在步履维艰的进程中完成，其效果差强人意。

乡村春晚组织总结（节选）

　　曾经不止一次听说过，人最幸福的几件事里面有一件是"说走就走的旅行"，可以很荣幸地说，这样的事情自己在两年前就很疯狂地做过了。在一本书上看到过："人每天会有上千种奇妙的想法，只是很多想法都没有付诸行动。"对于这台晚会，这也许就只是万千想法中的一种，在众多想法之中，它比较有思想基础，就获得了付诸行动的动力。于是，便不在乎身边的朋友是支持还是反对，做了一件"想做就做"的事。

　　接下来，用自己的信念去找小伙伴，用执着劝那些从来没听说过"乡村春晚"的小伙伴，用自己也没底气的信心去安慰信念摇摆的小伙伴。在学校找学长要材料准备策划，备考之余在群里跟小伙伴报告晚会的进展，询问每个人对晚会事务的兴趣取向，以便安排每一项工作的负责人。为了不让一起长大的小伙伴感到所谓的"独裁"，为了做到民主集中，每一项工作的商议拉得很长，一个月的时间，只是确定好了群里面的人员安排表，也很清楚地知道，在学校也就只能干这些事。还不得不提及跨年夜群里出现的争吵（为了抓效率，无意识地边缘化了初中之后便辍学的小学同学，因此激怒了本来积极性很高的同学），这件事虽然对晚会影响不大，但毕竟能看出"屁股决定脑袋"的说法是很对的，在学校里就是学生思维，在社会上就是社会思维，还有人性里面的小弱点，那些不能逾越的鸿沟，也只能有一方作出必要的妥协。

　　这场自以为胜利的"村晚"搞完，内心虽喜悦但仍对拉赞助时那种如同伸手向人要钱的感受耿耿于怀。在这样的体验中迎来了大二下学期的开学季，我压抑着对钱的重要性重新审视的意识，刻意提醒自己坚持社团"崇尚精神修为，批判拜金主义"的理念，当然也在这样的提醒之中把自己逼到了用理想去对抗现实的对立面上。

逃 离

不巧的是，在南下洪都的火车上恰好遇到从天津赶来的社团学长，两人亲切地聊起我在假期办的乡村春晚一事。当我很自豪地说出我们在晚会当天张贴了"大年廿九，和大学生一起办春晚"的条幅时，学长脸色一下变得煞白，为人耿直的他开始痛批这次晚会跟它应有的性质完全背道而驰了。然后两个人在火车上聊到不欢而散：他没有继续解释他对我批判背后的逻辑，我也没有继续询问他所发现的我的问题在哪。他回到自己的车厢，而我就在火车上陷入了对于"社团到底要培养什么精神，金钱到底重不重要"这些问题的苦苦思索之中。

回到学校，我缺席了社团开学初的见面会。感觉一个被拉赞助搞得自觉是在"向人要钱"的孩子，他努力完成的一场让自己身心俱疲的村民活动，却得不到学长的认可，而学长也没有给自己说出社团的思想到底是什么，连最起码的对自己批判的原因都不给，这让人开始怀疑继续在这样的社团待下去的必要性。

那个学期社团学长也会找我聊天，也会拉我继续回到社团里参与学习和实践，但已经难以重建对社团的归属感了。我成了一个没有社团，也没有社团以外交际的孤独青年。而那个学期自己的状态烂到了极点，我再一次踏上了逃离南昌的火车，哪怕一个人在路上，不管去哪，我都一刻也不想待在这座象牙塔里面，甚至是这座城市。

而这一次同样是把终点定在了方爷读书所在的城市，北京。现在看来，我去找方爷发泄内心的苦闷并不是明智之举，因为他作为一个同龄人，在国际化大都市里所遇到的理想和现实的矛盾比我要强烈数十倍。他那个时候同样是热锅上的蚂蚁，对于我的到来当然也做不到平和疏导，相反，他把他在自己社团的经历、大学经历中的苦闷发泄到了我的身上。所以我那次逃离的旅程，并没有在终点处得到正面的作用；倒是在往返途中的火车上，一个人身处周围全是陌生人的环境中，内心忽然平静了许多。

回到学校，内心难以平静的状况一直持续着。在那段岁月里，视线里经常出现九姑娘的身影，在我很多次抒发痛苦的 QQ "说说"上或是极度茫然的校园游逛时，都能看到九姑娘的名字和身影，她的点赞、评论或是校园偶遇的笑容都能够令人心头振奋。慢慢地自己开始频繁地接触九姑娘，直至将她"勾搭"成为自己此生相伴的人生伴侣。

后来，在南方劳工 NGO 做学生工作的包子叔叔正好要为当年的暑期讲习班招募学员，我又一次被社团的社友拉到了曾经邂逅大家聊"毛泽东时期的垄断"的草坪上，他们建议我报名参加那一次在宁波的讲习班。

引　吭

也正是后来决定参加宁波的讲习班培训，自己的状态才有了一种变化的可能性。在培训期间接受了社会学、马克思主义相关学科大牌导师专业的理论讲解，了解了"资本""阶级与阶层""商品经济""广告的本质"等概念；接受了同期学员中认识深刻、理念坚毅的朋友的状态感染，感慨于曾经读过清华、北大的硕士、博士居然能够那么干脆坚定地放弃大好前程，俯首深入底层，在草根群体中搞事情；也接受了在全国各地做农民工组织工作的实践者的行动感召。

后来去湖南尘肺村——双喜村做与尘肺病相关的乡村调查，在村子里很多家庭都看到了一位寡妇带着儿女生活，她们的客厅中都摆放着亡夫的遗照；亦有父死母改嫁的孤儿被寄养到近亲家中的状况，但也不乏男丁因尘肺病去世后母女坚强生活的实例……这些不同的状态背后有着相同的遭遇，那就是家里的壮劳力在去深圳当风钻工之后，由于资方没有提供安全的生产条件而致病，因病发后没有提供及时到位的工伤保障而致贫致悲。

之后又去深圳工业区打了一个月的暑期工，在那的一个月里体会到了整日在生产线上做简单重复劳动的产业工人的状态。渐渐地理解了富士康的工人之所以跳楼，跟其在厂里没有业余生活的异化状态有着直接的关系。在进厂打工的那一个月里，我们二十几名来自全国各地的社团学生，通过与厂里资方进行合理合法的斗争，经历四次辞职讨薪的过程，终于为全厂的工人们争取到符合劳动法的合法工资标准，使得每位员工最终每月能够多拿到几百元的工资。

进厂实践后的即时总结（节选）

30 日下午下班之前，拉长拿着名单过来跟我说，明天你继续上班。当时的反应是大家都在盘点的日子里休息，我终于可以体验加班的"乐趣"了。拉长通知完事情后又大声强调了两句："今晚加班和明天继续上班的记得自己要干什么，不要忘了。"我当时听完之后略感事情跟自己想的不太一样，但也没太在意，继续下班，继续晚上不加班，继续在深圳的夜晚游荡，一如前几日的节奏。

第二天上午 8 时准时来到车间，看到几个面熟的和不熟的同事三三两两地进到车间来，意外地发现过来的工友都是略显稚气的年轻小伙，小聊几句发现大家的一个共同特点就是刚来这个厂子不久，有的甚至直接是按暑期工进来的，一天 80 元钱。等大家都集合好，一位挺着肚子、板着脸孔的中年男性握住拳头伸出食指，一个一个地数点站在他面前的我们，确认人员到齐，斜视着旁边那个叫副拉的家伙说了句，"好啦，带过去吧"，整个过程眼神几乎没有落在任何一个人身上，包括那几个副拉。

在下楼梯的时候，微微听到几个不是自己人（一起参加暑期进厂体验的社团同学）的工友在埋怨今天稀里糊涂被安排的不知是不是加班的工作。（其实，这里的加班和不加班是有更深层的区别的：如果这个是加班，那么大家可以选择今天休息，不挣这个加班费；如果是正班，一旦员工擅自不来上班或是请假，按照这个厂子里的规定，这种情况是会被罚掉200元钱的。）

当时我敏感的小神经顿时感觉如果前方有敌情，这次是一个搞行动的良机。从A栋走到B栋，同样是刚才数人的场景，大家被分成了三个小组，我这个小组是人员最多的，有十几个人。当大家被带到要工作的地方，看到高高的货架上摆的全是成堆的纸箱，需要被运到车间里，以及感受到的封闭的仓库里连个风扇都没有的那种闷热，能察觉到大家的怨气在此刻已经比下楼梯的时候更深了一层。于是，便顺水推舟跟身旁的小兄弟说，"我们过来都没告诉我们今天到底是加班还是正班"，然后我伺机问了一下一个肥头大耳的同样会指人的男子，"我们今天是加班还是正班？"结果那个男的用一句"这个问你们主管，我不知道"就想敷衍掉。我借机又向旁边的兄弟说，"听到没，他说他不知道。等下我们干完了，再去问主管，主管一句今天周四当然是正班，我们就傻了。这么热的环境，这根本不是我们必须要做的。"后来我直接跑到干活的那几个兄弟身边，拉了一下他们的胳膊，问道："你想干这个吗？"他们说不想干可是没办法。然后我就对他们讲，"不想干就不干，干吗那么难为自己。我们都不干他们一点办法都没有。"一来二去，大家慢慢地都停下来，站在旁边，拿起硬纸板扇扇子乘凉。

看到这么多人都站在那里不动手，管仓库的那个人说了句，"不干也行，到时候四个工时给他们算两个！"听到这句话，大家就更不动手了，都杵在那里。过了20多分钟，仓库主管给我们的主管打电话说你们那边怎么回事，派过来的这些人都不干活！不一会儿我们的主管就过来了，问怎么回事。我见大家都不说话，就问那个主管我们今天干的是算加班还是正班。接着就有工友说，昨天没通知我们今天是过来干苦力的。我又加问了几句，那个主管听后没有对所问的问题做正面回答，而是针对问问题最多的我说，"你这么多问题，你跟我出来一下，我跟你说"。我对另外的工友说，咱们大家都出去听一下吧，然后大家一起走出了仓库，来到了另外一栋楼一楼的门口。我们争取的仍然是是否加班的答复，主管后来说，"今天给你们算加班，另外每人有60元钱的补助"。我不放心这种承诺的真实性，随后要求主管立字据保证，只是其他工友听到这个承诺已经松懈下来，被主管推搡着回到了仓库，我也就跟着回去了。

　　回到仓库之后，主管打了个电话安排了今天算加班还有补助的事，然后跟仓库主管聊了起来。我从他们聊天的神态和眼神里读出了一丝诡异，担心大家这次被忽悠了，担心他们拿我们当孩子要，随即问了一句："哎，我们今天的补助跟工资什么时候能给？"听到是月底发工资的时候给，我就继续要求他们"要么今天就结，要么就立个字据"，那个主管听到这个要求就提出要开除我，说我对公司不信任。

　　其实后来再一想，主管之前已经打电话安排了工资待遇的事情，应该不会是戏弄，只是个人的敏感造成了自己后来被开除的局面，这是自己做得不好的地方。

　　刚被开除那几天感觉挺失落的，没帮工人做成什么事，自己倒是丢了工作。尽管后来又找了一家厂，毕竟走了弯路。可是后来听 MY 说厂里已经规定以后每次盘点日的工作都算加班而且补助金也会按承诺发放，这是值得庆幸的一个结局。而且，这件事对自己也有一些触动。

　　这个时候再回过头来反思当时火车上与学长的不愉快交流，自己便稍微意识到了在组织晚会时哪里做错了。我不该站在大学生的立场上，喊出"和大学生一起办春晚"口号，本来是要推动离乡大学生重新融入乡土环境，以及增强同村内百姓和谐互融的活动设计，因为一张条幅把整个晚会的性质给改变了。而之所以这个时候才真正产生这种接地气的认识，跟自己两个月来接受的关注工农群体、体察百姓疾苦的学习经历有必然的联系。

　　有意思的是，自己的这种"底层立场"的确立，带来的是另一个极端的认识倾向：我开始从行动上站在一个百姓的立场上，去针对权力群体、强势群体，遇事动辄就发出批判谴责强势群体的"叫嚣"。

　　最典型的一次经历是进入大三上学期之后，学校推出的"自主保洁"新政在全校遇冷时，我毅然拿起笔杆子，站在全校几万弱势学生群体的立场上，利用新媒体公开向校长叫板，还惊动了澎湃新闻、央视 13 频道《新闻 1+1》栏目，一时成为全国舆论界的谈资。

困　境

　　不可否认，这次新闻曝光事件让我第一次近距离见识到了舆论的力量，也在成为当事人的过程中品尝到了"伸张正义"的喜悦。自己暑假经历了悲悯式的"看见"，加上新学年开学之初这一走上舆论风口浪尖的经历，自己刚过年时那种在理想和现实之间徘徊的状态一下就转为"理想击败现实"了。

我开始几近疯狂地投入到工人探访和社会问题理论学习的社团事务中去。社团的组织工作烦琐而低效，自己并没有在接受实践启蒙之后踏踏实实地进行自我的理论学习升华，而是在组织学弟学妹的理论学习时进入了夸夸其谈、不学无术的状态，还自以为是地跟新加入社团的学弟学妹讲述自己对社会问题所谓的"认识论"和"方法论"。大三上学期的经历并不痛苦，我几乎没有考虑过"理想or现实"的问题，靠着刚过去的那个暑假实践启发的余温，支撑着理论储备低下、实践经验缺失的年轻人完成"带社团"的任务。而自己也在这以师者自居的可笑状态里跟九姑娘经历着"也许故事正在发生着"的美妙的恋前暧昧。在不经意的安逸中，更大的忧虑正在孕育。

转眼间到了大四，面临毕业的我一下觉得除了社团经历一无是处；可笑的是，我因为身心全部扎在了社团，于是真的就"死"在了一门专业基础课上：屡次补考不过之后最终面临了延长学制的"打击"。对的，在大多数大学生眼中，不能顺利毕业是唯一能让自己感觉蒙羞的结果；不管过程如何龊龊，只要结果不是这样的，他们都不会把大学的风云变幻放在心上。我当然也有了压力，一部分来自社会舆论，一部分来自前途未卜。需要强调的是，在这样的压力下，已经确立了恋人关系的九姑娘会开导我说，当时的遭遇是"人各有志"，她并不认为延长学制是一件多么丢人的事，也并不觉得拿到毕业证有多么值得骄傲，因为大学什么样每个人都心知肚明。这真是一位让人爱不释手的姑娘啊！

我在退出社团事务的大三下学期尝试考过一次新闻学的研究生，算是为自己对前途的担忧作了一次挣扎，结果不尽如人意。拿到考研分数又面临大四下学期的我，开始又一次纠结起了理想与现实的取舍。有几天痛苦到了想要出家做和尚的地步，在后来走出困境时九姑娘和我姐还会拿自己要出家的想法打趣。

在退出社团事务之后，种种抉择和取舍，尤其是努力学习的考研经历，算是对自己之前很长一段时间走向极端的状态作出的一次回归。我开始在激烈批判社会现实的思维中变得理性、坦然，却依旧不知该如何处理自己缥缈的社会理想和杂乱无章的社会认知。

救　赎

大四下学期，这种转身回归后却找不到回家的路的状态持续了两个月，那种痛苦到了极点的时候，有过一次彻夜不眠的经历。在纠结到心累的时间节点上，失眠的时候思考的问题是"无论如何都要给自己一个出路，不能再作没有意义的挣扎了"，于是就罗列出了"自杀、出家、下乡"这三条路。当时忽然就释然了，因为相对于"自杀"和"出家"来说，"下乡"好像是最好的选择，不会跟任何一种社会关系发生根本性的割裂。于是天亮了就开始联系在宁波认识的两位朋友——园春和小宇，两位姑娘耐心地帮忙讲解人才计划操作的方式方法。而我是先做了下乡的决定，再联系的人才计划项目的相关人员，貌似也没怎么关注人才计划在山西永济蒲韩乡村的具体操作原则，直接就报名了。后来我又传销式地拉女朋友九姑娘和曾经启蒙我反思社会的北航高才生方爷加入了第十二期人才计划团队。

参加人才计划半年多之后，就已经感觉到了周围环境和自我认识的很多变化：跟家里人的思想斗争最终以老爸和老姐的不置可否和老妈思想上的支持而宣告结束；对引荐旭爷和方爷加入人才计划而被自己坑掉的担心，以两个人都走向了学习教育的道路而暂时缓解；因大学的社团经历而身携杂乱的思想认识和缥缈的社会理想，在这里有了理想的落地和生活化的体现，心态变得从容了许多，踏实了许多，也现实了许多；对于整个社会的认识，从消极反抗转向了积极建设，幸福感和光明感陡然上升；而对于刚来蒲韩时讨论到的以及过年回家时兴奋地想要筹建的返乡计划，也因为蒲韩和外界长达近20年的时空差距碰了一鼻子灰，曾几何时，改变了原有的天真，决定在外面的世界好好学习成长几年，再对返乡做未来现实的规划。

当然也有个人在处理感情和情感之能力上的变化：与"旭爷"半年的朝夕相处让一个男孩子更加体会到了爱人的包容，也触摸到了真正去爱的方式；与方爷四年后再一次的相处，让一个经历了大学四年二元对立式交友方式的年轻人，察觉到了非黑即白的交友逻辑，对于自己所定义的"黑"和"白"都是一种残忍——一颗更为珍惜、更为包容、更为从容的心在这不期而遇的半年时光里被呵护着成长起来；在跟几位新的朋友一起过日子的岁月里，一点点发现了这个大家庭里面的亲人们身上的各种人格：阳刚、谦逊、从容、安静、真诚、务实、坚强、柔软，以及固执、自我、任性、懒惰、依赖、傲娇……这样的感知让人珍惜这华丽的遇见，使在交朋友上面挑剔的人无可挑剔，也使人察觉人性的复杂，从而慢慢地去做到不难为自己，也不难为别人：一切都在觉悟反省时宽恕，在修身塑己中升华。

有言道：没有变化就没有成长，而成长是一个凄美的故事。这种凄美大抵是因为每一次成长中的变化，都是新自我与旧自我斗争的战果吧。凡是有斗争的地方就没有你好我好大家好，也没有一方向另一方完整的妥协：它就像一对太极，在阴阳的两个极端发生斗争，在新我和旧我之间求取阴阳的平衡点，合二为一，再以一个新的整体去寻找下一个新我，再去展开新一轮的斗争。

人才计划对我的影响除了如上述内心的变化之外，还有在蒲韩联合社核算中心实习期间被郑老师教化过后的思路启发，让一个无知的青年开始形成从入户行为之中观察问题、分析问题的意识，慢慢形成人文社科领域认知社会的一般思路，这是自己一年来最大的收获，让自己学会了在入户过程中思考问题的方法，让人从"看山不是山"开始向"看山更像山"的认知状态改变；也有自己通过观察儿童来反观自己的能力养成，慢慢地明白孩子为什么会是成年人的老师，懂得通过向孩子学习来对沉沦的自我灵魂做救赎；也有观察雄哥、鲁锋哥两个家庭的生活状态，启发了自己在生活中学习积累的成长模式，人生一下变得从容了很多，前路也清晰了很多；当然还有对健康食材的感觉的建立，最终落实到对于可持续生活的向往。

结果可以证明，走进人才计划是我有生以来最为明智的抉择，它关乎了自己未来的生命质量和发展方向。

坚　持

很多时候，我们都会因为急于成长起来而表现得焦躁不安；但当对自己的过往做一次梳理时却又发现，很多的事情一旦发生了，就终归成为自己成长的垫脚石，只不过每个故事都不会让自己成长得一步登天，它更像是润物细无声般的影响。

很多时候，我们又容易在看不到成长的时候怀疑自己当下的环境，怀疑自己的选择，从而犹豫是否改变选择，换另外一种成长的道路；但当对自己每一份坚持到最后的故事做一次总结时，却又发现每一份坚持都能够给自己带来一份感动和继续坚持的勇气。

很多时候我们渴望着成长，渴望着变大变强，而同时我们又能发现，成长的故事也许一直发生着。就像自己现在身处的成长平台——中国扶贫基金会——其组织精神那样：坚持就会改变，只要我们肯坚持，无须理由、无须激励地坚持，我们成长的故事，便一直都在发生着。哪怕命运无法改变，自己在这个社会上生活的体验也终会变得越来越美好。

毕竟，任何的经济、人文、政治这些庞大的概念名词，其背后都是在围绕着"生活"做文章！

第五部分

家　人

农人与麦田

引言　新的幸福，新的生活

人才计划三期　魏丰收①

2009 年 12 月 6 日，第一届"新幸福主义"集体婚礼的热闹场面，似乎还在眼前。喜"柿"来啦！《社会创业家》杂志为我们策划专题，大名鼎鼎的奥美广告帮我们设计卡通形象，河北顺平合作社专门寄来了好几箱又大又红的磨盘柿子！北清路那个庄园里面的橘黄色木屋城堡，北京难得一见的湛蓝天空，大红的中式礼服，还有粉色与紫色相间的气球围栏……处处晕染着童话般的浪漫气氛！白亚丽与吕程平、秦岭与卢欢、娄文静与李留洋、孟婷婷与黄志友、彭影与陈士华，大乡建系统的五对优秀青年，在柿子树下讲述爱情故事，宣读结婚誓言，在温铁军老师与现场几百位公益同仁的共同见证下步入了神圣的婚姻殿堂！

2015 年 1 月 18 日，在小毛驴市民农园举办了第二届"新幸福主义"集体婚礼。马久菊与汪维行、口皓与何志雄、李冬梅与周鹏辉、李慧娟与易贤涛、袁辉兰与詹荣、梁发珍与魏长、靳培云与严晓辉、高明与袁清华、杜洁与潘家恩，人乡建系统又有九对优秀青年喜结连理！这次活动的阵容更为庞大，小毛驴"教授"披红挂彩，亲自驾辕，用太平车接新人、拉礼物，绕园一周，接受大家的欢呼与祝福。民俗专家郑辉做总导演与主持人，温老师做主婚人，何慧丽老

---

① 魏丰收，男，河南上蔡人。2001 年毕业于河南农业大学，之后在北京工作六年，主要涉足建筑材料、管理咨询、会议培训等行业，其间一直关注三农、教育、环保等社会问题，农村可持续发展青年人才培养计划第三期学员。现任中国人民大学乡村建设中心项目主管、国仁乡建社企联盟董事、河南乡村建设试验区办公室主任、河南爱故乡工作站站长、河南灵宝弘农书院法人、河南弘农管理咨询有限公司董事长、河南新纪元乡建院副院长、河南王拱璧研究会副秘书长等职。

师做证婚人。盛大的中式传统集体婚礼上，九对新人在樊少欢的引领下行标准的跪拜礼，叩谢父母的养育之恩，并敬茶、改口、领红包。很多新人和父母都激动得流下了眼泪，现场气氛又喜庆又感人！中午在阳光餐厅安排了丰盛的生态喜宴，同时还举办了大地民谣、农夫市集、木工体验等丰富多彩的活动。

喜庆与热闹的背后，真正值得大家深思的，是当年老刘提出的"新幸福主义"这个概念。作为投身乡建的理想主义青年，我们理解和追求的幸福生活又应该是什么样的呢？还记得我们当时在中心征集、阐释和热烈讨论出的它的内涵："平等、互助、勤俭、自立、担当、奉献"。而这恰恰是这两场盛大的乡建集体婚礼的主线！我想，它也应该是把这五对和九对优秀的青年男女牵到一起的红线！

关于什么是真正的"爱情"、"幸福"与"浪漫"，小潘在第二届集体婚礼前进一步地解读与提炼："当纸醉金迷彰显成功，当一己的悲欢拒绝着大时代的燃烧和事实，当宝马车哭声与自行车笑声成为割裂对立的别无选择与笑贫不笑娼的新借口。在爱情、浪漫、幸福被一个又一个地定义征用，直接关联着金钱、收视率、眼球经济的今天。我们14年来或深或浅的足迹，只是提供了一个关于'可能'的实践故事，另一种爱情或幸福都是可能的，多样性和可能性其实一直就存在，关键取决于我们是否愿意去打开。"

彭影与士华说："我们相信，我们正在实践一种新幸福主义，与更多人一起在探索着这条新幸福的生活之路。在这条路上，真实、简单、朴素、理想、热情、互助等一切美好的东西随处可见。"

高明和清华用事实证明："爱情，与距离无关，与地域无关，与职业无关，与背景无关，只与共同的生活目标有关！"

重读大家的爱情故事，回看大家的心路历程，有时会发出会心的微笑，有时会感动得流泪，有时也会有些许的酸楚。杜洁的回忆，虽然啰唆，但也最是感人。我们平时谈的都是乡建与工作，但只有听了战友们关于情感与生活的诉说，我们同样滚烫的心，才会贴得更近！我们共同坚守的理想，才会更加真实！

乡建这条路，注定是坎坷的，是艰辛的，是布满荆棘的。一个人投身其中，已经是备感压力，何况两个人都来干这个？我的爱人是在主流社会工作的，她、她的家人、我的家人还有我们的两个宝贝女儿，刚开始其实也都是反对我干这个的。现在，他们虽然已经在无奈中慢慢地适应我的工作与生活状态了，但在一些非常需要我作为儿子、丈夫或父亲的身份陪在他们身边的时刻，我的缺席还是会给他们带来一些遗憾。你们可能都觉得我老魏来去自由，活得挺潇洒，其实家家都有一本难念的经啊！

反过来，最羡慕的还是你们这些能一起参加"新幸福主义"集体婚礼的新人。你们多好啊！两个人，都在做公益，都在做乡建，有共同的事业、共同的理想，真可谓是志同道合的革命伴侣啊！琴瑟和鸣，夫唱妇随，齐心协力，并肩战斗，白天在外面可以讨论工作，晚上回到家还可以交流思想。心与心贴在一起，不会孤单；肩并肩阔步前进，更有力量！

培云与晓辉的孩子，取名为"禾"，望其不忘乡土，秀于田间。杜洁与家恩，给可爱的小女儿取名"碚碚"，当然就是北碚的碚，bèibèi，拼音与发音，也都一样！这是什么？这又说明了什么？百年乡建，薪火相传，前仆后继，生生不息！乡建的精神，已经刻在了我们的骨子里，已经流淌在我们的血脉中……

今天，已经有越来越多的年轻人投身到乡建事业中来，或在北京，或在福建，或在其他城市，或在乡间，或在合作社，或在同心农园，或在爱故乡大会，或在乡村建设学院……

在投身公益的路上，在为理想奋斗的路上，在践行"新幸福主义"的路上，有14对已经步入婚姻殿堂的新人，有更多有志于与心爱的人一起创造新生活的"新人"们。对于我们来说，理想并不遥远，它就在我们的日常生活中！创造新世界，其实也没有想象的那么难，因为在它一个一个的细胞——"家庭"里，我们已经在幸福地实践！

5.1 柿子树下的浪漫，一生一世的情缘
——第一届乡建志愿者新幸福主义
集体婚礼的幸福故事①

2009 年 12 月 6 日，北京北青郊野休闲园挂满黄金柿子的树下，五对新人面对柿子树拜了天地。这场集体婚礼的特殊之处就在于，新郎新娘或是乡村建设志愿者，或是乡村建设工作人员。

志同道合，可以在这条路上走得更远

"柿子树下的浪漫，一生一世的情缘"，从准备结婚开始，白亚丽就写下了这句 QQ 个性签名。

白亚丽是最早参与大学生支农的学生，2003 年，还在天津科技学院读书的她，休学到湖北三岔支农，被媒体誉为大学生休学支农第一人。毕业后一直在北京梁漱溟乡建中心从事农民培训工作。

2005 年暑假，梁漱溟乡建中心举办农村发展人才计划，吕程平是人才计划第一期学员。那时大学毕业的他已经在通州农村做了一年的志愿教师。正式下农村服务之前，学员们要在人民大学培训上课，晚上回住处的公交车上，白亚丽第一次见到了吕程平。

"做农村志愿者，大家的交流很重要。我问他压力会不会特别大，他表现得很坚定。"白亚丽笑着说，自己当时没过多注意这个看起来老实巴交的男孩子，倒是确定恋爱关系后，吕程平总会描述当时见面的情形，"还埋怨我这么关键的时刻都不记得。"

"一个不动声色，一个穷追不舍"，婚礼中播放的 PPT 上，这样

---

① 文章来源于《公益时报》，内容有修改。

形容这对新人。虽然从 2005 年认识到 2008 年正式确定关系这段时间里，两人交往一直没有涉及私人情感领域，但据吕程平的朋友介绍，男方对女方是"预谋已久"。2008 年汶川地震后，作为民间救援力量，白亚丽决定赶往救灾第一线，吕程平果断地一同前往。在帮助灾区人民的同时，他们爱情的火焰也在灾后的土地上愈演愈烈。

同年，吕程平考取了华中师范大学政治社会学系的研究生，两人开始了异地恋。中心的同事们清楚地记得，从吕程平到达武昌的第一天开始，中心的信箱里就没间断地收到来自湖北的书信或明信片。

"当时距离比较远吧，难免有思念之情，每天有什么想法都希望能够交流分享，所以他每天都坚持写。"白亚丽说自己正是被吕程平坚持不懈的小细节所打动："他常常会把我的短信抄在本子上，没来得及抄的就一直存在手机里，以至于手机常常是满满的。"

"两个人在一起重要的不是物质生活，对于彼此理想的支持程度才是衡量幸福的重要指标。"婚礼上，这是白亚丽和吕程平的幸福宣言。白亚丽说，他们虽然只有很少的补贴，也没有更多的保障，但到农村扶贫一直是两个人的志向。"两人情投意合，便不觉得累和辛苦了。"

在婚礼上，程平送给小白的信物是一个杯子，寓意一辈子的幸福，一辈子的快乐，一辈子的分享。小白送给程平的信物是一条自己织的围巾，希望这条围巾不仅能抵御严寒，也能抵御某些不太良好的社会风气。

中国人民大学农业与农村发展学院院长温铁军在白亚丽支农的过程中给过她很多帮助和支持，集体婚礼上，他跟在场的 NGO 单身男女打趣道："我们扶农的 NGO 成员，男孩子比较多，我以前总担心他们找不到对象，以致走这条路的人越来越少，现在看来我不必担心了。我们内部结合，大家志同道合，还可以在这条路上走得更远。"

牵着你的手，公益路上一起走

9 月的深圳，还是一出门就汗流浃背的日子。秦玲在城郊公园广场为工友们进行法律知识普及。卢欢看见她时，小个子的秦玲正被大群农民工包围着，齐刘海被汗水浸湿，一绺绺贴在额头上。"当时对她的感觉不是爱情，而是崇拜和自豪。"卢欢说那一刹那是他认识秦玲以来最为感动的瞬间。

2007 年，秦玲大学毕业后服务于北京梁漱溟乡建中心项目点，2008 年后到南方从事工友工作。卢欢毕业于北京航空航天大学，参加农村发展人才志愿者计划时和秦玲相识。两人目前都在深圳工作。

最初到深圳的时候，卢欢工资很低，不用想能给女朋友买什么礼物，甚至连自给自足都成问题。为了节省开支，两人相约每个星期见一面。每次见面后卢欢回到住处，都会在衬衫口袋里发现 200元钱。"秦玲不会刻意跟我说给你拿了钱，她知道我缺钱，就偷偷地放到我衣服口袋里，她觉得两个人就应该同甘共苦。当然，这也是想照顾我的自尊。"

得知有集体婚礼这个活动，卢欢早早就报了名。他想给这个"个子矮矮的，但却有着无比强大内心"的女孩一个家。"幸福就是努力让爱你和你爱的人都生活得快乐，就是社会更加和谐、公平、公正，每天都有积极的进步并且不规避问题积极面对，开动脑筋大家一起解决困难。"婚礼上，当主持人宣读这段爱情宣言时，卢欢潸然泪下，脑海中浮现出这样的情景：在广阔的田野上，秦玲和几个手拿猎枪的人对峙着，他们妄图在保护区里捕杀野生鸟类。

"公益的道路很难走，让我牵着你的手。"卢欢亲吻了新娘，在她耳边低语。

同桌的你

娄文静来自河北沧州，李留洋来自河南鲁山，他们俩是大学同学。大一下学期的时候，他们是前后桌，相互间有了良好印象；到了大二的时候，特意保持同桌，于是日久生情，到大三时确定了男女朋友的关系。留洋说:"我们刚开始谈恋爱是在大学的时候,主要是面对面的同桌,不好意思说,互相表达感情主要是通过短信。"

2005年大学毕业后,留洋来到北京参加中心的第一期人才计划,经常要下乡,那时候打电话还要漫游费,与文静的联系也还是靠短信。有一次留洋在湘西下乡时,信号不是很好,文静正好发高烧,很久没收到他的信息,就很着急。留洋大晚上跑了一个多小时,跑到一个山顶,终于找到信号给文静打电话,那时候让文静"特别感动、特别难忘"。后来文静追随留洋来到了北京,一直在梁中心负责财务工作。

有缘千里同行

2005年暑假,还在北京林大上大一的孟婷婷来到晏阳初乡村建设学院参观学习,与当时正在学院工作的黄志友有过一面之缘。

2006年暑假,婷婷再次来到学院实习,在实习期满返校的前夜,与志愿者舍友"扫荡"各工作人员宿舍宝贝,行至志友宿舍时,只见地砖上长满枯草,无果而返,就说,"你明天早上送我去车站吧"。然后第二天早上他们没有坐车,徒步从早上六七点走到镇里,花一个多小时,直到婷婷快要钻入即将远去的客车,志友才急急塞了一张明信片给她(笑容灿烂的印第安女孩),并叮嘱婷婷回校再看,接着就羞答答地走开了……

2006年11月,志友到北京办事,特意转到林大与婷婷会面,并赠给婷婷一条围巾;婷婷也回赠十字绣一副,自此,两人开始心心相恋。2007年1月,一个美好的冬日,婷婷再次来到学院,在学院与志友情定终身,两年后终于取得合法身份!乡建学院是他们相知相爱的地方,他们的爱情有诗为证,"相见相知相恋相依四载风雨同舟;江西陕西广西山西九州山河壮丽——有缘千里同行!"

2007年5月,志友随学院搬迁到北京,参与小毛驴市民农园的筹办工作，在北京西北郊区凤凰岭下；婷婷毕业后，在皮村工友之家同心学校当老师。"那时候我在朝阳区的最东边，他工作是在海淀区的最西边，每个周五，下午上完课、开完例会以后都要五六点。晚上往这边赶都要三四个小时，每次一到那个车站远远地就能看到他在那里等我，心里很感动；有时候我晚上回来晚一点，我用手机一震，他就出来接我，真的很感动。"

幸福那些事儿

陈士华 2005 年在同济大学攻读硕士期间，休学参加梁中心第一期农村发展人才志愿者计划，后参与大学生支农工作；彭影在校期间曾多次参加中心组织的支农下乡活动，在 2008 年大学毕业后加入人才计划第三期。

某个冬夜，士华与彭影在中心厨房偶遇，略聊之后，士华离开厨房后回头，不经意间两人四目相对，彭影天仙般的微笑在士华心中留下美好的回忆。两年后，彭影来到北京，与士华开始共同的理想和事业。其间两人开始熟悉对方，寒假两人一同去南京、武汉开展培训，感情迅速升温。过年时士华喝醉了，给彭影打电话，聊了很久，双方开始明白彼此的心意。年后回到北京，两人一起出去放风筝，之后去北师大一起开会，回来途中成功牵手。

从恋爱到修成正果，走进婚姻的殿堂，说起来也算是"好事多磨"。彭影第一次带士华回家，虽然很明显看到家里人看不上他，还是明确表示"以后是要跟他结婚的"。把影妈气得大哭不止，哭到极其伤心处，差点都要晕过去了，表示"若是你坚持和陈在一起，就断绝母女关系"。回忆起以前的事情，彭影说："不知自己那时心肠怎么就那么硬，就是不松口，那是对自己选择的坚持，就如选择了参与社会发展工作一样，毫不迟疑且坚持不懈。后来回到北京，为此事与我妈还冷战了好一段时间，后来通电话时，谁也不再提这个事。能赶上'新幸福主义集体婚礼'，还多亏了两个表妹年底要结婚，我妈大概觉得我这个表姐年纪不小了，不能太落后，也就接受了这个事实。"

结婚是人生一个明显的转折，从父母的家庭里走出来，和另一个人组建新的家庭，再隆重盛大的婚礼，也代替不了婚姻的全部，而只是另一段人生旅程的开端。婚后，彭影和士华相互追随，一起来到了深圳，彭影仍在做社会工作，士华则决定从事生态农业和CSA的工作。于是，他们在深圳一个小山谷中找到一片合适的地方，开始开荒种田。

自从 2013 年陈士华开始在深圳做生态农业和 CSA，士华就经常和家里人沟通交流，希望爸妈可以过来帮忙，同时也是希望爸妈可以从农村狭小的生活圈子走出来，让生活和精神丰富一些，也从繁重的农活中解放出来。最终士华的爸妈决定放下家里的 20 多亩棉花田，来深圳和陈士华一起创业。

前些年，士华爸妈及家里人都很反对士华的工作，一致"谴责"他浪费了交通专业，浪费了大学文凭，不务正业。这几年生态农业的发展形势比较好，再加上食品安全问题频发，家里人通过电视和媒体也在逐渐理解和接受生态农业这一观念，现在家里那些叔叔伯伯都说，"陈士华做这个生态农业，不错，有前途啊"。

创业的过程还是很辛苦的，尤其是爸妈出于对他们生活的关心和担忧，希望赶紧有成效出来，总是很努力地工作和劳动。有父母在身边，有一份家人一起去开创的事业，总算是有点"家"的感觉。家庭、生活和工作的协调，建立在共同的社会理想之上，从恋爱到结婚到现在，彭影说："我们相信，我们正在实践一种新幸福主义，与更多人一起在探索着这条新幸福的生活之路，在这条路上，真实、简单、朴素、理想、热情、互助等一些美好的东西随处可见。"

5.2 喜事来啦！

——第二届乡建志愿者新幸福主义集体婚礼的幸福故事

杜洁①　潘家恩②

2009 年，五对乡建志愿者，在硕果累累的柿子树下喜结连理，并用行动诠释，即使在简单的物质生活下，也有数不尽的"新幸福"理想——平等、互助、勤俭、自立、担当、奉献。

今天，越来越多年轻人加入到乡建事业中来，或在北京，或在上海，或在福建，或在陕西，或在田间，或在讲台，或在市集，或在地头……

他们在为社会、为他人奉献大爱时，也没忽视对身边的 TA 的关心。他和她相互支持、相互仰慕，他们不只是工作上的伙伴，更是情感上的依靠；他和她在理想的事业中收获了爱情，迈入婚姻的殿堂；他们希望将他们的幸福和甜蜜，传递给更多的人。

2015 年 1 月 18 日，农历甲午年十一月二十八日，宜嫁娶，第二届乡建志愿者新幸福主义集体婚礼如期举行。9 对乡建新人在众亲朋

---

① 杜洁，女，河北石家庄人。西南大学中国乡村建设学院办公室主任、助理研究员，中国农业大学人文与发展学院博士研究生。自 2001 年起以志愿者身份参与当代乡村建设实践，并参与相关社会调查与乡村建设研究工作。主要研究领域为农村社会学、乡村社会企业、乡村建设。

② 潘家恩，男，1981 年生于福建宁德。重庆大学人文社会科学高等研究院副教授、博士生导师，文学与文化研究中心主任；西南大学中国乡村建设学院特邀研究员、上海大学中国当代文化研究中心研究员。自 2001 年起参与当代中国乡村建设实践 17 年，晏阳初乡村建设学院执行创办人之一，现为中国人民大学乡村建设中心重庆区域统筹。在 Cultural Studies、Inter-Asia Cultural Studies、《二十一世纪》、《开放时代》、《人民日报》等处发表文章 60 余篇，现主持国家社科基金后期资助"中国乡村建设脉络机制研究"等项目。

的见证和祝福下成婚，从此世间又少了 18 位单身未婚青年，多了 9 对恩爱的夫妻。

这一天，素手交握，发髻轻绾；

这一天，画眉点唇，红裙换绿装；

这一天，做他的新娘，一辈子的新娘；

这一天，有了你，我就有了家，多了一个爸和妈；

这一天，在亲人、乡建师友、农民兄弟的见证下，我们，结婚了！

从这一天开始，乡建路上，相扶相持，相惜相伴，做彼此的肩膀。

有些惊喜，总让人幸福得摸不着边

她叫马久菊，是一个热情大方的陕西姑娘，有她在的地方，总能听到她爽朗清脆的笑声；他叫汪维行，脸蛋有点敦敦的，总是一脸可掬的笑容，爱和大家开玩笑，大家也爱和他开玩笑，为了更容易记住他，大家都改口叫他"汪汪"，他也笑眯眯地接受了。他们都是梁中心"农村人才培养计划"的学员，她是第九期学员，他是第六期学员，他俩的爱情故事是从北京西北六环附近一个叫"青年公社"的院子里开始的。

2013 年暑假，久菊参加了一个名为"青年之力"的徒步游学活动，从汪汪的母校山西农大（那时他们还不认识）徒步走到北京的青年公社，并参加了随后梁中心组织的支农大学生培训。培训结束后，久菊也对未来的工作有了新的思考，她想继续参加梁中心举办的一年期的农村人才培养计划，但需要驻点农村一年，她有点犹豫和纠结，于是就有人建议她去找汪汪。汪汪从人才计划第六期结业后，就留在了梁中心做农民合作组织的工作。后来汪汪推荐她去河南漯河合作社的试验点，因为是自己推荐的，汪汪担心"万一她要是在试验点上待不住或是有些问题，总觉得多少应该有些关注"。就这样，在开始的时候，他偶尔会了解和关注她在村里的信息或是状态。

参加人才计划的新学员每个月都必须要写月报，汪汪作为老学员，偶尔也会翻阅学员的月报，给些回应或是交流，也会特别地注意一下这个曾经很纠结的姑娘所写的总结，还会给一些标注或是反馈。他们在月报里进行交流，聊着聊着就会聊到在村里的人情世故，聊到在村里驻点的不知所措，聊到在村里的新鲜事，聊到热心的大姐、奶奶，聊到他们对农村的理解，聊到他们的内心世界，聊到他们对美好的想象……

每到年底梁中心都会举办"全国农民合作组织论坛"，作为中心合作社部门的主要负责人之一，汪汪每年的这个时候都会很忙，人才计划中的学员也都会回到中心来帮忙做一些会务工作。汪汪平时不很在意穿着，总是有些邋遢，临到年底论坛开始的前一天，想要在衣柜里翻出能够穿得出去的"行头"，这时久菊就很热心地来帮汪汪挑选衣服。在这期间，因为见汪汪太忙，没时间洗衣服，久菊还特地帮汪汪洗了他要穿的裤子，毕竟是 12 月天寒地冻的，把久菊的小手冻得通红，让汪汪心里很是感动。合作社论坛的这两天，每天晚上她都会给他发一些"早点休息"之类的短信。两天之后是汪汪的生日，刚好是圣诞节，在生日那天早上醒来，床头放着打蝴蝶结的礼盒，打开一看，看到熟悉的笔迹折射着祝福，就知道应该是她送的生日礼物了。只是……她不是已经回家了吗？原来这一切都是她走之前安排好的，偷偷地买礼物，偷偷地放在床头，给了汪汪一份很大的惊喜。

接下来的故事就顺理成章了，他们开始打电话，开始发短信，开始思念……就这样相遇、相知、相识……感情上的事久菊比汪汪开放，敢爱敢恨，在 2015 年 3 月 8 日妇女节那天，她在 QQ 签名上写下"汪汪，非你不嫁"，惹得众人一阵喧哗，也让汪汪有些惊喜，幸福来得太突然让他有点摸不着边……他俩很少吵架，不过也会有一些不开心。当她心情不好的时候，会在电话那头一顿说他，而有时也会低声哭泣，这个时候汪汪就在电话的这头默默地听她哭诉。

五一放假期间，汪汪去村里看她，久菊就拉着他一起和村里的小孩打乒乓球，一起去拜访很照顾她的奶奶、阿姨，一起去村里的教堂做祷告，给教堂的孩子上手工课……晚上，他们一起在村口的小路上散步，吹着初夏夹杂青草味的凉风，听着远处各种小虫的叫声，远处昏暗的灯光，村中时而传来的狗吠声……他们没有说话，怕一说话就会打破这宁静、美好的夜，就这样静静地依靠着……五一的假期很快就过了，他们又各自回到了自己的角色中，她在村里继续工作、生活。

8 月，人才计划结业。他们一起跑到内蒙古的草原，在广阔的草原上呼喊着、疯狂着……结业后，她开始找工作，开始面试。参加新工作的第二天，她就去内蒙古的草原上出差了。

十一放假期间，他们一起去了一趟久菊家，见了她姐姐，见了她父母，见了她家很多亲戚。到久菊家的第二天，汪汪就自己动手下厨，给她们一家做了满满的一桌饭菜。他们也会谈彩礼，试着理解父母。他们知道父母观念的转变不是那么容易，需要一些时间。他们理解父母独守在家的那种孤独，所以在第一次去了她家之后，她便提出每半个月互相给对方的家里打一次电话，他给她家父母打，她给他家父母打。对于双方父母来说，结婚后子女不是离开他们，而是又多了一个人关心他们，特别高兴。在 11 月的时候，她和她父母说了集体婚礼的事，她爸妈竟然答应了。后来她了解到，原来这和汪汪每个月给她们家打电话有很大的关系……每次提到这件事情的时候，汪汪总是自豪地向其他人传授经验：搞定丈母娘，其实就是这么简单！

缘于一支钢笔

她叫口皓，口是口号那个口，皓不是口号那个号，甘肃人，人才计划第八期学员，大学期间就开始参与大学生支农下乡工作，现在在爱故乡工作；他叫何志雄，外号河马，湖北人，人才计划第一期学员，在梁中心工作已有十几个年头了。

他们相识于 2012 年，是在做大学生支农下乡工作中认识的。2014 年，河马心情比较低落的时候，收到口皓送的一支钢笔，于是她从此走入了他的心里。他们走到一起，不仅仅是因为简单的感情，更多的是有一种对于农村的情感，一直有一个信念在支持着他们在支农的道路上不断地往前走。他们都喜欢自由和折腾，不喜欢受世俗的限制和约束，在参加集体婚礼的时候还没领结婚证，据说那时他们双方父母还不知道他们已经结婚了，先上车后补票的他们就是这么任性！

不是一见钟情，而是"乡建"恨晚

她叫李冬梅，四川人，在陕西西安农夫市集工作；他叫周鹏辉，陕西人，在宣明会甘肃定西项目点工作。他们相遇在嘉泽姬山书院，那一年是 2013 年，他是姬山书院第一期乡土青年培养学员，她是第二期学员，也是刚毕业就来到嘉泽，刚开始并没有什么一见钟情或者像电视剧里的浪漫情节。当时他住在她宿舍的对面，她常常会看到他在洗志愿者用过的床单，还看见他打扫水房，那是别人都视而不见的死角，她觉得他总是在默默地、很认真地做一些事情。一起聚会时他总是会默默地照顾她，后来交流得越来越多，经常发短信聊天，慢慢地越来越有默契，她每天上班都要看看他到了没有，有时会默默地看他在干什么，她觉得看到他一天都有好心情。

鹏辉快要结业了，原计划准备离开嘉泽，那时候冬梅突然觉得心里有点难受，因为想到每天见到的人就要离开了，心里很无奈。于是在短信聊天的时候，冬梅跟鹏辉说了自己的想法，也说了自己听到他说要走后的反应，鹏辉动摇了。开始时鹏辉也很苦恼，因为这打乱了他的计划，最终鹏辉为了冬梅留了下来，他也觉得缘分是不能等的，于是就在一起了。冬梅很豪爽地说："那时我来嘉泽正好一个月，也许很多人都觉得太快了，可是对我来说，是遇到他太晚了。不是一见钟情，而是'乡建'恨晚。我们决定在一起，过年回家，我的父母不同意，但是我们也没吵也没闹，就这么静静等待。2014 年 3 月，我爸爸终于同意我们在一起，他说只要我们幸福就好了。"

不在一起工作，就在一起生活

她叫李慧娟，来自内蒙古阿拉善左旗，现在一家 NGO 工作。他叫易贤涛，2004 年大学期间就开始做支农志愿者，参加中心组织的支农下乡活动；2007 年又回到梁中心参加人才计划，是人才计划二期三期跨届的学员，最早是在江西兴国项目点上驻村蹲点。

他们相识于 2012 年 5 月，那时是在北京同一家 NGO 工作。因为当时有一群年轻的同事，大家喜欢在一起游玩打闹，在这个过程中，彼此有了感觉，就慢慢地熟悉了。正式确定男女朋友关系，是在他们共同离开那家 NGO 以后，"在一起的时候没有走在一起，分开之后反而走在了一起"，在平平淡淡的生活中相知相爱，再到结婚。

青梅竹马，乡建为媒

她叫袁辉兰，曾参加梁漱溟乡建中心组织的第四期"校内人才培养计划"，在杭州一所医院实习；他叫詹荣，曾参加梁漱溟乡建中心组织的第三期"校内人才培养计划"，以及社区伙伴（PCD）广西青年实习生项目，在爱农会土生良品实习一年，在杭州太阳公社工作。

他们是高中同学，高三那年她转入他的班级，那时他是班里学习成绩最好的，也是学习最刻苦的，从不像其他同学那样打打闹闹，总是端坐在座位上写作业。遇到难题时，她就会去问他，他总是讲得那么仔细，那么认真，每次让她的心里都很感动与佩服。高中毕业后他们就分开了，他去广西上学，她则去了山西学医。

大一寒假的时候，在一次同学聚会上，他跟她提起了乡建（他是梁漱溟乡建中心"校内人才培养计划"第三期的学员），还给她看了他参加活动的照片，当时就很激动地问她是否愿意参加。那时让她印象最深的是他们一起走在田间小路上，他气定神闲地望着那田野与山丘，还说有空的时候就喜欢到这外边来走走。她当时就感觉他是一个诗人，有对大自然的敏感发现，也有对生活的无限包容，心底始终流淌着暖暖的温情。

为他们牵红线的还是乡建，这个寒假之后，他给她发来参加"校内人才培养计划"的报名表，还要写五篇文章的读后感。她打字慢，又是期末复习紧张阶段，就有些为难，跟他说了之后，他竟然说要帮她打字，让她又是一阵感动。通过一轮面试考核之后，她也加入了"校内班"，也成为乡建的一分子。2013年寒假过年时，他提着东西来她家玩，她带他到家乡的田地和小河边，他们聊得挺愉快的，出乎意料的是她爸妈为他准备了一大桌子的菜，还有一个红包。等寒假过后回到学校，他就打电话给她，第一次是闲聊说了他在土生良品饭店工作的事，第二次打电话来祝她女生节快乐，可她都不知道那天是女生节。这样一个严肃、不轻易表露的男孩子竟然会为一个小小的节日打电话给她，不禁让她有些心花怒放，她也就鼓起勇气给他发信息——"你的电话让我好激动"。等过了两天后他便直接跟她表白，而她也毫不迟疑地答应了，她跟舍友说她有男朋友了，舍友们都很惊讶。

没遇到他之前，她在想象着男朋友的模样——他要是高高瘦瘦的，有着崇高的理想抱负，有着善良而淳朴的心，而他正符合她心中对另一半的要求，他们就这样开始了美丽的爱情故事。他们俩都是初恋，表白后不久她所在的学校居然神奇般地放了十天的清明假，她毫不犹豫地打电话过去，不由分说地跟他喊"我要到你那去"。他刚听到时都有些反应不过来，后来他告诉她说当时有点蒙，担心自己表现不好而惹她生气。事实证明这种担心是没必要的，短短的几天时间让她看到了更真实的他：严肃的外表下有着那样善良而温柔的心，稳重而又从不表现出骄傲，只是很认真地去做自己能做的事，并且尽力把它做好。短暂的相聚之后她回到了山西的学校，他还在广西，就这样他们开始了辛苦的异地恋，但每次她接到他的电话都是那么开心。他也成了她的骄傲，只要是熟一点的朋友，她就会情不自禁地说起他来，她便跟他开玩笑说："发现自己走到哪都喜欢给你打广告。"

2013 年他大学毕业后，为了实现自己的理想，他继续留在广西参加了 PCD 支持的健康农业实习生计划，并全职一年在南宁土生良品饭店做志愿者。2014 年 7 月，她到杭州实习，他实习期也正好结束，于是他为了她也来到了杭州，来到了杭州的农村，在太阳公社工作，继续着他的乡建梦，也在她身边坚实地守护着她。

患难之中显真情

她叫梁发珍，来自广东；他叫魏长，来自福建。2009 年第一届集体婚礼上，当时还是单身的魏长抢到了新人抛的绣球花，他觉得这定能带来好运。果然，第二年，魏长就在福建泉州一个教堂里学习的时候遇见了发珍，并且一见钟情。

初识之时，发珍还拄着拐杖，身体也不好，是一个渴望乡村生活的病人。那时候魏长什么都没有，身无分文，没有收入，没有房子，也没有车子，只有一把锄头、四亩地，和一个做农场的梦想。共同的愿望和生活的追求让他们走到了一起，他们耕种田地，从零开始。魏长在地里干活，从不会种地，到慢慢会，到联系客户销售送菜，一步一步创建了佳美农场；发珍就在家里煮饭、算账，在乡村的生活也让她脱离了拐杖，病也神奇地好了。

在集体婚礼上，魏长说："她叫梁发珍，是我发现的珍宝，勤俭持家，是我很好的搭档，正因为有她，我才拥有了一切，才拥有了幸福。"发珍说："是他给了我第二次的生命，正因为有了他，我才有了幸福，有了家。"当顺风顺景的时候，不足以考验两个人的感情；只有共同经历了很多波澜的时候，患难之中才足以验证爱情的忠贞。

不再错过爱

她叫靳培云，来自河北；他叫严晓辉，来自陕西。农村出身的他们大学毕业后都参加到当代乡村建设事业中，因乡建走在一起，也成为乡建队伍诸多眷侣中的一对。

相识八年，但来去匆匆；志同道合，却总是错过；刚刚相恋，便远赴他乡。迟来的爱情，怎能再错过。

他说，他也曾错过美丽的爱情，有过遗憾和愧疚，但面对真正的婚姻，他是幸福的，因为他知道，朴实无华方永久，平淡无欲真生活，乡建路上，她会陪他走到底。

她从不要求，但她愿意跟着他吃苦，无论乡间田野，无论风里雨中。她说，追求理想或许是痛苦和孤独的，如果世界上只有一个人跟你一起疯狂，我愿意那个人就是我。

2006年第一次相遇，是在晏阳初乡村建设学院，那时他在学院工作，一边耕田，一边盖房；她那时大三，去学院做志愿者，两个多月的志愿工作，让她深深地喜欢上这座乡间学校和那些土房子，还有那群朴素可爱的伙伴。

2007 年学院关闭，他去了广东学习，她却在毕业后追随学院，跟着转移到北京的团队（生态农业工作室）参与小毛驴市民农园的筹备工作，2008 年汶川地震后，她跟着分出来的建筑团队（乡村建筑工作室）奔赴四川救灾，在灾区一扎就是三年。

2009 年，他从广东被调回北京，主持小毛驴的工作。那时农场正处在发展期，急需人才，她则是他要叫回来的伙伴之一。

2010 年她从四川回到北京，加入小毛驴，那时，他对她说，你是学院的老同志，在这里，大家一起工作，一起学习，一起生活，享受同样的待遇。但是在不久之后的农场改革中，他并没有如愿实现对她的承诺，她也不计较待遇，开心享受大家庭的日子。

2012 年农场的一场小风波，却促成了他们美满的爱情，但很快，为了支持他的工作，出于避嫌的她哭着放弃农场的工作，选择到每天要坐 4 小时公交的市区上班，对于她钟爱的事业和伙伴，她再次变成了志愿者。

2013 年 9 月，她决定辞去工作，跟他去外地读书时，对他说：我们不会再错过在一起的机会。那一天他们订婚，也是他再次开学的日子。三年前，他报读了岭南大学的硕士课程，却因忙于小毛驴的工作，长期休学，当接到学校即将取消他资格的通知后，他不得不暂停在农场的工作，赶赴学校。那时她则刚刚被邀请重新返回团队参加柳林的社区工作，社工出身的她曾对此充满期待。回想起这些年错过的时光，在工作、学业和爱情之间，在无数次的犹豫之后，她作出了艰难的选择。

2014 年 10 月，这对乡建战友迎来了他们的宝宝，取名为禾，望其不忘乡土，秀于田间。终于开花结果的他们，回想起自己的恋爱经历，总有些许感慨，但却十分满足。

八年的时光，成就一段美好的姻缘，他们最终在一起了。2015 年 1 月 18 日，是一个他们期待已久的日子，他们再次回到农场——

那块洒满汗水和快乐的土地上，和其他八对乡建同行一起，举办集体婚礼，向所有亲朋好友、兄弟姐妹，老师、长辈、同人宣告：这一生都不再错过，彼此珍惜！

乡建路上，有你有我，一路风雨，携手同行！

新小知与新小农的另类爱情

她，叫高明，来自上海，在上海大学当老师；他，叫袁清华，又名"黑哥"，来自河北，现在做什么呢？经理、店小二、农夫、外联、民宿客服、大米销售、活动带领——一人数角儿。

乡建十年，他们相识相知相爱也历经十年，终于在今年修得正果。一个从上海出发，到过河北乡建学院，当过志愿者，飞到英国伯明翰求学，最终在上海一边当老师，一边继续做乡建实践；一个来自北京，经福建，到泰国"米之神"，最终为了爱情，放弃北京小毛驴市民农园的工作，来到上海重新创业。两个人满世界地兜了两个大圈子，最后走到了一起。2013 年年底，两个人终于开始了幸福的同城生活。

事实证明，爱情，与距离无关，与地域无关，与职业无关，与背景无关，只与共同的生活目标有关。

海阔天空，两个人许下了海誓山盟的誓言。2014 年 10 月两位终于携手步入了婚姻的殿堂。

他做生态农业，像照顾幼苗一样，呵护来之不易的爱情与家庭；她做研究，走社区，改变世界从自己的生活开始。十年青春岁月，十年乡建浇灌。对于他们来说，理想并不遥远，就在日常生活中，就在脚下携手同行的路上。

一个乡建家庭的故事

她叫杜洁，河北人，现在中国乡建的汇聚地北碚继续新阶段的乡村建设；他叫潘家恩，福建人，现在重庆大学当一名梦想中的教师。同为"80后"的他们至今已经相恋且乡建14年，领证7年，并拥有一个可爱的小女儿"碚碚"。

杜洁的回忆

今年是我们相识的第十四年，结婚第七年。谢谢这次集体婚礼，提醒我们注意到其实已经是新婚后第七个年头了。七年，不知是否每一个人都有自己的"痒"，对我们俩来说，每一天、每一年都有挠在心底的痒处，无声的躁动、安静的生长，日久弥新。

认真回忆一下十多年的过往，有太多太多的糗事、窘事，回想起来都会不自觉地笑出来，而要记录下来却又十分琐碎。

初识是在一次讲座上，那时我还是懵懂的大一新生，他是讲座台前忙碌的社团骨干，我在台下仰望时觉得：这个酷酷的研究生挺能干的，粉笔字写得很有气势。后来才知道，这家伙只是大二而已。他那时候很爱装严肃，看起来至少比实际年龄老10岁。

而真正彼此认识是在我也加入了社团之后。我们的社团叫作"农村发展研究会"，我入会之后作为一个小干事很长时间没人理。于是我开始在社团的各个部门里乱撞，撞进了当时他们几个骨干秘密在搞的"新农人"工作室。在那个好像黑网吧的校外小屋里，我在几位师兄的带领下闯进了一个充满了热情与躁动的梦。在那里，有人彻夜长谈富农创业，有人守着电脑研究 B2B 电商，有人四处谈创建乡村图书馆，有人捧着厚厚的书慷慨激昂……捧着书的这个，就是潘家恩，当时的社团学术部部长。因为走进了这扇门，于是他有了面试我的机会，然后得出了"这小丫头一般般"的初步结论。好在面试我的不止他一个。

那时候，大家一起熬夜是很经常也很正常的事情。而一起熬夜，绝对是培养同志间革命友谊的温床。从一起做会刊、做评奖材料、做宣传单、做讲座海报，到组织讲座、组织下乡、一起去拜访老师，渐渐地合作增多，配合也越来越默契。从副会长—办公室主任，到会长—常务副会长，我们的组合变成了社团里的固定搭档。数不清多少次的彻夜长谈，星空下、草地边，谈过共同的话题，唱过最爱的歌曲。也说不清什么时候算真正的表白，还记得他别别扭扭地说了一句"又岂在朝朝暮暮"，我们就都笑了。当他在某个深夜把我从宿舍叫出来吃5毛钱的麻辣烫，从怀里掏出一朵花，说是看卖花小姑娘在寒风里可怜所以买了下来，我觉得，我真的很幸福。

作为农科院校的涉农社团，"三下乡"是传统保留的重点项目。从我大一开始，就跟着他一起下乡，一直在同一个队。也因为有他这个领队在，我一直到大四毕业都没做过下乡的领队，也从来没体会过有什么辛苦艰难。下乡过程中一起经历过的故事数也数不完："花生瓜子八宝粥，啤酒饮料矿泉水"是来自列车的经典民间"诗句"；内蒙古草原上何慧丽老师跟乡镇女干部共同唱起的歌至今还回荡在我的脑海；在张家口仰望着给我们做参与式调研培训的张兰英老师……那些歌、那些笑、那些争吵、那些苦恼、那些思考，伴着我们走过了大学阶段的每一个寒暑假。曾经字斟句酌写出来的调研报告，今天看起来非常幼稚可笑。但那并不重要。做过喜欢的事，做过想做的事，足矣，不是吗？在那个过程中，我们不仅熟悉了彼此，也认识了影响我们一生的很多师友，老刘、老邱、何老师……以及温老师、健芝老师，太多太多人。我们相约走遍万里山河，从那年开始，却不从那年结束。

除了实践，还有一个很值得一提的讲座。潘家恩酷爱邀请人做讲座、开会，这个习惯延续至今。当年社团讲座99%都是他张罗的。于是，我就成了最擅长贴讲座海报的人之一。当年我们穿梭在北京诸多高校里，蹭讲座、蹭课、蹭研讨会、蹭老师的赠书……见缝插针、无孔不入。记得有一次去人大听讲座，回来的时候没钱坐车，于是我们一路从人大走回农大，穿过北大时在食堂用仅有的1元钱买了一个花卷分着吃了，现在想起来特别欢乐。而我们蹭到的最有价值的课，就是健芝老师 2002 年组织的"草场地"研讨班，激烈的讨论、热情的歌唱、发人深省的电影还有秀梅夫妇感人的婚礼……一扇扇"另类"的新世界大门打开了，也播下了后来生发出很多种社会创新探索的种子。很庆幸，所有这一切，我们一起经历；听到的每一个讲座，我们一起争论、一起消化、一起去找书、一起去找老师。我们一起走过的路，没有那些故意营造的浪漫和秀给别人看的恩爱。不过，还有比思想的共鸣更浪漫的事吗？

他大四毕业去了河北定县的村里，我尚未毕业留在学校考研。离开的时候，他买了厚厚的三个大笔记本给我做考研笔记，还留下三封在考前和考中才能依次打开的信。2004 年的冬天，整整十年前，我肩上披着细碎的雪花走进北大的考场时，心里装的是来自那三封信中暖暖的力量。此后的三年里，我读研他在定县，我假期过去看他，同时断断续续做一点点志愿工作。当时，我妈说，如果你们分开这三年后还确定在一起，那么你们就在一起吧。三年，很快就过去了，而我们其实都没有分别很久的感觉。于是，就这么顺理成章、水到渠成地走到了一起。其实，我们都不知道，很早之前他的一句话早就打动了我妈，他说，我是他的"燕妮"。

2007 年的佛诞日，他从翟城村来京和我一起去领证，9 元钱的事。当年结婚的时候，我们没有办婚礼，只在定县即将告别的小屋贴了个"囍"字，严晓辉亲手剪的，那时他还是光棍。我们在网上给所有师友群发了邮件，收到了很多很多的祝福，还记得有一位老师说："王子和公主幸福地生活在一起，是很多童话的结局。而对你们来说，这才只是开始。"

七年后的今天，沾各位的喜气参加这次婚礼，我们很幸运地说，那个傻小子和傻丫头还能幸福地生活在一起，还有了一个小小丫头，感谢我们双方家人对我们的容忍和支持，长大后的我才知道，当年不办婚礼让我爸爸损失了多少礼金收入。感谢潘家恩的包容，十四年的日子里，我有太多的任性、逃避、懦弱、彷徨，是他的宽容与支撑让我们走到了现在。幸福美满的故事，永远不是天上掉下来的。岁月的磨砺，可以不是一把杀猪刀，而是一个砂轮，磨出真玉、琢出真心。

记得以前有一次听讲座的时候，潘家恩给我一个字条，是鲁迅《伤逝》中的一句话："爱情必须时时更新、生长、创造。"这句话，其实就是任何情感保持生命力最真实的路吧。谨以此，与大家分享我们的故事。

小潘的啰唆

大家好，我就是上面故事中略显啰唆，因毛病不断而常常被她踩脚尖或使眼色的那位"少年大叔"。忽然发现日子飞快，大二大一的青涩学生转眼间也都初为人母（父）、人师了。

当专属于少年的激情淬火后，似乎许多故事也就是一个故事而已，这个不断进行，重复和延续的故事，是关于如何学会生活，特别是自己真正想要的生活的。可能简单，但同样可以精彩；如何面对一己之限，让彼此能真正"输"得起，因为常常挂在我们嘴边的所谓"后盾"，不仅需要抵御外部压力，更要面对内部张力，不只可免除后顾之忧，本身也应成为前行的动力；如何学会珍惜彼此，所谓"执子之手"，绝非聚光灯下和仪式现场的片刻停留，更是一种心态，如何让分享分担、倾听自省成为内心流露和生活方式；如何在互以对方为重心中去接近中华文化与传统伦理的真精神。

2007 年，我们在定县翟城村结婚了，在简单的小屋门口贴上个"囍"字就成为我们的婚房，我们穿的是学院的 T 恤拍的结婚照，衣服上写着七十多年前就流传在当地之《农夫歌》的最后一句："没有农夫，谁能活在天地间！"

那两件 T 恤虽然已经洗得发白，我们至今仍然在穿，父亲和姐姐都看不下去了，好几次都要掏钱让我们去买件新的。我们淡然一笑，不因其所谓纪念价值，更重要的是穿着舒服。也常问自己，人为何要名牌锦衣，是给自己看的吗？当然不是，照镜子，也只是为了更好地给别人看而已。如果你身边的大部分人，是以简朴为美，那么你该如何穿着呢？大环境改变不了，小环境呢？没有现成的，一起去创造有可能吗？无论华北村庄，或是京郊农场，还是在重庆北碚，已经有过多多少少的尝试和努力。

当纸醉金迷彰显成功，当一己的悲欢拒绝着大时代的燃烧和事实，当宝马车哭声与自行车笑声成为割裂对立的别无选择与笑贫不笑娼的新借口。在爱情、浪漫、幸福被一个又一个地定义征用，直接关联着金钱、收视率、眼球经济的今天，我们十四年来或深或浅的足迹，只是提供了一个关于"可能"的实践故事。另一种爱情或幸福都是可能的，多样性和可能性其实一直就存在，关键取决于我们是否愿意去打开。

念念不忘，不忘初心，必有回响！

碚碚的故事

叔叔阿姨、哥哥姐姐们，你们好，我叫小碚碚，再有20多天我就1岁6个月啦。妈妈和爸爸讲了好多故事，我也有，只是我的故事才刚刚开始。

你们一定想知道我为什么叫"碚碚"，可不是宝贝的"贝"哦，因为那是奶奶邻居家小狗狗的名字。妈妈说，这个小名是为了纪念我出生的那个地方——北碚，很多年前，那里有许许多多和你们一样有梦想、愿意做小事的人，发生了好多现在还能听得到的故事；爸爸说，"碚"，就是江中的石头，他希望我长大后能像石头一样坚强、普通，他还给我讲刘老石伯伯的故事，老石伯伯的名字里也有石头，不管是大石头还是小石头，我们最好都能踏踏实实地铺在地上，让更多人把路走好。

那我的大名叫什么呢？哈哈，很多人都不知道吧，因为我是在重庆最热的时候来的，那可是相当的热，妈妈给我取了一个"晴"

字，"天无云、眼无泪是为晴"，希望我积极热情。爸爸那时正和叔叔阿姨们在忙一个叫"爱故乡"的事，做梦都在琢磨，于是突然想到了一个"梓"字，希望我"晴耕雨读，行归桑梓"，于是，潘梓晴就成了我的大名。

我很喜欢笑，妈妈说，看到我笑时，感觉世界都亮了！

返乡青年与乡村老树

梁漱溟乡村建设中心简介

北京梁漱溟乡村建设中心（简称"梁中心"）正式成立于2004年，前身为《中国改革》杂志社大学生支农调研项目部，是以新乡村建设事业为核心，以推动农民合作与城乡和谐发展为宗旨的民间组织。我们以梁漱溟等前辈的乡村建设理论为基础，开展乡村建设的试验工作和行动研究，促进以农民为主体的合作组织发展来进行生态文明建设，实现乡村复兴的目标。

愿景：农民过着幸福、有尊严的新生活，农业成为生态、可持续的新农业，农村建成美丽、和谐的新乡村。

使命：为农民服务，为理想奋斗！

目标：
1. 提高农民的组织程度和能力建设，保障农民主体；
2. 鼓励青年群体参与乡村建设运动，接力乡村工作；
3. 探索城乡间平衡发展的多元路径，增进城乡融合；
4. 开展国内外的乡村建设经验交流，促进国际合作。

农村可持续发展青年人才培养计划简介

21世纪之初，中国农村社会日趋凋敝，"三农问题"日益突出。与此同时，随着大学教育市场化、产业化指向下的大规模扩招，以大学生为代表的青年群体，从人人仰慕的天之骄子，日渐成为普通劳动者中的一员。这种落差使一部分人迷失自我、日渐迷茫；但也有一部分人坚持理想，并走向农村，从刚开始的零散下乡调研，到有组织的下乡支农支教，再到成规模的乡村建设运动，大学生与农村就在两者都处于困惑之时联系在一起了。

梁漱溟乡村建设中心带着对大学教育的反思，以及"三农问题"视野下的农村社区发展的需要，在香港社区伙伴的支持下，启动了"农村可持续发展青年人才培养计划项目"（简称"人才计划项目"），旨在构建一个青年人学习与实践的平台，推动青年人走入农村，关注农村发展之路；同时也尝试促使青年人将个人成长与农村发展结合在一起，在与农村的互动中重新认识自身与土地、农村乃至社会的关系。

人才计划项目从2005年8月开始，一年一期，每年在全国各地选拔学员，并将他们派往全国各地的农村社区，通过为期一年的学习与实践，培养了一批具有农村发展领域理论视野，同时具备行动能力的有志青年。从2015年开始，人才计划项目驻扎于具有丰富的乡村综合发展经验的山西永济蒲韩乡村，专注于培养兼具乡村建设思想理论和实操经验的青年人才，同时探索青年人返乡的路径方法和以乡村为载体的可持续生存体系。

从2005年8月至2017年8月，人才计划项目已成功开展十二期，共有207名学员参加，目前正在进行第十三期。学员下乡实践锻炼的乡村建设试验点总计 70 余个。目前有 116 名学员依旧服务于社会公益、生态农场、返乡创业、工友服务等乡村建设领域，被外界誉为"支农战线上的黄埔军校"。

梁中心人才计划及青年人陪伴工作大事记

2001 年，时任《中国改革·农村版》杂志社社长兼总编的温铁军教授，邀请了中国社科院等多家机构共同推动大学生回乡调研，从此，大学生支农调研活动开始兴起，并在全国 200 多所高校里建立了支农社团。

2004 年 2 月，来自天津科技大学的支农社团骨干白亚丽（大三在读）选择休学一年，与另外两名大学生志愿者肖青和詹玉平一起，来到湖北省十堰市房县三岔村，开始了青年大学生志愿者扎根农村学习、实践的探索之路。

2004 年 12 月，梁漱溟乡村建设中心（注册名为"北京梁漱溟乡村文化发展中心"）注册成立，此后，梁中心每年寒暑假都组织全国性的大学生支农调研交流会。

2005 年 7 月，在香港社区伙伴的支持下启动第一期"农村发展人才培养计划项目"，第一期共招募学员 30 人，分别在安徽、湖北、河南、河北等十多个省市区的农村驻点实践。

2006 年 8 月，第二期人才计划项目启动，共招募学员 22 人，实践地主要在山东、安徽、河南、河北等地的农民合作社。

2007 年 8 月，第三期人才计划项目启动，共招募学员 20 人，实践地除了在农村之外，还有部分学员参与了生态农业及城乡互动的工作。

2008 年 5 月 14 日，梁中心的学员及志愿者与河北枣强芍药村村民共同组成抗震救灾联队，第一时间奔赴汶川地震灾区开展救援工作，为灾区人民筹集和发放了几百万元的物资。

2008 年 7 月 1 日，梁中心培训基地搬至北京西山脚下的温泉村，并建立了集工作、学习、生活于一体的新青年绿色公社。

2008 年 7 月—9 月，梁中心开展"农村骨干青年培训班"，共招募 20 多名来自农村的初高中生，对其进行为期三个月的文化知识、创业和农民合作组织的培训，为乡村建设试验点培养本地人才。

2008 年 9 月，第四期人才计划项目启动，共招募学员 16 人，部分学员参与了汶川地震灾区的灾后重建工作。

2009 年 8 月，第五期人才计划项目启动，共招募学员 15 人；同时启动"农村可持续发展校内人才培养计划"（校内班），在不同地区的高校招募学员展开为期一年半的学习计划。

2009 年 12 月 6 日，第一届乡建"新幸福主义"集体婚礼举办，五对乡建新人创造着新的婚姻观、家庭观与幸福观：自然和谐、简约适用、参与共享、勇于担当、乐于奉献。

2010 年 8 月，第六期人才计划项目启动，共招募学员 11 人。

2011 年 8 月，第七期人才计划项目启动，共招募学员 13 人。

2012 年 8 月，第八期人才计划项目启动，共招募学员 12 人。

2013 年 1 月，"返乡青年"网络在第三届全国农民合作组织论坛上宣布成立，梁中心的青年人才培养工作开始向扎根于本土的返乡青年延伸。

2013 年 8 月，第九期人才计划项目启动，共招募学员 20 人，其中有部分学员系来自其他公益组织的青年，梁中心开始探索与公益组织合作的青年人才培养工作。

2014 年 3 月，梁中心启动"提升青年关注中国与发展中国家发展经验和不平等问题"项目，整理国内外青年人参与农业可持续发展的案例，并开始探索青年人才培养的国际交流。

2014 年 4 月，梁中心与江苏昆山城投公司合作设立了昆山产学研基地，尝试在地化的返乡青年创业人才培养实践，两年来共招募学员 13 人。

2014 年 8 月，第十期人才计划项目启动，共招募学员 18 人。

2015 年 1 月 18 日，第二届乡建"新幸福主义"集体婚礼举办，九对乡建新人传承了平等、互助、勤俭、自立的"新幸福主义"婚姻观、家庭观。

2015 年 8 月，第十一期人才计划项目启动，扎根山西永济蒲韩乡村和吉林长春云凤合作社，共招募学员 13 人。

2016 年 1 月 1 日，梁漱溟乡村建设中心"人才计划项目"十周年纪念活动如期举办，会议总结了人才计划项目十年来的成果，并发布了梁中心未来十年的青年人才培养计划，分别是针对青年大学生志愿者的"青鸟计划"、针对农民骨干带头人的"头雁计划"和青年人才培养的国际交流计划。

2016 年 6 月，梁中心培训基地搬迁至北京顺义区龙湾屯镇大北坞村。

2016 年 8 月，第十二期人才计划项目启动，扎根山西永济蒲韩乡村，共招募学员 12 人。

2016 年 12 月，梁中心在乐施会的支持下，发起了针对农民合作社骨干及返乡青年国际交流互访学习的"鸿鹄访学计划"。

2017 年 8 月，第十三期人才计划项目启动，扎根山西永济蒲韩乡村，共招募学员 12 人。

致　谢

　　感谢社区伙伴（PCD）十五年来对农村可持续发展青年人才培养计划的资助与支持，我们既是项目合作伙伴，更是乡村建设道路上的同行者，大家在彼此的信任、包容与爱惜中共同前行。期待在未来的日子里，我们继续携手努力，陪伴更多青年人认识和思考新时代背景下乡土社会的价值，践行可持续生活，为生态文明建设和实施乡村振兴战略添砖加瓦。

乡村大树

农村可持续发展青年人才培养计划因当代乡村建设运动孕育而生，也为乡村建设运动的持续发展提供着源源不断的人才力量。

感恩已经离我们而去的梁漱溟乡村建设中心创始人刘老石老师，他的无私奉献为更多青年人搭建了服务乡村的学习成长平台，作为老石的学生，我们依旧在实践中继承他的思想与行动。

"人才计划"项目非常注重学员思想理论水平的提升和对社会发展形势的了解，感谢众多老师曾在简陋环境里为学员们传道授业解惑！他们是温铁军、钱理群、刘健芝、张兰英、戴锦华、谷莘、郭书田、张孝德、程淑兰、白南生（已故）、汪晖、韩毓海、姚洋、王曙光、崔之元、旷新年、秦晖、杜晓山、高梁、卢周来、赵树凯、张文木、张木生、黄纪苏、周立、刘忱、党国英、徐友渔、李昌平、何慧丽、仝志辉、刘海英、王平、董筱丹、杨帅、潘毅、严海蓉、姚国华、曹建海、梁鸿、杨思远、杨团、杨帆、郑功成、韩嘉玲、杨雅茹、孟登迎、姜柏林、施永青、张兴无、冯丹、邱建生、潘家恩、杜洁、石嫣、梅红伟、严晓辉、黄志友、孙恒、李大君、肖青、詹玉平、袁英华、袁清华、高明、马永红等。

"人才计划"项目的落地实施与不断创新，离不开扎根一线实践探索的农民合作社，感谢全国各地农民合作社带头人及其团队的陪伴与支持，他们是山西永济的郑冰、安徽阜阳的杨云标、安徽亳州的王显强、河南兰考的王继伟/张砚斌/王猛、湖北房县的向昌海、山东鱼台县的马宜昌、吉林长春的李云凤、吉林梨树的姜志国、河北隆化的胡新杰、山西汾阳的王树霞/段锁兰、河北顺平的赵爱民/葛和平/于宝银、江苏盐城的周严东、广西横县徐华朝等。

感谢社区伙伴（PCD）十余年来对"人才计划"项目的资助与支持，感谢邓文嫦、薛启婵等合作伙伴的温暖陪伴。

感谢本书策划和校稿中乡建同仁和志愿者们的悉心付出，他们是李管奇、陈晶晶、白亚丽、何志雄、吕程平、姜令、魏丰收、王德斌、张斌、曾丽华、张可、闫利霞、王茜、口皓、刘海英、汪维行、唐义国、吴昊、周其义、何笔云、张玉、杜刚、陈帅、杨瑞欢、贾林闯、杨宁、李园春、魏川等。

编者

2019 年 9 月